权威 · 前沿 · 原创

皮书系列为
“十二五”“十三五”国家重点图书出版规划项目

伊朗发展报告
(2016~2017)

ANNUAL REPORT ON RESEARCH OF IRAN
(2016-2017)

主　编／冀开运
副主编／陆　瑾　张立明

社会科学文献出版社
SOCIAL SCIENCES ACADEMIC PRESS (CHINA)

图书在版编目（CIP）数据

伊朗发展报告. 2016－2017 / 冀开运主编. －－北京：
社会科学文献出版社，2018. 4
（伊朗蓝皮书）
ISBN 978－7－5201－1799－9

Ⅰ. ①伊…　Ⅱ. ①冀…　Ⅲ. ①伊朗－研究报告－
2016－2017　Ⅳ. ①D737. 3

中国版本图书馆 CIP 数据核字（2017）第 281028 号

伊朗蓝皮书
伊朗发展报告（2016～2017）

主　　编 / 冀开运
副 主 编 / 陆　瑾　张立明

出 版 人 / 谢寿光
项目统筹 / 高明秀　许玉燕
责任编辑 / 王晓卿　郭红婷

出　　版 / 社会科学文献出版社 · 当代世界出版分社（010）59367004
地址：北京市北三环中路甲 29 号院华龙大厦　邮编：100029
网址：www. ssap. com. cn
发　　行 / 市场营销中心（010）59367081　59367018
印　　装 / 北京季蜂印刷有限公司

规　　格 / 开 本：787mm × 1092mm　1/16
印 张：21　字 数：315 千字
版　　次 / 2018 年 4 月第 1 版　2018 年 4 月第 1 次印刷
书　　号 / ISBN 978－7－5201－1799－9
定　　价 / 89. 00 元

皮书序列号 / PSN B－2016－574－1/1

本书受教育部国别和区域研究2016～2017年度指向性课题项目“伊朗在国际格局中的影响力及对华政策研究”（17GBQY119）资助，谨此致谢！

伊朗蓝皮书编辑委员会

主　　编　冀开运

副 主 编　陆　瑾　张立明

课题组成员　（按姓氏音序排列）

白志所　陈俊华　陈利宽　杜林泽　韩建伟
黄一玲　冀开运　姜　楠　蒋　真　雷　洋
廖　林　陆　瑾　孟娜（Mirzania）　秦　天
孙　华　王泽壮　杨　涛　于桂丽　张立明
赵小玲　朱永彪

主编、副主编简介

冀开运　博士，陕西洛南人，1966 年生，西南大学历史文化学院教授，西南大学伊朗研究中心主任，世界史专业地区国别史方向和国际政治专业硕士生导师，中国中东学会常务理事，中国世界民族学会常务理事，中国伊朗友好协会理事，中国亚非学会第六届理事会理事。2014 年全国优秀社会科学普及专家。先后出版译著 3 本、专著 8 本，代表作有《伊朗与伊斯兰世界关系研究》（时事出版社，2012）、《伊朗现代化历程》（人民出版社，2015）等，发表 67 篇论文，在核心期刊发表 19 篇论文，其中在《世界历史》《世界民族》《西亚非洲》等发表 10 篇论文。主持并完成 9 项省部级或国家级课题，主要包括：国务院侨务办公室课题“中东华人华侨研究——以伊朗沙特土耳其为例”（项目编号：GQBY2007010），国家社科基金项目“伊朗与伊斯兰世界关系研究”（2007 年，项目编号 07BSS011），国家语委项目“中东国家语言政策与实践研究”（项目编号：YB125 - 12），国家社科基金项目“两伊战争及其影响研究”（项目编号：12BSS012）；2014 年度教育部国别研究课题“伊朗中资企业风险分类与管控研究”。

陆　瑾　中国社会科学院西亚非洲研究所副研究员，中国社会科学院海湾研究中心副秘书长。主要研究方向为中东国际关系及伊朗问题。先后毕业于北京大学和德黑兰大学，获波斯语言文学学士、硕士和博士学位。主要成果有专著《利玛窦〈中国纪〉波斯文本研究》（波斯语）和《伊朗——东西方文明的汇合点》（合著），发表学术论文数十篇。

张立明 河南镇平人，1967 年生。北京大学硕士，伊朗德黑兰大学博士。现任解放军外国语学院波斯语副教授，主要从事波斯语语言文化教学和研究。主要成果有《波斯语语法》、《波汉汉波精编词典》、《伊朗——东西方文明汇合点》（合著）、《伊朗概论》、《中国文学》（译著）等。

摘　要

2013 年，中国提出了“一带一路”倡议，得到了伊朗国家各个层面的积极回应。2016 年年初，习近平主席访问伊朗，为中伊关系构筑了坚实的顶层设计，也为我们的国别研究指明了方向。

总报告概括了 2016 ~ 2017 年伊朗社会、政治、经济的演变特点，并对伊朗的内外政策进行了深刻而系统的解读。分报告分析了 2016 ~ 2017 年伊朗政治、经济、外交领域的发展现状及特点。2016 年，伊朗的政治局势总体平稳，伊朗议会和专家委员会的选举顺利完成，保守与改革势力保持相对均势。伊朗经济运行平稳，经济增长率提高，通胀率下降，制裁逐步解除后，石油产量与出口量均有所增加，总体情况好于上一年。2016 年，伊朗恢复了与欧盟各国的关系，与俄罗斯的关系进一步加深，但与美国的关系存在不确定性。热点篇分析了伊朗与海湾国家的关系、伊朗与阿富汗的双边关系，总体来看，伊朗的国际处境明显好转，国际空间明显扩大，对外政策更加务实、灵活。同时，解读了伊核协议签署以后伊朗所面临的国际国内形势以及协议执行过程中的相关风险和不确定性。专题篇剖析了伊朗农业与粮食安全、石油与天然气、高等教育、交通运输业、旅游业、禁毒、互联网发展及管理等领域的发展现状及趋势。中伊关系篇回顾了 2016 年中国对伊朗能源投资的现状、机遇、困境，中国企业在伊朗的社会影响力，同时分析了伊朗主流媒体的涉华报道、伊朗高校青年群体对中国的印象，从伊朗角度说明了中伊关系所取得的成就及存在的短板，说明伊朗对中国的全面而真实的认知和了解还需要中伊民间与官方长期不懈的努力。

总之，本报告尽最大可能采用最新、最全的汉语、英语和波斯语资料，运用多学科综合研究方法，对伊朗进行了立体、全方位、多领域的深入探析，对2017年伊朗的政局走向、经济发展、社会形势与对外关系进行了研判。本报告从宏观、中观和微观层次深入剖析了中伊关系的相关领域，阐明了中伊关系面临的历史机遇和面对的困难。本报告以智库报告的形式解读了伊朗软实力和硬实力的构成要素，也勾勒出伊朗在国际格局中的地位和影响力，从伊朗角度认识中伊关系，有助于中伊两国人民民心相通和政策沟通。

关键词： 伊朗　一带一路　中伊关系

序言：做好伊朗学研究，服务“一带一路”建设

伊朗是文明古国、中东大国，是东西方文明的交汇点。中伊两国不仅拥有辉煌灿烂的古老文明，近代也都有遭受列强欺凌的屈辱，都面临着和平发展的现实重任。相似的历史经历、丝路上的友好交往，使中伊两国人民结下了深情厚谊。搞好伊朗学研究是中国学者义不容辞的历史任务。

马克思说：“哲学家们只是用不同的方式解释世界，问题在于改变世界。”据此，国别或区域的研究，不能仅限于说明历史与现状，更应该改变现状、创造历史。

2013 年，中国提出并实施“一带一路”建设。2017 年 5 月 14 ~ 15 日，在北京举行了“一带一路”国际合作高峰论坛，习近平主席在开幕式上发表主旨演讲，强调坚持以和平合作、开放包容、互学互鉴、互利共赢为核心的丝路精神，将“一带一路”建成和平之路、繁荣之路、开放之路、创新之路、文明之路。“一带一路”是共建“人类命运共同体”及“和谐繁荣地球村”的伟大创举和千秋伟业，获得国际社会的广泛赞扬，被纳入联合国规划。这也是国别和区域研究的指导方针。将国别或区域的政治、经济、文化研究同“一带一路”联系起来，将为“一带一路”建设添砖加瓦。

西南大学伊朗学研究历史悠久，早在 1978 年于天津召开的社科规划会议上，孙培良教授就承担了伊朗古代史的研究任务。1986 年又承担国家社科基金重点课题“伊朗通史”。1987 年孙培良教授逝世后，由杨群章教授主持。参与研究的学者们先后出版了《古代伊朗文明探源》《伊朗古代历史与文化》《波斯帝国》《萨珊朝伊朗》《近代伊朗》《20 世纪伊朗史》《伊朗与美国关系研究》《现代中国与伊朗关系》《伊朗现代化历程》《伊朗核问题

与世界格局转型》《巴列维王朝最后 400 天》等专著。

2008 年，西南大学成立了伊朗研究中心。在冀开运教授主持下，伊朗学研究迈上了新台阶，不仅研究条件有所改善，中心的研究人员还多次赴伊朗访学并到伊朗各地调研，发表了一批颇具现实意义的论文、专著和调研报告。伊朗学研究后继有人且青出于蓝，令人欣喜！伊朗研究中心取得的成绩，离不开教育部、学校、学院各级领导的关怀和支持，有赖于国内学者和国际友人的大力帮助。在此，一并表示感谢！

今天，中国的伊朗学研究整体上还处于拓荒阶段，许多不熟悉和未知的领域需要我们深入研究，系统、细致的实地调研刚刚起步，需要我们抓紧学好波斯语，早日实现与伊朗人民近距离的沟通交流。“一带一路”建设的热潮为伊朗学研究创造了前所未有的优越条件，中国学者要抓住机遇，奋力拼搏，把青春和热血奉献给这造福人类、造福人民的壮丽事业。

本书是《伊朗发展报告》系列的第二本，系统介绍了伊朗发展的动态。希望本书能为“一带一路”建设的顺利推进提供智力支持。

杨群章

2017 年 6 月 1 日于重庆

目 录

Ⅰ 总报告

Ⅱ 分报告

Ⅲ 热点篇

Ⅳ 专题篇

Ⅴ　中伊关系篇

Ⅵ　附录

皮书数据库阅读使用指南

总　报　告

General Report

B.1

2016年伊朗社会、经济与政治形势

冀开运　陆　瑾*

摘　要：　2016年，伊朗政局平稳运行，民主机制日益成熟，改革派与保守派界限模糊，改革派力量有所增强。经济形势进一步好转，但低于民众的预期。经济运行的深层次问题依然存在。2016年是伊朗外交更为务实、灵活和收获更大的一年。在全球外交、全面外交的基础上，伊朗的外交重点区域依然是欧亚，并且以经济外交为核心。2016年年初，习近平主席访问伊朗，两国关系提升到全面战略伙伴关系，有利于在“一带一路”的合作框架下推动中伊关系向更高层次、更广阔领域深入发展。

* 冀开运，西南大学伊朗研究中心主任，西南大学历史文化学院教授；陆瑾，中国社会科学院西亚非洲研究所副研究员。

关键词： 伊朗 经济形势 中伊关系

2016年，伊朗政治局势平稳，顺利完成专家委员会和议会选举。伊朗政治体制中的伊斯兰性和共和性、现代性和传统性在博弈中达到了一定程度的新平衡。专家委员会的基本选举格局是保守派掌控大局，但容忍了一些温和派和务实派，这是由伊朗政治体制中政教合一和宗教民主制的基本原则所决定的。在议会选举中，保守派势力相对减弱，务实派和改革派结盟，势力相对增强，极端保守派和强硬保守派被挤出议会。因为议会面对的是伊朗的现实问题和人民的利益诉求，而且议员是由全体伊朗公民直接投票产生的，宪法监护委员会要对候选人进行严格筛选。面临伊朗严峻的国内外形势，伊朗保守派不再拘泥于空想和理想，不再拘泥于空洞的革命口号和虚无缥缈的伊斯兰价值观，他们需要用人民的幸福生活和现实利益来论证伊斯兰体制的优越性与合法性，因此伊朗保守派被迫向现实妥协、退让；而改革派和务实派也深刻认识到只有在伊斯兰体制内才能有所作为，才能在维护体制稳定的前提下温和务实地推进改革。由此可见，伊朗的务实派、改革派和保守派出现了某种程度的相互转化和相互融合，政治光谱的界限在一定程度和某些场合下模糊化。三者之间的界限并不像国内学术界所认为的那样壁垒分明、水火不容。

经过37年的实践，伊朗民主选举制度趋于成熟和完善。民主制度的运行得到了整个社会的高度认可，选举逐渐常态化、规范化。伊朗政治体制的合法性和有效性是毋庸置疑的，但在伊朗的政治制度中，从社会底层、中层到上层，改革的意愿越来越强烈，改革的能量不断积累，但依然局限在政治体制的框架之内。2016年，伊朗专家委员会的正常选举反映了伊朗伊斯兰共和国体制具备新陈代谢、自我更新的活力和生命力，但伊朗政治制度的保守性依然清晰可见，保守派依然掌握国家的最高权力。也许正是这种保守性维持了伊朗国内政局的稳定，在局势剧烈动荡的中东地区，伊朗是一个相对稳定的国家。伊朗政治制度当中的民主性也恰到好处地释放了国内社会的压力和不满情绪，极大地缓解了伊朗政局的紧张局面，这也是伊朗成为中东稳定国家的主要原因之一。

2016 年，伊朗经济稍有起色、逐渐好转。在伊核协议签署、国际制裁逐步解除以后，伊朗国内经济增长逐渐回升，总体呈现出四大亮点。第一个亮点是，得益于稳健的货币政策，伊朗经济的顽疾——国内通货膨胀得以遏制，通货膨胀率较 2015 年有所下降，伊朗里亚尔（IRR）汇率在大幅贬值之后也趋向稳定。通货膨胀率的降低增强了伊朗国内民众对经济前景的信心，也为伊朗货币制度的改革提供了一些有利的条件。第二个亮点是，政府的财政收入之中，税收略超过石油天然气收入，非石油产品的出口有所增加，伊朗对石油天然气的依赖有所减弱。产业多元化取得一定进展，但在伊朗国民经济体系中，对石油天然气产业的依赖依然很严重，在出口中，油气出口依然占相当大的比例。虽然伊朗提高了石油天然气的生产量和出口量，但 2016 年能源市场供大于求，造成国际原油价格一直处于低位，因此石油天然气增产的优势被价格低迷的市场环境所抵消。第三个亮点体现在，随着伊核问题相关协议的达成，西方国家逐渐放松对伊朗的制裁，伊朗招商引资的力度逐渐加大，各级政府官员特别是伊朗外交官在各种场合声称，伊朗是外资大展宏图的理想国家。伊朗民众和官员也对经济发展充满了更多的期待。世界多国政要和企业家纷纷来到伊朗，进行实地投资考察。伊朗政府也在酝酿和出台一些吸引外资的政策法令。伊核协议签署一年来，伊朗相关部门批准了总计 114 亿美元的外资。① 但是，因为伊朗经济制度中固有的保守性和强调经济的独立自主，对于外商外资控制民族产业和国内市场存在一定的忧虑和担心。招商引资在操作和落实层面举步维艰、困难重重。由此导致伊朗就业相对困难，经济增长的动力相对不足。第四个亮点是伊朗旅游业在 2016 年的发展引人注目。伊朗悠久的历史文化和独特的自然景观，伊朗人民的文明礼貌和热情好客，以及伊朗国内发达的交通体系和相对廉价的运输

① 《伊朗吸引超过 110 亿美元外资》，http：//www. tinn. ir/fa/doc/news/117154/，访问日期：2017 年 6 月 13 日。

成本，吸引了相当多的国外游客前去伊朗观光。未来，伊朗的旅游业增长潜力巨大，对第三产业的增长与就业具有极大的助益。但伊朗的旅游服务质量和旅游基础设施亟待改善。

当前，伊朗的经济制度中依然存在着三大缺陷。第一，伊朗政府和相关基金会掌控了大量的产业和企业，民间资本的生存空间相对狭隘。第二，为了政局的稳定和赢得底层人民的拥护，伊朗制定了大量的补贴制度和一定的配给制度。大量的补贴扭曲了市场化的价格机制。第三，由于伊朗特有的文化传统和人民对石油天然气收入的过高期待，普通民众缺乏创业动力，国家、企业和个人的创新动力不足。鲁哈尼总统任期内的相关政策取得了一定成效，在 2016～2017 财年的上半年，伊朗实际经济增长 7.4%，预计 2016 年伊朗的 GDP 增长率为 6.5% 左右。① 亮眼的经济数字并没有使伊朗在短期内走出制裁所带来的长期经济衰退和财政困难。目前，伊朗国内经济所面临的困局仍然没有根本性的改观。石油产量的增长虽然带动经济的复苏，但是成效有限。从长期来看，伊朗经济依然具有潜在增长动力，但是改革缓慢导致经济增长乏力。尽管鲁哈尼政府在改善伊朗经济发展条件方面做出了卓有成效的努力，但是经济体制机制的发展阻碍依然强大，国内基础设施较为落后，民间投资缺乏活力，外来投资的风险总体偏高。从国际环境来看，未来伊朗经济改善的外因喜忧参半。总的来说，伊朗经济发展的基础性条件较为坚实，人口结构依然年轻化，人口红利依然为伊朗经济增长提供了充足的劳动力。从 1986 年到 2016 年的 30 年间，全国人口增加了约 3000 万，总人口为 79926270 人。② 但伊朗整体产业政策没有激发市场活力，国内失业率仍然居高难下，伊历 1395 年③全国失业率达到了 12.4%，失业人口达到了 320 万（10 周岁及以上）人，其中男性 219 万人、女性 101 万人。农村失业率

① http：//www.imf.org/external/datamapper/datasets，国际货币基金组织网站，访问日期：2017 年 3 月 20 日。

② 《伊朗 30 年来增加 3000 万人口　全境四分之三人口系城市人口》，http：//news.163.com/17/0327/08/CGH6MJHO00018AOQ.html。

③ 伊历 1395 年指 2016 年 3 月 20 日～2017 年 3 月 20 日，其他年份可类推，以下不再标注。——编者注

为13.7%，城市失业率为8.9%。城市人口和男性失业率明显低于农村人口及女性的失业率。15周岁至29周岁的青年失业率高达25.9%，比上个伊历年提高2.6%。①

2016年伊朗的外交有两个层次。第一个层次是“全球外交”和“全面外交”。第二个层次是“两个重点”，第一个重点是高度重视大国关系，特别是与俄罗斯、中国、日本、欧盟国家的关系；第二个重点是西亚北非地区，通过“代理人”发挥间接的影响。伊朗积极拓展对外交往的空间，积极参与“一带一路”建设，积极争取亚投行、金砖银行的基础设施建设项目投资；修复与西方国家的关系，并在双边经贸领域取得了突破，但与波斯湾逊尼派国家间的地缘政治博弈和对立导致了地区紧张，加之特朗普政府对伊政策日趋强硬，为未来海湾地区局势增添了不确定性。2016年以来，伊朗油气产能的不断释放使波斯湾国家间的石油美元竞争日趋激烈，伊朗与波斯湾国家间的双边关系也呈现出阴晴不定的特点。伊核协议达成后，伊朗石油产能的扩张加剧了产油国之间的矛盾，间接引发了2016年波斯湾地区国家间的外交危机。2015年，沙特新国王萨勒曼登基之后，沙特在地区政策上与伊朗展开了针锋相对的竞争和博弈。由于两国经济互补性不强，双边贸易额占各自进出口总额的比例较低。2016年，伊朗与沙特的关系持续对立。1月，沙特处决了包括什叶派教士奈米尔在内的47名囚犯，这一事件导致伊朗与波斯湾多国相继断交，海湾局势再度紧张。10月，沙特举行代号为“波斯湾盾牌1号”的军事演习，引发了伊朗革命卫队海军的不满与抗议。②2016年，伊朗积极介入中东多国事务，捍卫其地区安全利益并且增强了政治影响力，但与波斯湾逊尼派阿拉伯国家间的对立和政治分歧更加凸显。在叙利亚问题上，伊朗的军事支持对阿萨德政府的存续产生了重要的支撑作用。在俄罗斯和伊朗的支持和援助之下，叙利亚政府收复了多座具有战略意

① 《本伊历年伊朗全国失业率达12.4%》，http://www.mofcom.gov.cn/article/i/jyjl/j/201703/20170302536711.shtml。

② 《伊朗警告沙特波斯湾军事演习　若侵犯伊领海必反击》，网易新闻，http://news.163.com/16/1006/11/C2MLM1NL00014JB5.html。

义的城市。在打击“伊斯兰国”恐怖组织的问题上，伊朗为伊拉克政府收复北方领土提供了有力的支持，巩固了自身的地区安全利益。这一系列的对外战略反映了以伊朗为核心的什叶派国家和政党组织与以沙特为核心的逊尼派阿拉伯国家之间的安全博弈，是双方波斯湾战略博弈的延伸。伊朗是波斯湾地区具有话语权和掌握霍尔木兹海峡主导权的大国，其地区影响力和战略地位都是相对重要的，与沙特则因宗教、政治体制等问题存在政治分歧。自20世纪80年代以来，沙特与伊朗围绕朝觐等问题摩擦和冲突不断，除了政治分歧和教派因素以外，实质上是伊斯兰世界话语权的持续竞争。在地区教派平衡被打破之后，两国的对立气氛有所升高。在特朗普政府执政之后，沙特与美国达成了千亿美元的军事合同，这也说明了沙特等阿拉伯国家在美国中东战略调整之后，对伊朗在波斯湾地区的相对崛起存在担忧。

2016年的美伊关系和地区格局，主要有两方面的表现。第一，美国与伊朗在波斯湾形成“冷和平、软对抗”的局面。在伊核协议签署后，美伊双方的敌对关系有所缓和。2016年伊核协议进入了具体落实的阶段，美伊两国之间的缓和趋势显得“虎头蛇尾”。时任美国总统奥巴马致辞祝贺伊朗诺鲁兹新年时称，新年将开启伊美关系新篇章，“美国将基于相互利益和相互尊重原则发展与伊朗的关系。美国认可伊朗在其承诺范围内和平发展核能的权利”。[①] 从地区战略上而言，奥巴马政府意图利用伊核协议达成的历史契机来逐步缓和与伊朗的关系，从而在打击地区恐怖主义等问题上争取伊朗的配合。然而，两国关系并未发生实质性的改善。2016年，美国海军和伊朗革命卫队在波斯湾地区的军事对峙一直持续，伊朗革命卫队针对美军在波斯湾的军事挑衅与安全压力实施了高强度的军事演习和试射新型武器加以反制。这归因于两国之间长期缺乏互信，意识形态上的长期敌对和安全对峙是美伊关系改善的严重障碍。第二，2016年波斯湾地区形成了两强对立格局。随着美国与沙特双边关系由冷回暖，伊朗的国际压力逐渐增大。随着两国选

① 《美国总统奥巴马致辞祝贺伊朗诺鲁兹新年　称新年将开启伊美关系新篇章》，中华人民共和国驻伊朗伊斯兰共和国大使馆经济商务参赞处网站，http：//ir. mofcom. gov. cn/article/jmxw/201603/20160301278660. shtml。

举结果逐渐明朗，未来的美伊关系增添了较大的变数。特朗普在竞选时对伊核协议表示了明确的反对，获胜之后与沙特进行了密切的沟通，希望两国在反恐、军售等议题上进行合作。2017 年 1 月，特朗普签署了“阻止外国恐怖分子进入美国的国家保护计划”的行政命令，规定在政令生效后的 90 天内禁止伊朗等 7 个伊斯兰国家的公民入境美国。该行政命令一发出，就引起了这些当事国政府的强烈抗议。伊朗政府认为，该政令是“对穆斯林世界，尤其是对伟大伊朗的公然侮辱”①。值得注意的是，伊朗的周边环境将随着特朗普政府中东政策的调整而发生微妙的转变。美国所构筑的围堵伊朗的地缘战略同盟必然会使伊朗进一步采取反制行动，在当前各国迫切需要团结协作以谋求发展的历史时期，这一战略无疑与历史潮流背道而驰。

2016 年，中伊关系迈上了新的台阶，主要表现在四个方面。第一，2016 年 1 月 22 日，国家主席习近平访问伊朗，这是习近平以国家元首身份首次访问伊朗，中伊关系提升为全面战略伙伴关系。习近平主席发表署名文章，指出中伊可以在四个方面加强合作与交流，这是中伊关系的顶层设计和战略规划，也说明了中国对中伊关系的高度重视。在“一带一路”的合作框架之下，中伊全面战略伙伴关系的建立将为未来两国在各领域的合作、实现两国国家发展战略的对接奠定基石。第二，2016 年中国仍然是伊朗最大的进口对象国和出口对象国，说明中国在伊朗对外交往和经贸合作中的战略地位是牢固的，并且具有可持续性。但是，中伊的贸易额和投资额较 2015 年出现较大程度的下降，这说明伊朗在国际制裁逐步解除以后，面向全球寻找机遇和资源。从伊朗的角度来看，此举虽然具有合理性并且是可以理解的，但也说明中伊经贸在未来还有很大的增长空间。第三，中伊关系是全方位、多层次的，不仅有中伊两国双边的互动，还在多边场合相互沟通、相互理解。中伊关系具体包括四个层次。其一，包括两国中央政府和地方政府的对等交往关系。中央政府与地方政府紧密配合、整体推进，中央政府从顶层

① 《特朗普“禁穆令”遭全球批评》，新华网，http：//news. xinhuanet. com/world/2017 - 01/30/c_ 129463097. htm。

设计和宏观战略上着手，地方政府从各自的特殊情况和合作机遇出发，形成了一个宏观、中观与微观协调推进的过程。其二，政府各部门分工协作、细化落实。中伊关系是一个系统性工程，各部门从各自职权和分工出发，让两国合作与交流更具专业性。其三，政府与企业联动互动。政府着眼于战略对接、政策沟通领域，企业更多的是从投资、工程承包、经贸合作、技术转让等产业角度深化与巩固两国的经贸关系。其四，政府外交与民间外交。民间外交以日常性、微观性、多样性支撑、补充、配合了政府外交，形成了中伊外交多元参与、多元互动、密切分工、互相补充的良好局面。第四，中伊双方的政府和民间都有推动中伊关系向更高层次迈进的强烈愿望和美好愿景，例如在与伊朗相关的学术研讨会上，中伊双方的学者都建言献策，都有高度的责任感和使命感。中伊关系在宏观和上层发展十分顺利，但微观和基层在操作和落实层面需要更细致、更完善、更具体、更灵活、更务实，以推进两国关系向更广阔的领域、更深的层次推进。

纵观 2016 年的世界，国际格局和地区格局都发生了剧烈的变动和深刻的调整。2016 年的伊朗，无论是政治、经济还是国际地位和影响力，都有了全面性的提升，伊朗经济社会发展有了实质性进步，但与民众的普遍预期还有相当的距离。在未来的任期内，鲁哈尼总统领导的新政府必然会面临着改革与发展的多重挑战。在“一带一路”的合作框架下，中伊关系稳中有升，不断深化，未来的发展空间更为宽广。

分 报 告

Sub Reports

B.2

2016年伊朗政治局势[*]

蒋真　罗凯[**]

摘　要：2016 年的伊朗政治局势总体平稳，领袖主导的伊朗政局出现了一些新的变化。这一年，伊朗发生了许多大的政治事件，其中包括伊核协议进入实施阶段，伊朗伊斯兰议会及专家委员会的选举等。伊核全面协议进入实施阶段，鲁哈尼政府本年度最大的政治和外交成果落到了实处。在相关制裁被解除的背景下，伊朗国内经济有所发展，重新回归国际社会。同时，保守势力与改革势力之间的政治斗争仍然是伊朗政治局势演变的重要因素，鲁哈尼政府仍然面临着许多挑战。

* 本文系陕西省社会科学基金项目“当代中东地区变革中的伊斯兰政治文化根源研究”和西北大学哲学社会科学繁荣发展计划重大培育项目的阶段性成果。

** 蒋真，西北大学中东研究所副研究员；罗凯，西北大学中东研究所硕士研究生。

关键词：　伊朗　政治局势　鲁哈尼

2016 年，伊朗的政治局势总体平稳，政治体系仍以领袖权威为主要特征，保守与改革势力进行一定的分化组合后保持相对均势。2016 年，伊核协议稳步推进，国内各派对伊核协议的执行、美伊关系等问题存在一定的分歧。伊朗伊斯兰议会和专家委员会的选举顺利完成，保守阵营和改革阵营保持一定的平衡，但鲁哈尼政府的内外政策面临一定的机遇和挑战。

一　领袖主导下的国内政治

自 1979 年伊朗伊斯兰政权建立以来，其政治体系中的宗教因素始终占据着重要位置。在伊朗的政治构建中，既有宪法和三权分立的现代性，也有以宗教领袖的权威为代表的传统性，这一建构源自 1906 年立宪革命中西方民主政治与宗教势力的妥协。在霍梅尼时期，其领袖魅力使伊朗政治表现出一定的同一性，许多社会、政治矛盾被隐藏起来，其政权性质表现出强烈的宗教性特征，宗教领袖集政治、经济权力于一身。领袖的政治权威在霍梅尼去世后保存了下来，并通过宪法修订得到进一步加强。2016 年的伊朗政治仍然由领袖主导，保持国内的政治平衡，不同于往年的是哈梅内伊年事渐高，物色合适的领袖人选成为当务之急。因此，2016 年专家委员会的选举成为伊朗政治的重要事件。

根据伊朗宪法，领袖是伊朗的最高国家领导人，领袖继承人的选定则在一定程度上预示着未来伊朗政治的发展方向。最高领袖作为 1979 年伊斯兰革命的产物，其权威性和革命性对维护伊斯兰革命成果至关重要。正如哈梅内伊在 2016 年 3 月 10 日召见新的专家委员会成员时所指出的，“最高领袖必须是一个革命主义者”。如何选择一个具有革命性的最高领袖，则是专家委员会的重要职责。专家委员会是伊朗政治权力中的最高机构，专家委员会成员每 8 年由选民根据各地区的人口比例从教法学家中选举，专家委员会主席的任期为2年。专家委员会作为负责选举和监督伊朗最高领袖的权力机构，拥有许多政治权力，在伊朗政治中发挥着重要作用。根据伊朗宪法第111条，无论何时，只要领袖未能履行自己的法律职责，或缺少宪法第五章第109条中所规定的某一条件，或已经明确领袖从一开始就缺少某些条件，在这种情况下领袖将被罢免。而鉴定这项事务的职责由专家委员会承担。在领袖逝世、辞职、被罢免的情况下专家委员会负责在最短的时间内确定和推荐新的领袖，在推选出领袖之前，领袖的职权暂时由共和国总统、司法院院长和一名鉴别制度利益大会所选出的宪法监护委员会成员组成的委员会承担。在此期间，如这三人中有一人因任何理由未能履行自己的职责，通过鉴别制度利益大会的选举和宪法监护委员会中的大多数教法学家的投票选出另外一人接替其职务。该委员会经鉴别制度利益大会3/4成员的通过后可履行宪法第110条中第一、第二、第三、第五、第十和第六款中的D、E、F项的职责。[①] 而宪法第110条中的相关职责包括：监督国家大政方针的执行；确定伊朗的国家方针政策；有权在国内发布全民公决的命令；宣布战争、和平和总动员；任免伊朗总参谋长、伊斯兰革命卫队总司令和军队与保安部队的最高指挥官等。此外，第110条第十款规定，伊朗最高法院做出总统违反相关法律职责的裁决后，或议会宣布总统没有治理国家的能力后，有权免除总统的职务。

2016年3月，伊朗举行了第5届专家委员会选举。专家委员会现有88个席位，在本届专家委员会选举中保守派赢得27席，温和派连同改革派获得20席，另有35人被两派同时提名，剩余6人为独立候选人。在本届专家委员会的主席选举中，保守派的教法学家贾纳提当选主席。对于领袖的选举，仍然是通过宪法监护委员会的人事筛选功能剔除了不被其认可的竞选者，以实现伊朗政坛保守派与改革派势力的平衡。本届专家委员会选举中，"由保守派掌控的宪法监护会以反对伊斯兰政权等种种理由，筛除了近九成改革派候选人的参选资格，其中包括备受爱戴的前最高领袖霍梅尼的孙子哈

---

① 蒋真：《后霍梅尼时代伊朗政治发展研究》，人民出版社，2014，第111~112页。

桑·霍梅尼，该举动引发了伊朗社会一系列的争议”①。

拉夫桑贾尼担任总统初期，总统与领袖进行了很好的合作。霍梅尼去世后初期，为重建经历8年两伊战争的伊朗，宗教领袖哈梅内伊与总统拉夫桑贾尼都展现了他们在国家发展上务实的一面。拉夫桑贾尼主要负责战后经济重建和外交事务，哈梅内伊则领导与宗教有关的事务，两者的合作富有成效，他们的合作形式被称为“骑着双人自行车”的一种政治模式。20世纪90年代中后期，随着经济改革的推进和国内政治斗争的激烈，他们之间的关系开始出现了变化，哈梅内伊对政治事务的干预以及其对保守派的倾向，与拉夫桑贾尼务实性的施政产生了分歧，二人之间的关系也从合作走向竞争，最终导致保守派阵营分裂。2017年，拉夫桑贾尼去世，作为一个温和务实政治家的代表人物，他的离世对伊朗国内政治产生了重要影响。“拉夫桑贾尼去世，不仅使务实派失去了领袖，而且一个能起到中和、协调、弥合作用的务实派阵营也会趋于模糊和分散……原有的三派平衡或将滑向保守派与改革派的两极对峙。”② 拉夫桑贾尼的离世，虽未引起伊朗政局出现大的动荡，但是作为支持改革派的一支重要力量，他的离世对改革派与保守派之间的均势会产生一定的影响。

二　围绕议会选举的斗争

在伊朗政坛，各种政治力量不断地进行着分化组合，保守与改革倾向的各种政党和团体逐步汇聚在一起，成为伊朗政坛最重要的特征。最高领袖通过议会选举、总统选举等各种选举机制来实现保守与改革阵营的均势，从而不让改革阵营的冒进改革毁掉伊斯兰革命的基业，也不至于让保守阵营的过分传统性引起国内不满，也以此保证不会有过于强大的政治力量挑战领袖的权威性。在当前的伊朗政治中，改革派的一部分人不再过分强调民主，保守

① 韩静仪：《伊朗这两场选举为何重要?》，《南风窗》2016年第6期，第78页。

② 秦天：《拉夫桑贾尼离世的政治意蕴》，《世界知识》2017年第3期，第54页。

阵营中出现了一些温和的保守势力。2016 年 5 月，穆罕默德·塔巴尔指出，对于当前的伊朗政局，“改革主义者不再强调民主和人权的有限性，保守派也一改以往他们高调的反美主张和伊斯兰主义者的口号。双方的主张越来越趋近于拉夫桑贾尼时期的务实外交与发展政策。”① 2016 年，伊朗国内政治仍然遵循这一原则，保守与改革阵营之间保持着相对的均势。

2013 年，鲁哈尼出任伊朗总统，希望通过温和改革来实现伊朗的经济复兴，缓和与西方国家关系。他承诺将致力于挽救伊朗经济，组建一个“充满智慧和希望”的政府领导班子，并与国际社会建立“建设性互动”，与美国修复关系。鲁哈尼竞选时主张务实的政治和经济政策，与各方均保持着较为良好的关系。② 在鲁哈尼的任期中，伊朗与国际社会达成了伊核协议，赢得了国际社会的好评。2016 年针对伊朗核问题的相关制裁逐步取消，尽管取消制裁举步维艰，但总体仍在不断前进。2016 年 6 月，鲁哈尼使伊朗 25 年以来居高不下的通货膨胀率降到了个位数字。伊朗的 GDP 也实现了一定的增长。“2016 年上半年伊朗国内实际生产总值增长了 7.4%，通胀率下降至个位数，维持在 9.5% 左右。”③ 但是在提高就业率方面，政策执行不力，失业率依旧居高不下。2016 年 4 月 11 日，在伊朗召开的一次国内新闻发布会上，鲁哈尼表示“第十一届政府取得了良好的成绩，目前伊朗低收入阶层的收入增长了 1 倍甚至更多；伊朗历史上第一次实现了医疗保险的全覆盖，提高了国民的医疗卫生条件；政府为 9000 个村庄提供天然气，向 5200 个村庄提供健康水源，25000 个村庄接入互联网”④。

从 2013 年到 2016 年，对于鲁哈尼的执政，部分人认为鲁哈尼带领着伊

---

① Sidra Hamidi, “Dealing Reform: Iranian Domestic Politics after the Nuclear Deal”, May 15, 2016, http://www.e-ir.info/2016/05/15/dealing-reform-iranian-domestic-politics-after-the-nuclear-deal/.

② 《伊朗总统候选鲁哈尼获改革派重量级人物支持》，http://world.people.com.cn/n/2013/0612/c157278-21816859.html，访问日期：2017 年 7 月 6 日。

③ “IMF Executive Board Concludes 2016 Article IV Consultation with the Islamic Republic of Iran”, http://www.imf.org/en/news/articles/2017/02/27/pr1765-imf-executive-board-concludes-2016-article-iv-consultation-with-the-islamic-republic-of-iran.

④ 参见伊朗总统府网站，http://www.president.ir/en/98630。

朗越来越与国际接轨，社会越来越开放，得到了民众拥护、还有些人认为鲁哈尼被西方的谎言所欺骗，与西方的谈判是对伊斯兰事业的背叛。2016 年 6 月 17~27 日，马里兰国际安全研究中心对伊朗人进行了对鲁哈尼执政的满意度调查。在调查中，对鲁哈尼改善伊朗经济非常满意的人占比为 5.9%、在某种程度上满意的人占比为 50.1%、认为不怎么成功的人占比为 27.8%、认为非常不成功的人占比为 14.2%；在减少失业的问题上，认为非常成功的人占比为 1.4%，在某种程度上满意的人占比为 24.3%，认为不怎么成功的人占比为 34.4%，认为非常不成功的人占比为 38.4%；在促进国家安全的政策评价中，50.2% 的人认为鲁哈尼的政策是不成功的；在提高公民自由上，13% 的人认为其政策非常成功，59% 的人在某种程度上是满意的，18.2% 的人不满意。①

尽管在鲁哈尼的任期中，伊朗政治经济取得了一定的发展，为 2016 年的议会选举和 2017 年的总统选举积累了民意，但反对之声仍然不断，保守势力与改革势力之间的斗争仍然很激烈。伊朗宪法明确规定，伊斯兰议会是伊朗的最高立法机构。议会通过的法律经宪法监护委员会批准方可生效。议员由各选区通过无记名投票直接产生，任期 4 年。宪法规定，议会可在宪法规定范围内就所有问题颁布法律，所颁布的法律不得与国教或宪法原则相抵触。议会有权对国家一切事务进行调查和审核，批准同外国签订的条约、协议和重大合同。② 伊朗宪法规定，伊斯兰议会通过的一切决议案必须通过宪法监护委员会的审议和确认，确保他们不违背伊斯兰教义和宪法原则，才具有合法性。但伊斯兰宪法监护委员会的 12 名成员，除了由最高领袖推选的 6 名委员外，司法部部长向伊斯兰议会推荐其余 6 名委员，并由议会通过投票选举产生。因此，保守和改革阵营围绕议会选举的斗争异常激烈。

2016 年 3 月，伊朗举行了第十届伊斯兰议会选举。在本届议会选举中，

---

① “Domestic Politics and Issues”, http://iranprimer.usip.org/blog/2016/jul/14/poll-4-domestic-politics-and-issues.

② 中华人民共和国商务部发布《对外投资合作国别（地区）指南：伊朗（2015 年版）》，第 4 页。

改革派与保守派明争暗斗，改革派势力的加强，动摇了伊朗议会长期由保守派把持的局面。“在2016年的第十届议会选举中，借助诸多执政亮点，包括签署伊核协议，与西方缓和关系……鲁哈尼总统引领的温和保守派与改革派联盟（即希望名单）总计获得143席，成为议会第一大政治势力，伊朗议会进入了改革派和保守派势力均衡的阶段。”[①] 本次议会选举分别在2月26日和4月29日进行了两次投票。在2月26日举行的第一轮议会选举中，由改革派和温和派组成的“希望名单”获得了德黑兰选区全部30个席位；在4月26日的选举中，改革派获得了剩余68个席位中的34个席位。[②] 在这届议会选举，共有290个议席，其中改革派占据42%的席位，保守派占据29%，另外，独立人士和少数宗教派别人士占据剩余的29%。[③] 虽然在此次议会选举中改革派实力大增，但不表明改革派在伊朗政坛会一帆风顺，目前，伊朗军方、司法体系及主要企业均为保守派所控制，鲁哈尼的施政仍旧会处处受掣肘。近年来伊朗国内民众要求改革的呼声高涨，如果强硬保守派一味地忽视广大民众的意见，也会给伊朗政坛带来新的动荡。此外，值得关注的是，这次议会选举结果也表明伊朗民众尤其是大量年轻人对鲁哈尼领导的改革派政府的信任，这也是改革派在伊朗实施改革的重要政治资本。

三　内外政策上的分歧与争论

伊朗政坛虽然在领袖领导的平衡政治下保持着改革与保守阵营的相对稳定，但国内在具体的内外政策上仍然存在许多分歧，其中包括对待伊核协议的态度，在伊朗经济发展模式上的分歧，发展与西方国家关系尤其是伊朗与美国关系上，国内的分歧与争论不断。

---

① 王猛：《伊朗议会政治嬗变的历史透视》，《中东研究》2017年第4期，第8页。

② “Reformers Win 34 Seats, Principlists 21, and Independents 13 in Runoff Polls”, http://www.tehrantimes.com/news/301016/Reformers-win-34-seats-principlists-21-and-independents-13.

③ “Iran’s Parliamentary Election in a Nutshell”, http://www.tehrantimes.com/news/301045/Iran-s-parliamentary-election-in-a-nutshell.

2016 年，伊朗的经济发展理念更加理性化。石油领域是伊朗的经济命脉，石油出口收入是伊朗政府收入的重要来源。但是伊朗希望减少石油收益在政府财政收入中的比重，伊朗经济事务和财政部部长塔布尼亚表示，“今年预计对石油收入的依赖从 80% 降至 31%，最高领袖提出的减少石油收益在财政预算中所占份额的政策正处于实施阶段”①。2016 年，最高领袖哈梅内伊发布了“十项拯救伊朗经济的抵抗型经济政策”，其中包括振兴本国生产，避免出口削弱国内生产；在核制裁解除后，促进油气、飞机、火车、造船等领域科技能力的提升，避免资金在这些重要的领域浪费。② 鲁哈尼政府希望通过一系列的经济改革来增加就业，改善人民的生活水平。鲁哈尼认为当前问题较为突出的汽车产业应当进行私有化改革，他认为汽车产业的私有化是政府经济日程上的关键任务，决心加快汽车产业的私有化进程。鲁哈尼曾表示，“政府永远不可能成为合格经理人，这包括汽车产业。这个产业应当实现完全私有化，实现完全竞争”③，但其政策受到批评。法利波兹·瑞思达纳指出，很多政府是具有半垄断性质的资本主义政府，它们反对任何实质性的改革、科学的规划以及能够促进公平的民主合作计划。对于它们来讲，依靠石油收益来获取更多利益是首要目标。这些经济政策助长了大量的国家资本主义，它们支持一系列的国家私有化，而不是大众所有。他呼吁注意伊朗政府的新自由主义政策，这并不是说私有化不应当被鼓励，而是一些改革不注重改革的公正性和维护公民权利。④

---

① Tayyebnia, “Country Currency Supplied by Oil Sales”, http://www.mefa.ir/portal/Home/Default.aspx?CategoryID = 8fa13e36 – 87b5 – 42d0 – 9e55 – 5bb2064983d42016 – 10 – 13.

② Miriam Shabafrouz, “Economic Diversification in Iran: Policies between Convictions and Interests”, *Paper for the International Iranian Economic Association*, Conference on Iran's Economy in Marburg, June 2016, p. 2.

③《伊朗总统鲁哈尼誓言实现汽车产业私有化，专家认为伊朗释放其经济向全球市场开放信号》，中华人民共和国驻伊朗伊斯兰共和国大使馆经济商务参赞处网站，http://ir.mofcom.gov.cn/article/jmxw/201603/20160301271035.shtml，访问日期：2017 年 3 月 26 日。

④ Sidra Hamidi, “Dealing Reform: Iranian Domestic Politics after the Nuclear Deal”, May 15 2016, http://www.e – ir.info/2016/05/15/dealing – reform – iranian – domestic – politics – after – the – nuclear – deal/.

鲁哈尼上台后，认为与美国等西方国家好勇斗狠无益于国家利益，主张采取灵活务实的谈判策略。2015 年 7 月 14 日，伊朗和伊核问题国际谈判小组达成了《全面联合行动计划》，就多年未决的伊朗核问题达成历史性协议。核协议达成后，鲁哈尼称伊核全面协议是伊朗历史上的黄金一页。根据协议，15 年内伊朗将只在纳坦兹进行铀浓缩相关活动，铀浓缩度控制在 3.67% 以内；研发工作接受国际监督，不在福尔多进行任何铀浓缩和铀浓缩研发工作；改造阿拉克重水反应堆，缩小其核项目规模；等等。与此同时，根据伊核协议的规定，国际社会在核问题上对伊朗的多项制裁将被解除，伊朗还将在海外市场获得超过 1000 亿美元的石油收益。此外，2016 年 1 月 16 日是伊核协议的“执行日”，国际原子能机构证实伊朗已经完成执行伊核协议的必要准备步骤，针对伊朗的相关经济和金融制裁也将逐步解除。

2016 年，伊核协议的执行情况在一定程度上反映了伊朗与西方关系的缓解程度，也反映了伊朗国内各派对其国内政治改革导向的分歧程度。伊核协议达成后，伊朗政府出台新的投资税法条款，改善投资环境。同时，鲁哈尼政府批准了新的石油天然气开发合同模式，以此替代之前对外部投资商回报有很大限制的回购合同。随即，伊朗就公布了在新的开发合同模式下进行招标的项目，据《金融论坛报》报道，伊朗方面称，“伊朗石油部长赞加内接受国家电视台采访时称，伊朗已经确定对总价值 1850 亿美元的 50 个能源项目进行招标”①。鲁哈尼政府向议会提交的 2017 年财政预算指出，“伊朗政府调整财政，力求使非石油税收增加，并占到国内生产总值的 10%”②。

2016 年，相关制裁的解除进入实施阶段，伊核协议虽然受到了民众的热烈欢迎，但仍受制于国内外诸多因素。伊朗国内的保守势力主张伊朗大力发展“抵制经济”，认为伊朗的经济发展不需要美国的参与，认为伊核协议

① 《伊朗将推出价值 1850 亿美元的 50 个油气项目》，中华人民共和商务部网站，http：//www. mofcom. gov. cn/article/i/jyjl/j/201508/20150801069596. shtml，访问日期：2016 年 10 月 6 日。

② “Islamic Republic of Iran：2016 Article IV Consultation Press Release；Staff Report；and Statement by the Executive Director for the Islamic Republic of Iran”，February 10，2017，http：//www. imf. org/ ~ /media/files/publications/cr/2017/cr1762. ashx，p. 66.

的签署是对美国的屈服。面对当前解除制裁的复杂性和反复性，保守派对鲁哈尼的政策不断地提出批评。新上任的专家委员会主席贾纳提公开批评鲁哈尼试图缓和与西方国家关系的做法。与此同时，美国对伊朗解除制裁的范围只是核问题，而涉及“支持恐怖主义”“弹道导弹试射”等问题的制裁仍旧有效。2016 年 12 月 1 日，即将到期的《对伊朗制裁法案》在美国国会参议院通过决议，其有效期被延长了 10 年，该法案将执行到 2026 年年底。鲁哈尼表示，如果实施该法案，美国将违反伊核协议，要求美国总统奥巴马否决该法案。[①] 为了表明对伊核协议的态度，奥巴马总统最终以不签字的方式通过了《对伊朗制裁法案》的延长。2017 年 1 月 17 日，刚解除对伊朗的核制裁后，美国财政部就发布了对 11 个与弹道导弹相关的伊朗实体和个人实施新的制裁。为应对美国在制裁问题上的发难，伊朗国内的保守派也积极地进行反击。伊朗的弹道导弹计划一直是西方国家指责的问题之一，为回应美国新的制裁，2017 年 2 月，伊朗军方成功发射了弹道导弹，并称目的是满足防御需求，并非为携带核弹头。美国政府对伊朗试射弹道导弹提出了严重的警告。

在与周边国家关系上，伊朗国内的保守势力与改革势力之间也存在一定的分歧，改革势力主张缓和与周边国家的关系，保守势力则主张扩大伊朗的地区影响力，与亲伊朗的国家或激进组织保持一定的关系。在后协议时代，伊朗的强势崛起将引起沙特、以色列等中东地区大国的不安。伊朗同周边国家的关系纷繁复杂，如何实现伊朗与这些地区大国之间的一种平衡，成为伊朗政府外交上需要认真考量的问题。随着核制裁的解除，伊朗与沙特、伊拉克等原油出口大国之间的竞争愈加激烈，可能会使伊朗同周边国家的关系更加紧张。2016 年年初以来沙特与伊朗关系急剧恶化。2016 年伊始，沙特处死了什叶派教士尼米尔，由此引发了沙伊断交事件。此次两国断交事件虽表现为教派冲突，但背后则是地缘政治博弈和现实利益争夺。作为中东地区的

① 参见《伊朗就美延长对伊制裁法案事致信联合国秘书长》，中华人民共和国驻伊朗伊斯兰共和国大使馆经济商务参赞处网站，http：//ir. mofcom. gov. cn/article/jmxw/201612/20161202103100. shtml，访问日期：2017 年 4 月 19 日。

两大强国，同时又是代表伊斯兰教两大派别的大国，沙伊两国一直对立。随着制约伊朗经济发展的核制裁解除，伊朗在中东地区的实力相对提高，沙特感受到伊核制裁解除带来的威胁，伊沙之间的“冷战”关系被打破，两国矛盾凸显。在2016年，随着极端组织“伊斯兰国”在伊拉克和叙利亚占据的地盘不断被政府收复，以及西方国家的干预，伊朗保守势力支持下的军事力量不断介入叙利亚危机，力图保住风雨飘摇中的巴沙尔政权。对于以色列，伊斯兰政权建立以来，伊朗一直支持巴勒斯坦解放事业，反对美国和以色列。伊核协议签订之初，以色列就批评美国签署伊核协议犯了严重的历史错误，认为制裁解除后伊朗将更有能力支持恐怖主义活动，威胁以色列的安全。

四　小结

回顾2016年伊朗的政治局势，总体而言政局平稳，领袖仍具有绝对权威，在鲁哈尼总统的领导下，伊朗的经济逐渐恢复发展。鲁哈尼政府最大的政治和外交成果——伊核协议进入实施阶段。伊核全面协议的签署与执行，改善了伊朗与美欧等西方大国的关系，伊朗的国际环境有所改善。在相关制裁被解除的背景下，国内经济有所发展，伊朗重新回归国际社会。改革派在议会选举中赢得较大优势，改革势力有所加强。保守势力与改革势力总体保持相对的均势，但保守势力不可轻视，对鲁哈尼的批评之声不断，鲁哈尼政府在内政外交上仍然面临一定的挑战。

B.3
2016年伊朗的经济态势、机遇与挑战*

韩建伟**

摘 要： 2016年，伊朗宏观经济总体运行平稳，经济增长率高于2015年。具体来说，全面解禁之后，原油产量和出口量都有所增加；通货膨胀率继续保持下降的态势，汇率基本稳定，但是里亚尔依然面临贬值的风险；国际收支有所改善，但是结构性问题没有多少变化；外汇储备减少，外债尤其是短期外债有所增加；就业形势虽然改善不大，但是已经表现出积极的态势，劳动参与率较上一年有所提高。在鲁哈尼连任成功后，伊朗发展经济的外围环境将得到进一步的改善，外来投资将增加。未来伊朗经济发展所面临的挑战依然很多。外部因素主要是美伊关系改善的空间不大，制裁完全解除的前景黯淡；国内因素主要有保守派的抵制、难以执行一项发展经济的长期计划等。未来伊朗经济发展之路将是曲折的。

关键词： 伊朗 经济态势 鲁哈尼

2016年，伊朗经济运行平稳，总体上好于2015年。宏观经济继续保持

* 本文是国家社科基金青年项目“伊朗伊斯兰革命后经济现代化研究”（项目批准号：13CSS022）的阶段性成果。

** 韩建伟，上海外国语大学中东研究所副教授，主要研究方向为中东经济、伊朗问题。

稳定，但也存在不稳定及风险因素。鲁哈尼政府的部分经济预期目标得以实现，但是并没有赢得普遍的赞赏，反而受到很多质疑。批评者认为鲁哈尼没有让伊朗经济出现明显的好转，普通百姓得到的实惠很少；尤其是失业率居高不下，不少年轻人的住房、婚姻、就业依然面临许多困难。在伊朗总统大选之时，鲁哈尼的经济成绩单屡屡受到指责，成为竞争对手强硬保守派攻击的主要着力点。不过，这种质疑和批评主要是出于政治目的，没有顾及经济发展本身的周期规律。

2016～2017 财年上半年，伊朗经济的实际增长速度为 7.4%，比 2015～2016 财年明显反弹。[①] 伊朗央行行长一度发声，伊朗 2016/17 年度的增长率要重新回到两位数（10%）以上[②]，而两位数的经济增长率对伊朗来说已经是 26 年前的事了。总体来说，对伊朗经济目前的发展态势既不能低估，也不能过分乐观。

一　原油产量和出口量有所恢复和扩大

2016 年年初制裁解禁之后，伊朗迫不及待地宣布要加大原油的开采力度。但当伊朗宣布增产计划之时，低油价格局已经给产油国造成了巨大的损失，欧佩克内限产保价的呼声渐高。伊朗重回世界原油市场的行动引起了产油国对油价继续下跌的担忧。因此，伊朗单方面增产的行动也使其与以沙特为首的阿拉伯产油国的关系进一步恶化。但是伊朗的战略是夺回失去的市场份额。从 2016 年 2 月起，伊朗的石油产量和出口量有了明显的上升（见图 1）。2016 年 3 月，伊朗向亚洲主要的石油买家——中国、印度、日本、韩国每日出口石油 156 万桶，比 2015 年同期增加了 50%。[③] 中国则从 2016 年

---

① 《国际货币基金组织报告显示伊朗经济恢复程度乐观》，中华人民共和国驻伊朗伊斯兰共和国大使馆经济商务参赞处网站，http：//ir. mofcom. gov. cn/article/jmxw/201703/20170302526343. shtml。

② 《伊朗央行行长称伊朗经济将实现两位数的增长》，中华人民共和国驻伊朗伊斯兰共和国大使馆经济商务参赞处网站，http：//ir. mofcom. gov. cn/article/jmxw/201704/20170402554904. shtml。

③ "Iran's Crude Oil Exports to Asia up by 50%", May 10, 2016, http：//www. irna. ir/en/News/82068856/.

5 月起加大了从伊朗进口石油的力度。① 到 2016 年 10 月，伊朗日产原油已经达到 369 万桶，与 2012 年前的水平大体相当。②

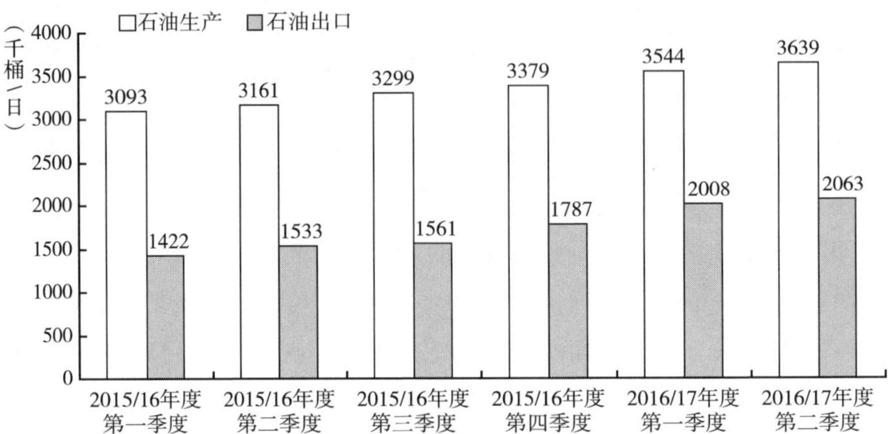

图 1　2015/16 和 2016/17 年度伊朗的石油生产和出口（按季度）

资料来源：CBI，*Economic Trend*，1395，Q2，p. 7。

不过，2016 年伊朗的石油生产基本已经达到上限，未来大幅度提高的可能性很小。伊朗在第六个五年计划里（2016 ~ 2021 年）将石油日产量的目标定在 460 万桶/日。③ 这无疑是一个雄心勃勃的目标，而想要实现这一目标的主要路径还是吸引外资和技术。伊朗不少老油井因开采时间太长，开采量下降，存在升级改造的问题，迫切需要大量资金和技术投入，这是本国融资远远无法解决的。长期遭受制裁和孤立的国际环境极大地限制了外来投资的流入，而伊朗本国也一直存在抵制外来投资的势力。解决好吸引外资的问题依然是鲁哈尼第二任期的主要任务。

① “Iran, China to Boost Co-op in Post Sanctions Era”, May 16, 2016, http: //www. irna. ir/en/News/82076665/.

② “Monthly Oil Market Report”, November 2016, p. 57, http: //www. opec. org/opec_ web/en/publications/338. htm.

③ “Iran Eyes 4. 6mb/d Crude Oil Output Under 6th Development Plan”, http: //www. irna. ir/en/News/81976698/.

伊朗回归国际石油市场一度引起人们对油价下跌的担忧，但是国际油价并没有受到伊朗石油产量增长太大的影响，实际上油价比 2015 年还有所反弹。伊朗对世界原油市场的影响是有限的。到 2016 年上半年，一年多的低油价格局已经令剩余的石油库存得到了部分消解，国际原油供大于求的局面有所缓和。而亚洲经济体尤其是中国加大了原油战略储备，增加了购买量，也是引起油价回升的一个不容忽视的因素。2016 年 12 月初，欧佩克限产协议的达成也大大增加了油价回升的可能性。但是，迄今为止，欧佩克限产协议一再被推迟执行，而美国也加大了页岩油开采的力度，为国际油价的复苏增添了不少障碍。低油价将继续保持一段时期，这对伊朗恢复经济来说总体上是不利的。

二　通货膨胀率继续下降

鲁哈尼执政以来，把降低通货膨胀率作为改善民生的关键大事，取得了明显的效果。从 2014 年起，消费者物价指数（CPI）增长放缓，通货膨胀率稳步下降。到 2015 年年底，伊朗的通货膨胀率已经降到 13.7%。[①] 但是，鲁哈尼政府并不满足于这些成绩，而是立志将通胀率降到个位数。在第六个五年计划中，伊朗把通货膨胀率的目标定在 9% 以下。2016 年，伊朗的消费者物价指数的上涨速度继续减缓。从 2015 年 12 月到 2016 年 12 月，CPI 指数仅仅从 232.6 攀爬至 252.9，[②] 在过去这经常是不到一个月内所创造的纪录。从图 2 可以看出，2016 年，伊朗的通胀率继续下滑，从 2015 年年底到 2016 年年初的 13.2% 一直平稳下降到 2016 年 12 月底的 8.6%。第六个五年计划设定的通胀目标已经提前实现，下一步便是保持通胀率在低位运行。

在伊朗，通货膨胀在短期内能够下降得如此之快，在世人眼里无疑是一

① CBI, *Monthly Inflation and CPI*, http://www.cbi.ir/Inflation/Inflation_en.aspx.

② CBI, *Monthly Inflation and CPI*, http://www.cbi.ir/Inflation/Inflation_en.aspx.

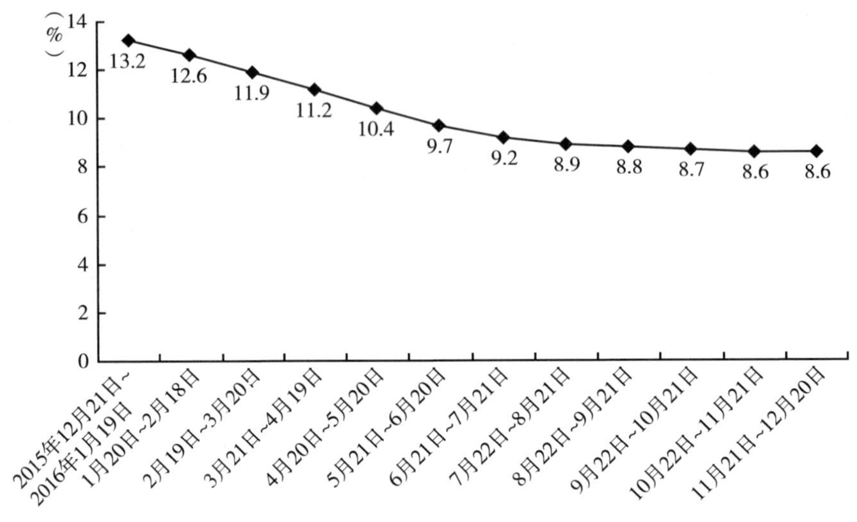

图2　通货膨胀率发展趋势

资料来源：CBI，*Monthly Inflation and CPI*，http：//www. cbi. ir/Inflation/Inflation_en. aspx。

个奇迹①。因为高通胀率是伊朗多年来的旧疾沉疴，是历届政府的难题，一直得不到有效的解决。作为宏观经济中的一个重要指标和重要变量，通胀率通常随着国内其他经济要素的变化而变化。而2016年伊朗通胀率能够继续保持下降的良性态势，除了供应、需求方面的因素外，民众对政府信心的增强也是通胀率下降的关键因素。长期以来，民众害怕里亚尔一直贬值，为了避免资产流失，很多人习惯将本国货币尽量兑换成美元或者黄金，尤其在制裁收紧和时局动荡的时期，美元和黄金更成为奇货可居的商品。鲁哈尼执政以来，首先从供应的角度解决了大量基本生活用品无法满足的问题，民众的恐慌心理得到了安抚。同时下调汇率标准，使得官方汇率接近平行市场汇率，令外汇投机的利润空间大大降低。鲁哈尼政府的执政能力得到了认可，民众对政权能够维持稳定的预期明显增加。2016年全面解禁之后，虽然国际制裁

① 关于通货膨胀率下降的原因，笔者从供应和需求及政府政策角度进行了探讨，参见韩建伟《2015年伊朗经济发展特征》，载冀开运主编《伊朗发展报告（2015~2016）》，社会科学文献出版社，2016。

没有完全解除，但是外部威胁大大降低。伊朗不再是地区的热点问题，摆脱了外交话题的困扰，如何谋求发展逐渐成为政府的工作重心。一个温和、日趋稳定的政府，对民心的安抚显然具有举足轻重的意义。更多的民众将现金存入银行便是一个突出的证明。定期存款和活期存款都在增加，2016 年活期存款增长较快。图 3 显示，从伊历 1394 年①最后一个季度（相当于2016 年的前 3 个月）开始，伊朗活期存款明显增加，这种势头在伊历 1395 年（2016/17 年度）的前两个季度继续保持。活期存款在本质上属于流动性资产，按照伊朗银行的规定，活期存款没有利息。内贾德执政后期，伊朗民众越来越不愿意将现金存入银行，表明了对银行安全性及政府稳定性的明显担忧和疑虑。这种状况在 2016 年得到了明显的好转，民众对银行的信任度明显提高，兑换其他货币或硬通货的现象减少，这对通胀率的降低具有重要的意义。

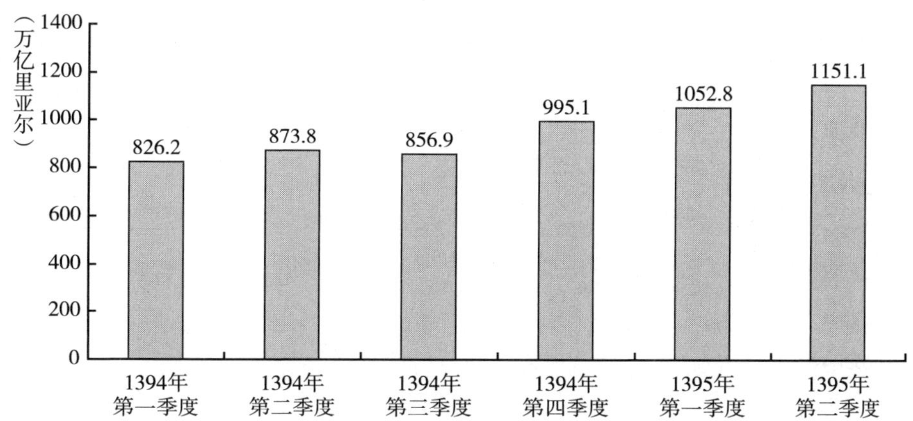

图 3　伊历 1394 年和 1395 年前两个季度的活期存款

资料来源：CBI, *Economic Trend*, 1395, Q2, p. 17。

总之，一个温和、渐进、坚持变革的政府更容易取得伊朗民众的信任，从而有利于通货膨胀率的下降。而一个保守、强硬的政府则容易引起民众的

① 伊历 1394 年指 2015 年 3 月 21 日 ~ 2016 年 3 月 19 日，其他年份可类推，以下不再标注。——编者注

恐慌，造成国内经济形势的混乱，从而促发通货膨胀的上扬。这是一个规律性的现象。

三　汇率情况

2016 年汇率基本保持稳定，但里亚尔仍在贬值，也存在大幅度波动的风险。

图 4 显示，截至 2016 年 9 月，伊朗的官方汇率和平行市场汇率基本保持稳定，但是二者依然存在差距。里亚尔对美元汇率已经突破 30000 大关，尽管贬值幅度不大，但是还在贬值。汇率本质上反映的是本国产品对外国产品的竞争力，伊朗里亚尔一直贬值反映了伊朗本国经济实力和竞争力有待提高的实际状况。但是影响汇率的因素有很多，主要有国际收支、通货膨胀率、利率、经济增长率、财政赤字、外汇储备及投资者心理预期等，同时国家的汇率政策也发挥了重要作用。

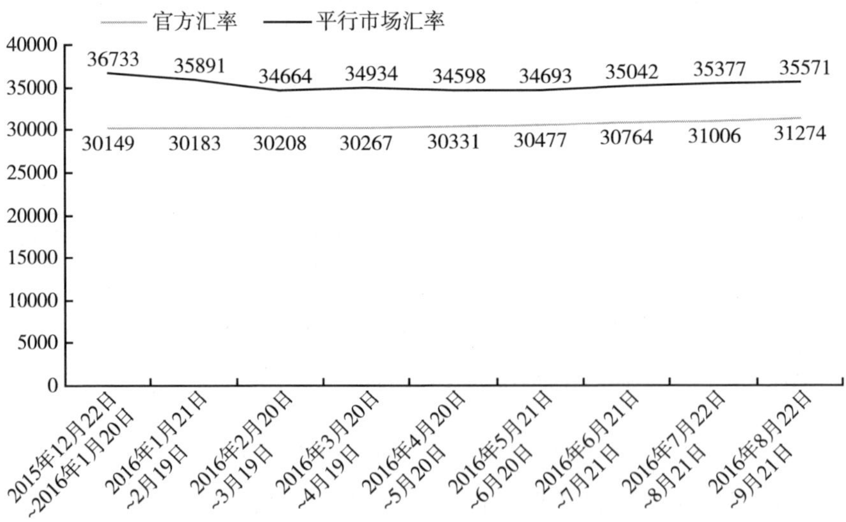

图 4　2016 年官方汇率和平行市场汇率

资料来源：CBI，*Economic Trend*，1395，Q1，p. 16；*Economic Trend*，1395，Q2，p. 16。

伊朗外汇储备过低，尤其是美元紧缺，是导致汇率不稳的重要因素。长期以来，伊朗的汇率制度存在明显的缺陷，即官方汇率大大低于真实汇率，这导致一个主要靠倒卖官方廉价外汇的平行汇率市场的出现。尽管政府一直努力统一汇率，消除两个市场的差距，但是一直未能实现。国家无法完全左右市场的行为，同时又不敢放开管制，以免引发大规模的汇率贬值。这是伊朗当前汇率制度的困境。汇率与通货膨胀也通常是一个硬币的两面，通货膨胀率的上升一般意味着汇率的贬值，二者互为因果。而民众的心理预期也对汇率稳定有很重要的影响。一旦国内外政治形势有风吹草动，民众就急于兑换手中的货币以求避险。比如，特朗普当选为总统时，一度引发了伊朗国内的不安情绪，许多人认为美国将很有可能重新制裁伊朗，引起了里亚尔抛售风潮，从而引发了汇率的大幅度动荡。

四　国际收支情况

2016 年的国际收支比 2015 年有所改善，但结构性问题没有变化；外汇储备大幅度减少，外债增多。

如图 5 所示，从近 10 年的数据可以看出，2015/16 年度是伊朗国际收支情况最差的一年，甚至低于制裁最严厉的时期。尽管 2015/16 年度的非石油收入账户的状况有所改善，但受国际油价下跌的影响，石油收入大幅度下降，总的国际收支情况恶化。

如表 1 所示，从经常账户来看，2016/17 年度前 3 个月和前 6 个月的余额要多于上一年，但基本面改善不大。增加的部分主要还是石油收入的增加引起的，而非石油出口收入与上一年基本持平，没有多少变化。进口与上一年相比略有上升，但变化不大。2016/17 年度的资本账户逆差扩大。一般来说，资本账户的逆差与经常账户的顺差是对应的关系。对伊朗来说，制裁尚未解除，投资政策的稳定性仍饱受质疑，长期国际资本的流入依然是一个大问题。伊朗国内资本也存在向外流动的趋势，易受国际政治环境和美国单方面制裁的影响，波动较大。因此，资本账户

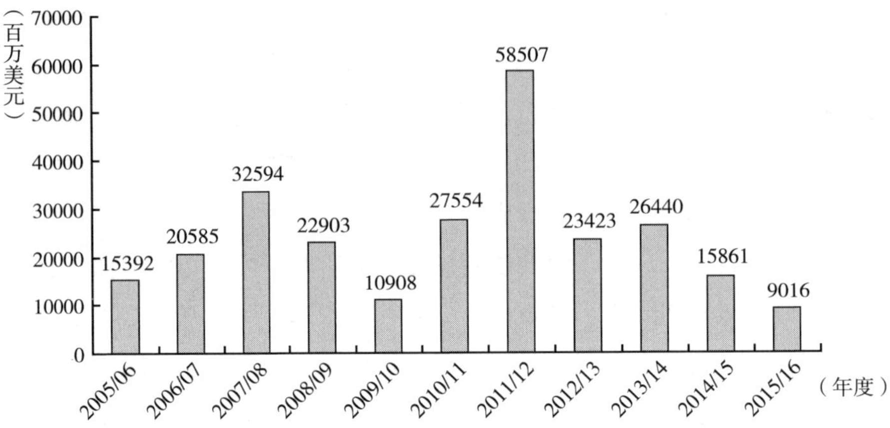

图 5　经常账户余额情况

资料来源：CBI, *Annual Review*, 1388, p. 62；*Annual Review*, 1393, p. 74；*Economic Trend*, 1395, Q2, p. 13。

通常呈现不规则的波动，带有极大的不稳定性。这个特点恐怕在未来较长时期内还会存在。

表 1　2015/16 和 2016/17 年度前 3 个月和前 6 个月国际收支状况

单位：百万美元

项目	2015/16 年度		2016/17 年度	
	前 3 个月	前 6 个月	前 3 个月	前 6 个月
经常账户	3947	6136	5231	8690
商品账户	4778	7542	6522	10649
出口	17680	33616	18905	38144
石油	10633	20065	11640	24807
非石油	7047	13551	7264	13337
进口	12902	26073	12383	27495
服务账户	-1206	-2283	-1610	-2794
收入账户	237	597	198	121
经常转移账户	138	280	558	277
资本账户	-4218	-52	-5022	-10836
国际储备变化	-647	1562	-6171	-7644

数据来源：CBI, *Economic Trend*, 1395, Q2, p. 17。

截至2016年前两个季度，伊朗国际货币储备大幅度减少，伊历1395年外汇储备已转为负值（见图6）。外汇短缺依然是伊朗目前面临的严峻挑战，尤其是发展经济需要大量外汇。到2017年1月，伊朗外债总额大约为75.7亿美元，其中短期债务28.5亿美元，中长期债务47.3亿美元。而2015/16年度的外债总额为55.5亿美元，其中短期债务3.5亿美元，中长期债务52亿美元。[①] 因此，2016/17年度增加的主要是短期债务，中长期债务有所减少。短期债务的增加存在较大的风险性，可能会给经济带来不利的影响，但这也是伊朗目前经济发展对大量融资的客观需要。只要注意采取有效措施防御风险，一定的外债比例是有利于国民经济发展的。

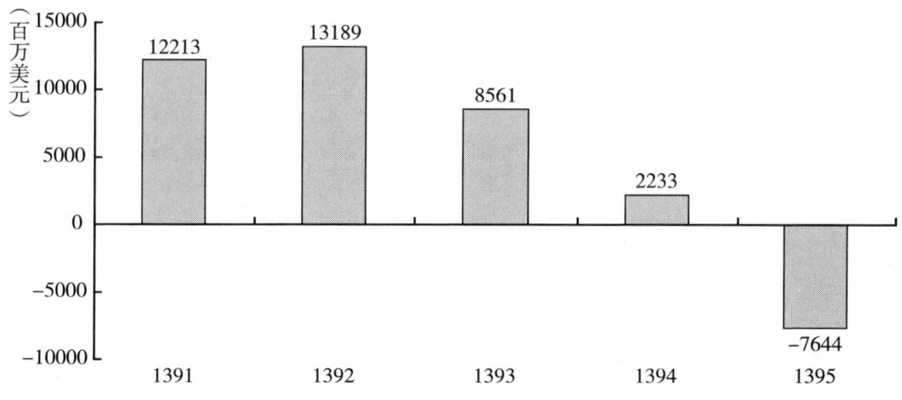

图6　伊历1391～1395年（前两个季度）外汇储备的变化

注：伊历1391年指2013年3月21日～2014年3月20日，以下年份依次类推，不再标注。——编者注

资料来源：CBI，*Economic Trend*，1395，Q2，p. 14。

五　财政收支情况

2016年伊朗财政收入和支出都有所增加，财政赤字有所扩大。

---

① CBI，*Balance of Payment*，Dey 2016；*Balance of Payment*，Dey 2017，http：//www. cbi. ir/category/3393. aspx.

改善政府的财政状况一直是鲁哈尼政府的主要任务，但在短期内也是难以实现的。从表2、图7看出，在鲁哈尼第一任期内，政府名义上的财政收入确实在增加，但若刨除货币贬值的因素，实际增加的部分并不多。与此同时，财政支出也在增加。2016年名义上的财政赤字有所扩大，但是扩大幅度不太明显。实际上为了缩减财政赤字，鲁哈尼政府在一定程度上压缩了预算支出。从伊朗未来经济发展需要大量投入的客观情况分析，伊朗财政支出会保持扩大的趋势，赤字很可能也会随之增加。

表2　财政收支状况

单位：万亿里亚尔

项目	2013/14	2014/15	2015/16	2016/17
收入	717.4	977.6	1123.70	1573.80
税收	494.2	709.7	791.9	1038.30
其他收入	223.1	267.9	331.9	535.5
支出	1197.60	1438.30	1706.90	2137.60
收支平衡	-480.3	-460.7	-592.9	-563.80
处置非金融资产	612.1	631.9	673.6	790.50
收购非金融资产	220.2	299.5	277	574.80
非金融资产收支	391.9	332.4	396.6	215.70
金融资产收支	88.4	128.3	196.3	348.10

资料来源：CBI，*Economic Trend*，1395，Q2，p. 13。

鲁哈尼政府财税改革的一个重要任务是让财政收入结构更加合理化，尤其是要增加税收收入的份额。总的来说，鲁哈尼执政之后，税收在财政收入中的占比有所提高。根据表2的数据可知，2013/14～2016/17年度税收占财政总收入的比例分别为68.9%、72.6%、70.5%、66.0%。政府收入的另一项重要内容是非金融资产，而非金融资产收入的主要部分是石油收入。2016/17年度，虽然税收收入总额上升，但是占财政收入的比例有所下降；另外，得益于油价回升与石油产量的提高，该年度石油收入占非金融资本的比例明显上升。财政收入构成的微弱变化也反映出进行财税改革是一项十分艰难、任重道远的任务。

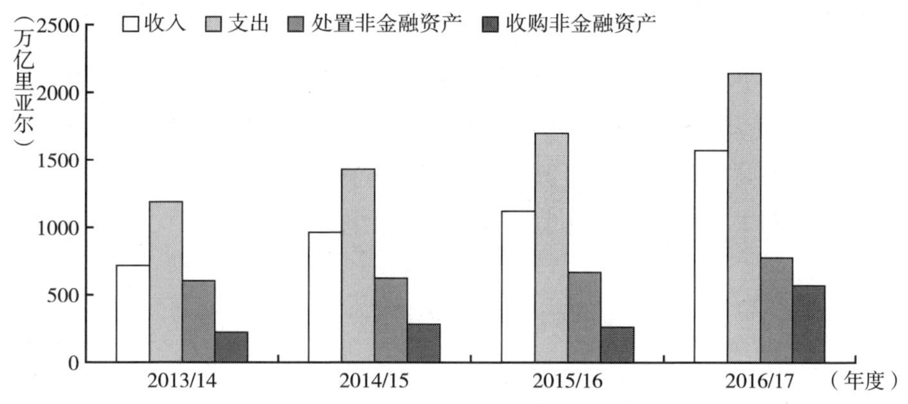

图 7 财政预算主要构成

资料来源：CBI, *Economic Trend*, 1395, Q2, p. 13。

从表 3 可以看出，伊朗税收主要由直接税和间接税两大类构成，其中直接税是主要税收来源，占总税收的 50% 以上。2016/17 年度，直接税在总税收中的占比有所下降（不到 50%）。直接税的主要来源是企业税，其次是个人收入税，另外财富税也占有一定的比例。2016/17 年度，企业税占总税收的 30% 以上，在总税收中的占比有所下降。从发展经济、降低企业成本、减轻企业税负的客观需要来看，企业税负在未来还应该继续降低。但是在不能保证其他税种收入增长的前提下，政府还希望增加税收收入，给企业减负也是一项艰难的任务。

表 3 2013/14 ~ 2016/17 年度的税收情况

单位：万亿里亚尔，%

项目	2013/14 年度	2014/15 年度	2015/16 年度	2016/17 年度
直接税	277. 9	359. 2	429. 6	501. 5
企业税	180	240	287. 6	335. 7
收入税	76. 1	94	117. 8	140. 7
财富税	21. 8	25. 1	24. 2	25. 1
间接税	216. 4	350. 5	362. 3	536. 8
进口税	80. 4	133. 4	115. 5	169. 3
商品和服务税	136	217	246. 7	367. 5
总税收	494. 3	709. 7	791. 9	1038. 30
直接税占总税收比例	56. 2	50. 6	54. 2	48. 3
企业税占总税收比例	36. 4	33. 8	36. 3	32. 3

资料来源：CBI, *Economic Trend*, 1395, Q2, p. 25。

间接税主要由进口税及商品服务税构成，其中后者是间接税的主要来源。需要注意的是，2016/17 年度进口税占间接税的比例为 31.5%，较 2013/14 年度（37.2%）明显下降。相比之下，商品和服务税在间接税中的比例则有所提高。由于进出口贸易对伊朗具有特别重要的意义，进口税的降低将更加有利于国际贸易的开展，这是一个积极的趋势。

六　就业情况

2016 年劳动力就业主要指数与往年相比变化不大，但也显示出较为积极的特征。

从图 8 看出，2016/17 年度的劳动参与率有所提高。该年度夏季（40.4%）和冬季（38.9%）的劳动参与率要明显高于 2015/16 年度的夏季（38.9%）和冬季（37.7%）。[①]因此，2016/17 年度的总劳动参与率势必高于上一年。如果伊朗经济能够继续保持增长态势，未来劳动力参与率应该还会继续提高。

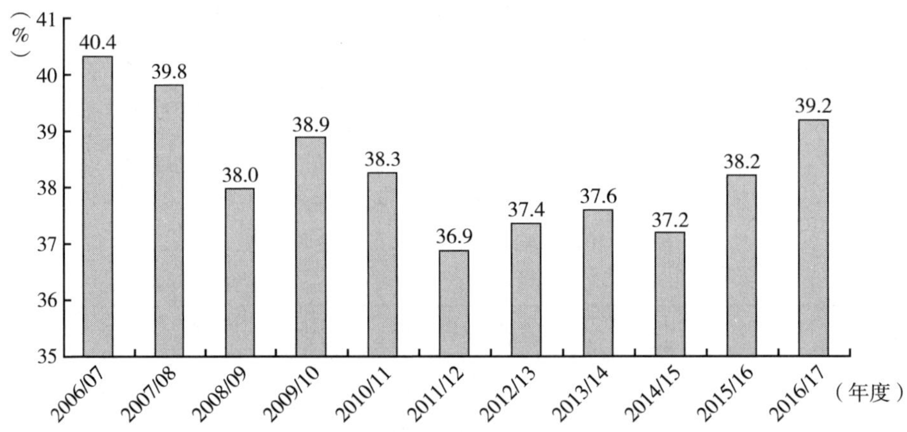

图 8　2006/07 ~ 2016/17 年度的劳动参与率

注：2016/17 年度仅包括 2016 年前九个月。

资料来源：SCI, *A Selection of Labor Force Survey Result*, 1392, p. 5; *A Selection of Labor Force Survey Results*, 1393, p. 5; *A Selection of Labor Force Survey Results*, 1394. p. 5。

---

① SCI, *A Selection of Labor Force Survey Results*, Summer & Winter 1394, p. 5; Summer & Winter 1395, p. 5.

虽然就业状况开始改善，但是改善有限。如表4所示，全国总的劳动参与率不超过40%，意味着超过半数的人口不参与就业，真正的就业率仅为35%左右。其中就业的性别差异依然是伊朗就业市场的主要特征，男性劳动力是就业的主力。在伊朗当前政治体制和文化环境下，这种状况不大可能发生改变。但是妇女就业的增加也是一个不可逆转的趋势。农村的劳动参与率一般高于城市，主要是因为农村妇女的劳动参与率要明显高于城市妇女。

表4　2015年12月21日至2016年9月21日伊朗主要劳动力指数

单位：%

劳动力指数	全国	男性	女性	城市	农村
劳动参与率(≥10岁)	39.2	63.8	14.6	38.6	41
失业率(≥10岁)	12.2	10.3	20.6	13.6	8.6
失业率(≥15岁)	12.2	10.3	20.7	13.6	8.6
失业率(15~24岁)	28.9	24.7	45.1	31.9	22.5
失业率(15~29岁)	25.5	20.9	42.3	27.8	19.3
就业率(≥10岁)	35	57.8	12.3	33.7	38.7
农业就业率	18.2	17.3	22.2	5.4	50.4
制造业就业率	31.8	33.7	24.6	34.2	25.8
服务业就业率	50	49.4	53.1	60.4	23.9
不充分就业率	10.1	11.2	4.5	8.3	14.5

注：表中数据笔者根据三季度数据核算得出，其中就业率的数据只包括2016/17年度的前两个季度。

资料来源：SCI, *A Selection of Labor Force Survey Results*, Winter 1394, p. 5; *A Selection of Labor Force Survey Results*, Spring 1395, p. 5。

如图9所示，2016/17年度的失业率还是很高，从春季和夏季的失业率数据来看，甚至高于过去三年。当然也不排除2016/17年度秋季和冬季失业率有所下降的可能。不过从往年季节性的失业数据分析，冬季的失业率往往比其他季节有所上升。妇女的失业率一般是男性的2倍。15~24岁年轻人的失业率是最高的，15~29岁年轻人的失业率略低，但是也远远高于全国平均水平。这也反映出24~29岁年轻人的就业率还是略好一些。迈入就业市场时的年龄越小，面临失业的威胁就越大。农村失业率低于城市，在一定程度上反映出在城市化的背景下，农村人口的减少导致农业失业率下降的事实。

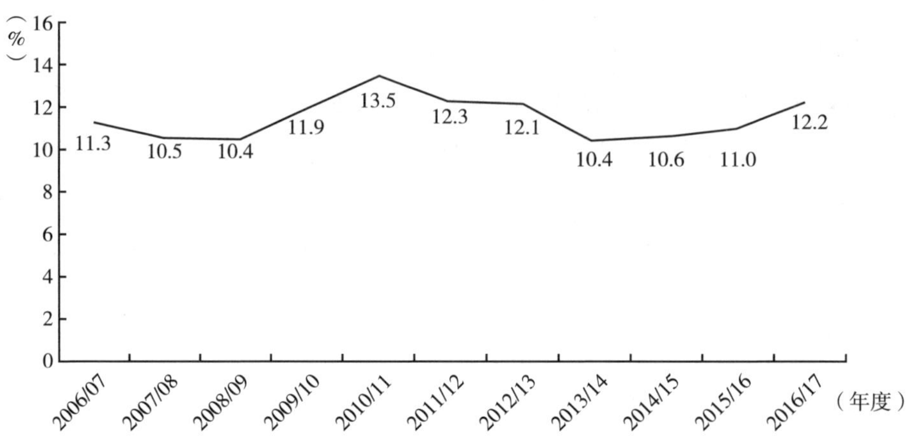

图 9　2006/07 ~ 2016/17 年度的失业率

资料来源：SCI，*A Selection of Labor Force Survey Result*，1394，p. 7；*A Selection of Labor Force Survey Result*，Summer 1395，p. 5。

在农业、制造业和服务业中劳动力人口的就业情况基本上反映了三大产业在伊朗国民经济中的比重。值得注意的是，在农业中妇女的就业率大大高于男性，而服务业中妇女也存在明显的就业优势，男性仅在制造业中保持着就业优势。随着未来伊朗制造业的复兴，妇女在制造业的就业有望进一步增加。未来就业的性别差异也会进一步缩小。

除此之外，伊朗还存在数额不小的不充分就业人口。这部分人口一般收入较低，处于就业领域的灰色地带，应该引起政府的高度关注。

七　鲁哈尼第二任期经济改革的机遇与挑战

总的来说，2016 年伊朗经济的总体局面向好，在不少宏观经济层面都表现出积极的态势。伊朗经济凋敝已久，而且存在许多难以克服的制度性障碍，能在如此短的时间内取得这样的成绩，已经不易。但是，这样的经济发展速度依然不能令许多人满意。不过，鲁哈尼能够成功连任也表明民众对他的上一任期政绩的肯定，包括对他经济成绩的认可，甚至对其任内经济发展未能达到预期的某种程度上的谅解。

鲁哈尼第二任期一个非常重要的任务就是继续通过推进改革促进经济的良性发展。从当前伊朗面临的国内外形势看，伊朗经济发展面临一些机遇，主要表现在两个方面。

第一，国际大环境将继续改善，伊朗的外围经济环境还会进一步变好。虽然制裁并未完全解除，特朗普的上台也令美伊关系的前景蒙上阴影。但是，全面协议拥有强大的法理基础，不是美国单方面能够撼动的。尤其是欧洲更加倾向于与伊朗发展友好合作的全面关系，美国与欧洲不太可能再联合起来对付伊朗。另外，随着中东其他热点问题的持续发酵，如叙利亚问题、也门问题、“伊斯兰国”问题等，西方大国也不希望伊朗政局发生大的动荡。过去的经验表明，西方越是与伊朗对抗，伊朗国内政治保守化、激进化的可能性就越大。一个稳定、温和的伊朗政府符合西方大国的利益。因此，西方不会轻易地破坏鲁哈尼时代的伊朗。这对伊朗来说都是发展经济的良好时机。

第二，将有更多的机会利用外来技术和资本。全面协议签署之后，外界对伊朗的疑虑大大减轻，随着伊朗一系列吸引外资的优惠措施出台，外来投资会继续增加。据伊通社 2017 年 5 月 15 日报道，“伊朗投资、经济及技术支持组织”（OIETAI）发布报告，自 2016 年 1 月伊核协议开始执行后，伊朗共吸收外资 110 亿美元。[①] 未来几年，鲁哈尼政府将更加重视引进外来技术和资本，落实新石油合同，推动石油产业链的升级改造。油气产量上升空间较大，制造业也会获得发展的良机。

在获得发展机遇的同时，伊朗未来经济发展也面临着很多挑战。这些挑战将深刻影响伊朗政治经济进程及政权的稳定。

第一，伊朗将继续面对制裁尚未完全解除的风险，并且不得不继续为其买单。美伊关系可能会进入一种新状态——对抗烈度降低的“亚紧张状

① 《伊核协议达成后伊朗共吸引外资超过 110 亿美元》，中华人民共和国驻伊朗伊斯兰共和国经济商务参赞处网站，http：//ir. mofcom. gov. cn/article/jmxw/201705/20170502575406. shtml。

态”。特朗普上台之后，并没有真的实践其“撕毁核协议”的诺言，但确实从许多方面重新加强了对伊朗的压制，包括对伊朗单方面制裁的延续。伊朗被完全解除制裁似乎遥遥无期，但是美国无意与伊朗发生真的对抗。伊朗目前集中精力发展经济，也尽量避免与美国硬碰。因此，两国关系不大可能出现明显的好转，但也不至于再次紧张到剑拔弩张的程度。但是，制裁不能完全解除对伊朗经济的恢复和发展存在不容忽视的影响，它将继续阻碍伊朗进一步融入全球经济的步伐，也会对外资和技术顺利进入伊朗设置障碍。

第二，鲁哈尼的经济改革计划将更多地面临强硬保守派的抵制。在鲁哈尼的第一任期，已经部分地削弱了强硬保守派在经济中的地位，但成效不大。强硬保守派不仅控制着实权部门，而且得到最高领袖的庇护。尤其是伊斯兰革命卫队，在内贾德时期其经济角色得到了极大的强化，到鲁哈尼时期已经形成尾大不掉之势。一般情况下，伊朗总统在第二任期的权力会受到削弱，这也不利于鲁哈尼政府继续削弱强硬保守派的势力。哈梅内伊从平衡战略出发，也不会赞成过度削弱强硬保守派。得不到最高领袖的支持，这种努力基本不会成功。这也是鲁哈尼推进改革的主要障碍。

第三，经济振兴的任务过于繁重艰巨，很难在四年内取得重大的成效。鲁哈尼政府振兴经济的主要任务包括：继续维持低通胀的局面、继续遏制伊朗里亚尔汇率贬值的趋势及最终统一汇率、继续推进补贴改革、增加就业、振兴制造业等。其他国家的发展经验证明，如果没有一个稳定、能够一以贯之长期执行连续性经济政策的政府，经济在短期之内是无法实现高速发展的。伊朗缺乏这样一个能够执行长期稳定的经济政策的中央政府。仅有四年任期的总统，不仅要考虑解决眼前直接关系民生的经济问题，还要考虑中长期经济发展规划。另外，经济政绩时刻面临考验，容易成为被对手攻击的软肋。鲁哈尼政府还要考虑四年之后如何确保温和改革派继续执政的问题。一旦强硬保守派执政，目前的经济政策有可能被推翻，经济改革可能遭遇曲折。所以，对伊朗来说，最关键的不是某项经济政策得到贯彻，而是高层领导人很难在总的经济发展战略上达成一致，不能确保不论哪一派上台，经济政策都能延续，发展经济的首要目标都不会轻易改变。

B.4
2016年伊朗与西方国家关系

张立明*

摘　要： 2016 年 1 月，伊核协议开始正式执行，对伊制裁解除，伊朗重新回归国际政治、经济舞台。2016 年，伊朗恢复了与欧盟各国的正常政治和经贸关系，双方签订了多个经贸合作大单，贸易额大幅度上升，但伊朗与欧盟各国的经贸合作项目很大程度上受美伊关系的牵制，具体落实起来还有很多不确定因素。伊美关系在特朗普上台后再次趋向紧张，不确定因素增加。虽然双方有效地管控了在波斯湾的军事摩擦，实现了"换囚"，美方归还了伊朗欠款，允许伊朗购买空客和波音公司飞机，双方贸易额也有所上升，美方也承认伊朗没有违背伊核问题全面协议，但仍称伊朗为"恐怖主义支持国"，视伊朗为中东乱局的"罪魁祸首"，继续保留部分对伊制裁，并以伊朗发展弹道导弹为借口，追加了新的制裁，并延长到期的《对伊朗制裁法案》，引起伊朗强烈不满。伊朗与俄罗斯阶段性战略盟友关系进一步深化，双方在国际事务、地区安全及经贸方面的合作进一步密切，经贸额也有较大的增长。

关键词： 伊朗　欧盟　美国　俄罗斯

---

* 张立明，解放军外国语学院波斯语专业副教授，主要从事波斯语语言文学教学和研究工作。

一　伊朗与欧盟的关系

（一）伊朗与欧盟总体的关系

伊朗和欧盟在经济和政治上互有所求。从经济上看，欧盟在世界经济体系中占有重要的地位，也是伊朗传统的第一大贸易伙伴，双方有深厚的经贸合作基础。双方在经贸领域存在着很大的互补性：伊朗恢复和发展经济需要欧洲的技术和资金，而伊朗 8000 万人口的大市场、高素质的劳动力、丰富的油气和矿产资源、低廉的能源价格和劳动力成本，以及政府的保护外国投资政策对欧盟大企业有很大的吸引力。

伊朗希望加强同欧盟的经济联系，一旦美国推翻伊核协议，欧盟国家出于经济利益考虑而不再追随美国的对伊制裁。在美国仍然保留众多对伊朗经济制裁的情况下，美国大多数企业无法在伊朗展开实体经营或者和伊朗企业开展合作。而与此相反，欧盟国家的企业将和伊朗展开全面合作，结果可能产生“欧盟企业赢、美国企业输”的情况。伊朗想以此倒逼美国放弃继续制裁伊朗的做法。

从政治上看，欧盟是伊核协议的主要协调方，在国际事务中发挥着重要作用。伊朗希望借助欧盟推进伊核协议的顺利执行，扩展外交空间。伊朗是中东地区大国，具有重要的战略地位，不仅国内社会稳定，而且近年在地区的影响力日趋上升。欧盟希望利用伊朗在中东的影响力，在打击“伊斯兰国”、阻止阿富汗毒品经伊朗流入欧洲、解决叙利亚问题、解决难民危机等方面与伊朗合作。

2003 年伊朗核问题浮出水面以来，出于自身安全考虑和美国压力，欧盟推出了多项针对伊朗的制裁措施，尤其是 2012 年实施对伊朗油气、金融、保险、航运等制裁之后，伊朗与欧盟的贸易额降到最低点。中国取代欧盟成为伊朗最大的贸易伙伴。应当说欧盟是西方国家联手制裁伊朗最大的输家。2015 年 7 月 14 日，伊核全面协议达成之后，欧盟各国迫不及待地派遣大型经贸和政治代表团访问伊朗，以期修复双边政治关系和寻找失去的商机。

欧盟作为一个区域性国际组织，此前同伊朗没有实质性的关系。伊朗人对这个组织最深刻的印象是它跟随美国对伊朗实施的多轮制裁和时不时对伊朗人权状况指手画脚。但欧盟在伊核谈判中的确发挥了积极作用。由于地缘关系，欧盟更担心伊朗发展和拥有核武器，但又不认同美国的武力威胁，一直致力于通过外交途径解决问题。伊核谈判伊始，英、法、德三国代表欧盟和伊朗进行了多轮谈判，并取得了一些阶段性成果。2006 年，伊核问题谈判扩展成联合国五个常任理事国加德国的对伊“5 +1 谈判”，中间起协调作用的主要是欧盟。欧盟说服美国回到谈判桌上，最终经过十二年的艰苦谈判，六国同伊朗就伊核问题达成了《全面联合行动计划》。伊核协议达成之后，欧盟作为协议的当事方之一，积极同伊朗政府开展合作，推动《全面联合行动计划》的顺利执行。沙里夫外长首次对位于布鲁塞尔的欧盟总部进行了访问，双方还召开了核技术领域的国际研讨会。特朗普上台前后多次威胁要取消伊核协议，欧盟多次派出代表团前往美国同特朗普团队的代表、共和党议员进行沟通，警告特朗普取消伊核协议是个大错误，将面临长期严重的后果，一旦伊核协议被撕毁，伊朗绝不会重新回到谈判桌上，伊朗的核研发将不可控。

除了在政治安全领域合作，确保协议执行外，欧盟和伊朗还探讨在经贸领域的全面合作。2015 年 7 月 28 日，欧盟外交和安全政策高级代表兼欧盟委员会副主席莫盖里尼到访伊朗，敦促伊核协议的落实，并同伊朗领导人就制裁解除后双方在商业、能源及打击恐怖主义方面的合作进行商谈。2016 年 4 月 16 日，为推进双方务实合作，莫盖里尼再次率高级别代表团访问伊朗。代表团成员还包括分管能源、工业、交通等的欧盟委员会委员。此次访问重在探讨双方在经贸、能源、移民等领域的合作。当天扎里夫与莫盖里尼在联合记者会上宣布双方达成欧盟在伊朗设立办事处的协议，并希望此举能够进一步增进双方的合作关系。莫盖里尼称此次访问是欧盟和伊朗在有共同利益的领域打造合作关系的重要一步。欧盟还明确表示支持伊朗早日加入世界贸易组织。2016 年 10 月 20 日，为落实莫盖里尼此前访问达成的意向，

欧盟内部市场、工业、创业和中小企业委员伊利兹别塔·别恩科夫斯卡访问德黑兰，在会见伊朗文化遗产、手工业和旅游组织主席时，接受伊方提议，双方签署了一份发展旅游业的合作文件。

2016 年 11 月 5 日，欧洲议会议长马丁·舒尔茨率代表团对伊朗进行了一天访问，访问期间会见了伊朗总统、外长和议长，双方就加强议会之间的沟通和联系进行了积极的会谈。

目前，欧盟在德黑兰还没有办事处，只在荷兰使馆派驻两名常驻代表。鲁哈尼政府同意设立办事处，但伊朗司法部门担心欧盟会利用办事处同伊朗的人权卫士和非政府组织建立更密切的联系，干涉伊朗内政，因而坚决反对。司法总监拉里贾尼称欧盟在伊朗设立办事处等于设了一个“堕落窝”，但伊朗外交部一直在推进此事的落实。

伊核协议签署后，伊朗同欧盟各国的经贸关系迅速回暖。据伊朗塔斯尼姆通讯社（TASNIM）报道，根据欧盟统计数字，2016 年度伊朗和欧盟的贸易总量超过 137 亿欧元。其中欧盟从伊朗进口增长 4.5 倍，达到 54.6 亿欧元，伊朗从欧盟进口增长 27%，达到 82.4 亿欧元。在伊核协议全面执行的第一年，伊朗和欧盟贸易额与上一年度相比增长 78%。[①]

（二）伊朗与欧盟大国的关系

欧盟国家在制裁前是伊朗最大的贸易伙伴，西方的石油巨头曾经在伊朗有巨大的经济利益。国际社会解除对伊朗的制裁后，欧盟企业把重返伊朗市场和获取实际利益的期待变成了现实。协议签署后，还未正式执行，德国、法国、意大利就迫不及待地向伊朗派出商贸代表团。访问伊朗的 140 个经济代表团中有 70 多个来自欧盟国家。2015 年 7 月 20 日，德国副总理兼经济部部长加布里尔率团访问伊朗；7 月 29 日，法外长法比尤斯率团访问伊朗，8 月 4 日，意大利外交与国际合作部部长真蒂洛尼率代表团访问伊朗；9 月，

① 《2016 年伊朗同欧盟的贸易额达 138 亿欧元》，https://www.tasnimnews.com/fa/news/1395/12/02/1333471/。

由 100 多名企业家组成的法国高级经贸代表团访问伊朗；12 月，意大利经济发展部部长卡伦达率领由 370 人组成的庞大经贸代表团访问伊朗。

2016 年 1 月 25 日至 28 日伊朗总统鲁哈尼访问了意大利、梵蒂冈和法国，多名内阁部长和由 120 名商人组成的经贸团队随行。这是伊朗总统 10 多年来首次访欧，也是多国宣布解除对伊制裁后，伊朗领导人进行的一次重要外交行动，旨在打开外交新局面。访意期间，鲁哈尼会晤了意大利总理伦齐和罗马教皇方济各。伊朗与意大利签署了 12 份总额达 180 亿美元的经贸合同，其中包括与意钢铁设备制造商达涅利集团签署的约 62 亿美元的商业合同，与意基建企业孔多特公司签署的约 43 亿美元的基础设施建设合同。访法期间，鲁哈尼会见了法国总统奥朗德、总理瓦尔斯。伊朗同欧洲空中客车公司签署了一项价值 250 亿美元的协议，购买 118 架空客客机。法国第一大汽车制造商标致－雪铁龙集团计划投资 4. 3 亿美元，与伊朗主要汽车制造商建设合资工厂。法国道达尔石油公司也与伊方签署购买伊朗石油协议。鲁哈尼还与意、法领导人就共同打击“伊斯兰国”、支持联合国斡旋的叙利亚和谈等议题达成共识。有分析认为，鲁哈尼此行表明，伊朗与西方国家关系经过长期敌对开始回暖。当前欧洲经济增长乏力，需要伊朗这样一个庞大的新兴市场来提振。伊朗也希望通过意、法这两个欧洲大国推动欧洲改变对伊政策，加强同欧洲国家的经贸联系，推动伊核协议的顺利执行。

伊朗油气行业是西方油气巨头投资的主要领域，随着制裁的解除，世界油气巨头纷纷回归伊朗市场。2016 年 11 月，道达尔携手中石油与伊朗国家石油公司（NIOC）签署了一项主体协议，共同开发全球南帕尔斯气田 11 期项目。该项目总价值达 48 亿美元，日产量增加 5600 万立方米，这是解除制裁之后伊朗在能源领域签订的最大合同。道达尔执行官称同伊朗签署的协议是个双赢的协议。南帕尔斯气田是世界上最大的天然气田，此前道达尔公司曾完成该气田的 2 期和 3 期项目。

2016 年 12 月，壳牌与伊朗签署了一份针对阿扎德甘油田、雅达瓦兰油田以及基什气田的初步协议。2016 年 12 月 26 日，伊朗石油部对外宣布，已经同包括壳牌、道达尔、俄气、俄油、卢克石油、印度 ONGC 等外国油

气公司签署了12份谅解备忘录。2017年1月2日，伊朗公布，来自12个国家的29家油气巨头被批准参与该国油气项目招标。几乎囊括了除英国BP和美国能源巨头埃克森美孚和雪佛龙之外全球所有的能源企业。伊朗油气在2017年将快速发展。

伊朗的天然气储量仅次于俄罗斯，位居全球第二。由于欧美的经济制裁、伊朗技术落后和设备老化，拥有大型气田而无法充分开采。在欧盟看来，现阶段的伊朗以其巨大的天然气开采潜力、迫切的能源改革需求和与西方恢复关系正常化的渴望三大优势，成为一个不可忽视的天然气合作伙伴。乌克兰危机之后，俄罗斯与欧盟关系恶化，长期依靠俄罗斯天然气的欧盟国家不得不寻找新的气源，而伊朗无疑是一个潜在的供气大国。2014年，伊朗总统鲁哈尼曾在纽约抛出橄榄枝，指出伊朗“可以成为欧洲能源的可靠来源”。这份“热情”和“诚意”让欧盟感受到了双方展开合作的可行性。事实上，从伊朗到欧洲的天然气有许多可能的供应渠道，而伊朗已不满足于现有的借道方案，而是打算修建一条管道，从伊朗南部直接到土耳其边境，并借此向整个欧洲提供天然气。分析人士预测，一旦欧盟打开伊朗天然气“阀门”并愿意加大对伊朗天然气开采的投资，伊朗对土耳其和欧洲的天然气输送将在未来10年间达到100亿~200亿立方米/年，这对伊朗和欧洲的经济支撑不可低估。

由于受到西方国家的经济制裁，此前西方飞机制造商被禁止向伊朗航空公司出口相关设备和零部件，伊朗各航空公司的飞机严重老化。截至2016年2月，伊朗航空公司共有客机140架，平均机龄23年，其中40%无法起飞，许多需要退役，同时存在很大的安全隐患。制裁解除后，伊朗航空业被认为存在很大商机。伊朗交通部部长阿洪迪预测，伊朗在未来几年大约需要400架中远程客机和100架短程客机。2015年7月，伊核协议签署之后，波音飞机制造公司和空中客车制造公司就迫不及待地同伊朗航空管理部门和航空公司洽谈购买飞机事宜。其间尽管有美国国会百般阻挠，但美国财政部外国资产控制办公室最终颁发了许可，准许两家航空公司向伊朗销售客机。

2016年1月，鲁哈尼访问法国期间，空客与伊朗签下118架新飞机的总价值约250亿美元的大订单，包括73架宽体客机和45架窄体客机，其中有A320系列飞机21架和A380飞机12架。2月初，空客和意大利FinmeccanicaSpA的合资公司也表示与伊朗签订了40架小型涡桨飞机的订单。2016年12月19日，伊朗航空与空客公司就100架客机供应签订最终订购合同。空客A380飞机最终未被列入订单，合同金额从250亿美元降至100亿美元。2017年1月12日，首架空客A321型客机在德黑兰落地，交付伊朗航空公司。

2015年7月20日，在伊核协议签署仅仅过去一周，德国副总理兼经济部部长加布里尔率领60人的商务代表团展开为期3天的伊朗之行，成为首个到访伊朗的西方国家大型商务代表团。德国是欧洲最大的经济体，德国政府此举的象征意义与实际宣传效力不言而喻。

2016年10月2日，加布里尔再次率领120人的工商代表团访问伊朗。双方签订10个合作项目和意向。仅西门子公司就同伊朗签署了价值5亿欧元的生产天然气涡轮机和铁路合作合同；西马克（SMS）公司同伊朗签署了建设钢铁厂和石油管道的合同；德国东芝公司就改造天然气发电站同伊朗方面达成协议。一些中小公司就建设工业用砖、工业制冷设备、电子图书出版达成了合作意向。德意志联邦银行也同伊朗中央银行签署了合作协议。此外，德国的机器设备制造企业、汽车制造公司、建筑企业、职业教育企业和制药企业也纷纷组团前往伊朗洽谈合作。根据路透社援引的德国工商商会数据，2016年，伊朗、德国的贸易额超过29亿欧元，与2015年的约24亿欧元相比，增加了21%。另据伊朗驻德国大使馆的消息，两国经济官员的估计，两个国家的经贸额有增加到100亿欧元的潜力。

英国因在外交上追随美国而经常受到伊朗批评。2011年11月，因伊朗激进学生冲击英国驻伊朗大使馆和外交人员官邸，两国断绝外交关系。2013年鲁哈尼当选总统后，两国关系开始回暖。2013年11月，两国互派临时代办；2015年8月23日，双方大使馆重新开馆；2016年9月5日，双方互派大使，恢复大使级外交关系。然而，双方关系因英国首相的不当言论而再起波澜。2016年12月7日，英国首相特蕾莎·梅应邀访问巴林，并出席第37

届海湾合作委员会首脑会议，她在发言中称，“我想向你们保证，我们清楚地看到了伊朗对海湾地区、在更大范围上对中东地区的威胁，我们应当携手努力，共同挫败伊朗在地区的进攻性举措”。此番言论招致伊朗的强烈不满，12 月 10 日，伊朗外交部召见英国驻伊朗大使，表示强烈抗议；12 月 11 日，一些伊朗议员向议会主席团提交议案，要求降低两国外交关系级别。

2016 年 6 月 23 日，英国通过公投决定脱欧，尽管伊朗外交部发布声明称，“伊朗希望在互相尊重、互不干涉内政的基础上发展同所有欧洲国家的关系，英国脱欧不会对此产生影响”。但有评论称，伊朗乐见英国脱欧，因为英国在外交上一直追随美国，每当伊朗同美国关系恶化，欧盟内第一个跳出来反对伊朗的就是英国，英国脱欧之后，欧盟对伊朗也许会更温和一些。

2017 年 4 月，英国石油公司证实，已获得美国财政部许可，重新开始开采北海的拉姆天然气田。伊朗在伊斯兰革命前购买了该气田 50% 的股份，2010 年由于欧盟对伊朗制裁，开采被中止，伊朗的份额在制裁明朗化之前被列入单独账户。该气田供应英国 4% 的天然气，对英国能源安全非常重要，政府一直敦促 BP 公司重新开采，但由于 BP 在美国有巨大利益，担心遭到美国制裁，所以直到 2013 年才重新开采。2016 年，BP 成立了伊朗合作委员会，由于担心受到美国制裁，公司的美国总经理没有参与该委员会。尽管其他石油公司纷纷抢滩伊朗，BP 至今并没有同伊朗签订任何石油合同。伊核协议执行后，BP 公司开始考虑逐渐归还伊朗的利润。

（三）伊朗同欧盟其他国家的关系

2016 年，瑞士、塞尔维亚、波黑、斯洛文尼亚、芬兰等国的首脑对伊朗进行国事访问，签署多项合作文件，伊朗全面恢复了与欧洲各国的正常关系。2017 年 2 月 11 日，瑞典首相斯特凡 · 勒文率领由 40 人组成的代表团访问伊朗，双方在技术、科学研究、道路、通信、信息技术、妇女和家庭事务等方面签署了合作谅解备忘录，瑞典在德黑兰正式设立贸易委员会办事处。瑞典商用车制造商斯堪尼亚集团签署了向伊朗伊斯法罕和其他 4 个城市出口 1350 公交车的合同。

（四）影响伊朗和欧盟关系的因素

欧盟作为美国的盟友，与美国有密切的经济关系。虽然伊核协议开始执行后美国解除了对伊朗涉核的相关制裁，但延长了《对伊朗制裁法案》，并以伊朗支持恐怖主义、违背人权、发展弹道导弹为名不断实施新的制裁，这些制裁犹如悬在欧盟公司头上的达摩克利斯之剑，影响它们与伊朗的合作，因为欧洲一些大型的贸易和投资项目需获得美国的行政豁免。比如，伊朗要购买空客和波音的飞机必须获得美国财政部的许可。

2016 年 11 月，道达尔携手中石油与伊朗国家石油公司签署了一项主体协议，共同开发全球最大天然气田南帕尔斯气田 11 期项目。2017 年 6 月，美国总统特朗普续签了免除对伊制裁的行政命令。2017 年 7 月 3 日伊朗与道达尔引领的财团正式签署了价值 48 亿美元、为期 20 年的南帕尔斯气田 11 期项目开发协议。根据协议，道达尔将担任南帕尔斯气田 11 期项目的开发者，持股 50.1%，同时将为第一阶段开发工作投资 10 亿美元，中石油持股 30%，帕尔斯石油公司持剩余 19.9%，预计从 2021 年开始生产天然气并供给伊朗国内市场，日产量有望达到 18 亿立方英尺。

虽然伊朗同欧盟大国签署了不少合同或协议，但真正落实的不多，伊朗方面对此颇有微词，正如哈梅内伊 2017 年 2 月 11 日在接见瑞典首相斯特凡·勒文时所说："在过去一年半期间，欧洲有很多高官到访德黑兰，但接下来并没有将达成的协议付诸实施。"他认为瑞典首相是个"干实事的人"，期待瑞典同伊朗达成的协议不仅仅停留在纸上。①

此外，欧盟国家在人权、妇女地位和宗教少数群体保护等方面对伊朗指手画脚也是影响双边关系发展的因素。2016 年 10 月 2 日，加布里尔在率团访问伊朗前夕称，他将和伊朗领导人就伊朗在叙利亚战争中扮演的角色、伊朗的人权状况进行磋商。他在接受《明镜》周刊采访时称："伊朗只有在承认以

① 《瑞典首相访问德黑兰：哈梅内伊抱怨欧洲国家不履行同德黑兰达成的协议》，http://www.peykeiran.com/Content.aspx?ID=124657。

色列之后，才能同德国建立正常的友好关系。”加布里尔的言论引起伊朗极大反感，伊外长扎里夫称，“伊朗是一个独立国家，任何人都没有资格对伊朗设置条件”。伊朗外交部发言人称：“正如我们多次强调的那样，伊朗伊斯兰共和国同德国的关系建立在平等互利、互相尊重的基础上，在这方面，任何的先决条件都是不能接受的，我们认为，任何第三方因素的介入都是对两国关系的破坏。”① 加布里尔到德黑兰后遭到冷遇，仅和经济部部长塔伊布·尼扬进行了会晤，扎里夫取消了预定的会晤，伊朗议长也拒绝了他的会晤请求。

二　伊朗与美国的关系

伊核协议实质上是美伊两国政府妥协的结果，伊朗以放弃或限制部分核活动为代价，换取国际社会取消严厉制裁。奥巴马总统和鲁哈尼总统顶着国内国会和保守派的压力签署了伊核协议。鲁哈尼总统认为签署伊核协议是“实现伊朗国家利益和目标代价最小的方式”。奥巴马总统认为伊核协议是“有史以来通过谈判达成的最强有力的不扩散协议”，同时也是“限制伊朗铀浓缩能力，阻止其开发、拥有核武器的最后机会”。作为任内的最大政治遗产，奥巴马政府一直努力维护伊核协议的执行。伊核协议签署后，双方一度实现良性互动，美国归还了伊朗部分资产，双方实现了“换囚”，有效地化解了波斯湾地区的军事摩擦，双方经贸额也有所增加。但协议的签署并没有从根本上解决两国的结构性矛盾，两国依然视彼此为敌人，两国多年积累的不信任没有改变。美国虽然宣布解除与核问题有关的对伊制裁，但仍然保持其他对伊制裁，2016 年年底延长了到期的《对伊朗制裁法案》，并以伊朗发展弹道导弹、支持恐怖主义、违反人权等名义推出新的制裁措施，引发伊朗强烈不满。2017 年 1 月 20 日，唐纳德·特朗普上台，美内政外交正式步入“特朗普时代”，美与多国关系随之发生显著变化。其中，美国与伊朗的新一轮“斗法”尤为激烈和抢眼，不仅结束了两国自 2015 年 7 月伊核协议签署以

① 《伊朗官员对于德国副总理言论的反应》，http://donya-e-eqtesad.com/news/1071698。

来的短暂修好和良性互动，更引发了国际社会对美伊关系前景的担忧。

2015 年 7 月 16 日，伊核全面协议签署之后，为保证协议的顺利执行，两国外长建立了有效的沟通机制，而这种机制使双方能在短时间内管控在波斯湾的军事摩擦。2016 年 1 月 12 日，在伊核协议正式执行前夕，两艘美军巡逻艇在科威特和巴林之间的波斯湾水域训练时，其中一艘因机械故障，漂浮到伊朗海域，另一艘伴随，伊朗革命卫队随即将巡逻艇上的 10 名美军士兵扣押。事件发生后，美国国务卿克里同伊朗外交部部长扎里夫进行沟通。13 日，伊朗就归还了巡逻艇，并释放了 10 名士兵。2016 年 8 月 23 日，4 艘伊朗革命卫队舰艇在霍尔木兹海峡附近海域对美国“尼采”号驱逐舰进行了高速拦截，在美国驱逐舰发出了多次视觉及音频警告后，才掉头离开。2017 年 3 月 3 日，伊朗革命卫队的多艘快速攻击艇接近霍尔木兹海峡的一艘美国海军“无敌”号导弹跟踪船，试图干扰美国海军导弹跟踪船的正常工作，迫使“无敌”号和 3 艘来自英国皇家海军的船只改变航向。美方官员称，“这一海上遭遇是不安全且不专业的”。虽然双方偶有摩擦，但都表现出了克制，问题很快得到妥善解决。

2016 年 1 月 16 日，伊核全面协议正式开始实施，奥巴马总统旋即颁布行政命令，取消对列入“黑名单”的 400 多个企业和个人的限制，取消金融、能源、材料、制造业和服务业领域的部分限制，允许美国企业向伊朗出售民用飞机和零件，同伊朗进行贸易，准许伊朗企业向美国出口地毯、开心果和鱼子酱，同时逐步解冻伊朗的资产。但美国解除的制裁仅局限于与伊核协议有关的领域。美国继续保留对伊朗的武器制裁和弹道导弹技术禁令。然而，2016 年 1 月 17 日，美国宣布因伊朗试射精确制导弹道导弹，对伊朗实施一系列新制裁，禁止参与导弹研发项目的 11 家单位和个人使用美国银行系统。据路透社报道，新一轮制裁措施原本计划在 2015 年 12 月推出，伊美两国的换囚协商导致美国财政部推迟宣布。

2017 年 1 月 16 日是美伊关系史上很特别的一天。经过 14 个月的谈判，伊朗方面释放了 4 名持伊朗和美国双重国籍的囚犯，同时，美方宽赦 7 名此前违反美国对伊制裁规定的伊朗人。据《华尔街日报》报道，负责美伊换

囚斡旋的美国国务院特使麦高克在伊朗释放美国人质当天同伊朗政府代表在日内瓦秘密签署三份文件，包括美方撤销对伊朗公民的刑事指控，伊朗释放在押的美国公民；美方分三次向伊朗交付包括本息在内的 17 亿美金，以了结长达几十年的军售法律纠纷；支持安理会取消对伊朗两家银行的制裁。释放人质当天，美国向伊朗空运 4 亿美金，此举后被解读成美国以“赎金”换人质。后来美国政府又在 1 月 22 日和 25 日，在瑞士将 13 亿美元兑换成欧元和瑞士法郎，交还伊朗政府。

美国国会试图阻止空客和波音公司向伊朗销售客机。2016 年 1 月，鲁哈尼访问法国期间，伊朗与空客签署了购买新飞机的大订单。2016 年 5 月，波音公司与伊朗航空公司达成出售和租用客机的协议。然而，要达成交易必须获得美国财政部外国资产办公室颁发的许可。2016 年 11 月 17 日，美国众议院以 243 票赞成、174 票反对通过一项法案，禁止美国财政部发放向伊朗出售波音和空客商用飞机的许可。该法案也将取消此前与伊朗达成的飞机销售协议。美国政府随后表示，奥巴马总统决定否决有关禁止向伊朗出售飞机的法案，理由是这一法案将违反伊核协议。奥巴马政府顶住了来自国会的压力，向空客和波音两家飞机制造公司颁发了向伊朗出口飞机的许可证，首家空客客机已经在 2017 年 1 月交付伊朗。

根据伊核全面协议，美国将逐步归还伊朗政府被冻结的资产。然而 2016 年 4 月 20 日，美国最高法院裁定，美国可以将冻结的 20 亿美元伊朗资产用于赔偿在“受伊朗支持”的恐怖袭击中伤亡的美国人。美方认为，美国海军陆战队驻黎巴嫩首都贝鲁特营地和沙特阿拉伯胡拜尔大厦于 1983 年和 1996 年遭遇爆炸袭击，分别导致 241 名和 19 名美国军人死亡。对于美方指控，伊朗一直否认与这些袭击案有任何关联。2016 年 6 月，伊朗向海牙国际法院提出诉讼，追索被美国最高法院裁决处理的 20 亿美元伊朗资产。

延长《对伊朗制裁法案》，美伊关系再掀波澜。《对伊朗制裁法案》最早于 1996 年生效，原名《对伊朗和利比亚制裁法案》，2006 年改为现名。该法案允许美国对一些与伊朗在石油和核能方面有合作的公司进行制裁。该法案于 2016 年 12 月 31 日到期，11 月 15 日美国国会众议院以 419 票赞成、

1 票反对通过了将该法案延长 10 年的决议，12 月 1 日参议院又以 99 票支持、0 票反对的结果通过相同决议，这意味着只要奥巴马签字，该法案的效力就会延长至 2026 年年底。美国此举引起伊朗强烈不满，伊朗最高领袖哈梅内伊曾警告，美国如果重新启动对伊朗的制裁，将遭到报复。伊朗总统鲁哈尼指出此举是对伊核协议的“公然侵犯”。鲁哈尼强调，伊朗不会容忍任何伊核协议签署方违反协议精神，他签署行政命令，要求外长扎里夫及伊朗原子能机构主席萨利希，就美国延长《对伊朗制裁法案》、破坏伊核协议研究采取反制措施。迫于伊方的压力（也许是私下的妥协），白宫发言人欧内斯特称，美国政府认为该法案的延续没有必要，但延续该法案也不违反伊核协议的规定。因此，根据美国长期以来秉持的立场，该法案将在美国总统不签署的情况下自动生效。

2017 年 1 月 20 日，特朗普上任，美伊关系再生变数。特朗普在竞选期间就曾强烈批评伊核协议，甚至炮轰奥巴马处理伊朗问题“像婴儿”。认为核协议是“一场灾难”和“最糟糕的谈判结果”。2016 年 3 月，特朗普在和一个亲以色列游说组织会谈时提出要“撕毁这个灾难性的协议”。针对特朗普对伊朗的种种表态，有专家表示“美伊关系前景不容乐观”。但作为一个多边的国际协议，特朗普不太可能公开撕毁伊核协议，但绝不会延续奥巴马对伊朗“温情脉脉”的政策。

特朗普的对伊政策，在 2017 年年初的行政命令中可以看出端倪。首先是特朗普签署了针对包括伊朗在内的西亚非洲 7 国的“禁穆令”。1 月 27 日，特朗普签署行政令，决定在未来 90 天内严禁包括伊朗在内的 7 个伊斯兰国家公民入境并暂停向其发放签证。伊朗政府在 7 国中反应最为强烈，宣布禁止美国公民进入伊朗，并在外汇交易和财务报告中弃用美元。凭电影《推销员》获得 2017 年奥斯卡最佳外语片奖的伊朗著名导演法尔哈迪抨击“禁穆令”是种族歧视，表示虽然美方提出为其破例，让他能够入境以出席奥斯卡颁奖典礼，但他仍以拒绝赴美表示抗议。

2017 年 1 月 29 日，伊朗试射中程弹道导弹，2 月 3 号美国财政部宣布，对 13 名个人和 12 家公司采取制裁措施。这是特朗普总统上任后第一次针对

伊朗实施制裁。美国财政部外国资产控制办公室的代理主管约翰·史密斯（John E. Smith）在一份声明中说："伊朗继续支持恐怖主义，并发展弹道导弹项目，对所在地区、我们在全世界的伙伴以及美国都构成威胁。"对此伊朗外交部2月4日发表声明，反对美国以伊朗试射导弹为借口对伊朗的一些个人和团体实施制裁，称美国此举违背了伊核全面协议的精神。伊朗进行导弹研发出于防御目的，试射的导弹只用来携带常规武器。这是伊朗在联合国宪章框架内所享有的国际权利，任何国家的干涉都是违反国际法和伊核全面协议精神的行为。2月4日，伊朗革命卫队举行军事演习，再次试射三枚短程导弹，伊朗国防部展示了自主研制的最新武器装备，伊朗海军快艇加强在波斯湾海域的活动以示强硬。美国随即调整了在波斯湾及也门附近海域的舰艇部署，双方紧张对峙进一步升级。

特朗普上台后，国防部部长马蒂斯、副总统彭斯乃至特朗普本人频频在媒体和推特上发声，抨击伊朗支持恐怖主义、对国际社会采取敌对行动，提醒伊朗"美国已经换了总统"，不会对其"玩火"行为坐视不理，美国将对伊朗采取包括军事行动在内的一切措施。此举引发伊朗国内反美情绪高涨，伊朗外长扎里夫回应"玩火自焚的是特朗普"；伊朗陆军总司令普尔达斯坦强硬表态"只要美方开战，让它有来无回"；伊朗原子能机构主席萨利希称，"若美方撕毁伊核协议，伊朗将重启核项目并进一步提升浓缩铀水平"；伊朗数十万民众在革命胜利日举行反美游行，高喊"打倒美国""打倒特朗普"等口号。2月7日，伊朗最高领袖哈梅内伊罕见发声，强调伊朗绝不会畏惧美国威胁，必将有力回应。3月26日伊朗外交部宣布制裁15家美国企业，指控其支持恐怖主义和镇压、支持以色列占领巴勒斯坦土地。

2017年4月，美伊口水仗进一步升级。4月18日，正在沙特访问的美国国防部部长马蒂斯称："在中东地区，凡是出现问题的地方，都可以看到伊朗的踪迹"，"有必要挫败伊朗试图使也门动荡的企图"。[①] 4月19日，在

---

① 《美国防长：在中东地区，凡是出现问题的地方，都可以看到伊朗的踪迹》，http://www.bbc.com/persian/world-39642680。

联合国安理会有关中东问题的每月例行会议上，美国驻联合国代表妮基·黑莉称伊朗是地区冲突的“罪魁祸首”，指责伊朗支持叙利亚巴沙尔政权、支持也门胡塞武装、培训伊拉克什叶派准军事武装、支持黎巴嫩的真主党。她强调美国将和盟国一起要求伊朗信守自己的国际承诺。①

4月20日，美国国务卿蒂勒森在华盛顿发表讲话，将伊朗与朝鲜相提并论，称美国对伊朗已经失去战略耐心。特朗普已指示国家安全委员会开展一项针对伊核全面协议的全面审查，评估终止对伊制裁是否符合美国国家安全利益。

尽管蒂勒森承认伊朗履行了其在伊核全面协议中的承诺，但他仍称伊朗为“首要的支持恐怖主义国家”。他强调“伊朗支持和输出恐怖主义，加剧叙利亚、也门、伊拉克、黎巴嫩等国家的冲突，破坏美国在这些国家的利益，并持续支持哈马斯攻击以色列”。

蒂勒森全盘否定2015年伊朗与伊核问题六国签署的全面协议，认为该协议未能实现伊朗无核化的目标，只是拖延了它成为有核国家的时间。特朗普政府正在进行对伊政策的全面审查。一旦得出结论，美国将明确应对伊朗带来的挑战。②

2017年5月20日，中东成为特朗普总统上任以来的首个出访地区，意味深长的是他首选的沙特和以色列两个国家目前是伊朗的死对头。5月21日特朗普在利雅得同40多个阿拉伯和伊斯兰国家领导人举行“阿拉伯伊斯兰美国峰会”。沙特国王萨勒曼在开幕式致辞中称：“伊朗政权自1979年霍梅尼革命后就变成了世界恐怖主义的先遣队”，“面对真主、面对我们的人民、面对全世界，我们有责任团结起来同魔鬼和极端势力战斗”。特朗普在会上宣称美国在中东地区的两大目标是“铲除恐怖分子”和“孤立伊朗”。5月20日，伊朗内政部宣布哈桑·鲁哈尼在总统选举中赢得连任后，正伴

① 《美国驻联合国大使尼基·黑莉：伊朗是地区安全的罪魁祸首》，http：//www.bbc.com/persian/iran-39659065。

② 《美国国务卿：如果不控制伊朗，它会步朝鲜的后尘》，http：//www.bbc.com/persian/iran-39649491。

随特朗普出访中东的国务卿蒂勒森当天在利雅得对媒体记者称，鲁哈尼政府要想改变与其他国家的关系，必须捣毁伊朗的恐怖活动网络、停止支持恐怖组织以及向其提供人员和物资方面的援助，结束其弹道导弹试射活动。面对特朗普政府的挑衅，鲁哈尼在当选后的首次记者会上表示伊朗将继续和国际社会开展建设性活动。但同时称“伊朗不惧怕沙特上千亿美元的军购，伊朗有能力制造出自己想要的任何武器”，“我们的导弹是为了和平和自卫，不是用来进攻。美国官员应该明白，从技术的角度看我们需要试射导弹，我们会试射，不会等着他批准”。[①] 伊朗宗教领袖更是在 5 月 28 日举行的庆祝斋月开始的集会上称，沙特就像美国的“一头奶牛”，等它再挤不出牛奶时，就会被宰杀。[②]

面对特朗普政府的挑衅，伊朗方面奉行“以静制动”的外交策略，对美强硬之余并未冲动冒进。一是严格执行伊核协议，不给美方抓住漏洞撕毁伊核协议的机会。二是在军事演习和试射导弹上保持克制，未违反安理会有关决议。三是在霍尔木兹海峡与美舰艇对峙上谨慎行事，严防擦枪走火。四是以应对为主，避免主动出击。伊朗之所以这么做，一是珍惜伊核协议带来的成果；二是目前伊朗国内温和保守的势力占上风，并受到宗教领袖的支持，发展经济、改善民生，在对外交往中以对话合作取代强硬对抗成为伊朗统治集团的共识。

尽管美伊之间争吵不断，但核协议执行一年多来，双方的经贸关系也有明显发展。2016 年 12 月 10 日，据《德黑兰时报》报道，美国统计协会最新数据显示，2016 年前 10 个月伊朗与美国的贸易额达 1.9 亿美元，但较上年同期的 2.139 亿美元下降了 11%。2016 年，美伊手工地毯贸易出现较大的增长。手工毯是伊朗最大的非石油出口创汇商品，美国一直是伊朗手工毯的第一大市场。尽管美国一直实施对伊制裁，但 2009 年伊朗出口至美国市场的地毯金额仍达到 8000 万美元。2010 年根据美国国会法案和总统的批

① 《鲁哈尼再次当选总统后举行国内外媒体记者招待会》，http://www.president.ir/fa/99164。

② 《阿亚图拉·哈梅内伊说，美国先挤干沙特的奶，再杀掉它》，http://www.bbc.com/persian/iran-40076971。

准，美国全面禁止进口伊朗地毯。2016 年 1 月，伊核全面协议执行之后，根据协议的规定，美国取消了对伊朗地毯、开心果等的进口禁令。根据伊朗国家地毯中心的统计，伊历 1395 年前 11 个月，手工地毯出口额为 3.21 亿美元，与上年同期相比增长 16%，其中对美国出口额就超过 8000 万美元。

三 伊朗与俄罗斯的关系

在冷战后的世界秩序中，美国的霸权使得俄罗斯和伊朗之间形成事实上的战略联盟，两国的关系有明显的战略意义。伊俄两国在地理位置上邻近，在地缘政治、能源战略等方面有密切的合作。伊朗是俄罗斯重要的市场，是继中国和印度之后俄罗斯国防工业的第三大客户。俄罗斯和伊朗在能源领域的合作可增加两国把能源作为外交武器的分量。伊朗需要俄罗斯在地区和国际层面上支持伊朗，以应对国际社会的压力。俄罗斯把与伊朗的关系当作它和美国及欧洲国家博弈的重要砝码。两国在安全、军事和经济领域的互动有助于俄罗斯在中东地区发挥更大的作用。俄罗斯和伊朗的良好关系有利于遏制俄罗斯南部高加索地区的恐怖主义活动，保障俄罗斯南部地缘战略空间的安全。在伊朗核问题上，俄罗斯一直主张通过和谈解决问题，并顶住压力，保持同伊朗政府密切的核合作。

考虑到取消制裁给伊朗带来的利好，有专家预测伊朗外交政策将致力于同西方修好关系，不会推进和俄罗斯的对话，甚至有人推测，伊朗会采取与俄罗斯敌对的政策。但事实表明，伊俄关系不仅没有被削弱，而且更加紧密了。由于制裁解除，伊朗能够利用其巨大的能源储备赚取更多的出口收入，而新的财富将使伊朗迅速提高其军事能力，从而更好地支持其在本地区的盟友。这样的结果与俄罗斯加强地缘政治的影响力并行不悖。此外，伊核协议生效后，对伊朗的制裁将分阶段取消，俄罗斯将从伊朗获得重要的经贸机会，推动伊俄贸易发展。在后核时代，面对险恶的地区和国家安全环境，伊朗需要引进更多先进的常规武器来维护自身安全。俄罗斯长期是伊朗的主要武器供应国，1991 ~ 2010 年的总销售额接近 34 亿美元。西方国家迄今维持着对伊朗的武器禁运，俄罗斯的军事技术和装备成为伊朗的首选，因此双方在军事领域的交往和合作密切。伊核协议签署后，两国在国际问题上加强沟通的同时，致力于改善双边的经贸关系。

2015 年 11 月，俄罗斯总统普京访问伊朗，成为伊核协议签署后首个对伊朗进行访问的外国首脑。双方在解决叙利亚危机、打击恐怖主义方面交流意见，重点关注经贸问题。俄方表示愿意给伊朗提供 50 亿美元的贷款，双方在能源、房地产、港口、铁路电气化改造方面提出了 35 个合作项目，签署了建设总装机容量为 1000 兆瓦的布什尔核电站的二期和三期工程协议。2016 年 9 月 10 日，布什尔核电站二期工程奠基，根据计划，二期工期将持续 10 年，投资约 100 亿美元，预计 2024 年投产。三期建设计划预计 2026 年 4 月开工。

两国加快了在能源领域的合作，双方签订了一个能源合作备忘录，该备忘录由 23 条组成，包括石油的勘探、开采、油井设计和油气贸易等内容。盖茨普洛姆（Gazprom，俄罗斯天然气工业股份公司）同伊朗国家天然气公司签订了合作谅解备忘录，内容涉及联合勘探、开采、生产液化天然气，通过管道向印度输气以及开展油气交易等内容，为两国油气合作确定了框架。根据协议，盖茨普洛姆正同伊方谈判，参与开发波斯湾的法尔扎德气田，预计其年产量可达 103 亿立方米；盖茨普洛姆也计划参与切什麦·胡什和尚古来油田项目。俄罗斯第二大石油公司卢克石油公司目前正与伊朗合作开发胡齐斯坦省的曼苏里及阿布特伊穆尔两块油田。俄罗斯能源部部长表示，两国油气合作协议尚在讨论之中，但预计项目金额达 100 亿美元。

2016 年 12 月 12 日，伊朗与俄罗斯在德黑兰召开第十三次经贸联委会，来自俄罗斯 200 家企业的 600 名代表参会，双方共同探讨了在能源、工业、农业、畜牧业、林业、交通运输业、金融业、教育、航天等领域合作的前景，签署了价值 25 亿美元的有关热电站及铁路电气化的协议。两国还签署了关于贸易和工业 2016 ~ 2020 年合作路线图的协议，俄罗斯能源部部长诺瓦克称，这是一个突破，该路线图中包含了 70 个工业、机器制造和高技术项目。伊朗和俄罗斯 2016 年的贸易额与上年的 12 亿美元相比，增加了

83%，达到22亿美元。2016年伊朗与俄罗斯的金融支付增加了3倍。两国还在探讨建立俄罗斯伊朗伊斯兰银行的可能性，俄罗斯出口信用与投资保险署和伊朗波斯银行及帕萨尔加迪银行签署合作谅解备忘录。

2017年3月27日，伊朗总统鲁哈尼率领包括外交部部长、工矿贸易部部长、石油部部长、通信与信息科技部部长和伊朗央行行长在内的高级代表团出访俄罗斯。访问期间，鲁哈尼会见了俄罗斯总统普京和总理梅德韦杰夫。两国高级别官员在克里姆林宫签署了14项合作协议，涉及政治、出口、矿业、核能、电力、铁路建设、打击犯罪、文化、信息通信技术、旅游等多个领域，为两国未来关系发展绘制蓝图。伊朗与俄罗斯将在欧亚经济联盟框架内就建立自贸区展开谈判，并力求在年中之前达成临时性协议。双方同意联合生产核燃料，合作建设的热电厂项目也正式开工。

相对于两国经贸合作，2016年两国之间的军事合作和军工贸易引人注目。2016年两国军事交往频繁。2月，在不到两周的时间，伊朗防长达赫甘和俄罗斯防长绍伊古实现互访。2月20日，伊朗与俄罗斯签署了一项协议。根据伊朗国防部网站发布的信息，签署新的军事合作协议后，伊朗和俄罗斯将展开联合军事演习和训练。俄罗斯媒体报道援引绍伊古的话，称新协议包括扩大两国在反恐方面的合作、军事人员交换以及两国在双方海军更频繁使用对方港口方面达成的谅解。

2016年，伊俄关系最引人注目的莫过于俄罗斯向伊朗交付了S－300导弹防空系统。伊朗早在2007年就同俄方签署了购买S－300防空系统的协议，2010年双方正式签署合同，总金额达8亿美元。然而，2010年联合国安理会通过对伊朗实施制裁的1929号决议后，时任俄罗斯总统梅德韦杰夫宣布合同暂停履行。伊朗向日内瓦国际法院提起诉讼，要求俄罗斯赔偿40亿美元的违约金。2015年年初，伊朗核问题六方会谈达成了具有里程碑意义的协议，西方有望解除对伊朗的制裁。在此背景下，俄罗斯认为具备了重启向伊朗提供S－300防空系统的条件。2015年4月16日，普京签署命令，解除对伊朗为期5年的S－300防空系统禁运。2016年4月11日，伊朗外交部宣布，根据俄罗斯与伊朗新签订的合同，俄罗斯已于当天开始向伊朗交付

S－300 防空系统的第一部分组件。根据合同，伊朗将得到 4 个导弹营的 S－300PMU2 新型防空导弹系统，合同金额超过 10 亿美元。2017 年 3 月 7 日，英国《简氏防务周刊》报道，伊朗在军演中试射了俄罗斯提供的 S－300PMU2 导弹。德国《明镜》周刊认为，伊朗一旦部署 S－300 防空导弹系统，“将使得针对伊朗境内单个设施的所谓外科手术式打击变得不可能。任何针对德黑兰的军事行动将变得极为困难、代价高昂”[①]。

2016 年 11 月 17 日，英国《每日电讯报》透露，俄罗斯正与伊朗就一项价值 100 亿美元的武器协议进行谈判。该武器协议包括引进岸基“堡垒”反舰导弹、苏霍－30 战机、雅克－130 教练机、米－8/米－17“河马”直升机、潜艇和小型战舰技术、T－90 坦克等。[②] 11 月 26 日，俄罗斯卫星新闻通讯社报道，达赫甘证实，伊朗政府正考虑向俄罗斯购买俄苏－30 战机。但随后达赫甘出面否认了俄罗斯媒体的相关报道。

2016 年 8 月 17 日，俄罗斯战机从伊朗哈马丹空军基地起飞，执行打击叙利亚境内极端组织的任务。这是俄罗斯首次利用第三国军事基地对叙利亚境内目标发动空袭，也是伊朗近代历史上首次允许外国军力在本国境内部署。俄罗斯使用伊朗空军基地因伊朗议会部分议员质疑而一度叫停，但 2016 年 8 月 16 日，伊朗议长在接受凤凰卫视专访时称，俄罗斯可以再次使用伊朗空军基地。据伊朗 TASNIM 通讯社报道，12 月 27 日，伊朗国防部部长达赫甘也表示，如果俄罗斯提出请求，伊朗可以考虑让俄罗斯军机再次借用哈马丹空军基地。2017 年 3 月，随同鲁哈尼访问俄罗斯的外长扎里夫再次表示：“伊朗的军事基地依然可以让俄军使用，一直到‘伊斯兰国’被彻底打败为止。”

2016 年，俄伊在地区和国际事务中的合作也引人注目。在中东问题上，双方战略需求的交集也在扩大。尤其是在关乎两国切身利益的叙利亚问题上，伊俄持共同立场。俄罗斯、伊朗和土耳其在叙利亚战场紧密合作，帮助

---

① 《美干瞪眼没招，俄给伊朗这种导弹将其军事计划全报废》，西陆网，2016 年 4 月 15 日，http：//junshi. xilu. com/wypl/20160415/1000010000939753. html。

② 《俄罗斯－伊朗 2016 年的成果》，https：//ir. sputniknews. com/opinion/201701042114955/。

叙利亚政府军收复阿勒颇，并促成叙利亚政府和反政府武装停火与阿斯塔纳会谈。

同为能源出口大国，俄伊两国在油气领域也加强了合作。2016 年 12 月 30 日，欧佩克八年以来首次达成限产协议，但给伊朗开绿灯，其中俄罗斯居间调停功不可没。2016 年 8 月 8 日，俄罗斯总统普京、伊朗总统鲁哈尼和阿塞拜疆总统阿利耶夫在阿塞拜疆首都巴库举行会晤，商谈重新启动南北运输走廊（NSTC）项目建设。

四　伊朗与欧美大国关系展望

如果伊核协议能够顺利执行，预计未来伊朗和欧盟关系将得到进一步发展；由于双方结构性矛盾没有解决，美伊关系不会得到实质性的改善，双方的“口水战”还会延续，但诉诸武力的可能性较小；伊朗同俄罗斯的盟友关系将进一步稳固，双方在国际和地区问题上的合作将进一步加强。

在 2017 年 5 月 19 日举行的第十二届总统选举中，哈桑·鲁哈尼凭借 57% 的得票率，以压倒性优势击败保守派易卜拉欣·莱西而再次当选，这意味着伊朗政府会延续本届政府的内外政策。但鲁哈尼当选后，内政外交依然面临着很多问题。在上一个任期，鲁哈尼虽然成功地签署了核协议，西方国家取消了针对伊朗核问题的严厉制裁，石油出口迅速恢复，经济增长率在 2016 年达到 8%，通货膨胀率降到 10% 以下，在吸引外资方面也取得了一定的进步。不过伊核协议的签署并没有为伊朗迅速带来预想中的经济利益。生产停滞和失业率高依然是鲁哈尼政府面临的主要问题，半岛电视台称伊朗目前的失业率高达 13%，有近 1/3 的年轻人没有工作。经济问题也一直是大选宣传期间保守派攻击鲁哈尼政府的主要口实。鲁哈尼希望通过伊核协议改善同美国的关系，然后引入外资尤其是西方的技术和资本。伊核协议能否顺利执行，取决于鲁哈尼政府在经济问题上的作为。极端保守派在伊朗拥有强大的影响力，而且受到以宗教领袖为首的军方、司法系统及保守的宗教人士的支持，一旦鲁哈尼政府难以履行经济上的承诺，伊核协议的顺利执行将

遭遇更大的阻力。

从外交上看，伊核协议的顺利执行取决于特朗普政府的对伊政策。特朗普政府多次对伊核协议提出批评，甚至威胁要撕毁协议，美国高官多次指责伊朗，并追加新的制裁。2017 年 5 月，特朗普出访沙特，不仅签署了价值 1100 亿美元的军售协议以帮助沙特进一步强化军事实力，而且还与沙特国王统一立场，称伊朗是“恐怖主义的避风港”。分析人士表示，这一系列做法表明特朗普有意以沙特为支点，打造有别于奥巴马的新中东政策乃至“重返中东”的决心，未来有可能进一步激化美伊矛盾。伊核协议作为一个多边的国际协议，受到欧盟、俄罗斯、中国的支持，所以美国不大可能单方面撕毁协议。但从特朗普的个性和美伊交恶的大势看，美方不会在伊核问题上善罢甘休，可能会寻找理由要求重新审议伊核协议或重新进行伊核谈判，也可能单方面恢复对伊朗核领域的全面制裁，在事实上退出伊核协议。伊朗已经公开表示，坚决反对重新审议伊核协议，也不会与美方重新谈判，若美方退出伊核协议，伊朗将重启核项目并进一步提升浓缩铀水平。一旦伊核协议失败，不仅是美伊关系，美欧关系也将受重大影响。

欧盟国家发展同伊朗的关系目前受伊美关系的影响。伊核协议签署后，虽然美国取消了部分涉核的对伊制裁，但《对伊朗制裁法案》继续有效，美国还不断推出新的对伊制裁措施，欧洲国家的大型企业要同伊朗合作，在伊朗投资项目，首先要得到美国相关部门的许可。由于美国继续保持对伊朗金融业的制裁，欧洲一些银行无法同伊朗开展正常的金融业务。由于美国制裁，西方国家对于重新回归伊朗市场并不热情。此外，欧盟国家经常对包括伊朗在内的中东国家的人权状况、少数族裔处境、妇女地位甚至内政外交政策指手画脚，未来可能成为影响双边关系的潜在因素。

伊朗和俄罗斯同为能源出口大国，在目前能源价格低迷的形势下，双方加强合作，能打好能源外交这张牌。但在对欧洲出口能源方面，双方是潜在的对手；双方在里海经济专属区划分方面存在分歧。同时，伊朗在欧洲打开局面后，有意在对外政策上搞多边平衡。但只要目前美国这个共同的敌人存在，双方在叙利亚问题上和在核能、军事、经贸领域将继续保持合作的势头。

热点篇

Hot Reports

B.5 2016年伊朗与波斯湾各国关系的新动向

赵小玲*

摘　要：沙特阿拉伯是海湾六国的领头雁，积极谋划成立反对伊朗的统一战线，但各国对此立场不一。阿曼与沙特阿拉伯的一致性最少，其他国家在对待伊朗的问题上则处于沙特阿拉伯和阿曼两者之间。巴林与沙特阿拉伯的政策高度一致，科威特、阿联酋和卡塔尔则处于中等水平。卡塔尔是次于阿曼而疏远沙特阿拉伯的国家。卡塔尔、科威特尤其是阿联酋与伊朗的贸易关系较为密切，因此，当沙特阿拉伯与伊朗断交时，它们仅降低了与伊朗政治、外交关系的水平。伊朗与阿曼的关系迅速发展，特别是经济关系，双方都有意在将来由阿曼取

* 赵小玲，硕士，解放军外国语学院波斯语讲师。

代卡塔尔做伊朗外贸的中转站。伊朗与伊拉克的政治关系稳定，正积极谋求经济和文化关系的进一步发展。

关键词： 伊朗 海湾国家 政治关系

随着中东派系分裂的加剧，谢赫尼米尔被处决后伊朗和沙特阿拉伯的地缘竞争加剧，海合会各国领导人多次讨论成员国合作的重要性。尽管如此，有分析表明海湾周边小国针对伊朗的外交行为是谨慎的，并不以海合会的团结一致为目标，而是为了保障各自的国家利益。海合会中沙特阿拉伯与伊朗的分歧最大，是伊朗最大的竞争对手。继沙特阿拉伯单方面中断与伊朗的外交关系后，海合会其他国家采取了不同的应对措施。巴林与沙特阿拉伯走得最近，紧跟沙特的地区政策，本就和伊朗没有什么密切的联系，随之与伊朗全面断交；科威特、阿联酋和卡塔尔不太偏向沙特，也不偏向伊朗；阿联酋由于同伊朗有较多的经济合作，只是减少了与伊朗的政治关系；而卡塔尔和科威特只召回了大使；阿曼则没有什么举动。

伊朗发展同海湾国家的经济和政治关系有助于维护伊朗的国家利益、挫败沙特的反伊政策。对于与海湾各国的关系，与政治方面相比，伊朗在经济和地缘方面可以施加更多的影响。一方面，阿拉伯国家虽然与伊朗敌对，但是伊朗对它们又是重要的、有吸引力的。另一方面，也门、叙利亚的形势特别是目前的形势持续下去给地区国家带来的负面结果是它们无法承受的。它们正在寻找走出这个死胡同的出路，而这个出路的方向可以是伊朗。①

① 《伊朗与卡塔尔的关系是沙特阿拉伯的战略失败》，经济在线，http：//www. eghtesadonline. com/بخش-خبر-19/131697-رابطه-با-قطر-شکست-استراتژی-عربستان-است。

一　伊朗与沙特阿拉伯的关系

2016 年 1 月 2 日，沙特阿拉伯宣布处决什叶派著名教长谢赫尼米尔·巴盖尔尼米尔的消息后，激起国内外强烈反应。很多国家批评沙特的这一举措。伊朗国内的反应最为强烈，在执行死刑当天，就有群众攻击了沙特驻伊朗总领事馆。德黑兰和马什哈德两地很多愤怒的群众涌上街头游行，焚烧了两地的沙特使领馆。沙特阿拉伯限令伊朗驻沙特外交官 48 小时内离境。同日，哈梅内伊谴责沙特处决谢赫尼米尔的行径，称烈士的血债会由沙特的政客们偿还。1 月 3 日，利雅得断绝同伊朗的外交关系，沙特驻伊朗外交官全部撤离。德黑兰市政府和马什哈德市政府分别将其市内一条街道命名为“谢赫尼米尔街”。1 月 4 日，沙特就驻伊朗大使馆遭到攻击向安理会提出诉讼。巴林、苏丹断绝了与伊朗的外交关系，驱逐了伊朗外交官。阿联酋同伊朗政治关系降为代办级，吉布提与伊朗断交。安理会谴责伊朗攻击沙特使馆的行为。沙特断绝与伊朗的贸易关系，取消两国间航运。

伊朗政府虽采取了一些缓和措施，但伊沙关系迅速降到冰点，两国持续打“口水仗”。2016 年 9 月 5 日，伊朗领袖哈梅内伊在给全世界穆斯林的一封信中向沙特阿拉伯统治者发出了措辞激烈的攻击，两国的紧张关系再度升级。之后，沙特及其盟友包括阿联酋做出反应，攻击伊朗及其政策，谴责伊朗试图将朝觐政治化。从吉达机场事件①、米纳事件②到现在的“口水仗”，对两国政治关系的影响都立竿见影。③

2017 年 5 月，由于美国总统对沙特的访问，伊朗、沙特两国的“口水

① 2015 年 3 月 28 日，由于两名伊朗少年在沙特吉达国际机场被安检人员搜身时受到侵犯，伊朗文化和伊斯兰指导部部长贾纳提于 4 月 13 日表示，当天起伊朗暂停前往沙特的朝觐航班。

② 2015 年 9 月 24 日，麦加附近米纳峡谷由朝觐活动引发的拥挤造成重大人员伤亡，其中超过 450 名伊朗人丧生。

③ 《伊沙关系中“宗教咒骂”管理危机》，BBC 网站，http://www.bbc.com/persian/iran/2016/09/160907_l39_analysis_iran-saudi_conflict_religion。

战”再度升级。特朗普总统5月20日开启就任总统后的首次出访，第一站就是中东的沙特。双方签署了价值高达1100亿美元的军售协议。美国国务卿蒂勒森称，这份军售大单是为了帮助沙特应对“伊朗影响力”，“保护沙特和海湾地区的长期安全”。特朗普在阿拉伯、伊斯兰国家和美国首脑会议上称，美国在中东地区的两大目标是铲除恐怖分子和孤立伊朗，并寻求在中东构建反恐“多国联盟”。5月22日，再次连任的伊朗总统鲁哈尼，举行了胜选后的首场新闻发布会。针对特朗普中东之行中充斥的“反伊朗言论”，鲁哈尼表示，这不过是一场毫无意义的“政治秀”。鲁哈尼把美国与沙特之间签订的1100亿美元军售协议形容为一场“没有政治价值的表演”。5月27日，伊朗宗教领袖在庆祝斋月集会上称，沙特就像美国的一头奶牛，等再也挤不出牛奶时，就会被杀掉。他说它们（沙特）很快会离去，会被推翻，会被消灭，这是确定无疑的事。在前一天晚上，他还称沙特在也门和巴林的所作所为是“违背宗教的”。[①]

伊朗和沙特双方也各有缓和矛盾却轻描淡写的表态。2016年9月13日，伊朗最高领袖高级顾问叶海亚·拉希姆萨法维说，伊朗应加强与阿曼、科威特、卡塔尔的关系，甚至在同沙特关系的问题上表现出宽容，“我们无论如何不应走向与沙特关系紧张化”。同日，沙特阿拉伯文化信息部部长接受媒体采访时语气和缓，他说“伊朗人很好，我们同伊朗人没有矛盾，而是同伊朗政府、同与之有关联的恐怖组织如真主党有矛盾”。据媒体报道，利雅得已经通过非官方途径向德黑兰传了消息，称沙特大穆夫提说伊朗人“不是穆斯林”的言论“不是官方立场”。

2015年9月麦加朝觐踩踏事故发生后，双方互有交涉，最终于2017年2月21日晚，由哈米德·莫哈马迪率领的5人代表团离开德黑兰前往沙特，开始与沙特方面就恢复伊朗穆斯林教徒赴沙特朝觐一事进行谈判。3月17日，伊朗朝觐组织发表公告称，已就伊朗人赴麦加朝觐同沙特在领事、医疗

---

① 《阿亚图拉·哈梅内伊说，美国先挤干沙特的奶，再杀掉它》，http：//www.bbc.com/persian/iran－40076971。

和安全方面达成共识，2017 年将派 7.5 万人前往麦加朝觐，表明双边关系有所回暖。

伊沙两国的对抗还明显表现在与地区国家的关系上（见表 1）。伊朗支持叙利亚阿萨德政权，沙特则支持反对派甚至支持“伊斯兰国”，一方面削弱伊朗的地区影响力提高的趋势，打破地区平衡，另一方面阻拦什叶派势力的发展。沙特阿拉伯与巴林阿勒哈利法家族有种族联系，伊朗则与巴林的什叶派保持宗教联系；巴林是海合会成员，伊朗则努力进行意识形态和地缘的渗透。两国在伊拉克的竞争关系表现在双方都试图尽可能地增强政权中有利于自己的势力，靠近权力核心。另外，伊拉克的恐怖主义和“伊斯兰国”的活动也加剧了伊朗和沙特两国的竞争。也门危机使地区两大国前所未有地面对面进行较量。

表 1　伊沙两国在与地区国家关系方面的对抗

国家	叙利亚	巴林	伊拉克	也门
伊朗	保护抵抗核心	支持大部分什叶派	打击恐怖主义，防止其渗入本国领土	支持胡塞武装以对抗沙特阿拉伯
沙特	取代政权	维护保守的保皇派	制造局势混乱，对什叶派政府施压，试图在政权构成中添加逊尼派	军事打击、支持“伊斯兰国”和“基地组织”，控制胡塞武装

尽管沙特与伊朗断绝了外交和贸易关系，但是一些大公司保留了在伊朗的业务。SAFULA 食品公司掌握着伊朗植物油的重要份额，宣布不会退出伊朗市场。沙特与伊朗断交后，该公司的股价下跌 11.5 个百分点。该公司 13% 的收入来自伊朗市场，其超过 10% 的股份属于沙特政府。另外一家生产、销售饮料的沙特公司 UJAN，2005 年进入伊朗市场，并在德黑兰证券注册。①

2017 年 1 月 8 日，拉夫桑贾尼病逝，对伊朗温和保守派及改革派阵营造成不小的打击，也为伊沙关系改善蒙上了阴影。拉夫桑贾尼和沙特阿拉伯

① 《沙特阿拉伯对伊朗的植物油制裁》，Nejebad 网，http://www.nejebad.com/showthread.php?p=191069。

前国王阿卜杜拉是联结两国关系的根本支柱。沙特前国王阿卜杜拉去世两年后拉夫桑贾尼也病逝了，这个支柱彻底消失了。2014 年 4 月，沙特大使亲吻拉夫桑贾尼额头的照片刊登出来时，两国人民对改善两国关系最后一次怀抱希望，当时很多人以为伊沙之间将开启新的篇章，但事实并非如此。2015 年拉夫桑贾尼接受采访时表示，在叙利亚、伊拉克、也门、巴林发生的事情是伊朗和沙特产生间隙的一部分原因。他还表示，如果伊沙两国政府有合作的坚定决心，解决两国之间的问题没那么难，情况会变得像过去一样。拉夫桑贾尼对此显得过于乐观了。如今拉夫桑贾尼的去世终结了伊朗同海合会成员国之间关系的重要一章。①

二 伊朗与巴林的关系

巴林在外交政策上与沙特阿拉伯保持一致，紧跟沙特之后断绝了与伊朗的外交关系，将伊朗驻巴林代办驱逐出境，从 2016 年 1 月 13 日起停止了巴林与伊朗的直航。目前两国关系处于最低水平。

2016 年 4 月 2 日，巴林外交大臣谢赫哈立德·本·艾哈迈德·阿勒哈利法在接受阿拉伯新闻网采访时说，伊朗应改变其对地区及阿拉伯国家的外交政策。现阶段，伊朗对阿拉伯人而言是更甚于以色列的威胁。伊朗不改变其外交政策，巴林与伊朗的关系就不会得到改善。阿勒哈利法指责伊朗支持真主党并向几个阿拉伯国家输送武器。虽然伊朗向科威特埃米尔传信，表示愿意与海湾阿拉伯国家进行对话，但之后伊朗领袖发表了针对巴林的言论。②

2016 年 4 月 19 日，巴林议会发布了一份措辞严厉的声明，要求伊朗和真主党停止与阿拉伯国家尤其是海合会国家敌对。议会称伊朗和真主党正在

① 《哈希米去世及伊沙关系往何处去》，http：//www. irdiplomacy. ir/fa/page/1966233. درگذشت+هاشمی+و+سرانجام+روابط+ایران+و+عربستان/html。

② 《巴林外交部长呼吁伊朗改变地区外交政策》，BBC 网站，http：//www. bbc. com/persian/iran/2016/04/160402_ an_ iran_ bahrain。

发起针对巴林安全部队的恐怖袭击，意欲扰乱巴林的国家秩序，要求巴林政府对伊朗和真主党宣战。[①]

随之巴林政府加大了对国内什叶派的压力，举措之一是剥夺了巴林国内最著名的什叶派教长谢赫·伊萨·噶塞姆的国籍。谢赫·伊萨·噶塞姆是一名反政府者。此事引发了伊巴之间的口水战。2016 年 6 月 16 日，伊朗领袖哈梅内伊评价巴林政府此举“愚蠢”。伊朗领袖说，噶塞姆在反对巴林政府的暴力行径，从此以后没有人能够让巴林青年人沉默。对哈梅内伊的言论巴林政府做出回应，谴责伊朗干涉巴林内政。[②] 哈梅内伊在 7 月的一次演讲中说，我们没有干涉巴林内政，但是我们奉劝巴林当心，巴林国内的政治分歧正在演变为内战。[③] 2016 年 9 月 27 日，巴林外交大臣阿勒哈利法在参加联合国大会期间，接受在伦敦出版发行的《生命报》采访时称，麦纳麦已为改善两国关系做出了持续的努力，但由于伊朗奉行干涉地区国家内政、向外输出革命的政策，两国关系将不会改善。阿勒哈利法要求伊朗停止向真主党等恐怖组织提供资金和武器的支持。[④]

举措之二是抓捕怀疑与伊朗（特别明确地指出是伊朗卫队）有关联的人。2016 年 7 月 22 日，巴林政府称拘捕了 5 名恐怖主义嫌疑人。据巴林官方称，从这些人那里收缴了武器和制造炸弹的装备。巴林官方媒体报道，这些人在伊朗卫队以及“伊拉克真主党”的军事营地接受了培训，企图在巴林各地制造炸弹袭击事件。报道没有指明嫌疑人的国籍，但是从文中可以推测他们都是巴林人。2016 年 12 月，巴林拘捕了 47 人，称他们是一个与伊朗有关的恐怖团伙的成员。2017 年 1 月，巴林实施停止了 6 年的死刑，枪

① 《巴林议会：应向伊朗和真主党宣战》，*PressTV*，http：//www. presstv. ir/DetailFa/2016/04/20/461678/Bahrains – parliament – calls – state – declare – war – Iran – Hezbollah。

② 《巴林局势，伊朗与海湾国家关系的新危机》，BBC 网站，http：//www. bbc. com/persian/iran/2016/06/160626_ l93_ iran_ bahrain。

③ 《巴林抓捕 5 名与伊朗有关的安置炸弹嫌犯》，BBC 网站，http：//www. bbc. com/persian/iran/2016/07/160722_ l26_ bahrain_ iran_ terrorist_ cell_ irgc_ sepah。

④ 《巴林外交大臣重申：伊朗企图控制巴林》，纳每新闻网，http：//namehnews. ir/fa/news/361490。

毙了3名什叶派青年死刑犯，罪名是杀害3名警察。2017年3月3日，拘捕了25名恐怖主义活动嫌疑人，这个团伙被指控在2017年1月杀害了2名警察，据称该团伙得到伊朗的支持。

2017年3月6日，就巴林政府指责伊朗与最近在巴林实施恐怖行动的极端主义团伙有关联一事，伊朗外交部发言人予以否认，并说，巴林政府无力解决国内的困难，不能积极回应民众追求和平的呼声，反而每隔一段时间发表言论称巴林人民抗议政府与伊朗有关。①

分析伊巴这对关系的主体，巴林国内存在本质矛盾，即占少数的逊尼派的家族统治占多数的什叶派，并且目前对伊朗不信任的氛围非常浓厚，巴林国内问题不解决，就不能指望伊巴关系正常化。从外部影响因素看，一方面，伊朗同巴林的关系一定程度上受到伊朗与沙特关系的影响，伊沙关系好转，那么伊巴关系也会跟着相对缓和。另一方面，伊巴关系还受伊朗同西方关系的影响。巴林渲染恐伊氛围、夸大伊朗对巴林政权的威胁，会让美国感到伊朗对国际水路运输安全、对中东地区安全构成威胁，把伊朗的影响夸大为对其他阿拉伯国家乃至对西方国家利益的威胁。这样就可以凸显巴林对美国的重要性，因为从安全、控制公海和石油运输的角度看，巴林是美国在中东和波斯湾的第一个基地。

三　伊朗与伊拉克的关系

自从萨达姆政权倒台之后，两伊建立了高水平的战略关系。伊朗致力于支持伊拉克合法政权，巩固伊拉克的地区和国际地位。两国在朝觐、旅游、贸易等领域的关系也得到发展，但不可否认目前两国关系中的根本仍是安全和防务合作。在2016年两伊关系的发展主要表现在经贸和文化领域。

2016年阿尔巴因节，有约210万伊朗人前往伊拉克朝觐。伊朗人对

① 《否认伊朗干涉巴林内政》，早间新闻网，http://bamdad.net/دخالت-ایران-در-بحرین-رد-شد.html。

伊玛目的热爱、对朝觐的热忱，使伊拉克超越土耳其一跃成为伊朗的第一大旅游目的地国。除了阿尔巴因节，在塔苏阿节、阿舒拉节、降经节、阿里诞辰日等宗教节日期间，也有大批伊朗人前往伊拉克祭拜。2016 年的阿拉法节，有约 100 万伊朗人进入伊拉克进行祷告和朝觐。2016 年前往伊拉克旅游的伊朗人数较 2015 年有 2 ~ 3 倍的增长，约达 317.5 万人。同时，有约 200 万伊拉克人选择伊朗作为旅游目的地。① 两国间游客量巨大且仍在增加，伊朗和伊拉克相关负责人已多次商讨免签问题以方便两国游客往来。②

伊拉克经历了战争及其遗留下来的安全问题，许多行业处于歇业、半歇业状态，甚至缺乏投资环境。伊拉克目前的主要贸易活动是进口。为了战后重建，伊拉克需要大量水泥。伊朗是伊拉克重要的水泥供应者。根据最新统计数据，伊拉克是继中国、土耳其之后伊朗的第三大贸易伙伴。③

2017 年 1 月 3 日，伊朗工矿商业部部长在巴格达同伊拉克贸易部部长、工业矿业部部长会谈，就加快制定两伊之间优惠关税达成一致，将成立共同委员会研究和落实投资、优先投资、制定优惠关税等事宜。2017 年 1 月下旬，伊拉克电力能源部代表团访问伊朗，商讨恢复伊朗向伊拉克出口电力有关事宜。④ 2017 年 2 月 13 日，在巴格达举行的第三届伊朗博览会开幕，此次博览会有 145 家企业参展，持续 3 天。参展企业的产品包括工业制品、生产零件、建筑材料、汽车制造、汽车配件、卫生用品、医疗设施、食品（包括奶制品）、洗涤用品等。⑤ 伊朗第一辆自动挡小轿车在展览会上亮相，

① 《伊朗和伊拉克旅游平衡研究》，http：//www. iranamerica. com/forum/showthread. php? s = 7e6657376b353f51f3c9035595c34be2&p = 190176。

② 《两伊旅游平衡研究》，伊朗美国网，http：//www. iranamerica. com/forum/showthread. php? s = 7e6657376b353f51f3c9035595c34be2&p = 190176。

③ 《两伊关系发展有赖于共同投资》，经济电台，http：//radioeghtesad. irib. ir /توسعه-روابط-ایران-با-عراق-در-گرو-سرمایه‌گذاری-مشترک/ – /，2016 年 7 月 17 日。

④ 《伊拉克代表团抵达德黑兰　旨在重启电力出口》，塔伯纳客网，http：//www. tabnak. ir/fa/news/658948 /سفر‌هیات‌عراقی-به‌تهران‌برای‌ازسرگیری‌صادارت-برق/。

⑤ 《伊朗自动挡车在伊拉克亮相》，优势网，http：//www. bartarinha. ir/fa/news/479749 /رونمایی-از-دنده-اتومات-ایرانی-در-عراق/。

这是塞帕汽车有限公司根据伊拉克的气候条件按照伊拉克商业伙伴的要求量身定制的，是伊朗供应给伊拉克市场的第一辆自动挡汽车。这款车从 2017 年开始在巴格达以南的“亚历山大”生产线大批量生产。

两国年均贸易额为60 亿 ~65 亿美元，伊历1395 年前9 个月（2016 年3 月至 2016 年年底）较上年同期增长了 5 个百分点，这个数据只是商品贸易值，不包括技术工程服务。若包括技术工程服务的金额，两国贸易额将突破 80 亿美元。① 表3、表4 显示了伊历1394 年伊朗向伊拉克出口和从伊拉克进口的主要商品种类。

表 2　两伊贸易额（伊历 1387 ~ 1395 年前 8 个月）

单位：百万美元

年份	1387	1388	1389	1390	1391	1392	1393	1394	1395 前 8 个月
出口	2762	4109	4439	5149	6249	5949	6131	6237	3484
进口	67	60	43	121	83	68	60	50	19
贸易总额	2829	4169	4482	5270	6332	6017	6191	6287	3503
贸易平衡	2695	404	4396	5028	6166	5881	6071	6187	3465

注：伊历 1387 年为公历 2008 年 3 月 21 日 ~2009 年 3 月 20 日，其他年份可类推。

资料来源：《两伊经贸关系》，伊朗驻伊拉克使馆商务处，http：//dmr. ir/1988。

表 3　伊历 1394 年伊朗向伊拉克出口的主要商品种类

单位：百万美元

商品名称	价值	商品名称	价值
水泥	386	新鲜西瓜	139
马赛克	171	液态丙烷	132
酸奶	150	液态丁烷	128
番茄	143	奶酪	127
化学反应催化剂	141	家居用品、清洁用品	125

资料来源：《两伊经贸关系》，伊朗驻伊拉克使馆商务处，http：//dmr. ir/1988。

① 《将制定伊朗伊拉克关系的优惠关税率》，水滴网，http：//www. ghatreh. com/news/nn35370960/وضع-تعرفه-ترجیحی-روابط-ایران-عراق-زودی/。

表 4　伊历 1394 年伊朗从伊拉克进口的主要商品种类

单位：百万美元

商品名称	价值	商品名称	价值
未加工的铝合金	27	牛奶	2
铝金属废品	6	橡胶轮胎	1
分体式空调	6	机械零部件	1
电池废品	4	铌铁	1
炼油残渣	3		

资料来源：《两伊经贸关系》，伊朗驻伊拉克使馆商务处，http：//dmr. ir/1988。

四　伊朗与卡塔尔的关系

卡塔尔部分西海岸及南海岸与沙特阿拉伯的海岸相连，东部毗邻阿联酋和阿曼，巴林则是其西面最近的邻国。卡塔尔处于海湾地区的心脏位置，临近地区的两翼，而同时与沙特和伊朗相邻以及拥有丰富的油气资源，更增加了其战略重要性。在沙特阿拉伯试图迫使其他阿拉伯小国跟随其后断绝与伊朗关系的情况下，卡塔尔同阿曼、阿联酋一起，没有顺从沙特阿拉伯而继续保持与伊朗的外交关系。

卡塔尔虽然是一个人口不多、面积不大的小国，却一直试图在地区及国际事务中发挥切实作用，以提高其在地区和国际关系中的地位。卡塔尔的这种野心使其与沙特阿拉伯之间产生嫌隙，在一些地区事务中这两个国家存在意见分歧甚至有时立场对立。“阿拉伯之春”后，卡塔尔与沙特阿拉伯都想依照自己对阿拉伯世界未来的看法，填补叙利亚、埃及等国出现的真空。当沙特阿拉伯在叙利亚支持“伊斯兰国”、“自由沙姆人”① 和“伊斯兰军”

① “伊斯兰国”与“自由沙姆人”均为叙利亚反政府武装。

等武装组织的时候，卡塔尔则支持“援助阵线”[①]。卡塔尔支持埃及的穆兄会及莫尔西，而沙特阿拉伯则支持军队以期为军事政变创造条件。沙特阿拉伯视卡塔尔为对其海湾地区秩序核心地位的挑战。在这种背景下，同伊朗拉近关系可以成为卡塔尔平衡沙特阿拉伯控制力的工具。同时由于卡塔尔国内的什叶派始终与逊尼派保持着良好关系，卡塔尔政府不像沙特阿拉伯那样担心伊朗挑唆什叶派发动革命。因此，有别于其他海合会成员国，卡塔尔一直把伊朗视为解决地区安全难题的积极因素。作为海合会成员国，卡塔尔本应奉行海合会的方针，但是在敏感时期卡塔尔总是采取较为独立的维护自己国家利益的政策。[②] 卡塔尔与伊朗密切的经济关系在多哈的战略格局中具有特殊地位。两国共同实施的天然气项目足以让卡塔尔乐于解决伊朗同阿拉伯国家之间的问题，因为海湾的军事对抗会威胁到南北天然气项目。[③]

从伊朗方面来看，与卡塔尔发展关系体现了伊朗离间与沙特阿拉伯有战略分歧的国家的策略，以击破沙特阿拉伯试图建立的反伊朗的伊斯兰阿拉伯国家联合统一战线。伊朗和卡塔尔在叙利亚问题上有分歧，卡塔尔是叙利亚反对巴沙尔·阿萨德阵线的主要援助者，而伊朗是阿萨德的支持者，但这并不妨碍两国建立睦邻友好关系，因为两国间还存在很多利益共同点。同时，伊朗和卡塔尔在叙利亚问题上的分歧不同于伊朗同沙特之间的分歧。可以说在海合会六国中，伊朗与卡塔尔的关系仅次于伊朗与阿曼的关系。卡塔尔在国际场合支持伊朗及伊朗的核政策，近几年两国领导人多次率团往返于德黑

---

① 叙利亚反政府武装之一，属于萨拉费派，“基地组织”在叙利亚的分支，曾与“伊斯兰国”发生战斗。其战斗人员有5000~20000名，分布在11个省（叙利亚共有14个省），北部一些地区在该组织的军事控制之中。2016年7月末，该组织更名为“沙姆胜利阵线”，与“基地组织”脱离关系。

② 例如，两伊战争时期及之后的地区危机中，卡塔尔始终保持与伊朗的关系。两伊战争结束后，伊拉克入侵科威特，卡塔尔是地区唯一一个强调执行关于伊朗、伊拉克之间岛屿问题的1975号决议的国家。在伊朗与阿联酋的岛屿争端问题上，卡塔尔从未明确支持过阿联酋。2006年，卡塔尔是唯一一个对针对伊朗的安理会1696号决议投反对票的安理会成员国。2010年，多哈同德黑兰签署了反恐和加强安全合作的协议。

③ 《缘何卡塔尔没有与伊朗断交》，经济世界，http://donya-e-eqtesad.com/SiteKhan/1008835。

兰和多哈。

2016 年 9 月 12 日，鲁哈尼同卡塔尔埃米尔通电话致以斋月问候，表示地区问题应通过地区国家共同参与以对话的方式解决。他说，伊朗和包括卡塔尔在内的一些国家有着共同利益和目标，德黑兰为加强地区的稳定与安全，愿意加强同地区友好国家的磋商，实现地区发展和稳定的目标。鲁哈尼还说，伊朗伊斯兰共和国始终希望与邻国一道致力于构建有利于保障所有国家利益的地区稳定和安宁。卡塔尔方面呼吁伊朗同波斯湾周边的阿拉伯国家开展对话。卡塔尔埃米尔称，“这个对话非常重要，因为问题应当在谈判桌边解决，而不是让别人来解决”。他表示：“我们认为应利用伊朗和阿拉伯国家的关系来解决地区的难题。伊朗在本地区具有特殊的地位和作用。伊朗发挥作用与我们的利益是相关的。”

卡塔尔埃米尔利用古尔邦节问候的机会与伊朗总统互通电话，加强两国关系，这件事在伊沙关系紧张加剧的大背景之下显得尤为重要。有评论认为卡塔尔想以此表明自己中立的立场。另有人认为，这是卡塔尔试图斡旋伊沙关系的表现。卡塔尔有靠近伊朗 - 俄罗斯这组中东核心的愿望。古尔邦节的电话问候正是伊朗和卡塔尔两国在伊朗与沙特关系紧张升级的时刻向利雅得发出的信号。卡塔尔埃米尔在同鲁哈尼通电话时表示，德黑兰与多哈建立了战略关系，这个关系不受第三方的干涉，正在不断发展和深化。即使这一说法只是一种宣传口号，也是有影响力的，是积极、具有战略意义的，尤其是可以对沙特产生政治上、心理上的影响。①

长期以来，卡塔尔的食品需求通过伊朗南部港口供应。卡塔尔发现石油、经济开始繁荣起来后，伊朗的劳动力进入卡塔尔，活跃在卡塔尔重要的经济部门。双边合作因受到两国政府的高度重视而得到了长足发展，其中共同开发位于两国海上边界的世界最大天然气田——南帕尔斯气田是一个例证。

---

① 《卡塔尔埃米尔呼吁伊朗与海湾国家谈判》，*PressTV*，http：//www. presstv. ir/Detail/2016/09/12/484390/Iran - Qatar - Rouhani。

2016 年 12 月 11 日，在卡塔尔哈迈德·本·哈里发大学举办的伊朗文化周开幕，伊朗驻多哈大使馆的官员出席文化周开幕式。此次文化展览为期一周，旨在向卡塔尔大学生介绍伊朗的文化和风俗。这是一次史无前例的伊卡文化合作。而在文化周开幕几天前，沙特阿拉伯国王还向卡塔尔埃米尔表示希望海合会成员国团结一致反对伊朗，卡塔尔举办伊朗文化周无异于对沙特阿拉伯的提议投了否决票。

目前，伊卡的良好关系只限于部分领域，并不是全方位的。在军事领域，2016 年 9 月 10 日，卡塔尔就购买探测距离为 5000 公里的早期预警雷达同美国达成协议。美国防长卡特称签署此协议的目的是提高卡塔尔的导弹防御能力、“对抗伊朗的导弹”。这份协议价值 10.1 亿美元，卡塔尔将购买美国 AN/FPS－132 “铺路爪” 雷达系统，同时还包括必要的支援设施和配件。①

五　伊朗与科威特的关系

科威特历史悠久，并同时受到伊朗和沙特阿拉伯的尊敬。科威特的财力比较雄厚，管理财政的能力也较其他海湾国家突出，因此较少受到沙特阿拉伯的压力，而拥有相对独立的外交。科威特议长马尔祖格·阿里戛纳姆称科威特和其他的海湾阿拉伯国家愿意与伊朗建立友好合作关系，同时强调了本国的安全和稳定是红线，指出伊朗的重要性及其地区大国的作用是科威特的外交原则之一。②

在沙特阿拉伯和伊朗断交事件后不久，旨在修复伊沙两国关系的国际磋商就开始了。先是阿曼，继而在 2016 年初夏，科威特充当了斡旋者。2016 年 9 月 22 日，在联合国第 71 次大会上，科威特首相在发言中表示期望在相

① 《卡塔尔在做同伊朗开战的准备》，伊朗外交，http：//www. irdiplomacy. ir/fa/page/1965501/ «قطر+خود+را+برای+جنگ+با+ایران+آماده+می‌کند». html。

② 《科威特议长：希望与伊朗建立友好合作关系》，东方新闻，http：//www. mashreghnews. ir/fa/news/619943 رئیس-پارلمان-کویت-خواهان-روابط-حسنه-و-همکاری-با-ایران-هستیم/。

互理解和尊重的基础上建立与伊朗的友好合作关系。建议两国在国际准则和睦邻友好的原则下，开展建设性对话。同时科威特首相维护阿联酋占领阿布扎比、大小通布岛三岛的立场，呼吁伊朗通过直接谈判或者国际刑事法庭解决这一争端。[①]

2017 年 1 月 25 日，科威特副首相兼外交大臣萨巴赫·哈立德·哈马德·萨巴赫访问伊朗。科威特外交大臣出访前公开宣布：将携带一封解决伊朗和阿拉伯国家分歧的信，此信的内容是关于海合会国家和伊朗的合作。科威特外交大臣会见伊朗外长扎里夫时表示："鉴于地区面临共同的恐怖主义威胁，我们应着眼未来，因为地区国家比别人更清楚地认识自己的利益。"[②] 科外交大臣转交了科威特埃米尔的信，在信中埃米尔建议根据联合国宪章和国际法准则，同伊朗开展多边对话。鲁哈尼感谢科威特埃米尔的致信，表示"伊朗奉行在相互尊重、睦邻友好、穆斯林兄弟情谊的基础上进一步发展同伊斯兰邻国的友好兄弟关系的外交政策"。鲁哈尼认为打击恐怖主义需要这种合作关系。[③]

伊朗外交部发言人巴赫拉姆·噶塞米称科威特外交大臣谢赫萨巴赫·哈利德访问德黑兰是为发展双边关系迈出的重要一步，双方就政治和经济局势交换了意见。噶塞米称德黑兰以高于双边关系的态度看待伊科关系。这一评价在科威特媒体引起了广泛反响。噶塞米表示伊朗发展同科威特关系的政策是稳定的，德黑兰致力于同友好邻邦建立公平、平等的关系。哈利德访问德黑兰是对扎里夫访科的回访。

2017 年 2 月 15 日，伊朗总统鲁哈尼在一天之内先后访问阿曼和科威特。当晚，鲁哈尼同科威特埃米尔萨巴赫·艾哈迈德·贾比尔·萨巴赫会晤，谈到两国文化、历史、宗教的共同之处以及两国人民历史上兄弟般的亲

---

① 《科威特期待与伊朗的友好关系与合作》，*PressTV*，http：//www.presstv.ir/DetailFa/2016/09/22/485835/Kuwait-Iran – UN。

② 《科威特埃米尔访伊：伊朗和沙特阿拉伯关系坚冰中的钉子》，伊朗媒体，http：//www.rasanehiran.com/vdcfevdm.w6d1yagiiw.html。

③ 《科威特外长谈改善伊朗与阿拉伯国家关系》，BBC 网站，http：//www.bbc.com/persian/iran – 38752960。

密情谊，鲁哈尼表示："加深和巩固伊科两国在各领域的关系还大有可为，发展两国关系将造福两国人民乃至整个地区。"鲁哈尼建议成立共同经济合作委员会，以加强两国私有经济界人士的联系，希望两国各种经济的投资者特别是私有经济体之间建立更加紧密的关系，这将有助于他们利用彼此的资源，把握一切发展经济关系的机会。鲁哈尼指出伊科两国政治关系紧密，经济关系应与政治关系同步发展。伊朗愿意同科威特发展全方位关系，包括在各个项目上共同投资，例如伊科两国在印度洋经伊朗连接中亚及欧洲地区的南北运输走廊项目中有很多合作机会。发展两国银行间合作是促进两国经济合作的根本基础。鲁哈尼谈到地区局势的显著变化时指出，恐怖主义是地区面临的共同威胁，消除这一威胁的唯一办法是地区所有国家同仇敌忾，团结起来一致应对。鲁哈尼强调了避免邻国间产生分歧和隔阂的必要性，呼吁大力发扬《古兰经》倡导的精神——穆民是兄弟。他说："对话是解决问题、消除误解的唯一途径。"科威特埃米尔对鲁哈尼总统提出的观点表示欢迎，他说："目前的形势要求我们有更好的关系，为此我们决定提升和德黑兰各方面的关系"，"我们都是穆斯林，我们应该团结如兄弟，为发展、稳定、和平而努力"。①

分析人士认为鲁哈尼此行包含了三个信息。一是对科威特埃米尔和阿曼苏尔坦邀请的回复，这种互动进一步密切了伊朗同两个斡旋国之间的关系；二是向其他海合会成员国尤其是沙特阿拉伯传达伊朗愿意进行直接、认真对话的意图；三是传递了这样一个信息，即为应对特朗普时代的威胁有必要复兴地区主义。

伊科两国的文化关系总体呈发展趋势。2016 年 7 月，伊朗科威特友好协会成立，旨在加强两国的文化关系，该协会有 15 个成员。近几年伊科两国签署了多个文化协议，伊朗方面已经在科威特举办了多次文化活动，这表明两国官方加强各方面关系的意愿。2017 年 1 月 24 日，科威特高级代表团

① 《科威特埃米尔：科威特已准备好同伊朗发展在各领域的关系》，伊朗总统官方网站，http：//www. president. ir/fa/97783。

出席了伊朗马什哈德市当选2017年伊斯兰世界文化之都的庆祝仪式。共有来自51个国家的250名文化界、政界人士出席此庆祝仪式。科威特著名纸媒《见解》评论，伊朗和科威特的文化瑰宝名列前茅，伊朗可以其丰富的文化资源为伊斯兰世界做出更多贡献，并称伊科两国文化关系“超群”。①

六　伊朗与阿曼的关系

伊朗和阿曼同处于霍尔木兹海峡的战略位置是持续影响两国双边关系的重要因素之一。阿曼多年一直同伊朗保持友好关系，是伊朗最重要的转口贸易对象国之一。在对伊朗实施制裁期间，阿曼仅遵守了联合国规定的针对伊朗核计划和弹道导弹的制裁，而没有加入美国及其他西方国家对伊朗实施的全面制裁。由于绝大多数阿曼人信仰伊斯兰教的伊巴德派，既非什叶派也非逊尼派，什叶派、逊尼派竞争导致的伊朗和海合会国家关系裂痕从未影响伊阿关系。阿曼同时保留着美国战略盟友和海合会成员国的身份，原因在于各方都认为阿曼扼守霍尔木兹海峡东入口的战略地理位置非常重要。阿曼的这一地理位置也使其多次发挥了作为伊朗和西方中间人的作用，例如，2015年7月阿曼是核谈判的东道国，最终达成了核协议。②

伊核协议签订之后，2016年1月16日，伊朗驻阿曼大使阿里阿克巴尔·西布耶在阿曼宣布，德黑兰有意报偿阿曼为达成核协议做出的有价值的努力，他强调马斯科特是和伊朗站在一起的朋友，伊朗不会忘记这一点。伊阿关系的加强将有助于进一步取消对伊朗的制裁，同时使阿曼更独立于沙特，加大了阿曼与沙特在许多问题包括也门问题上的分歧。伊朗和阿曼贸易通道将增强阿曼外交政策的独立性。③ 伊朗和阿曼的亲密关系和在地区及国

① 《伊科文化关系超群》，IRNA，https：//www3. irna. ir/fa/News/82403229/。

② 《金融时报：阿曼是伊朗在海湾地区最好的朋友》，青年记者俱乐部，http：//www. yjc. ir/fa/news/5564254/。

③ 《阿曼——连接伊朗与国际市场的通道》，伊朗外交网，http：//www. irdiplomacy. ir/fa/page/1958592/عمان+گذرگاه+ورود+ایران+به+بازارهای+جهانی+است.html。

际事务中的建设性合作为保障地区的和平与稳定发挥了积极作用，两国在伊核问题达成全面协议、解决也门危机上的努力是维护地区和平的范例。

2016 年 9 月 4 日，阿曼内政大臣哈穆德·本·费萨勒阿勒布·萨义迪访问德黑兰，同伊朗外长扎里夫、内政部部长法兹里会晤，两国加强了在政治、贸易、经济安全各领域的关系。此次会晤的成果之一是签署了关于伊朗、阿曼海上边界的协议，并立即生效执行。阿曼内政大臣称“发展和伊朗的关系不存在任何障碍”。伊朗内政部部长法兹里表示，伊方认为伊阿关系深于官方框架，他说建立在互信基础上的伊阿关系可以为其他国家树立一个标杆；评价两国关系是“有根基、有质量、深厚而悠久的”，是世界重要地区杰出的双边关系。①

2017 年 1 月 2 日，在伊朗外交部例行记者招待会上，发言人巴赫拉姆·噶塞米在回答关于“阿曼加入沙特反恐联盟”的问题时，表示尽管地区关系经历多次起伏波动，伊朗和阿曼关系从未降低。即使阿曼加入形式上的各种联盟，但丝毫不会影响伊阿双边关系。事实表明，阿曼能够在加入联盟的同时，以某种形式安排自己与地区友好国家的合作，使双边关系不受影响。②

2017 年 2 月 15 日，伊朗总统与阿曼国王以两国高级代表团在马斯科特的会谈为契机举行了会晤，就如何促进双边关系发展以及地区最重要的问题交换意见，强调两国在加强地区发展、建立地区持久和平和安全上开展合作的必要性。伊朗总统表示两国都有巩固友好关系的政治愿望，德黑兰始终欢迎发展双边关系以及同其他地区邻国的关系，扩大银行合作将为加深经济关系创造条件，强调也门停火是保障地区安全、开展共同合作的首要选择。阿曼国王苏尔坦·卡布斯表示，阿曼致力于同伊朗发展政治、经济和文化的全面关系。

鲁哈尼认为伊朗核协议有利于伊阿两国关系，有利于地区和世界，他

---

① 《伊阿关系比官方框架更深厚》，ISNA 通讯社，http：//www. isna. ir/news/95061409428/روابط-ایران-و-عمان-عمیق-تر-از-چارچوب-های-رسمی-است。

② 《伊阿关系继续发展》，今日法尔斯，http：//parstoday. com/dari/news/iran－i24364。

说，目前的形势非常适合进一步发展和巩固伊阿关系，已具备激发发展经济、科技、文化关系潜力的条件。鲁哈尼提出在经济、运输、天然气、能源、港口、工业、贸易和工程技术服务等方面加强合作，指出深化银行合作关系将为德黑兰－马斯科特加深经济关系创造条件。关于文化、科技关系，鲁哈尼指出提供签证便利会增强两国人民、私立机构间的交流。鲁哈尼称散布恐伊论是一个跨地区的阴谋，他指出伊朗的军事力量仅是防御型的，是地区安全的有力后盾。保障地区安全的最根本途径是地区国家的责任担当和地区内部合作。鲁哈尼积极评价伊阿两国在地区的重要作用。阿曼国王称巩固伊朗和地区国家关系有利于地区的发展、安全和稳定，指出保障地区安全是地区各国的根本责任，地区各国应为解决问题进行磋商、同心同德。①

阿曼比其他海湾国家有更多优势，而伊朗同阿曼的贸易额相比于伊朗与地区其他阿拉伯国家如阿联酋、科威特、巴林的贸易额却低很多。目前，双方采取了一系列措施推动双边贸易发展，如改善运输条件、定期举办专门的展览、参加在阿曼举办的国际展览、推介伊朗的工业实力、举办两国商户研讨会、加快签署鼓励投资的协议、关税优惠、加强两国商业信息和法律交流等。美国《金融时报》报道了取消对伊朗制裁之后伊朗和阿曼的经济合作，指出“阿曼在伊朗致力于重新融入地区和世界经济当中开始发挥关键作用”。在伊朗被孤立的时期，其他中东国家都非常谨慎地和伊朗保持距离，只有阿曼留在自己的贸易老伙伴身边，而现在两国放开手脚大力发展经济合作。②

伊历 1394 年，两国贸易额达 4.49 亿美元，伊朗出口阿曼的商品主要有各种水果蔬菜、生铜、沥青和柏油、钢筋、食品、水泥、熟料，从阿曼主要进口铁矿石和一些矿产品。伊朗贸易发展组织主席阿夫哈米拉德表示，伊朗工业矿业贸易部部长以及其他高级官员对阿曼特别重视，伊朗会不遗余力地以实际行动发展同阿曼的关系。2014～2016 年伊阿贸易额已经增长了三倍

① 《伊朗总统与阿曼国王会晤》，伊朗总统官方网站，http：//www. president. ir/fa/97766。

② 《金融时报：阿曼是伊朗在海湾地区最好的朋友》，青年记者俱乐部，http：//www. yjc. ir/fa/news/5564254/。

且仍在增长。

2016 年 6 月 1 日起，开通马斯科特至马什哈德的每天一班的直航，从 8 月 1 日起马斯科特至德黑兰的航班增加至每天三班，已考虑开通马斯科特至伊斯法罕和阿巴斯港的航班。[①] 9 月 25 日，在伊朗阿巴斯港和阿曼萨哈尔港之间的三条货运和客运航线正式开通，还将开通伊朗恰巴哈尔港至阿曼萨拉雷港和苏尔坦卡布斯港之间的航线。

2016 年 9 月 26 日，第一届阿曼专属博览会在德黑兰开幕，两国的工商部部长出席开幕式。此次博览会的目的是扩大双边合作，为阿曼寻找伊朗的合作伙伴和阿曼需要的货源。共有 80 家阿曼企业参加此次博览会，其中参展的萨哈尔银行计划在德黑兰开设营业点。[②] 2016 年 9 月，伊朗阿曼经济合作委员会第 16 次会议在德黑兰召开，会上两国签署了涉及贸易、海关、工矿业、运输、能源、渔业等领域的 4 个谅解备忘录。备忘录旨在加强地区合作，涉及解决技术障碍，扩大体育、科教、投资、贸易、金融合作，成立经济工作组等内容。伊朗工矿商业部部长称此次签署的备忘录为两国关系发展确定了路线图，而半年后这个路线图将最终确定，并在阿曼签署正式协议。[③] 2016 年 10 月 6 日在阿曼举办伊朗商品博览会。2017 年 2 月 4 日，在阿曼举办了伊朗产品展，来自霍尔木兹甘省的 40 家企业参展。

自从取消对伊朗的制裁后，价值 600 亿美元的铺设海底输气管道项目快速推进，通过此管道伊朗的天然气输送到阿曼后将变成液态天然气，继而出口国外。在阿曼的达噶木港建设汽车制造基地的调研已结束，计划由伊阿两国共同投资 2000 亿美元建设一个地区最大的汽车生产公司，2018 年开始投产，在未来两年内将年产 2 万台汽车。

两国贸易关系加速发展的标志之一是阿曼中央银行同意阿曼最大的银行

① 《伊朗阿曼关系发展潜力》，伊朗出口发展银行客户俱乐部，https：//club. edbi. ir/news/319332. اخبار?t=html-ظرفیت-های-پنهان-روابط-ایران-عمان。

② 《发展中的伊阿经济关系》，伊朗声貌组织，http：//www. iribnews. ir/fa/news/1311345/ایران-و-عمان-در-مسیر-توسعه-روابط-اقتصادی。

③ 《伊阿签署 5 份协议》，赛玛特新闻，http：//www. smtnews. ir/trade/24010. امضای-۵تفاهمنامه-میان-ایران-و-عمان – html。

马斯科特银行在德黑兰开设分行。这样，马斯科特银行就成为取消制裁后首批进入伊朗的外国银行之一。解决金融问题也是2017年2月鲁哈尼访问阿曼的一个重要目的。中央银行行长瓦力安拉·赛弗随行一起出访，与阿曼和科威特两国的中央银行行长举行了特别会晤，商讨扩大双边金融合作事宜。[①] 伊朗人民银行在阿曼设有分支，其他银行也准备在马斯科特开设营业点。

七 伊朗与阿拉伯联合酋长国的关系

阿联酋跟随沙特阿拉伯的步伐，降低了与伊朗的政治水平以向伊朗施加政治压力，双边关系表现出政治上针锋相对、经济上热火朝天的特点。

2016年9月3日，阿联酋首次参与美国、以色列、西班牙、巴基斯坦联合空中作战演习，其中阿联酋演习了对抗S-300导弹系统。贝鲁特出版发行的阿拉伯语报纸《新闻报》称这是阿联酋和以色列关系正常化的开端，也是对伊朗列装S-300导弹系统的军事反应。[②]

2016年9月24日，阿联酋外长阿卜杜拉本·扎耶德·阿勒纳西扬在联合国大会上指责伊朗签署伊核协议后一刻也没有放弃破坏地区稳定的努力；称伊朗奉行“扩张型政策”，“拒绝尊重别国独立”，干涉他国内政，应对地区动荡局势负主要责任。他说：“伊朗与六国签署全面协议受到地区国家欢迎，让他们抱有伊朗改变破坏作用的希望，但是这个希望很快化为乌有，伊朗丝毫不顾各国的期待，继续破坏地区安全、武装非军事组织、实施自己的导弹计划。”[③]

据阿联酋官方通讯社报道，2017年2月2日，阿联酋外交部向伊朗方

① 《赛弗寻求与阿曼的金融合作》，经济新闻，https：//www.eghtesadnews.com/.../161489 - بانکی-با-روابط-سیف-به-دنبال-توسعه。

② 《阿联酋对伊朗列装S-300的军事反应》，Tabnak网，http：//www.tabnak.ir/fa/news/619884 /واکنش-نظامی-امارات-عربی-به-استقراراس-300-در-ایران/。

③ 《阿联酋在联大会议上严厉批评伊朗》，BBC网站，http：//www.bbc.com/persian/iran/2016/09/160924_u07_uae_fm_unga_iran。

面递交了一份抗议书，抗议伊朗向胡塞组织非法提供武器，指出伊朗提供的武器包括无人机表明伊朗公然践踏联合国安理会的决议。阿联酋一名官员声称在也门西岸击落了一架胡塞武装的无人机，是由伊朗提供给胡塞武装的。伊朗方面对此未做出反应。也门政府及其盟友多次指控伊朗向胡塞武装提供武器。而德黑兰总是予以否认，称指控是无根据的。[①] 2017 年 2 月 4 日，伊朗外交部发言人巴赫拉姆·噶塞米反驳了阿联酋内政部部长阿奴尔·噶尔嘎什对伊朗外交的批评，“称伊朗输出革命、干涉阿拉伯国家内政的说法是无根据、不恰当的”。噶塞米提出阿联酋人应以更加实事求是的态度慎言慎行，凭空散布言论只会加剧地区国家间的分歧。[②]

2017 年 3 月 5 日，阿联酋驻美国大使发表针对伊朗的言论，批评伊朗的行为增加了地区的不稳定，称阿联酋已经阻止了数次伊朗向也门非法运输武器的企图。他对特朗普政府重新制裁伊朗表示欢迎，也受到地区内美国盟友的欢迎。阿联酋驻美国大使谴责伊朗在 1 月进行的弹道导弹试验，称此举违反了安理会决议，并认同美国国防部部长指责“伊朗是最大的支持恐怖主义的国家”的说法。[③]

2016 年 9 月 21 日，阿联酋法吉列港第一个可停泊巨型油船的码头开始正式运营。这意味着阿联酋通过这一项目首次提供了霍尔木兹海峡之外的一个能够停靠巨型运油船的选择。该码头开始运营之后，阿布扎比的输油管道每天输送到国际市场的 250 万桶石油中至少有一半可以不再通过霍尔木兹海峡。最大规模的油料加装系统可使阿联酋保持作为国际石油贸易重要中心的战略地位。通过此码头每年加装油料 1600 万吨，其中主要一部分从伊朗进口。

2017 年 3 月 1 日，阿联酋商会主席称即将开设阿联酋驻伊朗的贸易代

---

① 《阿联酋召见伊朗驻阿布扎比代办》，*PressTV*，http：//www. presstv. ir/DetailFa/2017/02/02/508833/UAE – Iran – Yemen – Huthi – Saudi – Arabia。

② 《伊朗：阿联酋“输出革命”的说法毫无根据》，BBC 网站，http：//www. bbc. com/persian/iran – 38867702。

③ 《阿联酋驻美大使发表反伊朗言论》，麦赫尔新闻社，http：//www. mehrnews. com/news/3921958 اظهارات-ضد-ایرانی-سفیر-امارات-در-ایالات-متحده-آمریکا/。

表处。[1]

出口发展银行总经理萨利赫·阿巴迪称，达成核协议、取消制裁后外国银行还对与伊朗建立联系心存恐惧。出口发展银行目前在23个外国银行开设账户，与65个国家进行了直接或间接的转汇业务。阿联酋由于政治原因，目前断绝了同伊朗银行的往来，这是伊朗银行面临的一个困难。[2]

海关数据显示，伊历1395年前8个月阿联酋对伊朗出口额超过50亿美元，进口额超过30亿美元，依然稳居伊朗进出口贸易伙伴的榜首。一些人认为，伊朗和阿联酋政治关系的冷淡不会大幅度影响两国的经济关系，阿联酋不会轻易放弃伊朗这个巨大、诱人的市场。因为经济关系是持久、稳固的，虽然可能短期内受政治氛围的影响，但很快会恢复到发展的根本道路上。[3] 数据显示，伊历1394年伊朗对阿联酋出口占其总出口额的11%，进口额占其总进口额的23%。

---

① 《阿联酋将在伊朗开设贸易代表处》，市场时代，http：//aftabnews. ir/fa/news/409301。

② 《外国银行害怕伊朗》，股票交易所快讯，http：//boursepress. ir/news/39001。

③ 《伊朗与阿联酋关系的未来》，经济世界，http：//donya - e - eqtesad. com/SiteKhan/1005220。

B.6
2016年伊朗阿富汗关系解析*

朱永彪　任希达**

摘　要：伊朗是阿富汗的重要邻国，也是阿富汗战后重建的一个重要力量，两国在经济、安全、政治等方面有着密切的联系。2016 年 1 月国际社会对伊朗制裁的解除，为伊朗与阿富汗的合作增添了新的变数。本文重点考察了 2016 年伊朗与阿富汗在经贸合作方面的关系，同时分析了双方在难民安置、毒品管控问题上的联系，并对伊朗对阿富汗国内政治的影响，以及双方在水源问题上的争议进行了解析。

关键词：伊朗　阿富汗　经贸合作

伊朗是阿富汗最重要的邻国之一，两国在历史、文化、民族、宗教、经济等方面有着不可分割的纽带。除了塔利班统治时期，两国政治上的动荡都未能在现实层面阻碍双方关系的发展。在塔利班统治阿富汗时期，由于其对什叶派的迫害以及 1998 年杀害伊朗外交官，两国关系一度紧张。塔利班政权被联军推翻后，两国恢复了原有的联系。即使 2006 年国际社会开始在核问题上对伊朗实施制裁，阿富汗也没有追随美国，而是以一种实用主义的态

* 本文系 2015 年国家社科基金项目“中南亚地区的安全观与安全合作机制研究”（项目编号：15XGJ001）、2016 年“中央高校基本科研业务费专项资金资助”项目（项目编号：16LZUJBWZX014）的阶段性成果。

** 朱永彪，兰州大学中亚研究所副教授，兰州大学阿富汗研究中心主任；任希达，兰州大学管理学院国际政治专业硕士研究生。

度与伊朗保持着相对友好的关系，并从中获益。对此阿富汗前总统卡尔扎伊（Hamid Karzai）曾说，阿富汗不应成为伊朗和美国的角力场。现在的阿富汗联合政府成立于2014年9月，这届阿富汗政府继续保持着与伊朗的友好关系。

目前阿富汗国内局势仍然比较严峻。2014年10月以美军为首的国际安全援助部队开始逐步撤离，阿富汗联合政府并没有展现出独当一面的能力，塔利班控制区域及发动的袭击正在逐年增加。雪上加霜的是，2014年年末“伊斯兰国”势力进入阿富汗，利用原巴基斯坦塔利班势力在阿富汗不断扩张。尽管2015年年末“伊斯兰国”在阿富汗的势力受到了遏制，但是塔利班势力依然强大，阿富汗依然无法在短期内实现局势的稳定。

在阿富汗持续动荡的背景下，阿富汗与伊朗依然维持着较高水平的交往，两国高层会面频繁。阿富汗总统加尼（Ashraf Ghani）分别于2015年3月、2016年5月两次访问伊朗，展现出阿富汗对伊朗的重视。2016年1月国际社会对伊朗的制裁正式解除，原本阿伊双方受到限制的领域的合作得以恢复。

在两国关系新背景下，本文将主要从经贸、难民、毒品、伊朗对阿富汗国内政治的影响、水资源争端五个方面，简要解析双方交往的历程及在2016年的主要表现。

一　经贸合作

传统上阿富汗与外界的陆路交通主要有三条：一是北部交通线，从阿富汗北部城市马扎里沙里夫通往乌兹别克斯坦、土库曼斯坦，再由这两国转口连接伊朗、俄罗斯、中国等国家；二是南部交通线，主要有两条支线，第一条支线主要连接白沙瓦—托克汉姆（Torkham）—贾拉拉巴德—喀布尔，第二条支线则连接奎达—杰曼（Chaman）—坎大哈；三是西部交通线，主要从阿富汗西部地区连接伊朗，目前两国边境共有5个口岸。

南部交通线是阿富汗东部地区对外交往的重要通道，但是该线路途经阿富汗塔利班控制地区，同时还要穿越巴基斯坦安全局势不稳的西北部落地区和俾路支地区，这使得南部交通线的畅通受到严重影响。此外由于南部交通线多属于山区峡谷公路，冬季的降雪会导致通行能力进一步降低，不利于货物运输。同时，南部交通线的畅通也受到阿富汗与巴基斯坦双边关系好坏的影响。

西部交通线是历史上阿富汗重要的对外通道，也使得伊朗成为阿富汗对外交往的重要纽带。与其他两条交通线不同，由于伊朗坚决反对以美国为首的联军驻阿富汗，西部交通线并不向联军提供军需补给运输服务，这使得阿富汗国内反政府武装对该交通线的袭击要远低于南部交通线及北部交通线。

由于阿富汗与伊朗的交通往来较为便利，在历史上两国一直维持着紧密的经贸往来。在 1979 年伊朗爆发伊斯兰革命及苏联入侵阿富汗后，双方经贸上的往来时断时续。1994 年塔利班夺取阿富汗政权，由于宗教及政治冲突，两国关系势同水火，双方的经贸合作也基本停滞。2001 年塔利班政府被推翻后，伊朗重启了与阿富汗在经贸领域的合作。此外，伊朗还积极援助阿富汗的战后重建工作，从 2002 年起，伊朗承诺向阿富汗的交通、教育、能源领域投资 5 亿美元，① 2007 ~ 2013 年，伊朗每年对阿富汗的投入约为 5000 万美元。② 同时伊朗还向阿富汗西部地区提供电力，以缓解阿富汗自身能源供应不足的问题。

随着 2016 年 1 月 18 日国际社会因核问题对伊朗展开的禁运正式解除及国际经济形势的好转，2016 年伊朗与阿富汗的贸易关系得到进一步发展。根据阿富汗经济与工业部的统计，2016 年伊朗成为阿富汗最大的贸易伙伴，双方贸易总额达到 18 亿美元。目前阿富汗已经成为伊朗第四大出口国，两

① Alireza Nadr, Ali G. Scotten, Ahmad Idrees Rahmani, Robert Stewart, Leila Mahnad, "Iran's Influence in Afghanistan: Implications for the U. S. Drawdown", *RAND Corporation*, June 19, 2014, p. 2, http://lbr. rand. org/content/dam/rand/pubs/research_reports/RR600/RR616/RAND_RR616. pdf.

② Bruce Koepke, "Iran's Policy on Afghanistan: The Evolution of Strategic Pragmatism", September 2013, p. 11, http://books. sipri. org/files/misc/SIPRI13wcaBK. pdf.

国的边境口岸已经由3个增加至5个。[①] 此外，为了进一步促进双方的经贸合作，阿方表示将免除在阿投资并设立生产线的伊朗商人的关税。[②]

阿富汗境内有丰富的矿藏，包括铜矿、铝矿、铁矿、银矿、金矿等多种资源，总价值为1万亿~3万亿美元。[③] 2016年3月，阿富汗矿业石油部部长纳玛扎德（Mohammad Reza Nematzadeh）表示，阿富汗将与伊朗一起开发两国边境地区的矿产资源。[④] 阿富汗没有便捷的出海通道，同时其国内基础设施不完善、安全形势不稳定，这些原因导致阿富汗的矿产很难转化为财富。如何将这些矿产转化为经济发展的动力成为阿富汗急需解决的问题。

矿产资源出口难只是阿富汗缺少出海口所带来的不便的一个缩影。目前阿富汗主要将巴基斯坦的卡拉奇港作为出海口，但阿巴关系的波动及沿线动荡的安全局势都直接影响了这条卡拉奇到阿富汗内陆的运输线。为此阿富汗希望有更加便利的出海口。目前，由印度在伊朗投资的恰巴哈尔港（Chabahar Port）成为阿富汗青睐的新出海口。阿富汗可以利用伊朗的出海口来平衡巴基斯坦在其进出口中的比重，同时阿富汗希望二者竞争，以降低货物运输成本。

恰巴哈尔港位于伊朗锡斯坦-俾路支斯坦省南部，通过公路将伊朗与阿富汗连接起来。恰巴哈尔港项目始于2003年，主要参与方是印度和伊朗，最初目的是打通伊朗的国际南北交通线（International North-South Transport Corridor），货物运输可以绕过苏伊士运河，利用伊朗、独联体国家的铁路直接抵达欧洲，但是由于当时国际社会对伊朗的制裁，该项目被迫暂停。2015

---

① 《阿富汗成为伊朗第四大出口国》，中华人民共和国驻阿富汗伊斯兰共和国大使馆经济商务参赞处官网，2016年9月12日，http：//af. mofcom. gov. cn/article/jmxw/201609/20160901390390. shtml。

② 《在阿富汗投资的部分伊朗商人将获得免税待遇》，中华人民共和国驻阿富汗伊斯兰共和国大使馆经济商务参赞处官网，2016年3月15日，http：//af. mofcom. gov. cn/article/jmxw/201603/20160301275010. shtml。

③ William A. Byrd, Javed Noorani, "Exploitation of Mineral Resources in Afghanistan", December 1, 2014, https：//www. usip. org/publications/2014/12/exploitation - mineral - resources - afghanistan.

④ "Iran to Launch Industrial Production Lines in Afghanistan", *Daily Outlook Afghanistan*, March 3, 2016, http：//outlookafghanistan. net/national_ detail. php?post_ id = 14623.

年，随着伊核问题的解决，对伊朗的制裁于 2016 年 1 月解除，恰巴哈尔港项目建设也正式重启。2015 年 3 月，印度承诺投资 8.5 亿美元修建恰巴哈尔港的仓库区和多用途码头。[①] 随后阿富汗也参与进来，2016 年 5 月，印度、伊朗和阿富汗三方签署了关于共同开发恰巴哈尔港的协议。

有学者认为三方希望以阿富汗为纽带，带动中亚和南亚地区的贸易往来，预计将带来数十亿美元的收入。[②] 近年来阿富汗的经济形势逐步恶化。根据世界银行统计，2012 年开始阿富汗的经济逐年下滑，GDP 由 2012 年的 205 亿美元下降到 2015 的 192 亿美元。[③] 目前，阿富汗经济严重依赖外援，随着驻阿联军逐步撤出阿富汗，对阿援助也在下滑，世界经济不景气也是造成近年来阿富汗国内经济发展停滞的重要原因。因此，阿富汗非常重视恰巴哈尔港项目，视之为带动自身经济正常发展的机遇。

目前，大部分媒体将恰巴哈尔港与中国在巴基斯坦投资的瓜达尔港相提并论，认为印度投资恰巴哈尔港是为了制衡瓜达尔港。从地缘政治的视角看，这一观点并无不妥，但是笔者通过系统的考察认为，恰巴哈尔港并不具备进一步发展的条件，作为阿富汗的备选出海口将是其主要功能，有以下四点原因。

第一，目前恰巴哈尔港并没有与伊朗国内的铁路网相连，其配套交通主要面向阿富汗，这导致该港对伊朗国内经济的带动作用有限。伊朗原本计划修建从托尔巴特海达里耶（Torbat-e-Heydrich）至恰巴哈尔港的铁路，这样从恰巴哈尔港北上可直接与中亚国家的铁路网相连。但是印度更希望修建恰巴哈尔港至扎黑丹（Zāhedān）的铁路，再通过伊朗公路，经由 2009 年印度

① Michael Kugelman, "Examining the Implications of the Indo-Iranian Chabahar Port Deal", *Deutsche Welle*, May 8, 2015, http://www.dw.com/en/examining-the-implications-of-the-indo-iranian-chabahar-port-deal/a-18439937.

② Partha Maitra, "Strategic Chabahar Transit Deal soon, will Bolster Trade Ties with India: Afghan Ambassador," *The Times of India*, March 29, 2015, http://timesofindia.indiatimes.com/india/Strategic-Chabahar-transit-deal-soon-will-bolster-trade-ties-with-India-Afghanambassador/articleshow/46731336.cms.

③ 数据来源于世界银行官网，http://data.worldbank.org/country/afghanistan。

帮助阿富汗修建的自扎兰季（Zaranj）到德拉兰（Delaram）的公路，与连接阿富汗主要城市的环阿公路相连，通过环阿公路可以进一步与中亚国家相连。印度目前已经向伊朗运输了价值1.5亿美元的铁轨及配套设施用于修建这条铁路。① 修建恰巴哈尔港至扎黑丹的铁路将使伊朗南北交通线成本增加，这就意味着伊朗的南北交通线不将恰巴哈尔港作为起点。

第二，恰巴哈尔港所在地区并不安全。该地区存在俾路支人武装分离运动。俾路支人生活在伊朗、巴基斯坦和阿富汗的交界地区，其主体在伊朗和巴基斯坦两国，历史上，英印政府曾经保证过俾路支地区的自治。随着1947年印巴分治，英国势力撤出南亚，俾路支地区的归属成为问题。目前有多支势力号称代表俾路支人的利益，要求实现地区自治或独立，其中以"真主旅"（Jundullah）和"俾路支解放军"（Balochistan Liberation Army）为代表的俾路支极端组织分别对伊朗和巴基斯坦发动恐怖袭击，他们活跃在两国边境的俾路支人聚集区。尽管伊朗和巴基斯坦在近几年一改以前相互指责对方窝藏俾路支极端组织的态度，都表示出开展合作以解决俾路支地区极端主义的意愿，双方也发出了合作的信号，如2015年3月巴基斯坦方面逮捕了伊朗通缉的俾路支逊尼派极端组织头目瑞吉（Abdul Sattar Rigi），伊朗则击毙了巴基斯坦俾路支分离组织头目拉德拉（Baba Ladla），② 但是目前两国俾路支地区的安全形势依然不乐观。联通恰巴哈尔港的伊朗一侧的交通线基本都位于锡斯坦-俾路支斯坦省境内，这使得运输风险及成本增加。

第三，与恰巴哈尔港相比，伊朗的阿巴斯港拥有更好的区位条件。阿巴斯港由波斯国王阿巴斯于1623年下令修建，经过了约400年的建设，在货物吞吐转运方面拥有成熟的体系，铁路运输发达。目前伊朗正在帮助阿富汗修建从伊朗哈夫（Khaf）至阿富汗赫拉特的铁路，截至2017年7月伊朗境

① "India to Export ＄150 mn Rails for Chabahar Port Next Month", *Money Control*, June 16, 2016, http://www.moneycontrol.com/news/trends/current-affairs-trends/india-to-export-36150-mn-rails-for-chabahar-port-next-month-989508.html.

② Arif Rafiq, "Iran and Pakistan: Back to Business", *The Diplomat*, August 19, 2015, http://thediplomat.com/2015/08/iran-and-pakistan-back-to-business/.

内工程已完工，阿富汗境内的工程仍未完工。这条铁路修建完成后，将使阿富汗与伊朗的国内铁路网相连。该铁路途经阿富汗安全局势相对稳定的什叶派聚居区，绕过伊朗的锡斯坦－俾路支斯坦省，运输风险低和全铁路运输成本低的优势都使得阿巴斯港比恰巴哈尔港作为阿富汗出海口有更大优势。

此外，伊朗已将阿巴斯港纳入国家战略中，计划将阿巴斯港建设成货物及石油出口中心。目前伊朗主要通过哈尔克岛的码头对外出口石油。2015年，伊朗95%的出口石油由该码头输出。[①] 国际制裁的结束为伊朗石油出口提供了便利条件，伊朗正在对哈尔克岛的石油存储设施进行改造，未来存储量将达到3000万桶。[②] 与此同时，伊朗还计划与中国一起在阿巴斯港附近的格什姆岛建设另一个石油出口码头，计划石油储量为1000万桶。[③] 此外，也在计划建设格什姆岛深水港，填补阿巴斯港没有深水停泊区的空白。这将进一步提升阿巴斯港在伊朗进出口贸易中的地位。

阿巴斯港目前也是中亚国家最重要的出海口之一。中亚国家利用苏联时期建设的铁路网及里海航线与伊朗连接，再通过阿巴斯港转运货物。例如，哈萨克斯坦在2015年曾表示有兴趣在阿巴斯港投资建造小麦仓库，以便储藏小麦，方便出口。目前，哈萨克斯坦通过伊朗铁路把小麦从里海运输到阿巴斯港再出口，年运输量约1100万吨。[④] 此外，伊朗官方的南北交通走廊建设方案计划从阿巴斯港起，途经阿塞拜疆的巴库至俄罗斯圣彼得堡，继续延伸至北欧和斯堪的纳维亚。该交通走廊途经伊朗、印度、俄罗斯、亚美尼亚、阿塞拜疆、白俄罗斯、吉尔吉斯斯坦、哈萨克斯坦、乌克兰、土耳其、

① "Iran's Crude Oil Export Capacity Increase 20%", *Islamic Republic News Agency*, May 9, 2015, http://www.irna.ir/en/News/81601821/.

② "Iran Boosts Kharg Island's Oil Export Capacity", *Arabian Business*, June 20, 2016, http://www.arabianbusiness.com/iran-boosts-kharg-island-s-oil-export-capacity-636006.html.

③ "Iran, China to Build Joint Oil Terminal on Qeshm Island", *Pars Today*, June 16, 2016, http://parstoday.com/en/news/iran-i15556-iran_china_to_build_joint_oil_terminal_on_qeshm_island.

④《哈萨克斯坦有兴趣在阿巴斯港投资》，"走出去"公共服务平台，2015年6月12日，http://fec.mofcom.gov.cn/article/ywzn/xgzx/guowai/201511/20151101179337.shtml。

塔吉克斯坦、阿曼、叙利亚和保加利亚，总长 7200 公里。[①] 由此可以看出阿巴斯港在伊朗国家战略中的重要地位。

综上，由于目前恰巴哈尔港只能实现公路海运联动，其吞吐能力有限，即使恰巴哈尔港至扎黑丹的铁路建成，也难以使其展现出应有的竞争力。此外，恰巴哈尔港目前并未作为未来伊朗南北交通走廊的起点，其主要面向伊朗的锡斯坦－俾路支斯坦和阿富汗南部地区，将以商品运输为主。恰巴哈尔港在可预期的未来不能改变伊朗国内的海运局面。

阿富汗参与恰巴哈尔港项目建设的目的是改变巴基斯坦独占其出海口的局面，同时更希望提升与印度的贸易关系。[②] 尽管阿富汗和巴基斯坦在 2016 年 2 月基本达成协议，允许阿方卡车使用两国间仅有的托克汉姆和杰曼两个口岸运输货物，再通过巴基斯坦前往印巴边境的瓦加（Wagah）口岸，[③] 但是因巴基斯坦与印度之间不稳定的关系，印度希望再开通一条与阿富汗开展贸易的通道，这样恰巴哈尔港就能发挥作用。

印度希望打通一条绕过巴基斯坦而连接阿富汗的通道，并试图借此建设一条从中亚到印度洋的陆路通道。印度的这一想法为阿富汗带来了机遇，可能改变其之前单一的地缘价值，但是恰巴哈尔港能在多大程度上达到上述目的还需要时间的检验。此外，经济的发展需要安全的环境保证，在未解决阿富汗安全环境恶化的问题前，这条阿富汗新出海口的经济效益都是值得怀疑的。

二 难民问题

由于与伊朗在语言上基本相通、地理上邻近、教派及历史原因等，自

① "Iran, Russia, Azerbaijan vow to Create NSTC", *Press TV*, August 8, 2016, http://www.presstv.ir/Detail/2016/08/08/479121/Iran-Russia-Azerbaijan-vow-to-create-NSTC.

② "Afghanistan Prefers India to Pakistan for Trade Ties: Report", *Afghan Online Press*, April 21, 2016, http://www.aopnews.com/pakistan-afghanistan-relations/afghanistan-prefers-india-to-pakistan-for-trade-ties-report/.

③ "Pakistan, Afghanistan Look to Boost Trade and Security", *Afghan Online Press*, March 23, 2016, http://www.aopnews.com/pakistan-afghanistan-relations/pakistan-afghanistan-look-to-boost-trade-and-security/.

1979年苏联入侵阿富汗以来，大量阿富汗难民选择前往伊朗避难。根据欧盟委员会统计，截至2016年7月，伊朗境内共有95万名登记在册以及140万~200万名未登记的阿富汗难民，目前每天仍然有约2000名阿富汗难民以合法或非法手段进入伊朗。这些阿富汗难民有33%分布在伊朗的德黑兰省，16%分布在呼罗珊省，13%分布在伊斯法罕省，8%分布在克尔曼省。

大量涌入的阿富汗难民对伊朗造成了正负两方面的影响。阿富汗难民为伊朗提供了大量廉价劳动力，他们主要从事建筑业、农业及市政服务等，难民的侨汇在阿富汗经济中占较大比重。在为伊朗经济做出贡献的同时，难民往往卷入毒品、走私等犯罪行为，给伊朗的治安环境带来负面影响，同时伊朗每年需要花费大笔资金用于安置难民，这对伊朗来说是一个不小的负担。

要让这些难民在短时间返回阿富汗并不现实。阿富汗国内经济不景气，失业率居高不下，目前阿富汗国内有40%的人口没有稳定的粮食供应①。如果难民大量回国将进一步恶化阿富汗的经济形势，这使得目前阿富汗政府不愿意接收返乡难民。返乡无望使得大量阿富汗难民通过伊朗前往欧洲，目前阿富汗籍难民是欧洲难民中的第二大族群，仅次于叙利亚难民。这使得阿伊两国之间的难民问题变成了一个国际问题。由于近年来难民危机逐渐发酵，欧盟选择向伊朗支付大笔资金用来安置难民，以控制通过伊朗前往欧洲的阿富汗难民人数。

由于国内压力及难民承载能力接近饱和，伊朗对非法入境的难民实行了严格的政策，每年都有大批非法的阿富汗难民被伊朗遣送回国。根据国际移民组织（International Organization for Migration）的数据，2016年共有443527名非法阿富汗难民从伊朗回国，其中43.91%的难民是被驱逐出境的，剩下的难民则自愿回国。由于伊朗是国际难民法的缔约国之一，合法入境的阿富汗难民基本都受到了较好的照顾，能维持基本生活。同样拥有大量阿富汗难民的巴基斯坦则不是国际难民法的缔约国，在巴基斯坦的阿富汗难民往往成

① "Food Security & Agriculture Cluster", July 2016, p. 1, http: //fscluster. org/sites/default/files/documents/fsac_ bulletin_ july_ 2016. pdf.

为阿巴关系紧张时的牺牲品。伊朗在为难民提供基本生活保障的同时，还努力为难民提供相应的教育服务。目前共有约36万名阿富汗难民子女在伊朗接受教育，同时伊朗还为成年的难民提供职业教育，为此每年共支出2.3亿美元，而联合国难民署每年只为伊朗提供86万~100万美元的援助。[①] 为了让阿富汗难民早日返乡，2016年6月伊朗外交部部长扎里夫（Mohammad Javad Zarif）在会见联合国难民署高级专员格兰迪（Filippo Grandi）时表示，国际社会应该与伊朗一起帮助阿富汗发展经济，为难民回国创造条件。[②]

三　毒品问题

由于长期战乱，目前阿富汗是世界范围内最大的罂粟种植国和鸦片生产国。从2015年开始阿富汗的禁毒形势呈现恶化的趋势，根据联合国禁毒署最新的统计数据，2016年阿富汗的鸦片产量从2015年的3300吨上升至4800吨，上升了45%，鸦片产业价值从2015年的57亿美元猛增到90亿美元，同比增长58%。2016年阿富汗的罂粟种植面积同比增加10%，达到20.1万公顷，其中南部地区的种植面积占比59%。值得注意的是，2016年，除了南部地区的罂粟种植面积同比有所减少外，阿富汗其他地区的罂粟种植面积都在快速增长，北部地区的增长率更是达到324%。[③] 这使得阿富汗的毒品问题呈现分散化的趋势，增加了禁毒工作的难度。

伊朗作为阿富汗毒品运往欧洲、北非的重要通道，深受毒品危害。根据

① "Schooling for all Afghan Refugee Children in Iran", *The Iran Project*, August 10, 2016, http://theiranproject.com/blog/2016/08/10/schooling-afghan-refugee-children-iran/.

② "Iran Bemoans Scant Global Aid over Afghan Refugees", *Press TV*, June 18, 2016, http://www.presstv.ir/Detail/2016/06/18/471052/Iran-Afghanistan-UNHCR-Zarif-Filippo-Grandi-Afghan-refugees.

③ United Nations Office on Drugs and Crime, "Afghanistan Opium Survey 2016", pp.9-15, http://www.unodc.org/documents/crop-monitoring/Afghanistan/Afghanistan_opium_survey_2016_cultivation_production.pdf.

伊朗禁毒指挥部（Iran Drug Fighting Headquarters）公布的数据，2016 年伊朗的吸毒人数为 132.5 万人。① 为了控制毒品的流入，2016 年，伊朗对在阿伊边境设立的隔离带进行了改造，目前总共修建水泥墙约 100 公里、隔离壕沟 747 公里、土墙 1020 公里，有 450 公里的边境线处于视频监控范围，35 公里由人力监控。② 毒品问题往往和跨境走私、非法移民等跨国问题联系在一起，修建隔离墙只能缓解阿富汗毒品从两国边境流入伊朗，而不能最终解决问题。要想相对彻底摆脱阿富汗毒品的危害，阿富汗政府不仅需要努力减少境内罂粟种植面积，还需要与周边国家合作，控制阿富汗毒品的输出。阿富汗总统加尼在 2015 年 3 月访问伊朗期间曾与伊朗总统鲁哈尼共同发表声明，表示将在禁毒领域展开情报和安全合作，③ 但是伊朗方面似乎对进度并不满意。目前阿伊双方在毒品管控上拥有禁毒委员会（Anti-drug Committee）这一合作机制，并且自 2009 年起两国与巴基斯坦一起举行了多次部长级别的三方联合禁毒会议。但是这些禁毒合作机制的实际作用似乎并不明显，阿富汗的鸦片生产与运输依然难以受到控制。2016 年年初，伊朗禁毒警察署署长迈耶迪（Ali Moayedi）表示，希望向阿富汗直接派遣禁毒专家以帮助其开展禁毒工作。④

四　伊朗对阿富汗国内政治的影响

由于共同信仰什叶派伊斯兰教并且语言相通，伊朗与阿富汗国内的什叶

---

① Iran Drug Fighting Headquarters, “Drug Control in 2016”, p. 9, http://dchq.ir/en/images/portal－e/reports/dc2016.pdf.

② Iran Drug Fighting Headquarters, “Drug Control in 2016”, p. 35, http://dchq.ir/en/images/portal－e/reports/dc2016.pdf.

③ “Iran, Afghanistan Agree on Intelligence Cooperation in Anti－Drugs Fight”, *Press TV*, April 19, 2015, http://www.presstv.com/Detail/2015/04/19/407026/Iran－Afghanistan－agree－on－intel－cooperation.

④ “Iran Ready to Send Anti－Drug Officers to Afghanistan”, *Iran Daily*, January 1, 2016, http://www.iran-daily.com/News/134088.html?catid=3&title=Iran－ready－to－send－anti－drug－officers－to－Afghanistan.

派保持着紧密的联系。阿富汗约有20%的人口属于什叶派，[①] 其中最主要的是位于巴米扬省及周边地区的哈扎拉人，哈扎拉人由于文化宗教原因属于亲伊朗势力。2001 年，阿富汗塔利班政府被推翻后，在阿富汗许多重要政府部门中都有哈扎拉人任职。2004 年，哈扎拉政党——伊斯兰联合党（Hezb-e Wahdat-e Islami）的领袖哈利利（Karim Khalili）出任阿富汗副总统。在2010 年的阿富汗议会选举中，哈扎拉人更是获得了 249 席中的 50 席。[②] 不过，2014 年阿富汗联合政府上台后，哈扎拉人在政府及议会中的影响受到削弱。

除了哈扎拉人外，讲达利语的阿富汗塔吉克人在文化层面对伊朗保持着很强的认同。目前，在阿富汗联合政府中，政府行政首脑和外交部部长都由塔吉克人出任，这使得在哈扎拉人势力受到削弱后伊朗仍然能在一定程度上保持着对阿富汗政府的影响力。

尽管伊朗将哈扎拉人与塔吉克人视为合作的首选目标，但是伊朗并没有忽视之前与其交恶的塔利班。在阿富汗维持一个稳定有效的世俗中央政府有利于阿伊双方在打击毒品走私、安置难民以及经贸等方面合作，但如果阿富汗中央政府一直无法有效行使其在国内的管辖权，与最大的反政府势力塔利班保持一定的友好关系以换取其在伊朗关切问题上的让步也不是天方夜谭。由于之前与塔利班交恶，伊朗曾积极参与反对塔利班的各项活动，支持哈扎拉人武装以及反塔利班的北方联盟，塔利班则对阿富汗的什叶派进行报复。2009 年 3 月，伊朗开始与塔利班接触。2011 年 9 月，伊朗举办了伊斯兰觉醒会议（International Conference on the Islamic Awakening），塔利班也应邀参加，代表团由奎达舒拉成员尼克（Nik Mohammad）率领。2013 年塔利班更

① Alireza Nadr, Ali G. Scotten, Ahmad Idrees Rahmani, Robert Stewart, Leila Mahnad, "Iran's Influence in Afghanistan: Implications for the U. S. Drawdown", *RAND Corporation*, June 19, 2014, p. 6, http://lbr. rand. org/content/dam/rand/pubs/research _ reports/RR600/RR616/RAND_ RR616. pdf.

② Pamela Constable, "Afghanistan's Hazaras Gain Clout in Disputed Parliamentary Elections", *The Washington Post*, December 24, 2010, http://www. washingtonpost. com/wp - dyn/content/article/2010/12/23/AR2010122304577. html.

是从其在多哈的办事处派出两个代表团前往德黑兰进行谈判。[①] 2015 年和 2016 年，继任的塔利班领导人曼苏尔（Mullah Akhtar Mohammad Mansour）多次前往伊朗，秘密会见伊朗官员。

事实上，伊朗可能已经与塔利班达成某种默契。即塔利班确保其控制范围内的什叶派权益不受损害，同时在一定程度上支持伊朗在阿富汗的利益；作为回报，伊朗则帮助塔利班在阿富汗国内的和解谈判中争取更多利益，同时以隐蔽手段为其提供一定数量的资金支持。随着反什叶派的“伊斯兰国”势力在阿富汗扩张，伊朗的态度更加明确，表示将支持反对“伊斯兰国”的各方势力，希望在阿富汗的“伊斯兰国”势力受到削弱。与阿富汗政府相比，塔利班更加积极地参与反对“伊斯兰国”的活动，在赫尔曼德省等地区，塔利班武装与“伊斯兰国”势力进行了激烈战斗，最终基本上把“伊斯兰国”在阿富汗的势力限制在楠格哈尔省的山区，而阿富汗政府在此时才开始在驻阿联军的配合下对在阿富汗的“伊斯兰国”势力进行清缴。塔利班如此积极的表现为其赢得了伊朗的援助，2016 年，阿富汗情报部门公开表示，伊朗暗中与塔利班合作，为其提供资金、武器及人员培训。[②]

伊朗对阿富汗的政治影响是多方面的。一方面，伊朗积极支持阿富汗国内的亲伊政治势力，采用资金支持等手段鼓励其利用阿富汗的合法政治进程来保护自身权益。另一方面，由于阿富汗联合政府的实力有限，伊朗基于现实考虑，也在一定程度上支持塔利班，毕竟塔利班控制的阿富汗南部和西部的部分区域与伊朗接壤，与塔利班保持相对友好的关系有利于伊朗边境地区的稳定。同时塔利班势力往往直面阿富汗境内的亲伊少数民族，与塔利班保持相对友好的关系也利于维护伊朗作为这些少数民族保护人的地位。

---

① Towde Khabare, “Taliban Officials Visit Iran”, *TOLO News*, June 3, 2013, http://www.tolonews.com/en/towde-khabare/10722-towde-khabare-taliban-officials-visit-iran.

② Izazullah, “Iran Supports, Funds Afghan Taliban: Officials”, *Central Asia News*, August 29, 2016, http://central.asia-news.com/en_GB/articles/cnmi_ca/features/2016/08/29/feature-02.

五　水源争端

由于地形原因，流经阿伊两国的河流一般发源于阿富汗中部山区，阿富汗位于水源上游，而伊朗位于水源下游。由于双方对跨境河流几乎没有设立共同的管理委员会，并且分水条约基本处于没有或者不执行的状态，这导致双方在几乎所有的跨境河流上都存在争端。目前，阿方希望通过多级水坝的形式开展灌溉、发电等项目建设来促进经济发展，而水坝节流造成了伊朗的用水紧张，对伊朗产生了绿洲退化、工农业减产等消极影响。在两国跨境河流的水资源争端中，围绕赫尔曼德河（Helmand River）与哈里河（Harirud River）的争端最为典型。

赫尔曼德河发源于阿富汗中部，流经阿富汗西南的赫尔曼德省、尼姆鲁兹省，最后进入伊朗的锡斯坦－俾路支斯坦省，全长约 1150 公里。在塔利班统治阿富汗时期，由于两国交恶，塔利班政府人为地切断了赫尔曼德河，造成伊朗下游地区的许多村庄由于缺水而荒废。①

赫尔曼德河流域一直是阿富汗重要的农业生产地区。为了进一步发展地区经济，2016 年阿富汗总统加尼在一次农业部会议上表示，计划在原有水库基础上，再修建 21 座水库，② 这将进一步影响伊朗的用水。尽管阿伊两国在 1939 年和 1973 年曾经签署过关于赫尔曼德河水资源分配的协议，但是这两份协议由于双方各自的原因都没有执行。目前两国关于赫尔曼德河仍然没有一份有约束力的水资源分配协议，但是双方表达了通过谈判解决问题的愿望。2016 年 3 月，阿富汗驻伊朗大使表示，两国关于赫尔曼德河水量的

① “Hermand River iv. in the Late 19th and 20th Centuries”, *Iranica Online*, http：//www.iranicaonline.org/articles/helmand－river－iv.

② “The President of Afghanistan Announced Plans to Build 21 Dams from Next Year”, Islamic Republic News Agency, February 20, 2016, http：//www3.irna.ir/fa/News/81971239/，转引自 Shahrbanou Tadjbakhsh, Mohammad Fazeli, “Iran and its Relationship to Afghanistan After the Nuclear Deal”, *Peace Research Institute Oslo*, July 2016, p.9, https：//www.prio.org/utility/DownloadFile.ashx?id＝348&type＝publicationfile。

占比将根据签署的分水协议确定。如果伊朗认为阿富汗没有遵守协议，两国可成立专家组在阿富汗和伊朗边界对流入伊朗的水量进行评估。①

哈里河发源于阿富汗中部，向西流经以赫拉特为中心的肥沃谷地，然后往北成为阿富汗与伊朗的界河，为伊朗第二大城市马什哈德提供了绝大部分生产生活用水，通过祖勒菲卡尔（Zulfikar）又成为伊朗与土库曼斯坦的界河，在流经土库曼斯坦的棉产区后消失在沙漠中。由于哈里河特殊的位置，伊朗边防军人经常打死试图跨河偷渡到伊朗的阿富汗人，有时也会误伤取水的普通群众，对两国关系造成了负面影响。与赫尔曼德河不同，阿伊土三国关于哈里河水资源分配有明确的协议，阿富汗获得 40%，下游的伊朗和土库曼斯坦各得 30%。2016 年 6 月，印度投资约 3 亿美元帮助阿富汗在哈里河上游重建的萨拉玛水库（Salma Dam）正式完工，其装机发电量为 42 兆瓦，蓄水量 6.4 亿立方米，② 但是水库的建成使得阿富汗所占用的哈里河水资源份额上升至 74%③，这引起了伊土两国的不满。目前三方还未就此事达成相关协议。

六　结论

阿富汗的稳定是伊朗主要关切的问题，只有阿富汗政府真正掌控全国时，难民、毒品、水源等跨国问题才能得到有效解决。伊朗在上述五个方面与阿富汗的联系成为其在阿富汗施加影响的重要途径。伊朗未来会继续发展与阿富汗的经贸关系，同时伊朗核问题的解决使得伊朗面临的外部压力减

---

① 《阿富汗承诺执行与伊朗签署的赫尔曼德河分水协议》，中华人民共和国驻阿富汗伊斯兰共和国大使馆经济商务参赞处官网，2016 年 3 月 20 日，http：//af. mofcom. gov. cn/article/jmxw/201603/20160301278637. shtml。

② “Ghani，Modi Inaugurate Salma Dam”，*TOLO News*，June 5，2016，http：//www. tolonews. com/salma – dam – project/25637 – ghani – modi – inaugurate – salma – dam.

③ Sudha Ramachandran，“Afghanistan Risks Water Conflict with Iran”，*Analytical*，July 30，2016，https：//www. cacianalyst. org/publications/analytical – articles/item/13379 – afghanistan – risks – water – conflict – with – iran. html.

小，有助于其进一步参与阿富汗的重建工作。目前阿富汗政府在国内的控制能力备受质疑，美国驻阿军事将领辛格表示，截至 2016 年 8 月，阿富汗政府控制了 63.4% 的国土，比 2015 年同期减少约 7%。[①] 作为支持阿富汗稳定的重要势力，未来伊朗将在阿富汗问题上发挥更加重要的作用。

① Ciro Scotti, " $780 Billion US Dollars Later, the Taliban Is Gaining Ground in Afghanistan", *The Fiscal Times*, November 1, 2016, http: //www.thefiscaltimes.com/2016/11/01/780 – Billion – US – Dollars – Later – Taliban – Gaining – Ground – Afghanistant.

B.7

伊核全面协议执行的风险及相关评估

秦　天*

摘　要：　在中东整体环境、美伊关系都比较脆弱的背景下，伊核全面协议的执行面临不少风险。这些风险主要可分为三大类。一是宏观政治风险，即美国或伊朗国内强硬势力撕毁协议的可能。鲁哈尼的连任体现了伊朗国内对核协议的支持，但特朗普的上台有力地冲击了核协议。二是伊朗重新研发核武的可能性。目前伊朗遵守着核协议的相关限制，但伊朗的核意图则是一个潜在和未来的关切。三是制裁解除中的困难。由于美国的制裁体系复杂，金融和工业技术强大，制裁解除带给伊朗的红利是有限的，红利的下滑实质性地消磨着伊朗执行核协议的动力与信心。

关键词：　伊朗　伊核协议　美国制裁

2015 年 7 月伊核全面协议（JCPOA，以下简称“协议”）达成，2016 年 1 月正式执行。截至 2017 年 6 月，协议执行已经一年半，总体上还算顺利。但是，如果考虑到协议是在美伊长期不和、中东地区动荡频仍的背景下执行的，且协议本身规定的执行期是 10 ~ 15 年的长时段，协议执行过程中

* 秦天，中国现代国际关系研究院中东研究所副研究员。

必然会出现一些问题。对于利益相关方和决策者来说，需要关注协议本身的可持续性和稳定性，警惕执行过程中的风险。

一　重谈或撕毁协议的风险

伊核协议的达成是美国奥巴马政府和伊朗鲁哈尼政府相向而行、国际社会共同努力的结果，这是对执行协议的较强支撑。但是，无论从美国国内看，还是从伊朗国内看，这种支撑主要集中在行政部门。美国国会一直存在敌视伊朗、亲近以色列的强大势力，加上目前共和党在国会占优，在立法层面对完全执行全面协议是有压力的。更关键的是美国总统特朗普的表态。他在2016年竞选阶段明确且反复地说，当选总统就会重谈伊核全面协议①。其竞选搭档彭斯更极端，称如果共和党胜选，“我们要撕毁协议”②。此外，美国学界也有重新谈判的看法。美国核不扩散领域专家马修·克罗尼格2016年2月在“国家利益”网站上撰文，呼吁美国下届总统“解除全面核协议，争取一个更好的协议……即使达不成更好的协议，没有协议也比现有协议更能保护美国利益”③。他认为，重谈协议必须以伊朗不保留任何铀浓缩为红线，如果伊朗不服就加大制裁，迫使伊朗就范。但是，在全面协议已经达成的情况下，重谈协议谈何容易，技术上的难度不小，美国政府会考虑其信誉，直接撕毁核协议的可能是比较小的。因此，重谈协议之说更多的是美国对伊朗强硬的一种表达。

特朗普当选总统后，并未改变对伊核协议的指斥，但实际行动相对谨慎。一方面，特朗普仍在各种场合公开声称“伊核协议是美国历史上

① Reena Flores, Donald Trump, “I will Renegotiate with Iran”, http://www.cbsnews.com/news/donald-trump-i-will-renegotiate-with-iran/.

② Alan He, “Pence goes Farther than Trump on Iran Deal, Says US will ‘Rip up’”, http://www.cbsnews.com/news/pence-goes-farther-than-trump-on-iran-deal-says-us-will-rip-up/.

③ Matthew Kroenig, “The Next President: How to Unwind the Iran Nuclear Deal”, http://www.the-american-interest.com/2016/02/11/how-to-unwind-the-iran-nuclear-deal/.

最糟糕的协议”，摆出一副挑战协议的姿态；另一方面，美国政府却并未单方面撕毁或退出该协议。2017 年 4 月，美国国务卿蒂勒森发表声明，称美国政府正在“全面、重新评估对伊朗的政策”，同时还大肆批评了伊朗在人权、支持恐怖主义、制造周边地区不稳等方面的行为。这预示着特朗普政府将对伊朗持强硬态度。但微妙的是，特朗普没有动核协议。2017 年 5 月 17 日，特朗普专门签发了一个总统备忘录，称“根据《2012 财年国防授权法》中涉伊条款的要求，同时也根据伊核协议中的承诺，并考虑到本政府正在进行全面评估，美国此时并不寻求减少伊朗的石油出口”①。根据这个备忘录，特朗普豁免了《2012 财年国防授权法》中制裁伊朗的条款。2017 年，特朗普政府保持着既豁免制裁，又批判核协议的政策姿态。

伊朗方面，鲁哈尼政府希望尽快、顺利地执行核协议，但强硬派、保守派对伊核协议抱有将信将疑甚至幸灾乐祸的态度。早在 2016 年 4 月下旬，最高领袖哈梅内伊就说“美国仅仅是在纸面上解除了对伊朗的制裁”②，这句话后来又被哈梅内伊和其他高官反复提起。2016 年 10 月 30 日，伊朗议会国家安全与外交政策委员会首次发布对核协议执行情况的正式评估，称美国表面上完成了相关步骤，但在实践中有不执行和拖延的行为。“对方尤其是美国采用多种政治手腕，对伊朗内政施加不良影响，通过自己制造的概念，庇护恐怖主义，在人权方面批评伊朗，对于涉伊的商业行为强调违反制裁将遭巨额罚款，反复强调非核制裁仍然存在及核制裁的可逆性，威胁将采取新制裁，美国法院裁决宣布没收伊朗财产，间接地威胁和吓唬与伊朗相关的经济交易。”③ 字里行间明显透露出对协议执行情况的不满。如果协议执行不力，必然成为保守阵营大做文章、搞派系斗争、争取政治资本的重要把

① “Presidential Memorandum for the Secretary of State, the Secretary of Treasury, and the Secretary of Energy”, https://www.whitehouse.gov/the-press-office/2017/05/17/presidential-memorandum-secretary-state-secretary-treasury-and-secretary.

② “Iran's Supreme Leader says U. S. Lifted Sanctions only on Paper”, http://www.reuters.com/article/us-iran-economy-khamenei-idUSKCN0XO0RK.

③ اولین گزارش کمیسیون امنیت ملی مجلس ایران درباره برجام ،, http://www.bbc.com/persian/iran-37814845.

柄。

尽管伊朗国内对核协议的抱怨之声屡起，但大多数人支持协议。2016年2月，鲁哈尼和拉夫桑贾尼联手组成的温和阵营在议会和专家委员会选举中（尤其是在首都选区）赢得胜利；2017年5月，温和派总统鲁哈尼在第12届总统大选中胜选连任，且得票率提高到57%。两次选举表明了伊朗民意对核协议的认可。实际上，在第12届总统竞选中，即使是保守阵营的代表人物莱希，也并未表示要退出或破坏核协议。

由此观之，虽然美伊国内各有不满核协议的声音和势力，但是协议具有一定的约束力，美伊两国都不会贸然地退出或破坏协议。或者说，美伊两方都寻求占据博弈的制高点，不愿首先退出或破坏协议，不愿由自己来背协议崩盘的“黑锅”。相比而言，伊朗鲁哈尼政府更愿意维系协议，美国特朗普政府则对协议存在较多不满。

二　伊朗重新研发核武的可能性

核协议破裂的另一种假设是，伊朗仍然抱有发展核武器的想法，并秘密发展核武，或者等到时机成熟时发展核武，一旦被发现必然导致核协议破裂。这种情况看似不太可能发生，却是西方军控界以及反伊朗团体的重要关切。这就需要对伊朗的核意图与核政策做一个基本的判断。伊核问题持续多年，从核问题曝光之前到曝光之后的10余年来看，伊朗采取了一种精巧、灵活的核政策，这种政策并不预设是否发展核武的固定原则，而是基于对各种利益和内外环境的计算与平衡。伊朗可能在被逼无奈之下决定发展核武，也可能在巨大压力下做出重大让步。

伊朗最高领袖哈梅内伊曾多次表态，尤其是他颁布了教法令（Fatwa），称伊斯兰教不允许伊朗发展、贮存、使用核武器。这似乎是一个禁令，但是最高领袖的态度绝非一成不变。2006年10月，伊朗前总统拉夫桑贾尼向伊朗工人通讯社（ILNA）泄露了一封霍梅尼于1988年写给高级军官的信函，其中引述了时任伊斯兰革命卫队司令莫赫森·雷扎伊写给他的信。

雷扎伊称伊朗如想在两伊战争中制胜，须有一定数量的激光制导武器和原子弹。[①] 仅就字面看，霍梅尼本人并未对是否发展核武器做出明确指示，但这证明伊朗高层的确有过研发核武器的需要和想法。当然，1988 年两伊战争正好结束，伊朗拥核的冲动有所降低。如果认为霍梅尼在一定程度上容许了核武器的存在，这很可能是两伊战争环境下的特殊产物。现任领袖虽然颁布了禁止核武的教法令，但是教法令的约束到底有多大，似乎还有探讨的空间。

所以，不能简单地认为，因为伊斯兰教原则或者领袖教法令的存在，伊朗就不想发展核武器。就此而言，国际原子能机构前总干事巴拉迪的说法比较中肯："伊朗的核采购与研究计划开始于 20 世纪 80 年代中期……面对（两伊战争）极端的弱势感，伊朗最初可能打算发展核武器。但是，在某个时间，或许是战争结束后，或许是在 20 世纪 90 年代，或许是在国际原子能机构开始对其核查之后，伊朗就决定将其核计划限制在进行核燃料循环的水平，并一直合法地维持《核不扩散条约》的非核武器成员国的地位。"[②] 2011～2012 年，美国对伊朗的制裁达到史上最严厉的程度，伊朗再次在核谈中表现出灵活性。为保证经济发展与社会稳定，伊朗停止了大部分核研发活动。对伊朗而言，全面核协议不是一个永不发展核武的定性文件，而是一个以部分放弃核研发换取部分制裁解除的"交易"。没有人能够保证伊朗不会在某种环境下重新走上研制核武的道路。无论是领袖教法令的虚虚实实，还是核政策的灵活变通，这种不确定性都是对核协议长期稳定执行的潜在风险。

---

① 至于拉夫桑贾尼为何公布这封信，很可能与当时伊朗内部政争有关，比如，拉夫桑贾尼向政坛强硬派说明伊朗在两伊战争后期的艰难处境，证明他劝霍梅尼休战并非"服软卖国"。该信刊登后，伊朗方面将信中提及的"核武器"中的"核"字删去。详见 Rasool Nafisi, "The Khomeini Letter—Is Rafsanjani Warning the Hardliners?" October 9, 2006, http://www.niacouncil.org/site/News2?page=NewsArticle&id=5872; Nazila Fathi, "An Old Letter Casts Doubts on Iran's Goal for Uranium", October 5, 2006, http://www.nytimes.com/2006/10/05/world/middleeast/05iran.html。

② 穆罕默德·巴拉迪：《谎言与交锋：揭秘全球核较量的真实世界》，蒋宗强译，中信出版社，2011，第 170 页。

在抛弃协议、重启核武研发问题上，有前车之鉴。1994 年，朝鲜和美国曾达成《朝美核框架协定》。协定的本质也是交易和交换，即朝鲜同意停止现有的核计划，美国允诺为朝鲜建造两座 1000 兆瓦轻水反应堆并提供重油。当时朝美协定中还提到在各自首都设立联络室，并把双方关系升至大使级，这一点已超出伊核全面协议的范围和深度。但事与愿违，朝美两国在协议执行中心意不诚、互相指责。2002 年，美国鹰派总统小布什上台，同年年底朝鲜承认秘密进行铀浓缩与核武研发，协议随即破裂。而直到此时，美国承诺建设的轻水反应堆也没有真正动工。平心而论，朝核问题与伊核问题有较大的差别，朝鲜与伊朗在政权性质、经济状况、外部环境方面的差异很大，伊朗不太可能也没必要走朝鲜的路。但是，朝核问题依然提供了一个由于协议执行不力而导致严重后果的反面案例。中国军控专家认为，“如共和党赢得下一轮总统大选，可能改弦更张，使伊朗核协议重蹈 1994 年朝核框架协议的覆辙”①。

伊核协议的有效期是 10 年，有效期结束后伊朗理论上会成为一个正常国家，不再受制裁或国际核监管方面的约束。但伊朗的核意图有不确定性，西方人仍对伊朗不放心。美国国务卿蒂勒森在 2017 年 4 月的讲话中就提到，“核协议没能实现‘去核’的目标，只是推迟了伊朗成为核国家的时间；该协议与过去我们在朝核问题上的失败如出一辙，特朗普政府不想把这个问题留给下届政府，美国将避免对朝鲜‘战略耐心’这一失败策略在伊朗重演”②。

三　制裁解除中的难点

伊核全面协议在本质上是一个交易，交易的公式大致是：伊朗放弃大部

① 刘冲：《伊核谈判终成正果，协议执行仍存风险》，载《国际战略与安全形势评估（2015/2016）》，时事出版社，2016，第 132 页。

② “Secretary of State Rex Tillerson Press Availability”，https://www.state.gov/secretary/remarks/2017/04/270341.htm.

分核研发，美国取消与核相关的制裁。[①] 在美伊关系没有根本改善、伊朗没有彻底放弃核研发、美国仍遏制伊朗的情况下，制裁解除的效果就成为保障协议执行的重要支撑。如果核协议带给伊朗的红利尤其是制裁解除方面的实际收益减少，那么核协议的边际效应将逐渐下滑，甚至名存实亡。

从2016年至2017年上半年的情况看，上述交易公式维持着大致的平衡。从放弃核研发看，伊朗比较好地履行着协议中的相关规定。根据2017年2月下旬国际原子能组织公布的评估，伊朗未按原设计方案推进重水反应堆施工；伊朗的重水储存量为124.2公斤，低于协议规定的130公斤上限；伊朗未进行丰度超过3.67%的铀浓缩活动，且丰度3.67%以下的浓缩铀存量始终未超过300公斤；伊朗纳坦兹铀浓缩工厂的离心机不超过5060台，福尔多工厂的离心机不超过1044台，总数与核协议要求的削减到6100台左右基本吻合。[②] 可见，伊朗在执行限制核研发的各项指标方面是严守红线的。

与核研发可以通过指标量化相比，制裁解除的情况则要复杂得多。总体看，伊朗的核谈红利是打折扣的、喜忧参半的。喜的一面是，伊朗迅速回归国际石油贸易市场。目前，伊朗石油日产量接近380万桶，日出口量达280万桶[③]，均达到2012年之前的水平，基本夺回了过去数年因制裁而失去的油市份额。忧的一面是，伊朗在经济发展尤其是引进外资和技术方面的成果还不太多、不太显著。根据联合国贸发会议的报告，2016年伊朗引进外资总额约为33.7亿美元，较之2014年、2015年的20亿美元虽有明显增加，但与2010～2012年每年40多亿美元的引进外资水平尚有明显差距，[④] 与伊朗政府在第六个五年计划（2017～2022年）中提出的每年吸引120亿美元投资的目标更是相距甚远。当然，这种局面和伊朗自身的营商环境、引进外

---

① 伊核全面协议还涉及联合国、欧洲等方解除对伊朗的制裁。相比之下，美国解除对伊朗的制裁具有实质上的重要性，所以本文所谈的“制裁解除”主要指美国制裁的解除。

② 《根据联合国安全理事会第2231（2015）号决议在伊朗伊斯兰共和国开展核查和监测》，https：//www.iaea.org/sites/default/files/gov2017－10_ch.pdf。

③ 此处石油出口包括原油和凝析油。

④ 相关数据根据联合国贸发会议2014年、2017年的《世界投资报告》整理。

资的条件有关，但也在相当程度上和制裁解除实践中的困难、障碍有关。

首先，非核制裁问题。核协议的交易公式决定了美国只会解除与核问题相关的制裁，换句话说就是解除了自 2012 年以来适用于非美国实体在美国以外从事涉伊活动的“次级制裁”（secondary sanctions），同时还对制裁黑名单（即主要由美国财政部外国资产管理办公室制定的“特别指定名单”）做了一些削减。[①] 但是，上述举措并没有颠覆美国对伊朗制裁体系的基本骨架，换言之，1980 年美伊断交以来针对美国实体的多数制裁法案仍将有效。美国总统可以在解除制裁方面采取一些行政手段，比如取消和更改总统行政令，或者利用法案中的制裁豁免条款对部分制裁内容加以豁免。但是，总统作为行政首脑，无权修订或取消美国对伊制裁的系列法案。因此，在立法（国会）层面美国对伊制裁仍然存在，近 20 年来最重要的对伊制裁法案如《对伊朗制裁法案》《全面制裁伊朗、问责和撤资法案》仍然有效。

《对伊朗制裁法案》是美国立法史上一个非常重要的法案。它被认为是第一个明确实行次级制裁的法案，禁止外资对伊朗能源相关部门超过一定额度的投资。这个禁令无论是对美国还是对国际企业都是有效的。在支持该法案的议员看来，这个法案提供了重新对伊施加制裁的法律基础和手段，不可轻易弃之。该法案过去已几度延期，2016 年年底再次到期。最终，2016 年 12 月初美国参众两院将该法延期 10 年。《全面制裁伊朗、问责和撤资法案》于 2010 年颁布，没有失效日期（即没有“日落条款”）。只有重新动员国会，通过新的法案，才能取消该法案。在可见的未来，总体上亲以色列的国会很难通过类似的新法案。虽然根据核协议，上述法案中的部分条款被豁免或暂停执行，但这种豁免和暂停是行政性、临时性的，随时可能恢复并立即生效。

同样重要的是，由于只解除了与核相关的制裁，与伊朗人权、支持恐怖主义等行为相关的制裁还将长期存在。过去 30 多年来美国针对或涉及伊朗

---

① 李志刚等：《“后制裁时代”的伊朗油气投资前景展望》，《国际石油经济》2016 年第 3 期，第 67 页。

的许多法案、行政令都是与人权、支持恐怖主义有关。法案方面，比如《2012 年减少伊朗威胁及叙利亚人权法案》就丝毫不受核协议的限制。行政令方面，比如，美国第 13382 号总统行政令就是针对大规模杀伤性武器的（且不只针对伊朗），特朗普上台后分别于 2017 年 2 月、4 月两度新增制裁名单，将伊朗国防领域相关实体和数家中国公司列入其中，就是援引了该行政令；再如，第 13628 号行政令是针对伊朗的人权问题的，2017 年 4 月美国政府将伊朗德黑兰监狱管理局前局长苏赫拉布·苏莱曼尼（Sohrab Soleimani）[①] 列入制裁名单，就是援引了该行政令。

由此可见，美国的制裁体系十分复杂。核协议达成后，有些制裁只是部分解除，有些制裁不在解除之列，有些制裁表面上解除而实质上仍然存在。正如美国花费多年精力建立起对伊朗的制裁体系一样，解除制裁也绝非易事，需要一个长期的过程。

其次，金融和银行制裁问题。上文已论及，在全面核协议中美国主要解除的是针对第三方国家的次级制裁，但是美国仍禁止本土实体与伊朗交易、对伊朗投资，以及禁止美国金融系统处理涉伊业务。美国企业对伊朗的投资、贸易被禁 30 多年，这是美伊关系破裂的后果，短期内改变不了。但是，金融和银行制裁则是一个相对较新的问题。最具杀伤力的金融和银行制裁是 2011 年之后实施的，主要体现在《2012 财年国防授权法》等法案中。[②] 在全面核协议之后，金融、银行制裁中针对第三方的内容取消了，但对美国金融系统与伊朗接触的限制依然存在。2016 年 4 月，时任美国财政部部长雅各布·卢有一个明确的表态："毫无疑问美国金融系统不会对伊朗开放，现在的问题（与伊朗做生意的困难）是如何闯过一个尊重美国法律的且非常复杂的国际金融体系。"特朗普执政后，美国财政部继续坚守其金融系统不与伊朗接触的红线。

---

① 他也是伊斯兰革命卫队圣城旅负责人苏莱曼尼将军的兄弟，目前担任伊朗国家监狱管理局高级干部。

② 王锦：《美国对伊朗制裁研究（2003～2013）》，博士研究生学位论文，中国现代国际关系研究院，2014，第 59～63 页。

有观点认为，美国金融系统不对伊朗开放，涉伊业务可以用欧元、人民币等其他货币来操作，伊朗人也称要在石油贸易中全部使用欧元。但是，美国是最大的经济体，美元是世界通用的货币，并非可以轻易绕过。实际上，国际清算、结算行为在很大程度上都要经过美国金融体系中转，比如日元要换成韩元，往往不是由日、韩两国银行直接结算，而是日本银行先将日元换成美元，再将美元换成韩元，这样就经过了美国的美元金融系统。国际涉伊商贸中一种曾被广泛采用的方式是 U-turn 交易（见图 1）。

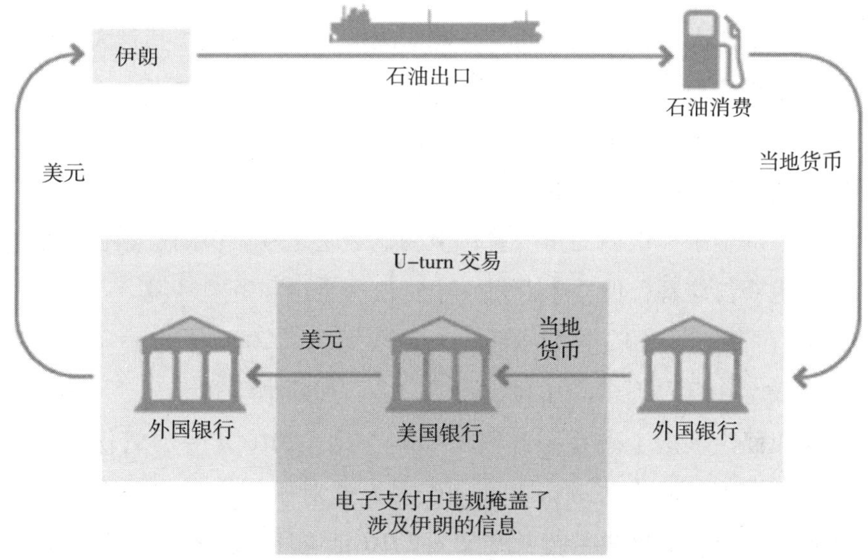

图 1　U－turn 交易

资料来源："Q& A：Standard Chartered Iran Allegations"，http：//www. bbc. com/news/business－19157426。

在很长一段时期内美国允许美国金融机构间接地处理涉伊业务。2008 年 11 月，美国财政部发布通告，取消对涉伊 U-turn 业务的授权许可。[①] 2011 年美国加大对伊制裁后，美国财政部和检方以违规参与涉伊 U－turn 交

① "Treasury Revokes Iran's U-Turn License"，https：//www. treasury. gov/press－center/press－releases/Pages/hp1257. aspx.

易等为由先后重罚英国渣打银行（2012 年，6.7 亿美元）、英国汇丰银行（2012 年，19 亿美元）、德国商业银行（2014 年，6.5 亿美元）、法国巴黎银行（2014 年，89 亿美元）等。美国这种事前“姑息”、事后重罚的行为，对国际银行造成很大的震慑。此后，国际大银行的心态就变成宁愿不参与伊朗业务，也不能因为小利而冒被美国重罚的风险。2016 年，美国时任国务卿克里反复表态，鼓励欧洲银行与伊朗做生意。但是空口无凭，欧洲银行系统、亚洲银行系统与美国金融系统的联系已经非常紧密，一个绕开美国金融系统与伊朗做生意的独立银行系统在实际操作中很不方便，维持这样一个独立系统的成本太大、性价比不高。在此情况下，国际银行尤其是大银行，必然会等到核协议稳定执行一段时期、制裁重启可能性非常之小、不可抗力因素影响较小之后再做出决策。但是，对伊强硬的特朗普上台后，国际银行界对伊朗市场的观望态度并没有缓解，甚至还加强了。

因此，从金融和银行的角度看，伊朗显然吃了亏。伊朗虽然在油款给付这一命脉上获得缓释，但并未获得一个宽松的金融和资本环境。一些石油界人士认为，“伊朗所面临的国际环境大致恢复到了 2006 年前后（也是伊朗石油业‘黄金十年’后期）的状态”①。这一判断似乎过于乐观。2006 年，伊朗还可以经过美国金融系统开展 U-turn 交易。2016 年，尽管伊核协议已经开始执行，但伊朗无法进行 U-turn 交易，这对伊朗来说是一个不小的损失。正因为如此，伊朗央行行长赛义夫 2016 年 4 月在访美时明确提出，“我们的朋友们需要尽最大努力兑现承诺，比如面对面地向国际银行保证与伊朗开展交易不受制裁，或者改变美国的相关法规以允许 U-turn 交易”②。笔者认为，从金融、银行角度看，伊朗所面临的国际环境大致只恢复到 2011 年前后的状态，而不是 2006 年。

再次，工业技术限制问题。美国拥有世界上最强大的科技能力。在电子

① 李志刚等：《“后制裁时代”的伊朗油气投资前景展望》，《国际石油经济》2016 年第 3 期，第 68 页。

② “A Conversation with Valiollah Seif on the Future of the Iranian Economy”, http://www.cfr.org/global/conversation-valiollah-seif-future-iranian-economy/p37733.

信息、大型成套设备等高科技领域，要绕开美国技术是比较困难的。美国政府则制定了一套严格的出口管制法规。对于伊朗、叙利亚、朝鲜这类“不听话”的国家，美国除了自己不向其出售产品、技术，还规定第三国若向伊朗出售含有美国技术或相关成分超过一定比例的商品，必须事先得到美国政府的许可。根据核协议，唯一的例外是可以向伊朗出售民航飞机及其部件。为此，波音、空客及欧洲 ATR 公司 2016 年以来先后向美国政府提出申请，以履行与伊朗达成的售机协议。由此可见，虽然部分制裁解除了，但外国企业与伊朗做生意还面临着工业技术上的严格限制，并且在很多情况下要看美国政府的脸色，这最终还是拉低了伊朗从制裁缓释中所获得的红利。正是通过 2011 年以来强有力的制裁实践，美国在涉伊出口管制方面的监管大大加强了。

上述三大问题构成了制裁解除中的难点，彻底解决的难度很大。更严重的是，特朗普政府上台后，不仅在制裁解除上不帮忙，而且要在非核领域新增对伊制裁。2017 年 5 月下旬，美国财政部部长姆努钦在国会做证时称，“将尽全力新增对伊朗、叙利亚和朝鲜的制裁”。特朗普上台后每个月都会根据已有法律和行政令增补制裁名单。美国国会 2017 年 3 月下旬提出《反击伊朗制造不稳法》草案，主要内容是制裁支持伊朗弹道导弹项目、违反人权的实体，以及伊斯兰革命卫队的相关人员和关联实体，2017 年 8 月初，以制裁伊朗为主要内容之一的《反制伊朗敌人法》。增加非核领域制裁看似与核协议无关，却威胁到核协议的可持续性。在非核领域新增制裁，会破坏伊朗对外经贸回暖的氛围，从而削减伊朗的核谈红利。也可以说，特朗普上台后在伊朗政策上制造了一种不确定的氛围，对涉伊经贸的国际大环境产生了负面影响。正是这种不确定性使许多大公司在对伊投资上犹豫不决、继续观望。

四　结论

2016～2017 年，伊核全面协议执行大体平稳，但表象之下存在实实在在的风险。这些风险包括美国或伊朗单方面撕毁协议、破坏协议的可能，也包括协议的具体执行尤其是制裁解除中的技术难点，而伊朗的核意图问题仍然是一个潜在的问题。随着特朗普的上台和施政，美国退出核协议的可能性在增大，尤其是特朗普本人对核协议越发不耐烦。美国解除对伊制裁中的难点还会存在，这在很大程度上造成了这样的局面：美国理论上确实解除了应该解除的制裁，伊朗却没有完全获得想象中解除制裁的红利。若上述情况长期持续，显然不利于伊核协议的执行与维护。正如施加制裁时美伊之间有制裁与反制裁的博弈，解除制裁时，美伊之间也存在管控解除制裁进度和推动更快解除制裁的博弈。重重困难之下，伊核协议在 2018 年将如“风中之烛”，遭遇更大的挑战与不确定性。

专　题　篇

Special Reports

B.8

2016 ~2017年度伊朗农业发展与粮食安全问题*

杜林泽**

摘　要：　伴随着伊核全面协议的达成与执行，伊朗的国际环境逐渐好转，经济发展迎来新机遇。伊朗农业在吸引国外投资与加强国际合作方面的能力受益于此而得以提高。与此同时，伴随着政府前期举措的效应逐渐显现，伊朗农业在伊历 1395 年的发展成绩可喜，主要农作物的产量增长、农产品出口贸易扩大、农业经济的国际合作亦进一步发展。由于小麦、玉米、大米等谷类作物产量的增长，伊朗粮食安全问题趋向良好态

* 时间范围限定于 2016 年 3 月 21 日 ~2017 年 3 月 20 日，即伊历 1395 年。由于伊朗方面多采用伊历作为统计的基准年份，与国际粮农组织等境外机构采用公历作为基准年份的统计方式存在一定差异，因此其农业相关统计数据并不一致。

** 杜林泽，西南大学历史文化学院讲师。

势。然而，经济增长的恢复对农业生产发挥的积极影响具有一定的延时性，但对刺激农产品消费通常会产生迅速而直接的影响，再加上通胀指数的下降趋势对农产品消费的刺激效应，未来伊朗国内粮食供需平衡仍有待观察。

关键词：伊朗　农业经济　粮食安全

一　农业生产发展概况

伊朗各个经济部门都拥有巨大的发展潜力，农业经济亦不例外，农产品的生产和消费均具有较大的发展空间。因此，伊朗国际国内环境的好转将明显地影响农业部门。伊历 1395 年，伊朗整体经济形势较好，诸多观察机构亦认为伊朗经济增长正开始恢复。据伊朗《金融论坛报》报道，伊朗国家统计中心报告显示，伊历 1395 年，伊朗经济增长 8.3%。伴随伊核全面协议的执行，伊朗油气及相关产品的产量和出口大增，这无疑是带动伊朗经济强劲增长的重要原因。与此同时，伊朗非石油经济也有较快的增长，尤其是矿业、制造业、农业和服务业增速较快。该报告显示，伊历 1395 年，伊朗非石油经济增长 6.3%，农业增长 5%，工业（含矿业、制造业、能源和建筑业）增长 11.3%，服务业增长 7.1%。[①] 然而，国际货币基金组织的相关统计则认为，伊朗 2016 年的经济增速为 6.5%，世界银行则认为伊朗 2016 年的经济增长速度为 6.4%，两个国际机构的统计数据与伊朗官方数据有较大出入。由于非石油经济的快速发展，伊朗的非石油贸易连续两年实现盈余。此外，伊朗通货膨胀率明显下降。伊朗《德黑兰时报》报道，伊朗央

① 《伊历去年伊朗经济增长 8.3%》，中华人民共和国驻伊朗伊斯兰共和国大使馆经济商务参赞处网站，http：//ir. mofcom. gov. cn/article/jmxw/201706/20170602586052. shtml，访问日期：2017 年 6 月 5 日。

行最新报告显示，伊历1395年伊朗的通货膨胀率为9%，这是伊朗26年来通胀率首次降至个位数。①

国际粮农组织2014年最新统计数据显示，伊朗土地面积约为16287.6万公顷，农业土地面积约为4595.32万公顷，占伊朗土地总面积的比例约为28.2%。考虑到土地本身的特性，农业土地面积及其占比在短期内的变化并不显著，估计伊历1395年伊朗农业土地面积与该数据大致相当。伊朗乡村人口的增长保持稳定。2016年，伊朗乡村人口总数约为3200万，其中女性人口数约为1200万，男性人口数约为2000万。②

整体而言，由于良好的气候状况、政府部门前期举措的效应逐渐发挥，伊历1395年，伊朗农业经济取得良好的发展成绩，这主要体现在农业产量的增长和农产品出口的增长。伊历1394年，伊朗农业总产量达到1.12亿吨，农业总产值达770亿美元。伊历1395年年初，伊朗农业部官员预计，伊朗该年的农业产量将增长到1.17亿吨③。然而，伊历1395年伊朗农业产量的实际增长超出官方预期。伊朗农业部统计数据显示，伊历1395年伊朗农业产量相比伊历1394年增长1000万吨④，这也就意味着其农业总产量达到1.22亿吨。实现这一良好成绩的原因主要在于伊朗农业部等政府机构在前两年中采取的诸多举措开始逐渐发挥积极效应，包括采取现代工程原则和先进的机械化技术、发展现代灌溉系统、整修农业土地以及向农民传授现代科学种植方式等，有效地促进了农业领域的生产。2016年4月，伊朗农业部下属的农业计划、经济和乡村发展研究机构（Agricultural Planning, Economic and Rural Development Research Institute）副主任阿里·齐阿尼在关

---

① 《伊朗伊历1395年通货膨胀率为9%》，中华人民共和国驻伊朗伊斯兰共和国大使馆经济商务参赞处网站，http://ir.mofcom.gov.cn/article/jmxw/201703/20170302543491.shtml，访问日期：2017年4月3日。

② "Rural women play important but hidden role in economy: VP", http://www.tehrantimes.com/news/405617/Rural-women-play-important-but-hidden-role-in-economy-VP.

③ "Iran's annual agricultural output to rise to 117 million tons", http://www.tehrantimes.com/news/405717/Iran-s-annual-agricultural-output-to-rise-to-117-million-tons.

④ "Annual agricultural output rises by 10m tons", http://www.tehrantimes.com/news/412338/Annual-agricultural-output-rises-by-10m-tons.

于伊朗农业部门的生产能力、产量和发展计划的报告中称，农业产值在伊朗国内生产总值中所占比重约为6.11%。[①] 近年来，伊朗部分农产品的产量如表1所示。

表1 伊朗部分农产品产量

单位：千吨

作物	2000年	2004年	2008年	2012年	2016年
小麦	8088	14568	7957	13800	15500
玉米	1064	1926	1778	2400	2540
去壳大米	1301	1678	1441	1535	1848
开心果	60	135	90	160	210
大麦	2423	2940	1547	2770	3800
油菜籽	142	198	197	174	195

注：由于统计渠道的差异，部分数据与伊朗官方统计数据或国际粮农组织统计数据有差异。其他渠道统计数据公布并不完整、及时，因此采用Index Mundi数据以示部分农作物产量的发展趋势。

资料来源：http://www.indexmundi.com/agriculture/?country=ir&commodity=corn&graph=production，访问日期：2017年4月25日。

伊历1395年，伊朗农产品出口呈增长趋势，而该年前期的同比增速则更快。2016年3月20日到8月21日，即伊历1395年的前5个月，伊朗农产品出口量增长12%，达到286万吨，价值19.2亿美元，在伊朗非石油产品出口量中的占比为4.16%，在出口额中的占比为10.11%。[②] 在伊历1395年前10个月中，伊朗农产品出口483.8万吨，同比增长27.25%；价值46.59亿美元，同比增长4.3%。在非石油产品出口中，农产品出口量的占比为4.74%，出口额的占比为13.24%。[③] 这意味着第6个月至第10个月，农产品出口量增长不足200万吨，低于前5个月；而出口额则增长27.39亿

① "Iran, EU to broaden agricultural cooperation", http://www.tehrantimes.com/news/412863/Iran-EU-to-broaden-agricultural-cooperation.

② "Exports of agro products from Iran rises 12% in 5 months", http://www.tehrantimes.com/news/406385/Exports-of-agro-products-from-Iran-rises-12-in-5-months.

③ "Agricultural exports up 4.3% in 10 months", http://www.tehrantimes.com/news/411243/Agricultural-exports-up-4-3-in-10-months.

美元，高于前 5 个月。产生这一现象的主要原因在于不同季节主要出口的农产品不同。尽管如此，在伊历 1395 年的前 8 个月中，伊朗农产品进出口仍有 21. 6 亿美元的逆差，但此数据相比去年同期已经减少了 3. 278 亿美元。[①]开心果和番茄酱是出口农产品，出口额分别为 6. 04 亿美元和 1. 3 亿美元；玉米和大豆则是主要的进口农产品，进口额分别为 8. 74 亿美元和 5. 93 亿美元。[②]

伊朗官方统计显示，伊历 1395 年，出口农产品总量为 581 万吨，农产品出口总额达 56. 86 亿美元。实际上，早在伊历 1395 年年初，伊朗官方就计划在当年实现农产品出口额达到 50 亿美元，实际结果则明显高于预期。数据显示，相比去年同期，伊朗农产品出口量增长 21. 77%，出口额则增长 3. 61%。在非石油产品出口中，农产品出口量和出口额所占比重分别为 4. 48% 和 12. 97%。开心果、番茄酱和藏红花仍然是伊朗最为主要的出口农产品。伊朗非石油产品的总出口额为 439. 3 亿美元，相比去年同期增长 5. 16%。由此可见，伊朗农产品出口额的增长超过伊朗非石油产品出口额的平均增长水平。与此同时，伊朗农产品进口量和进口额分别下降 5. 78% 和 1. 15%[③]，考虑到人口的增长和通货指数的下降，这无疑表明在伊历 1395 年伊朗农业生产发展取得了良好的成绩。

当然，伊历 1395 年，伊朗农业经济发展也遇到了困难，主要原因在于地方性、局部性的自然灾害或病害。例如，马赞德兰地区于 2016 年 12 月遭受严重雪灾，该地区是伊朗最为重要的柑橘生产地，其柑橘种植因这次雪灾损失惨重；2016 年年初西北地区的库姆省发生 A 型口蹄疫疫情，对当地畜牧业造成一定负面影响。

---

① “Agricultural exports jump 25%”, http: //www. tehrantimes. com/news/409673/Agricultural - exports - jump - 25.

② “Agricultural exports jump 25%”, http: //www. tehrantimes. com/news/409673/Agricultural - exports - jump - 25.

③ “Agricultural exports fetch Iran $5. 7 billion”, http: //www. tehrantimes. com/news/413134/Agricultural - exports - fetch - Iran - 5 - 7 - billion.

二　农业领域对外合作加强

伊朗与国际粮农组织长期保持着密切合作。为支持与帮助伊朗农业生产的发展，国际粮农组织与伊朗在国家层面和地方层面实施了多个技术合作项目（Technical Cooperation Programme，TCP），并为伊朗农业相关发展提供信托资金援助。在国家层面的技术合作领域，双方在伊历 1395 年有众多处于开展状态的项目。例如，2017～2019 年虹鳟鱼基因发展项目，预算经费为 33 万美元；2017～2019 年强化伊朗油籽作物的可持续性生产能力项目，预算经费为 30 万美元；2017 年开展“强化小型家庭农场组织和整合”的项目，预算经费约为 3.5 万美元；2016～2018 年开展通过卫星图像技术提升农业监测体系的项目，预算经费为 48.9 万美元；2015～2017 年关于发展伊朗森林监测体系的项目，预算经费为 36 万美元。国际粮农组织在伊朗诸多地区也开展了合作扶持项目。例如，2017～2018 年提供 50 万美元预算经费支持建设伊朗水资源稀缺倡议的区域协作平台，以提高水资源生产率；2016～2017 年提供 49.9 万美元预算以实施降低叶缘焦枯病菌进入和扩散风险的防御性措施；2015～2017 年为受叙利亚危机影响的国家提供 50 万美元预算，加强粮食安全信息和早期预警系统建设，以强化农业部门的有效应对能力，伊朗亦是该项目实施对象之一。与此同时，国际粮农组织的信托基金也为伊朗提供大力帮助。例如，2016～2020 年，为乌尔米耶湖水域可持续水资源管理综合项目提供经费 383.34 万美元；2011～2018 年，为复原伊朗森林风貌和退化土地提供经费 266.83 万美元，尤其关注有风化侵蚀倾向的盐碱地和相关区域。

随着伊核全面协议的实施和伊朗经济环境的好转，伊朗对外经济合作呈现出良好的发展趋势，农业经济领域同样如此。中国作为伊朗最为重要的贸易伙伴，双方经济交往在近年呈现出逐渐扩展、深化的趋势，同时双方也在农业领域长期良好合作的基础上，进一步探寻多层面的合作空间与多渠道的合作方式。当前，维持并促进两国农业合作的框架已经通过 1999 年的《中国农业部和伊朗农业部合作谅解备忘录》、2002 年的《中华人民共和国政府和伊朗伊斯兰共和国政府关于植物保护和检疫合作协定》、2015 年的中伊农业合作谅解备忘录等相关文件构建。随着中国“一带一路”建设的推进，中伊双方在农业领域的合作亦进一步发展。中伊双方共同致力于在农业投资、农产品贸易、渔业和农业技术等领域的全面合作。2016 年 9 月，中国农业部部长韩长赋等人应邀访问伊朗，并会见伊朗农业部部长穆罕默德·霍加迪，双方就全面深化中伊双方的农业合作问题交换意见。两人高度评价了近年中伊农业领域合作所取得的良好成绩，一致认为中伊两国在完善合作机制、实现粮食安全、促进相关科技发展与人员交流、渔业发展与农业投资合作等诸多领域取得了快速发展。双方一致同意尽快签署《中伊关于推进“一带一路”建设农业合作的协议》，并在此框架下深化两国农业投资与贸易合作，让更多的中国企业参与伊朗的农业建设与发展，让双边贸易更多地惠及两国人民。[①] 2016 年 9 月 25 日，韩长赋与霍加迪两位部长共同签署了中伊政府关于动物卫生及动物检疫的合作协定，以及加强渔业和水产养殖业合作的谅解备忘录。根据备忘录，中国将向伊朗渔业和网箱水产养殖项目投资 200 亿元人民币，投资主要用于发展码头、海港，推进基础设施建设和运输冷藏设备制造。[②]

为从多渠道吸引外资以促进农业生产发展，伊朗积极寻求与欧洲、南美洲国家的合作。近年来，伊朗向欧洲国家出口的农产品主要是干果和鱼子酱。伊朗是开心果、枣、石榴和杏等农产品的主要生产国，伊历 1395 年，伊朗政府计划通过拓展目标市场的方式来增加这些优势产品对欧盟国家的出口。伊朗官员还强调需要与欧盟在农业、技术和研究领域保持伙伴关系。欧洲议会农业与乡村发展委员会（European Parliament's Committee on Agriculture

① 《韩长赋访问伊朗并与伊农业圣战部部长霍加迪举行会谈》，中华人民共和国农业部网站，http：//www. moa. gov. cn/zwllm/zwdt/201609/t20160926_ 5286482. htm，访问日期：2017 年 5 月 2 日。

② “Iran, China sign fishery co-op MOUs”，http：//www. tehrantimes. com/news/406734/Iran - China - sign - fishery - co - op - MOUs.

and Rural Development）则宣称已经准备好向伊朗转移与农业相关的新技术和新发明，并支持伊朗提高现代技术条件下的粮食生产标准。与此同时，伊朗政府亦积极吸引欧洲企业和私人投资于伊朗农业。伊朗农业部部长穆罕默德·霍加提曾表示，欢迎荷兰企业和私人参与伊朗农业发展项目；而荷兰方面也宣称已经准备好与伊朗在各个领域开展合作，尤其是农业领域。双方达成并签署合作谅解备忘录，决定在诸多领域开展深入合作，包括农业、食品、渔业、畜牧、卫生，以及农业现代化和农产品销售等领域。据伊朗－荷兰商务委员会称，伊朗与荷兰的经济联系集中于农业、渔业、园艺、水资源管理、交通和海洋产业。此谅解备忘录的签署将推动两国在农业领域的合作提升至更高的水平。除此之外，罗马尼亚政府于 2016 年投入 200 万欧元预算，与伊朗扩展农业领域的项目合作。罗马尼亚方面的官员甚至表示，如果伊朗按照国际标准使用化学农药种植作物，那么伊朗的农产品就能以罗马尼亚为渠道出口至其他欧洲国家。2016 年 10 月 1 日，伊朗与挪威签署了 13 项渔业方面的合作协议。与此同时，伊朗也积极拓展与南美洲国家的农业合作，谋求与南美发展中国家在农业领域的共同发展。2016 年 10 月 4 日，伊朗农业研究、教育和扩展组织与墨西哥农业部领导人会晤，双方决定在农业研究领域开展多方位的合作。2016 年 12 月，伊朗与智利举办农业－商业论坛，双方达成在农业和商业部门开展合作的协议，寻求发展双边贸易和合资企业的适当方式。①

伊朗农村合作社中央组织（Central Organization of Rural Cooperatives, CORC）积极融入国际社会，提升自身的影响力以推动国内农村合作社的发展。伊朗的合作社是由成员拥有和运营的企业。无论是客户、员工还是合作社所在地的居民，他们在开展业务和利润分配上都有平等的发言权。2016 年该组织为记者安排参观位于德黑兰省萨赫里亚尔市（Shahriar）的一个示范性合作社分支机构，其间该组织领导人穆罕默德·礼萨·拉伊斯内贾德对

① “ICCIMA to hold Iran – Chile Agro – Business Forum on Sunday”, http://www.tehrantimes.com/news/408724/ICCIMA-to-hold-Iran-Chile-Agro-Business-Forum-on-Sunday.

外公布，在经历大约40年的努力后，在加拿大魁北克举行的国际合作社联盟[①]峰会的董事会选举中，伊朗赢得了195个国家中的142票，这次选举使得伊朗在国际合作社中的排名位于英国和俄罗斯之后而居第三位。伊朗在国际合作社中地位的提升，无疑将为伊朗创造更多的开展国际合作的机会。2016年，伊朗合作社为吸引现代温室作物生产和包装的相关投资，积极与西班牙洽谈签订合作协议，以促进双方在现代温室建设和温室农产品包装方面开展合作，西班牙则将在伊朗投资建立温室并出口新鲜农产品。

三　粮食安全问题

根据联合国国际粮农组织的规定，粮食安全是当所有人在所有时间，通过物理、社会和经济手段获得可以满足他们日常需求的足够的、安全的和有营养的食品，并且食品偏好更加积极、健康。[②] 从粮食数量上看，国际粮农组织对粮食安全提出三个标准：第一，粮食生产上的安全，即国家粮食的自给率必须达到95%以上；第二，粮食消费上的安全，即人均粮食应达到400千克；第三，粮食流通上的安全，即粮食储备（粮食库存）应达到本年度粮食消费的18%，14%为警戒线，低于14%为粮食紧急状态。

自伊斯兰革命以来，伊朗政府长期致力于发展农业生产，尤其是在霍梅尼时期，农业部门被视为国家经济的“核心”部门。尽管后霍梅尼时期，农业部门的核心地位下降，但是大力发展农业并实现国内粮食自给和粮食安全仍然是伊朗政府工作的重要内容和目标。伊朗历届政府均把农产品的自给自足视为提升国家实力、保证国家的可持续发展、维护国家主权独立和议价权利的重要基础，因此对农业生产高度重视。2013年鲁哈尼政府执政初期，伊朗遭遇严重的小麦短缺问题。相关报道称，当时伊朗部分省份的小麦储备

① 国际合作社联盟成立于1895年，是一个独立的非政府组织，团结、代表世界范围内的合作社组织并为其服务。

② 英文语境下的“Food Security”与中文语境下的粮食安全并不完全一致。遵循习惯和便于叙述，本文统一使用“粮食安全”一词。

仅能满足几周的供应。然而，由于国际制裁的影响，伊朗在进口小麦方面也面临巨大困难。因此，伊朗政府更加坚定地努力实现战略性农产品自给自足的目标。2016 年 12 月 12 日，哈桑·鲁哈尼总统在庆祝伊朗小麦获得丰收的“收获节”（Harvest Festival）[①] 活动中发表评论，指出粮食安全有利于国家安全。他说：“那些还记得二战期间饥饿的年长者可以领会粮食安全意味着什么，他们知道在我们小麦短缺的时候如果敌人给我们施加压力将发生什么。二战期间，伊朗被认为向德国间谍提供了庇护，进而被英国和苏联占领，数以万计的伊朗人陷入饥荒。”[②]

在努力促进农业生产增长的同时，伊朗政府亦积极引导民众改变饮食结构，即增加肉类食物的消费，减少谷类作物消费，进而降低对粮食作物的依赖程度。与此同时，伊朗政府亦努力减少伊朗民众的食物浪费，以减轻国内粮食生产的压力。实际上，伊朗是食品浪费极为严重的国家之一。根据国际粮农组织的统计，伊朗人均每天浪费大约 13.4 万卡路里的食品。[③] 浪费食物不仅意味着浪费种植食物的水、粮食本身、加工食物的能源，而且在垃圾填埋场掩埋这些废物也对环境极为不利。这意味着当世界上数百万人正在忍受饥饿之时，伊朗民众不仅在浪费粮食，也在助长土壤流失、温室气体排放、湿地破坏和长期干旱等。因此，农业部官员号召民众参与抵制食品浪费行动的运动，打破传统的食品奢侈和浪费的习惯，改变自身的日常生活并减少食品浪费。

正是政府多方面的努力，伊朗官方在 2016 年年中就宣称在第五个五年发展计划末期（2011 ~2016 年），伊朗已经实现了基本作物和畜牧产品自给自足的目标。2016 年 12 月，伊朗农业部副部长卡筱瓦兹则称伊朗在重要农产品方面已经实现了 80% 的自给自足，重要农产品年产量为 1.1 亿吨左右，

---

① 收获节是伊朗庆祝农业产品自给自足，尤其是小麦自给自足的节日。伊朗第一次庆祝收获节是 2004 年，当年伊朗小麦产量创下 40 年来的最高纪录，达到 1040 万吨。

② “Robust agro sector builds into national security, Rouhani says”, http://www.tehrantimes.com/news/409064/Robust-agro-sector-builds-into-national-security-Rouhani-says.

③ “Ebtekar urges public to campaign against food waste”, http://www.tehrantimes.com/news/407857/Ebtekar-urges-public-to-campaign-against-food-waste.

比去年增加了20%。[①] 国际粮农组织的数据则显示，伊朗农业产量从2013年的近9700万吨增长到2016年的12200万吨。谷类作物作为最重要的粮食作物，其种植遍布伊朗。国际粮农组织数据显示，2016年伊朗谷物总产量为2030万吨，比去年同期增长12%。其中，小麦产量为1350万吨，大米为290万吨，大米产量增长20万吨，其他谷物为390万吨。[②]

小麦是伊朗最重要的谷类作物，占谷物总产量的65%左右。国际粮农组织统计显示，伊朗小麦种植面积中，人工灌溉的种植面积仅占1/3左右，其余则是依靠自然降水灌溉，雨水灌溉的小麦种植则主要集中于西北部地区。作为伊朗最重要的粮食作物，小麦的自给自足是伊朗政府长期以来的努力目标。由于1999～2001年干旱的严重影响，伊朗政府发展灌溉系统，促进灌溉小麦种植面积的增长，同时也提升了小麦的单位面积产量。1999年，政府启动小麦自给自足战略，采取给予补贴、改良种子、机械化和农民培训之类的举措以提高小麦产量。与此同时，伊朗政府长期对小麦进口采取限制措施，以鼓励国内小麦的种植。2015年12月，据伊朗《财经论坛报》报道，伊朗农业部副部长阿里·卡恩巴利表示，伊历1394年，伊朗农业丰收，粮库充盈，因此伊历1395年伊朗无须进口小麦。卡恩巴利同时指出，伊历1394年伊朗政府收购了800万吨小麦，创十年来最高纪录。同时伊朗政府还有60万吨硬小麦储备，其中一半来自当年的收获，其余来自上年余存。伊朗政府计划将30万吨硬小麦运至国内面粉加工厂，其余部分通过易货贸易换取其他国家的小麦。[③] 据国际粮农组织统计，1999年伊朗为全球第十六大小麦生产国，2004年伊朗自伊斯兰革命后首次实现小麦自给，2012年伊朗已经成为全球第十二大小麦生产国。2016年伊朗政府几乎全年冻结小麦

---

① 《伊朗集会庆祝小麦生产实现自给自足》，中华人民共和国驻伊朗伊斯兰共和国大使馆经济商务参赞处网站，http：//ir. mofcom. gov. cn/article/jmxw/201612/20161202188574. shtml，访问日期：2017年3月5日。

② "FAO sees Iran's wheat output falling by 2m tons in 2017"，http：//www. tehrantimes. com/news/411854/FAO－sees－Iran－s－wheat－output－falling－by－2m－tons－in－2017.

③ 《伊朗农业部副部长：伊朗今年农业丰收 明年将无需再进口小麦》，搜狐新闻，http：//m. sohu. com/n/429608332/，访问日期：2017年2月20日。

进口，鼓励国内小麦种植，在此背景下小麦获得丰收。因此，政府向农民、农场主收购的小麦超过 1150 万吨。[①]

2015 年，伊朗的大米产量为 175 万吨，预计 2016 年伊朗大米产量达到 220 万吨。国际粮农组织的统计则显示，2016 年伊朗的大米产量为 290 万吨。如果以人均年消费 37 千克大米计算，伊朗年均大米需求为 300 万吨。[②]由此可见，伊朗在 2016 年已基本实现大米的自足。为促进国内大米生产，伊朗农业部副部长哈里尔·霍代伊（Khalil Khodaie）在出席马赞德兰省一个颁奖仪式时表示，从伊历 1394 年起，伊朗政府已经完全停止从国外进口大米，所采取的第一步措施就是将大米的进口关税提高至 40%，目的是保护米农的生产积极性，以促进国内大米的种植和生产。[③] 其原因正是在之前的两年中，伊朗政府进口外国大米，即使是马赞德兰省这样的大米主产区也同样如此，这样严重打击了伊朗米农的生产积极性。

然而，伊朗粮食作物生产的增长速度与其需求量的增长速度仍有一定差距。因此，国际粮农组织预测，伊朗的谷物储备在 2017 年后将呈下降趋势，这意味着伊朗粮食安全问题将面临挑战。那么，在未来几年中，伊朗小麦和大米等谷类作物的进口极有可能解冻并逐渐扩大进口量。

膳食能量供给指标是国际粮农组织判断食品安全的重要标准，亦能综合反映一国食品安全问题。该机构的统计数据显示，近年来伊朗平均膳食能量供给的充足性呈较快的增长趋势（见图 1），主要有两个原因：一是伊朗民众的饮食结构正逐渐改变，牲畜家禽类食物的比重逐渐增加；二是近年来伊朗粮食作物产量增长和通胀指数下降。

---

① “Robust agro sector builds into national security, Rouhani says”, http://www.tehrantimes.com/news/409064/Robust-agro-sector-builds-into-national-security-Rouhani-says.

② “Annual rice output in Iran anticipated to reach 2.2m tons”, http://www.tehrantimes.com/news/406591/Annual-rice-output-in-Iran-anticipated-to-reach-2-2m-tons.

③ 《伊朗农业部副部长：伊朗将不再进口大米》，中华人民共和国商务部网站，http://www.mofcom.gov.cn/article/i/jyjl/j/201501/20150100857736.shtml，访问日期：2017 年 3 月 25 日。

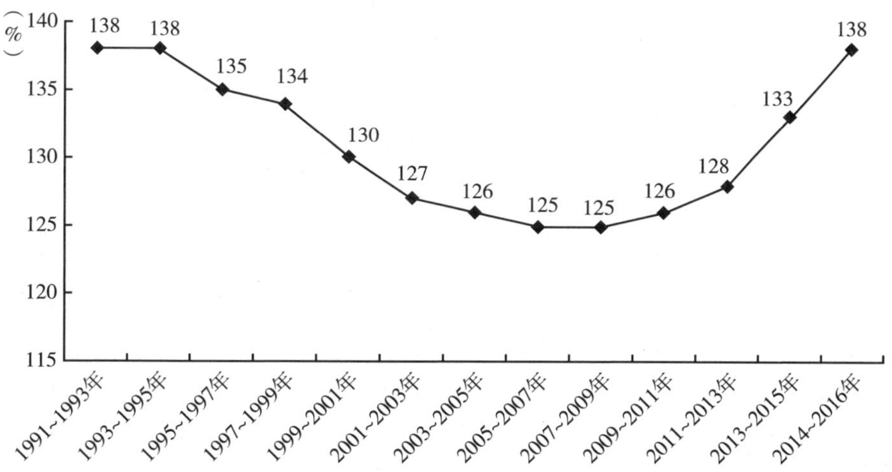

图 1　伊朗平均膳食能量供给的充足性（3 年平均值）

资料来源：国际粮农组织官方统计、预测数据。

四　结语

综上所述，伊历 1395 年，伊朗的农业生产取得了良好的成绩，主要有三个原因：第一，整体气候状况良好，局部性的自然灾害影响有限；第二，国家整体经济形势的好转对农业生产的促进作用；第三，伊朗政府前期农业举措的积极效应逐渐发挥。然而，尽管伊朗已基本实现粮食自足，尤其是在基础作物和战略作物方面，但其持续性仍然面临着挑战。

一方面，伊朗农业部门自足状态的可持续性仍然受到降水量不足和技术落后的威胁。一旦遭遇恶劣的气候条件，伊朗农业生产将受到巨大影响。另一方面，伊朗经济形势的持续性有待考验。世界银行发布的中东和北非经济数据监测报告指出，伊朗中期增长前景一般，因为其原油已接近产能容量，非石油行业仍然较为低迷。该报告指出："除非外国直接投资复苏、伊朗重新连接国际银行体系、伊朗国内改革取得更多进展，否则非石油经济不会快速增长。"在国际货币基金组织最新的《世界经济展望》中，预计 2017 年伊朗

经济增速为3.3%，2018年为4.3%。[①] 该预测明显低于2016年伊朗经济的实际增长速度。一旦整体经济形势不好，那么伊朗农业生产也会受到负面影响。

大致而言，伊朗谷物生产将受益于外部投资与合作的良好发展态势而出现增长，农业供给链中的生产和投资在未来也将受益。但是，其实际结果仍受制于伊朗国内的现代化发展投入，尤其是在灌溉发展方面，因为伊朗农业生产对天气条件的依赖程度仍然较高。投资环境的改善、引入投资渠道的拓展和国际合作的加强有助于伊朗提升国内粮食作物的生产力，但在较长时间内这些效应方能展现。然而，经济增长的回归将对农产品消费产生迅速而直接的影响。当前伊朗人均农产品消费仍处于较低的水平，这就意味着伊朗农产品拥有巨大的市场潜力，尤其是糖、玉米、肉类、植物油等农产品。再加上通胀指数下降，这将直接在短期内促进伊朗粮食消费的增长。因此，在未来几年，粮食消费增长的速度或许将超过粮食产量的增长速度，进而导致粮食需求与供应的差距在短期内无法弥补。据国际商业观察（Business Monitor International Ltd）预测，2016/17～2020/21年度，伊朗小麦、玉米和大麦的产量年均增长率分别为1.9%、1.8%和1.2%，其消费量年均增长率分别为2.6%、5.6%和2.5%。[②] 相比之下，未来几年中大米的供需关系较好。国际商业观察预测显示，2016/17～2020/21年度，伊朗大米的产量年均增长率为1.9%，而其消费量年均增长率为1.2%。[③] 根据这个预测，在未来几年，伊朗的大米库存将呈增长趋势。

伴随着六方会谈的结束和伊核全面协议的达成，伊朗政府已经取得了一个较好的农业成绩。然而，伊朗农业仍然需要积极融入全球经济，探寻全方位的国际合作模式。在此过程中吸收先进国家的管理经验并获取前沿技术以降低农业生产对自然环境的依赖程度，并大力发展灌溉系统，提升农业生产效率。这样，伊朗方能满足国内日益增长的粮食需求，进而从根本上实现国家的粮食安全。

---

① 《伊历去年伊朗经济增长8.3%》，中华人民共和国驻伊朗伊斯兰共和国大使馆经济商务参赞处网站，http：//ir.mofcom.gov.cn/article/jmxw/201706/20170602586052.shtml。

② "Iran Agribusiness Report, Includes 5 – Years Forecast to 2021", BMI Research, 2017, p. 11.

③ "Iran Agribusiness Report, Includes 5 – Years Forecast to 2021", BMI Research, 2017, p. 13.

B.9
2016年伊朗石油与天然气工业动态解析

廖林　苏勇*

摘　要： 2016年的伊朗无疑是全球能源行业最为关注的焦点之一。面对国际原油供过于求的局面和持续的低油价，鲁哈尼政府一方面使用海上库存原油快速将石油出口量恢复至制裁前水平，另一方面积极推行上游项目招标和IPC合同谈判以吸引国际资本，同时利用不同言论影响国际原油市场。究其根本原因，伊朗一系列活动都紧紧围绕着“重返国际原油市场”这一明确目标而展开。然而，细节仍不明确的IPC合同、美国单方面制裁的延续、国际石油公司投资缩减的趋势，鲁哈尼政府想要在5年内吸引1500亿~2000亿美元的投资并不是一个简单的任务。

关键词： 伊朗　IPC合同　国际石油市场

随着伊核全面协议的执行，伊朗石油与天然气工业开始重返国际能源市场，并采取了原油、天然气、电力、新能源多元化的同步复苏战略。鲁哈尼

* 廖林，理学博士，西南大学伊朗研究中心研究员，中石油国家特聘专家工作室高级顾问。长期从事海外油气并购战略选区和风险评估研究。苏勇，理学博士，项目管理师（PMP），中国石化发展计划部高级工程师。长期从事国内外油气地质综合研究、油气勘探规划与部署以及油气对外合作工作。

政府一方面在短时间内将原油出口恢复至制裁前水平，不断抢夺曾经的市场份额；另一方面积极推出数十个合作项目进行招投标，并更改原有财税制度，准备新的 IPC 合同，加大吸引国际资本的力度；同时利用不同层级官员在不同场合下的言论来影响国际原油市场的投机情绪，左右国际油价走势，最终获得欧佩克组织豁免减产。

然而，面对热情似火的伊朗政府和丰富廉价的油气资源，国际石油公司管理决策者和国际石油市场参与者都非常明白，伊朗国内外商业环境真正建立、世界经济的整体复苏和中国与印度的新增需求量才是进入伊朗石油与天然气工业领域的关键。持续的国际低油价压力和变化多端的国际政治环境（特别是美国仍保持对伊朗的制裁），加上大家远离伊朗石油与天然气工业领域已经多年。除了少数几家亚洲国家石油公司、俄罗斯石油公司和欧洲石油公司对伊朗丰富的油气储量和较低的开发成本表现出兴趣外，众多的国际石油公司对投资伊朗、参与油气勘探开发活动仍持保留态度。

一　原油出口量激增

（一）原油出口量迅猛恢复至制裁前水平

自 2016 年年初国际制裁正式解除后，时任伊朗石油部副部长兼 NIOC 董事总经理贾瓦迪（Rokneddin Javadi）便于 1 月 18 日下达了提高原油产量 50 万桶/日的增产令，执行其制裁一解除即增产的政策。同时，将之前存储于海上油轮的约 5000 万桶原油库存（含凝析油）出口，开始重返国际原油市场。

中国、印度、韩国和日本是伊朗原油出口的主要亚洲国家。国际能源署统计数据表明（见图 1），2016 年伊朗原油平均出口量超过 240 万桶/日，超过其制裁前的 220 万桶/日，其中约 2/3 被销售至亚洲四国。其中，韩国海关总署月度数据显示，2016 年 1 月伊朗对韩国的原油供应达 20.4 万桶/日，比 2015 年同期增加 200%，至 2016 年 10 月已高达 47.8 万桶/日，超过同期中国的进口量，全年供应总量达 9800 万桶，同比增加 145%，为 2000 年以来的最高水平①。日本财务省数据显示，2016 年 1 月伊朗对日本的原油供应约为 17.4 万桶/日，比 2015 年同期增加 0.8%，但 2016 年 2 月已达 25.9 万桶/日，比 2015 年同期翻番，2016 年 12 月为 25.3 万桶/日，比 2015 年同期增长 40.7%，全年日本共从伊朗进口 8202 万桶原油，同比增长 33.1%，为 2011 年以来的最高水平②。2016 年 2 月，印度自伊朗进口的原油仅为 25.1 万桶/日，3 月已增至 50.6 万桶/日③，10 月高达 78.9 万桶/日，较 2015 年同期增加 3 倍。船舶跟踪数据和 Thomson Reuters 石油研究与预报机构的数据显示，由于部分炼油厂［信实工业公司（Reliance Industries）、印度斯坦石油公司（Hindustan Petroleum）、巴拉特石油公司（Bharat Petroleum）、HPCL-Mittal 能源有限公司、埃萨石油公司（Essar Oil）］在制裁解除后开始恢复对伊朗原油的采购，2016 年印度平均从伊朗进口石油 47.3 万桶/日，较 2015 年的 20.8 万桶/日增加 127%，伊朗对印度的石油出口市场份额也从 2015 年的 5% 上涨至 11%④。与此同时，伊朗也恢复了对欧洲的原油出口。2016 年 3 月 6 日，装载 100 万桶伊朗原油的“Monte Toledo”号油轮抵达西班牙南部城市阿尔赫西拉斯（Algeciras），这是伊朗自制裁后首次向欧盟国家出口原油⑤。

① 《韩国 2016 年原油进口创历史高位来自伊朗供应暴增》，中国金融信息网站，http：//world. xinhua08. com/a/20170116/1682346. shtml。

② 《日本 2016 年原油进口同比下滑但从伊朗进口升至 5 年高位》，FX168 财经网站，http：//oil. fx168. com/1701/2154762. shtml。

③ 《印度 3 月从伊朗日进口原油量突破 50 万桶创五年高位》，新浪财经网站，http：//finance. sina. com. cn/money/forex/datafx/2016 – 04 – 04/doc – ifxqxcnp8537338. shtml。

④ “India’s 2016 Iran oil imports hit record high-trade”，https：//finance. yahoo. com/news/corrected – indias – 2016 – iran – oil – 095521893. html。

⑤ 《伊朗首批原油抵达欧洲》，中国能源报，http：//www. qstheory. cn/zoology/2016 – 03/26/c_ 1118363684. htm。

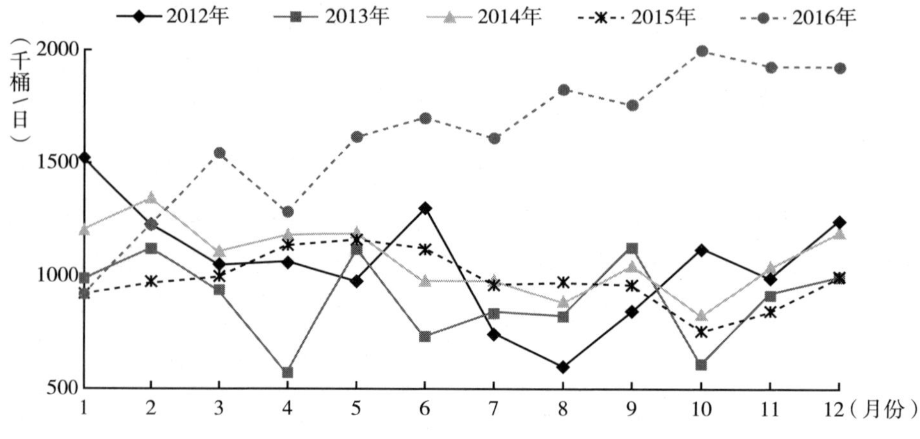

图1　2016年亚洲主要国家（中国、印度、韩国、日本）进口伊朗原油情况

（二）巨量出口曾引发海运困窘

尽管伊朗国家油轮运输公司拥有55～60艘油轮（包括37艘超大型油轮），但约有19艘建造于20世纪90年代的超大型油轮和6～8艘阿芙拉型油轮多年来一直停泊在阿萨鲁耶港（Assaluyeh）和哈尔克岛（Kharg Isand）附近，用于储藏原油和凝析油，而经不起海上航行。2016年4月19日，伊朗政府官员证实大约20艘VLCC需要进入干船坞进行现代化改造，以符合国际航运标准①。因此，伊朗急切需要更多的国际油轮航运公司和更市场化的自由船舶来帮助其实施原油出口计划。

自2016年年初到2016年4月中下旬，仅有8艘国际油轮参与伊朗原油出口，主要原因是美国仍对使用美元或涉及美国公司（包括银行）的交易行为进行制裁。2016年4月底，国际船车保赔协会集团（International Group of P&I Clubs）推出新政策"fall-back"，将伊朗原油运输船舶保险额度由7000万欧元临时提升至10000万欧元，极大地缓解了国际航运公司的忧虑，

① 《伊朗欲向全球"放油"　无奈却无商船合作》，搜狐网，http：//mt. sohu. com/20160421/n445262317. shtml。

约25艘欧洲、亚洲油轮开始在伊朗哈尔克岛及马夏赫尔港（Bandar Mahshahr）进行装运①，迅速将伊朗原油出口能力提升至每天约250万桶的水平。VesselsValue数据显示，2016年，在前往亚洲地区的各型油轮中，中国共105航次，印度为85航次，阿联酋为58航次；前往欧盟的油轮中，法国21航次，意大利15航次，希腊14航次。运输伊朗原油的船舶大多数为超大型油轮、苏伊士型油船和阿芙拉型油船，其中参与石油运输的苏伊士型油船数量从2016年年初的15艘增加至年底的81艘。伊朗国家油轮运输公司是伊朗原油出口运输的最大运营商，受特许运输的非伊朗公司包括中国远洋海运集团（COSCO）、越南国家油气集团（PetroVietnam）、日本出光兴产株式会社（Idemitsu Kosan）、JX Holdings下属JX Ocean、川崎汽船株式会社（Kline）、印度与伊朗合资的Irano Hind Shipping公司，以及希腊、土耳其和塞舌尔的油轮公司。

然而，由于地缘政治和市场争夺因素的影响，沙特和巴林明令禁止运输伊朗原油的船舶进入其水域②，这导致运输伊朗原油的各型船舶不能通过苏伊士运河通道前往地中海地区，不得不经莫桑比克海峡，再绕道好望角航行才抵达欧洲港口③。

（三）金融结算仍存在难题

2016年年初，尽管美国、德国、法国、英国和欧盟官员均声明支持西方国家的银行及企业与伊朗发展经贸关系，也解除了大部分与伊核问题有关的制裁。然而，2016年1月16日美国政府明确表示，“美国对伊朗解除的部分制裁主要针对外国实体以及美国实体驻外分支机构，涉及金融、能源、石化、航运、汽车等领域；除个别特殊情况外，包括银行在内的美国实体机

① 《找不到油轮的窘境解决　伊朗原油出口远超分析师预期》，中国经济网站，http：//finance.ce.cn/rolling/201606/07/t20160607_12604860.shtml。

② 《沙特报复伊朗拒绝冻产：禁止伊朗油船进沙特海域》，网易财经网站，http：//money.163.com/16/0405/12/BJSU258A00253B0H.html?from=endart。

③ 《波兰将用伊朗原油替换俄罗斯乌拉尔原油》，中国石化新闻网，http：//news.sinopecnews.com.cn/news/content/2016-08/17/content_1637926.shtml。

构以及个人依然禁止与伊朗进行交易"①。1996 年的《对伊朗制裁法案》和 2010 年的《全面制裁伊朗、问责和撤资法案》(CISADA)两项法案是美国对伊朗的石油与天然气工业进行制裁的主要依据，它们禁止任何企业及个人向伊朗油气行业投资超过 2000 万美元，禁止个人提供价值超过 100 万美元的石油产品，禁止向伊朗提供勘探开发设备，禁止购买伊朗国债和出口石油，禁止帮助伊朗油气公司融资、保险等，其制裁措施适用对象扩大至全世界任何人、任何公司，即二级制裁。2012 年 8 月，美国财政部宣布对中国昆仑银行（中石油控股银行）和伊拉克艾拉法银行进行制裁，称它们向一些特定的伊朗银行提供了金融服务②，这导致昆仑银行只能用欧元和人民币结汇，也被迫停止了除伊朗外的国际业务。同时，企业也找不到接受昆仑银行转汇的其他银行，昆仑银行也由此成为中国国内企业进出伊朗的唯一资金通道。2016 年，美国参议院以 99 票赞同、0 票反对将即将到期的《对伊朗制裁法案》有效期延长至 2026 年年底③。因此，许多国家的银行和企业在涉伊项目上仍不得不持保留态度，以免触碰红线。

为此，伊朗中央银行行长赛义夫（Valiollah Seif）在 2017 年年初对外表示，伊朗将在外汇交易和财务报告中弃用美元，并选择一种新的通用货币或使用多种外币组合来代替美元。他认为美元在伊朗的外汇储备中是非常微不足道的，应该被伊朗更重要的贸易伙伴国如阿联酋、俄罗斯、中国、欧盟等国家和地区的货币所代替，停止使用美元的协议是在伊朗、土耳其、伊拉克、阿塞拜疆和俄罗斯之间签署的，但这些协议都还未生效。④ 与此呼应，2016 年 1 月 17 日，联合国安理会取消了对伊朗赛帕银行（Bank Sepah）的

① 《美国官员称将保留对伊朗相关领域制裁》，央视网新闻，http://news.cntv.cn/2016/01/17/ARTIX9XcGVjcUBYCiLRHsDHW160117.shtml。

② 《中国昆仑银行竟被列入制裁名单》，网易新闻，http://news.163.com/12/0802/02/87SA9VMQ00014AED.html。

③ 《美国国会通过决议延长对伊朗制裁法案》，中国新闻网，http://energy.chinanews.com/gj/2016/12-02/8081398.shtml。

④ 《特朗普歧视禁令惹不满　伊朗反击：弃用美元》，搜狐网，http://business.sohu.com/20170202/n479803977.shtml。

制裁①，随后该银行法兰克福分行就与单一欧元支付区（SEPA）连接，并希望成为SEPA的官方成员；同时，该银行拟在中国、韩国开设分行。法国央行也取消了对伊朗出口发展银行（Bank Toseh Saderat Iran）巴黎分行的限制，为该分行开展正常银行业务（便利国际贸易、减少汇兑成本）铺平了道路②。截至2016年年底，从欧盟、美国和联合国制裁名单上移除的伊朗银行有伊朗国家银行（Bank Melli Iran）、伊朗出口发展银行、伊朗福利银行（Bank Refah）、工矿银行（Bank Sanat & Madan）、伊朗商业银行（Bank Tejarat）和伊朗国民银行（Bank Mellat）。

二 努力恢复油气上游生产

（一）推出上游招投标项目

早在2015年11月德黑兰石油大会期间，伊朗国家石油公司就宣布推出包含52个开发项目和18个勘探项目的招投标包，总计石油可采储量约为391亿桶，可采天然气储量约为255万亿立方英尺。从开发状况看，有19个油气田已开发，其余33个未开发；从构造位置看，油田主要位于陆地和扎格罗斯褶皱带；从类型上看，涵盖勘探项目和新区块的勘探开发一体化项目、老油田提高采收率项目、边境共享油田的开发、在高风险和深水区域的勘探开发和生产项目、勘探开发与二次开采一体化项目③。

2016年10月17日，伊朗国家石油公司正式向国际竞标者提供50个油气田（包括29个油田和21个气田，见表1），石油原始地质储量为

① 《联合国安理会取消对两家伊朗银行的制裁》，人民网，http://world.people.com.cn/n1/2016/0118/c1002-28062860。

② 《法国取消对伊朗出口银行巴黎分行的限制》，中华人民共和国商务部网站，http://www.mofcom.gov.cn/article/i/jyjl/j/201704/20170402554153.shtml。

③ 李志刚等：《后制裁时代的伊朗油气投资前景展望》，《国际石油经济》2016年第3期。

2160 亿桶、天然气原始地质储量为 229 万亿立方英尺，以吸引国际资本参与恢复油气生产①。从伊朗提供的项目情况来看，在总计 280 亿桶油当量中，天然气项目占比 61%，合计 170 亿桶油气当量，并且多为海上新区开发项目（131. 6 亿桶油气当量，占招投标总量的 47%），陆上项目为 39. 2 亿桶油气当量；石油项目占比 39%，合计 110 亿桶油气当量，其中，陆上项目为 70 亿桶油气当量，占招投标总量的 25%，海上项目为 39. 2 亿桶油气当量，占招投标总量的 14%，老区提高采收率项目为 46. 2 亿桶油气当量，占石油项目总量的 42%，新区勘探开发项目为 63. 8 亿桶油气当量，占石油项目总量的 58%。同时，伊朗国家石油公司还推出了 17 个潜力较大的勘探项目，其中 2/3 尚处于未勘探 – 风险勘探阶段（见表 2）。作为全球石油与天然气勘探成功率最高的地区，伊朗推出的 17 个勘探项目对国际投资者有很大吸引力。2014 年，在位于吉兰省的 Sardar Jangal 油田 2440 米处发现优质油藏②。2017 年 2 月 6 日，伊朗对外宣布发现 150 亿桶石油地质储量，其中 20 亿桶为可采地质储量③；2 月 18 日又公布在西部洛雷斯坦省发现大约 20 亿桶页岩油储量④。伊朗国家石油公司勘探部负责人 Seyyed Saleh Hendi 声称，伊朗在 2011 ~ 2016 年发展规划时期，累计新发现石油地质储量 300 亿桶，其中可采石油储量约为 47 亿桶；新发现天然气储量为 128 万亿立方英尺⑤。这些成果均表明，伊朗尚存更多天然气田亟待开发。

① 《伊朗向国际竞标者提供 50 个油气田》，中国国土资源报网，http：//www. gtzyb. com/guojizaixian/20161024_ 100550. shtml。

② 《伊朗在里海油田第二勘探井发现石油》，中国石化新闻网，http：//www. sinopecnews. com. cn/news/content/2014 – 03/06/content_ 1383551. shtml。

③ 《伊朗宣布发现 150 亿桶石油，中东再掀石油风云》，搜狐网，http：//mt. sohu. com/20170211/n480460931. shtml。

④ 《伊朗发现 20 亿桶页岩油储量　已探明储量近全球 10%》，新华网，http：//news. xinhuanet. com/world/2017 – 02/20/c_ 129485220. htm。

⑤ 《伊朗过去五年新发现原油储量 300 亿桶》，中华人民共和国商务部网站，http：//www. mofcom. gov. cn/article/i/jyjl/j/ 201702/20170202516204. shtml。

表 1　伊朗国家石油公司国际招投标开发项目

<table>
<tr><td rowspan="4">石油</td><td rowspan="2">陆上</td><td>新区</td><td>Arvand, Azadegan South phase 2, Band-e-Karkheh, Changuleh, Darkhovin phase 3, Jufeyr, Sepehr, Sohrab, Sumar, Susangerd</td></tr>
<tr><td>老区</td><td>Aban, Ab-Teymour-Bangestan, Ahvaz-Bangestan, Cheshmeh Khosh, Dalpari, Danan, Dehloran, Mansuri-Bangestan, Naft Shahr, Paydar, West Paydar</td></tr>
<tr><td rowspan="2">海上</td><td>新区</td><td>Golshan and Ferdowsi oil layer, Sardar-e-Jangal, South Pars oil layer</td></tr>
<tr><td>老区</td><td>Doround, Foroozan, Nowruz, Salman, Soroosh</td></tr>
<tr><td rowspan="4">天然气</td><td rowspan="2">陆上</td><td>新区</td><td>Aghar phase 2, Ahvaz-Khami, Bibi Hakimeh Khami, Binak-Khami, Dey, Halegan, Karanj-Khami, Karun-Bangestan, Kuh-e-Asmari, Milatun-Khami, Pazanan-Khami, Qaleh Nar-Bangestan, Sefid Baghoun, Sefid Zakhour</td></tr>
<tr><td>老区</td><td>Tang-e-Bijar</td></tr>
<tr><td rowspan="2">海上</td><td>新区</td><td>Balal(gas layer), Farzad A, Golshan and Ferdowsi gas layer, Kish phase 2&3, North Pars</td></tr>
<tr><td>老区</td><td>—</td></tr>
</table>

表 2　伊朗国家石油公司国际招投标勘探项目

陆上	Kavir, Moghan, Sarakhs Dastiraz, Dusti, Raz, Taybad, Sistan, Abadan, Teymab, Zahab, Tudaj
海上	Bamdad, Mahan, Parsa, Block 24, Block 26, Block 29

根据此前伊朗政府公布的资料和 2012 年制裁前国际石油公司所掌握的资料统计，伊朗国家石油公司此次招标的 50 个油气项目的税前桶油成本为 5～15 美元/桶当量，单位成本最高的是 Sardar-e-Jangal 深水项目，为 15 美元/桶当量，最低的是 Ab-Teymour-Bangestan 常规石油项目，为 4 美元/桶当量（见图 2）。尽管国际原油价格为 45～50 美元/桶当量，但伊朗此次招标的项目仍对国际石油公司具有较大的吸引力。因此，伊朗政府雄心勃勃地希望通过上述项目的建设，到 2030 年前后新增原油日产量 120 万～130 万桶，其中 IOR/EOR 提高采收率技术的广泛使用是新增产能的关键；至 2025 年前

后天然气新增日产量12万亿立方英尺，其中海上天然气新区的建设占全部新增产能的99%①（见图3）。

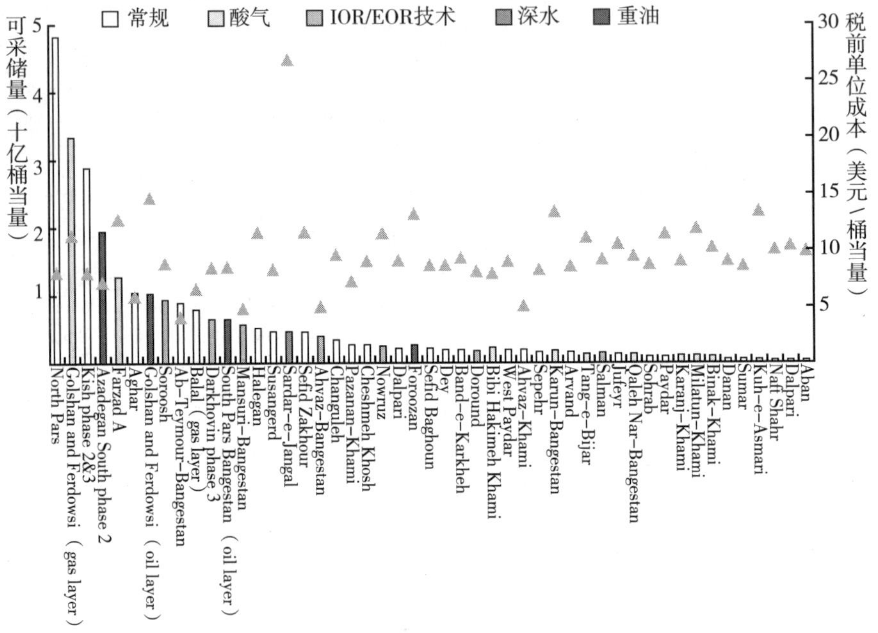

图2 伊朗国家石油公司国际招投标开发项目成本预测

资料来源：A New Era for Iran’s Upstream Industry，Wood Mackenzie，March 2016。

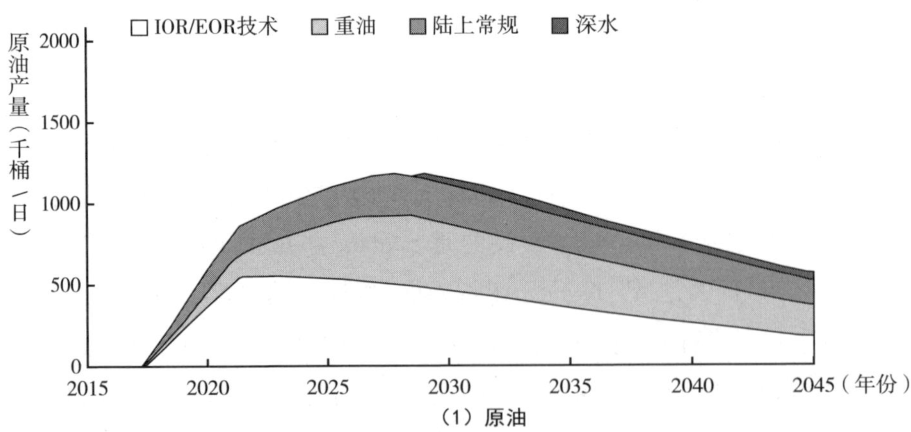

（1）原油

① A New Era for Iran's Upstream Industry，Wood Mackenzie，March 2016.

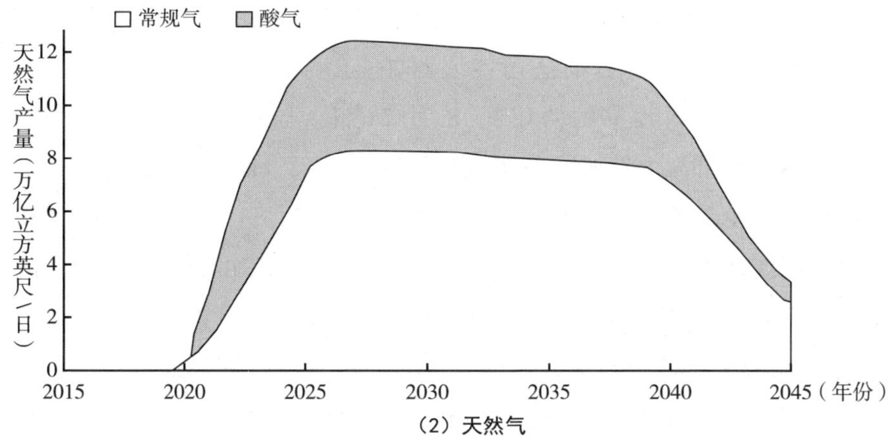

（2）天然气

图3 伊朗国家石油公司国际招投标开发项目产能预测

资料来源：A New Era for Iran's Upstream Industry，Wood Mackenzie，March 2016。

（二）上游引资合作

2016 年 1 月 25 日，伊朗与意大利油气承包商 Saipem 签署输油管道建设项目协议；1 月 25 日，与俄罗斯卢克石油公司签署了价值 600 万美元的油气田勘探协议①；3 月 26 日，与法国道达尔签署南阿扎代干油田开发协议②；4 月 9 日，与印度石油和天然气部签署开发 Farzad-B 气田、伊朗向印度出口原油和石油产品以及加强双方在石化工业方面合作的协议③；5 月 23 日，与韩国 GS 油气公司签署南帕尔斯油田第 14 期项目管理、运行和融资协议④；6 月 12 日，与中国重工签署格什姆石油码头修建协议⑤；6 月 27 日，与印尼

① 《俄卢克石油公司与伊朗签署油气田勘探协议》，网易新闻，http：//news. 163. com/16/0125/16/BE6JH0NS00014SEH. html。

② 《伊朗和道达尔签署开发南阿扎代干油田石油协议》，中国石化新闻网，http：//www. sinopecnews. com. cn/news/content/2016 –03/28/content_1601414. shtml。

③ 《印度与伊朗签署石油能源协议》，中国经济新闻网，http：//www. cet. com. cn/nypd/sy/1748944. shtml。

④ 《伊朗国家石油公司与韩国 GS 油气公司签署南帕斯油田开发协议》，中国管道商务网，http：//www. chinapipe. net/national/2016/28669. html。

⑤ 《中国与伊朗合作修建波斯湾南部的"格什姆石油码头"》，中国投资咨询网，http：//www. ocn. com. cn/chanjing/201606/pgbqp13113104. shtml。

国家石油公司（PERTAMINA）签署一份油气区块股份协议[①]；7 月 12 日，与俄罗斯国有扎鲁别日石油公司签署西帕亚达拉（West Paydar）和阿班（Aban）油田提高回收率的协议[②]；8 月 28 日，与俄罗斯造船商 Krasnye Barrikady 签署 5 部海上钻机设备建造和租赁协议[③]；11 月 7 日，与道达尔和中石油签署开发南帕尔斯气田第 11 期的框架协议[④]；11 月 28 日，与斯伦贝谢签署了胡泽斯坦省 Shadegan、Parsi 和 Rag-eSefid 油田的开发技术评估的合作谅解备忘录[⑤]；12 月 21 日，与马来西亚国家石油公司签署合作协议；12 月 27 日，与意大利埃尼石油公司签署了为期一年的短期原油合同，伊朗将在 2017 年每天向意大利出口 6 万至 10 万桶原油，强调"14. 5%的原油将被视为意大利对达科尼油田（Darkhoin oil field）1 期和 2 期的投资收益，其余 85%将以现金形式支付"[⑥]。最大的一份合同是伊朗政府与伊朗 Tadbir Energy 旗下分支在 10 月签署的价值 22 亿美元的扩产协议，该协议的目标是到 2020 年年底前将 4 个边境油田的原油产量由 18. 5 万桶/日增加至 26 万桶/日。

2017 年 1 月 2 日，伊朗石油部对外宣布，批准来自 12 个国家的 29 家油气勘探和生产公司以新石油合同 IPC 形式参与油气项目招标[⑦]，包括 13 家欧洲企业，即荷兰皇家壳牌（Shell）、法国道达尔、意大利 Eni、俄罗斯天

---

① 《印尼国油将与伊朗签署第一项上游石油协议》，中国石化新闻网，http：//www. sinopecnews.
com. cn/news/content/2016 – 06/28/content_ 1626460. shtml。

② 《伊朗与俄罗斯签署石油开发协议》，新浪财经，http：//finance. sina. com. cn/roll/2016 – 07 – 15/doc – ifxuaiwa6922981. shtml。

③ 《伊朗与俄罗斯签署 10 亿美元钻机协议》，国际石油网，http：//oil. in – en. com/html/oil – 2542233. shtml。

④ 《伊朗计划与道达尔和中国石油签署天然气田协议》，中国石化新闻网，http：//eip. sinopecnews. com. cn/news/content/2016 – 11/08/content_ 1654937. shtml。

⑤ 《伊朗与斯伦贝谢签署合作协议》，中国石油新闻网，http：//news. cnpc. com. cn/system/2016/12/06。

⑥ 《伊朗、意大利签订近期最大石油合同》，中国石油新闻网，http：//news. cnpc. com. cn/system/2016/12/27/001627517. shtml。

⑦ 《伊朗批准 29 家公司使用新石油合同投标油气项目》，中国石化新闻网，http：//eip. sinopecnews. com. cn/news/content/2017 – 01/04/content_ 1661450. shtml。

然气公司（Gazprom）、卢克石油公司（Lukoil）、西班牙石油公司（CEPSA）、挪威DNO、德国温特沙尔石油公司（Wintershall）和斯伦贝谢（Schlumberger）、波兰国家石油公司（PKN ORLEN）、法国佩伦科石油公司（PERENCO）、奥地利石油天然气集团（OMV）、马士基集团（Maersk）；15家亚洲企业，包括马来西亚国家石油公司（Petronas）、中石油（CNPC）、中石化（SINOPEC）、中海油（CNOOC）、中核油气（CNPW）、日本国际石油开发公司（INPEX）、日本石油资源开发公司（JAPEX）、伊藤忠商事株式会社（ITOCHU）、三井产业集团（Mitsui）、三菱商事株式会社（Mitsubishi）、韩国天然气公司（KOGAS）、韩国浦项大宇公司（Posco Daewoo）、印度石油天然气公司（ONGC）、印度尼西亚国家石油公司、泰国石油勘探和生产公司（PTTEP）。值得一提的是，英国BP、美国埃克森美孚和雪佛龙并未参加首批油气项目竞标。2017年4月9日，伊朗石油部副部长卡里姆·佐比迪（Karim Zobeidi）宣称伊朗国家石油公司正在准备第二份有资格竞标伊朗新版石油和天然气项目合约（IPC）的国际公司名单①。

（三）尚存变数的IPC合同

石油和天然气工业对伊朗国民经济的发展具有决定性作用，也是政府财政收入的重要支撑。虽然伊朗有着丰富的油气资源，但要想在全球范围内发掘其资源潜能，外国投资和外国技术专长对伊朗石油与天然气工业是不可或缺的。伊朗实现经济年增长8%、重返国际石油市场，意味着每年需要吸引300亿至500亿美元的外国投资。面对持续3年的国际低油价和石油公司不断缩减的投资预算，伊朗想要吸引1500亿~2000亿美元的投资并不是一个简单的任务②。此外，伊朗还希望引进提高采收率技术（IOR）和强化采收率技术（EOR）来充分利用其石油和天然气资源，提高经济效益。因此，

① 《伊朗将向更多家公司颁发新版伊朗石油合约（IPC）认证》，中华人民共和国商务部网站，http://www.mofcom.gov.cn/article/i/jyjl/j/201704/20170402554961.shtml。

② 《伊朗至少需要1500亿美元的能源投资》，中国石油新闻网，http://news.cnpc.com.cn/system/2017/01/16/001630359.shtml。

伊朗石油部一直寄希望于新石油合同IPC，为伊朗政府、伊朗国家石油公司和关键利益相关方（包括下游和相关行业）开启一个行业增长新时代。

2015年11月底，在伊朗首都德黑兰举办的伊朗石油大会首次宣布将采用IPC合同。IPC合同的一般性条款已于2016年7月12日得到伊朗政府经济咨询机构的批准，并于8月3日经议会（部长会议决议）审议通过。国际石油公司一直对伊朗石油与天然气领域新推出的IPC合同翘首以待。不幸的是，伊朗石油部直到2017年3月底仍未向外界透露IPC合同的细节。笔者推测IPC合同细节全面披露尚需时日，因为温和派的鲁哈尼政府虽然与多国政府、多家石油公司签署各类协议，却始终无法引进实质性的外国投资落地；加上以前总统艾哈迈德·内贾德为代表的伊朗强硬派一直持反对意见，认为IPC合同向外国公司让渡了过多的利益，并在伊朗最高国家安全委员会议上表达了反对意见，这直接导致伊朗国内对IPC合同存在完全不同的两种对立声音。然而，历史的潮流是不可逆转的，包括伊朗最高精神领袖哈梅内伊、国内强硬派和国际社会都一致默认，没有温和派的鲁哈尼总统和石油部部长赞加内，伊朗就不可能重返国际石油市场。

IPC示范合同启用后，不同项目的具体条款将由伊朗政府、伊朗国家石油公司和国际石油公司三方视实际情况协商决定。虽然伊朗部长会议决议批准、列明了油气上游开发项目的一般性条款、结构和模式，但诸多细节仍无法确定导致项目复杂性增加。第一，IPC合同是否存在真正意义上的商业谈判？例如，IPC合同在经过谈判后进一步取得政府批准，根据过去25年伊朗与国际公司合作过程，这无疑将增加项目招标和文件制作过程中的各方疑虑。第二，本地化安排是否适合参与项目？部长会议决议明确要求国际石油公司必须与伊朗国家石油公司批准的本地企业合伙，这导致国际石油公司不得不谨慎评估本地企业是否适合参与项目，不仅要考虑其受到美国制裁的风险，也要审核其财务和技术能力能否实现协同增效。同时，伊朗石油部还希望实现管理层“伊朗公民化”，这导致国际石油公司不得不担心未来本地公司管理层制定的关键决策是否会影响到国际总部和其他国家分公司。第三，哪些已开发油田适用IPC规则？在伊朗石油部推介的油田项目中有10～15

个在产油田会参与第一轮 IPC 招标，伊朗政府出于地缘政治考虑将其优先授予临近国家合资开发。第四，招标程序设计和投标要求具体细节尚不明确，导致国际石油公司无法得知投标过程中存在的商业、法律和技术可变因素以及如何评估这些可变因素。部长会议决议明确表示，国际石油公司将受邀参与投标并履行伊朗国家石油公司规定的一系列基本义务，应支付的费用将是核心评估标准之一，即国际石油公司需对其投标文件中的费用金额进行调整。第五，国际石油公司将采取何种机制确定其费用目前尚不明了。如果采取伊拉克的技术服务合同模式，承包商将就费用进行竞标，调整收入成本比率；但当面临某些风险较高的项目时，这一模式将要求项目采用充分的激励机制以保障投资者利益。另外，国际石油公司通常会采用某些替代性的因素对费用进行调整（如以工代筹、以工换股等），伊朗国家石油公司将如何评价这一调整也不得而知。第六，技术引进如何规避美国制裁以及如何界定石油公司与伊朗政府归属尚存疑虑。目前，第一轮竞标公司均未明确承诺将提供何种 IOR/EOR 技术（设备）来帮助伊朗提高油气采收率。同时，国际石油公司将根据怎样的条款履行其技术转让和开发义务，这些技术（设备）是否触碰了美国制裁红线也不得而知。第七，回购条款依然存在，但范围不清楚。根据议会的批准，伊朗国家石油公司仍有权在“必要”的情况下经石油部长批准就已探明但未开发的资源签订修订形式的回购合同，但这一权利的范围尚不清楚。

三　全力夺回市场份额

（一）不断阻挠 OPEC 达成减产协议

自 2014 年以来，国际原油市场供过于求现象加剧，产油国之间为了争夺市场份额不断发生价格摩擦。2015～2016 年，沙特凭借较低的价格迅速占据了俄罗斯乌拉尔原油在欧洲的传统市场，致使以石油出口为重要收入的俄罗斯经济遭受重创，卢布贬值。伊朗石油出口的解禁进一步加剧了价格战的惨烈程度，因此国际原油市场投机者尤其注重伊朗关于原油出口和市场份额的相关言论。

2016 年 1 月底，伊朗官员表示伊朗不会参加 OPEC 紧急会议，也不会参与欧佩克的减产行动，伊朗石油出口量达到制裁前的水平（150 万桶/日）后才会考虑减产①。然而，2 月 4 日伊朗官方媒体表态，同意召开 OPEC 紧急会议，这导致国际油价当日暴涨 9.0%②。当 2 月初沙特、委内瑞拉、卡塔尔、俄罗斯等产油国达成初步产量冻结协议时，伊朗驻 OPEC 大使 Mehdi Asali 表示要求伊朗进一步减少产出是不合逻辑的③，这导致国际油价当日暴跌 5.03%。然而，2 月 18 日，伊朗石油部部长意外支持冻产协议并表示冻产是向稳定市场迈出的第一步，致使国际油价当日暴涨 7.96%④。3 月 22 日，OPEC 秘书长巴德里（Abdullah Al-Badri）声称伊朗可能会加入冻结原油产量协议⑤。4 月初，冻产会议召开前，伊朗石油部部长称已将日均石油出口量增加到 200 万桶且将继续增加原油产量，导致油价下跌 3.46%。4 月 18 日，经过 10 多个小时的争论，多哈会议无果而终，国际原油市场寄希望于 6 月的 OPEC 会议。4 月 21 日，伊朗驻 OPEC 代表突然宣称伊朗日均原油总产出即达到 350 万桶（接近新一轮制裁前 370 万桶/日的水平）。这一数据出乎沙特预料之外，可能使得沙特在 6 月 OPEC 会议上的处境极为尴尬。因为伊朗很有可能在 6 月达到其声称的同意冻产的水平，并很可能同意加入冻产协议，而沙特要么执行之前协定好的冻产协议（时值夏季国内用油高峰期，冻产反而不利），要么重新制定新的规则，丧失 OPEC 组织内领导地

① 《伊朗不会参加 OPEC　油价险象环生》，金投网，http：//energy.cngold.org/c/2016-01-31/c3880129.html。

② 《伊朗意外同意 OPEC 紧急会议　油价重新获得反弹动能》，中金在线，http：//oil.cnfol.com/mingjiadianping/20160204/22229750.shtml。

③ 《伊朗拒绝冻结产能　产出冻结计划或泡汤》，和讯网，http：//news.hexun.com/2016-02-17/182306162.html。

④ 《伊朗笑 OPEC 也笑了　API 涨了 EIA 能否再添涨声》，东方财富网，http：//gold.eastmoney.com/news/1570,20160218595770527.html。

⑤ 《OPEC 秘书长：为提高原油出口，伊朗或愿冻结产量》，网易财经，http：//money.163.com/16/0322/13。

位和国际信誉[①]。5 月 3 日，伊朗驻 OPEC 代表称大宗商品价格未来几年不会走高，导致布伦特油价从 47.39 美元/桶直跌至 43.39 美元/桶。然而，5 月 8 日，伊朗石油部部长表示 4 月原油出口可能达到 200 万桶/日；伊朗国家石油公司董事总经理称准备在重获制裁前的市场份额后，与 OPEC 成员国一同采取联合行动[②]，将国际油价从 43.48 美元/桶抬升至 49.43 美元/桶。6 月 2 日，OPEC 在维也纳总部举行会议，沙特与伊朗两国态度严重分化，冻产协议流产[③]，随后布伦特油价自 52.74 美元/桶一路跌至 41.51 美元/桶，为争夺市场份额两国不惜将价格战白热化。自 8 月中旬开始，伊朗官员积极表态，称愿意参加 9 月的 OPEC 非正式会议，布伦特油价从 41.94 美元/桶恢复至 50.7 美元/桶的水平。然而，8 月 27 日，伊朗石油部部长再次宣称希望其他国家尊重伊朗重夺所失市场份额的权利，并认为这是参加 9 月非正式会议的前提[④]，导致布伦特油价再次跌至 45.32 美元/桶。9 月 23 日，OPEC 峰会召开前沙特和伊朗私下见面，称如果伊朗同意冻产，沙特自愿减产[⑤]；但在 9 月 26 日阿尔及利亚会议上，伊朗石油部部长却向 OPEC 表示希望产量限制在接近 400 万桶/日的水平上[⑥]。10 月 18 日，伊朗称新签署的合约将帮助伊朗达到原油产量 500 万桶/日的目标，同时称为了利用石油收入来推动国家发展，伊朗必须恢复在全球油市的市场占领率[⑦]，布伦特油价再

---

① 《沙特万万没想到伊朗早已为 6 月 OPEC 会议埋下“陷阱”》，金十数据，https://news.jin10.com/article/5369。

② 《伊朗准备与 OPEC 合作限产？看大摩 & 巴克莱怎么说》，凤凰财经，http://finance.ifeng.com/a/20160511。

③ 《OPEC 会前：伊朗坚持恢复市场份额冻产达成遥遥无期》，和讯网，http://forex.hexun.com/2016-06-02/184208260.html。

④ 《配合 OPEC 支撑油价？伊朗：让我们先夺回市场份额》，华尔街见闻网，https://wallstreetcn.com/articles/259926。

⑤ 《伊朗不买账　OPEC 料重演“多哈”历史》，搜狐网，http://www.sohu.com/a/115069914_378843。

⑥ 《伊朗预计 OPEC 会议将获重大进展　但不会达成冻产》，华尔街见闻，https://wallstreetcn.com/articles/265199。

⑦ 《OPEC 疯了，伊朗搅局限产无用，油价暴跌的背后是什么》，微口网，http://www.vccoo.com/v/4db241。

一次从 53. 44 美元/桶一路下跌至 43. 57 美元/桶。11 月初，OPEC 组织被逼无奈，明确表示对伊朗实行减产豁免[①]。直到 11 月 26 日，伊朗石油部部长才表示在 OPEC 维也纳会议上可能达成石油限产协议[②]，此后布伦特油价从 47. 12 美元/桶一路飙升至 58. 37 美元/桶。

从图 4 中可以看出，2016 年伊朗根据自身丰富的油气资源和低廉的作业成本优势，充分利用国际原油市场供过于求的局势和 OPEC 成员国急于稳定油价的焦急心态，一方面采用白热化的价格战抢夺国际原油市场份额，另一方面又张弛有度地阻挠 OPEC 减产协议在其恢复制裁前出口水平前达成，最终获得了 OPEC 明确豁免其减产的决定，牢牢地重新抢回了失去的国际原油市场份额，同时也享受着油价大幅回升带来的现金流。

（二）市场份额是影响伊朗重返国际市场的关键

为何伊朗一直强调要夺回失去的市场份额呢？对比一下沙特和伊朗两国经济发展态势对国际油价、市场份额的敏感度便清楚了。

沙特目前面临着双重压力，一方面，国内原油消耗量不断攀升，导致原油净出口量持续下降；另一方面，从原油贸易中获取的利润难以支撑政府财政，因此政府大幅抛售外汇，导致其外汇储备以每月 65 亿美元的速度减少，2017 年 2 月降至 5140 亿美元，而 2016 年同期为 5930 亿美元，2017 年 4 月降到 5068 亿美元。[③] 这意味着，2016 ~2017 年沙特外汇储备减少了 790 亿美元以弥补其国内财政赤字。假设以 Joint Organisations Data Initiative（JODI）月度数据为基准（沙特原油日产量 1046 万桶/日，日出口量为 765 万桶/日，

---

① 《OPEC 被逼无奈，明确表明对伊朗实行减产豁免!》，搜狐网，http：//www. sohu. com/a/117968550_ 495358。

② 《伊朗对 OPEC 月底会议达成限产协议感到乐观》，中国经济网，http：//finance. ce. cn/rolling/201611/28/t20161128_ 18186625. shtml。

③ 《沙特阿拉伯外汇储备持续下跌！里尔或遭贬值风险》，中金网，http：//forex. cngold. com. cn/20170407d1710n135919585. html。

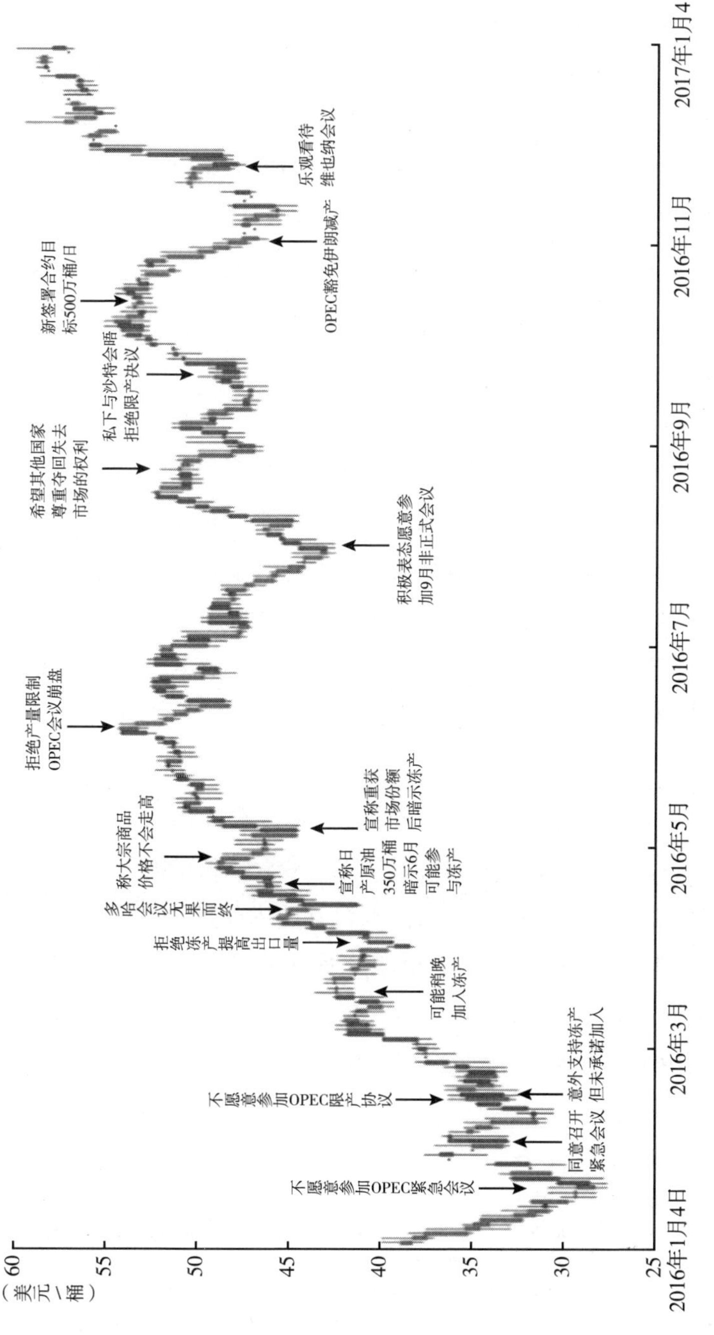

图4　伊朗干涉OPEC减产

生产成本为10美元/桶），参照65亿美元/月的减少速度（不考虑通货膨胀和汇率变化），当沙特原油日出口量不变化，国际油价自50美元/桶降至40美元/桶时，其外汇储备可维持至2018年年底；当油价稳定在50美元/桶、原油出口量每减少150万桶/日时，外汇储备可维持至2019年年底。因此，沙特经济对国际油价更敏感，这也合理解释了2017年4月沙特为何再次向国际市场出售90亿美元伊斯兰债券①。

与相比沙特，伊朗则有所不同。2015年7月，伊朗议会预算与规划委员会议员穆加达姆（Gholamreza Mesbahi - Moqaddam）称伊朗在海外的外汇储备达到1300亿美元②；2016年4月国际货币基金组织（IMF）称2015年伊朗的外汇储备为1259亿美元，预计2016年为1256亿美元③。假设以JODI月度数据为基准（伊朗原油日产量380万桶/日，日出口量为280万桶/日，生产成本10美元/桶），不考虑通货膨胀和汇率变化，当伊朗原油日出口量不变化，国际油价自50美元/桶降至40美元/桶时，其外汇储备可维持至2018年年初；当油价稳定在50美元/桶、原油出口量每减少150万桶/日时，外汇储备仅能维持至2017年年初。因此，伊朗经济对市场份额的敏感度远远高于国际油价。这就不难理解伊朗为何要拼命出口原油而不接受减产协议了。

2017年，各原油生产商关注的核心还是市场份额，而最佳、最优质的市场依然是亚洲（中国、印度、韩国、日本）。尽管沙特清楚地知道减产意味着放弃部分市场份额，但长期低迷的油价对其国内经济冲击太大，最终豁免伊朗减产还允许其小幅增产。沙特2017年的预算显示油价上涨将使其石油收入比2016年提高46%。2017年4月，沙特国王访问东亚诸国也是为其Aramco石油公司IPO摇旗呐喊，以募集到更多资金来缓解外汇储备快速衰

---

① 《沙特再向全球发90亿美元债券　各方争当“接盘侠”》，腾讯财经，http：//finance.qq.com/a/20170417/013271.htm。

② 《伊朗有1300亿美元的外汇储备在海外》，中华人民共和国商务部网站，http：//www.mofcom.gov.cn/article/i/jyjl/j/201507/20150701053339.shtml。

③ 《国际货币基金组织：伊朗外汇储备飙升》，中华人民共和国驻伊朗伊斯兰共和国经济商务参赞处网站，http：//ir.mofcom.gov.cn/article/jmxw/201604/20160401308339.shtml。

减的趋势。2017 年 4 月，沙特得到消息：伊朗已售完海上储存原油，后续可供出口量短缺。据路透社报道，2017 年 5 月，伊朗原油出口量将降至 2016 年 3 月以来的低点，仅为 170 万桶/日，而 2017 年 3 月为 260 万桶/日，4 月为 220 万桶/日①。据推测，伊朗在清理油轮仓储库存后，现有的生产能力难以维持大规模出口；同时可能也归因于印度、日本需求急剧减少，以及美国特朗普政府延长了奥巴马时期签订的取消对伊制裁的协定②。

四　结论

2016 年，伊朗石油与天然气工业开始重返国际社会。鲁哈尼政府也雄心勃勃地期望将伊朗实际国内生产总值增速提升至 5%。短期来看，通过销售储存于海上油轮的原油和凝析油的确可以快速地夺回曾经失去的市场份额，促进国内经济复苏。然而，石油与天然气工业（尤其是原油出口）的复苏可能会阻碍伊朗经济多元化发展，甚至导致其与沙特、俄罗斯等国一样过分依赖资源出口。长期来看，虽然仍有诸多影响因素带来不确定的下行风险，但是伊朗经济强劲复苏的趋势已不可阻挡。伊朗有着年轻、受教育程度较高的人口基数，实现经济增长的全部潜力将依赖于经济制度改革和市场化程度以及政策的稳定性和执行力度，这样才能最终吸引国际资本并带来先进技术。

① 《路透援引知情人士报道，伊朗 5 月原油出口将创 14 个月低位，料至 170 万桶/日》，中金在线，http://forex.cnfol.com/huishizhibo/20170421/24631818.shtml。

② 《伊朗原油深陷出口危机　晚间黄金原油沥青操作建议》，中金网，http://zj.cngold.com.cn/fxsjp/20170422d11065n141008180.html。

B.10
伊朗高等教育的特点与动态

孟　娜*

摘　要：　本文在介绍伊朗古代教育传统的基础上，对于古代著名教育中心如贡迪·沙普尔学校和技术学校以及伊斯兰时期的教育状况进行阐述，并解释现代的高教部和德黑兰大学的建立对伊朗高等教育所起的作用和所产生的影响，针对伊朗国内的现代教育系统、大学的结构、高考体制以及大学的种类、形式与特点进行详细的解释和分析。

关键词：　伊朗　高等教育　高考

伊朗的教育拥有悠久的历史。早在古波斯帝国时期，伊朗就初步建立了国际性的教育制度，境内有一种综合性教育中心，该中心聘请外国老师来授课。19 世纪，伊朗的现代教育在传统教育的基础上开始发展，历经了十分曲折的发展历程。伊斯兰革命胜利之后，伊朗的大学关闭了近三年的时间，其间两伊战争爆发，同时伊朗遭受了各种制裁，但即使是在这样的情况下，伊朗的高等教育和科学研究也没有陷入僵局，而是一直有所发展。

一　教育在古代伊朗的地位

自古以来伊朗人就高度重视对技术和科学知识的掌握。《波斯古经》

* 孟娜（Elham Sadat Mirzania），阿拉梅·塔巴塔巴伊大学汉语系主任。

（即《阿维斯陀》）里的《迦泰》记载：“男士和女士，姑娘和小伙子，都要努力增加自己的学问和见识，因为学问是锐利的眼光，没有学问的人，相当于盲人。”在同一时期，伊朗人还特别关注妇女的教育问题，除了要求妇女接受基础教育以外，还要求妇女学习文学和音乐。作为琐罗亚斯德教的教训，“接受教育”可以让人进入天堂，因为学问的力量会消灭世界上的压迫和邪恶。在古代伊朗，教育的目的是把有关真主、道德、艺术和卫生方面的知识传授给儿童。在阿契美尼德王朝时期，宫廷为了发展手工业和提高工艺水平，需要大量的专家，因此一些神学院开设了教授相关技艺的学科。当时，这些学校设立在市场、住宅或作坊附近，教授有关宗教、道德、管理、经济、军事、政治、工业、艺术等方面的知识。在大力发展各类学科的同时，伊朗也同希腊和印度开展了学术交流，从而逐渐出现一些专业学校。最具代表性的例子就是在 271 年萨珊王朝的阿尔达希尔一世下令建立贡迪·沙普尔（Gundi Shapur）大学。这所大学自建立伊始就成为世界性的学术中心并延续了数百年。当时，这所大学主要致力于医学研究，所以一些来自叙利亚和景教的医生前往贡迪·沙普尔，传授自己在医学和哲学方面的知识。在萨珊王朝之前，在伊朗国内，大部分知识都是通过一代一代口口相传的方式进行传授。到了萨珊王朝时期，文字教育得到发展。来自希腊、罗马、中国和印度的知识在伊朗国内获得了应有的尊重。与此同时，医学、哲学、星象学和神学也得到了推广。

在萨珊王朝时期，伊朗加强了与同时期先进国家和周边邻国的科技、文化交流。当时的伊朗统治者十分热衷于宣传哲学和各种知识，为了及时吸纳他国的重要学术成果，还专门派遣人员和专家到印度和中国收集著作并带回伊朗进行翻译。除了贡迪·沙普尔大学，纳西丙科学园（Farhangestan Nasibin）、伊斯法罕的萨如叶（Saruye）学校、法尔斯的瑞沙哈尔（Reyshahr）也是当时教授各种学科的综合性学校。①

① سرگذشت جندی شاپور، حسینعلی ممتحن، نشر دانشگاه جندی شاپور .

二　教育在伊斯兰时期的地位

伊斯兰教传入伊朗以后，伊朗继续保持和发扬优良的教育传统。由于《古兰经》里有很多鼓励人们学习和研究的经文，学习新科学作为一种伊斯兰价值观得到重视。随即各种科学会馆、学校、修道院等开始纷纷开展各类学科的教学和研究活动。最初，学校的课程设置较为单一，后来不断发展到各种方向。当时，没有规定学生在校学习的期限，如果愿意的话，学生可以一辈子在学校里进行学习和研究。并且不举行考试，老师根据自己所教授的内容和图书，按照课堂讨论中学生的水平来对学生进行考核，在一些学生所使用的教学图书封面上，记录授课内容和学生的一些表现，这就相当于今日的学业水平证书。巴格达智慧宫是伊斯兰时期最有名的高等教育基地。该学校在阿巴斯王朝时按照贡迪·沙普尔学校的模板建立的，而第一代老师都是贡迪·沙普尔学校培养的学生。伊斯兰时期最有代表性的高等教育和研究中心是1261年纳西尔丁·图西根据旭烈兀的命令建立的马拉盖研究所和天文台（Maragheh Observatory），该中心开设了很多学科。当时由于伊朗处于蒙古人的统治下，伊朗与中国开展了很多学术交流，该研究所还有几位中国学者，包括一位叫“Fao Mun Ji”（Zhi）的中国人。

三　伊朗传授新科学知识的技术学校（Darul Funun）的建立

在萨非王朝时期，伊朗对新文明开始有所认识和了解。此时，欧洲各个学科、工业和艺术等方面的新科学知识不断传入伊朗。后来随着伊朗和欧洲的交流，与传统学校不同的新学校开始出现，用新的方法教授新的知识。这些新学校一般由外国传教士建立，尽管这类学校的建立带有政治和宗教目的，但这也成为伊朗教育体系改革的开端。恺加王朝纳赛尔丁·沙的宰相阿米尔·卡比尔在1851年建立了伊朗第一所西式综合技术学校。这所学校开设了医学、外科、药学、矿物学、骑兵、步兵、火炮等专业课程以及历史、地理、自然科学、数学等基础课程。19 世纪后半叶，这所技术学校为伊朗许多高校的发展提供了模板，后来的政治和法律学校、医学学校以及德黑兰大学都是在前人所打下的基础上建设的。

四 高教部的建立

1934 年，伊朗最现代化的一所大学——德黑兰大学建立，时至今日它仍是伊朗影响力最大的学校。德黑兰大学建立之后，新式的高等教育逐渐得到发展，推动了 1965 年大学委员会的建立，该委员会以“处理与协调伊朗大学和高等学校的有关事务”为目标。大学委员会建立两年后，高教部成立。高教部的责任为“确定科学、研究和教育的目标以及与高校就相关科研计划进行安排和协调”，“确定国家教育方针”，“监督大学、院校和高等院校的事务，以及颁发建立和发展学校的许可”，等等。

在 20 世纪四五十年代，伊朗国内制订了第一个和第二个五年发展计划，其中的工业、经济和社会发展政策对推进伊朗高等教育系统的发展做出了重大贡献。同时期，又有几所现代化的综合性大学在伊朗成立。

20 世纪 60 年代，伊朗制订和执行了第三个和第四个五年发展计划，当时在德黑兰和其他几个城市开设了几所专业技术学校，高等教育状况得到改善，国家高等教育水平有很大提高。20 世纪 70 年代，伊朗实行了第五个五年发展计划，这个五年计划十分强调高等教育的资金增加与质量提高的必要性。改善教育质量，发展学术思想，创新、发展、求知等都是这个时期的高等教育原则。①

五 伊朗伊斯兰革命之后的高等教育

在伊朗伊斯兰革命之后，伊朗根据伊玛目霍梅尼的命令进行了文化革

---

① تحلیل نظام آموزش عالی، عبدالحسین نفیسی ، مؤسسه پژوهش و برنامه ریزی آموزش عالی، سال 1380 .

命。1980 年 6 月 13 日，革命委员会宣布国家所有大学都要关闭三年。文化革命的目标是实现伊朗国家伊斯兰化。政策方针是在全国的大学贯彻革命基本原则，使大学朝着具有伊斯兰气息的健康氛围和高科技学科环境方向转变，并且通过修改教学大纲和重新设置课程、筛选和培养符合条件的教师以及培养专业化人才等方式实现目标。

伊斯兰革命之后，伊朗开始重视高等教育。从管理体制看，政府首先将艺术和文化部与高教部合并，后来又合并了文化遗产组织。1980 年，文化革命指挥部（Setad e Enghelab e Farhangi）建立后，新的高等教育系统出现了，伊朗国内的课程和教育规则制定都由该指挥部负责。根据新规定，一种专业在所有大学必须有统一的课程系统。1985 年，建立了医疗、卫生与医学教育部，与医学教育有关的事情都由该部门管理。后来医学院从高校独立出来，成为医学专科院校。①

在文化革命结束之后，因为两伊战争和由革命造成的政治与社会秩序的不稳定，伊朗国内出现了管理混乱，发展计划的实行受到了影响，这使得研究和教育资金严重短缺。当时大学人员还未能参与高教部的宏观管理和政策制定。②

今日伊朗社会依然十分重视青年的学习和高校的教学质量。伊朗革命领袖哈梅内伊特别强调大学的重要性，并且认为伊斯兰意识形态和文化对大学影响重大，学校实现伊斯兰化就是大学职工的重大责任。

六　伊朗现代高等教育系统

伊朗学生要进入公立高等学校，必须参加一年一度的全国统一高考。私立大学和营利性大学有专门的入学考试，阿扎德大学也单独举行入学考试。伊朗的公立大学不收学费，教学质量也很有保障，因此伊朗学生的第一选择

① Education in Iran, WENR, 2017 - 02 - 07.

② شصت سال آموزش عالي، تحقيقات و فناوري در ايران، دكتر يعقوب انتظاري، مؤسسه پژوهش و برنامه ريزي آموزش عالي.

就是公立大学。在这样的情况下，进入公立学校的竞争很激烈。伊朗的高考是一门综合考试，考试题目都是多项选择题，包括高中的全部学科内容，考试时间为 4 个多小时。伊朗学生为了在高考中取得好成绩，大多提前几个月复习高中各个学科的知识。除此之外，还有各种校对专业培训机构，指导学生复习高考内容和教授应试方法，高考培训在今日的伊朗社会是十分火爆的生意。

伊朗国内专业人才的培养由高等教育部负责，其中医学方面的专业人才培养则由医疗、卫生与医学教育部负责。目前，除了以上两个部门下属的大学和高等学校，其他一些组织得到高等教育部的许可就可以在其下属的大学招生。高等教育部管辖师范学院和技术院校，外交部、邮电部和交通部也有属于自己系统的大学。伊朗目前设立了多种高等学校，包括公立大学［包括科学实践综合大学（Daneshgah e jame e ElmiKarbordi）和法尔汉基扬大学（Daneshgah e Farhangiyan）］、伊斯兰阿扎德大学（Daneshgah e Azad e Eslami）、私立大学和远程开放大学（Daneshgah e Payam e noor），还有一种非大学的高等教育中心。

（一）公立大学

伊朗高等院校中最有代表性的就是公立大学。这种学校不向学生收取任何学费，但教学水平也明显高于营利性和私立大学。因此进入这种学校，无论是老师还是学生，都很不容易。目前全伊朗大致设有 131 所公立大学。伊朗的高等院校按学科范围可以分为综合大学、理工（科技）大学、医药大学、艺术学校和医学高等专科学院。科学实践综合大学和法尔汉基扬大学都属于公立大学，它们都由高等教育部管理。

（二）科学实践综合大学

科学实践综合大学是 1992 年创立的高等教育部下属的一种公立学校，建校的目的就是改善职业教育、提高企业人员的技能水平、提高毕业生的技能水平，以及培养工业、矿业、农业所需要的人力资源。这种学校让企业广泛参与教学，以培养他们所需要的专业人员。目前，这种大学在全伊朗拥有1000余所教育中心，其中德黑兰有200余所。

（三）法尔汉基扬大学

伊朗的法尔汉基扬大学（公立师范大学），2011年获得最高文化革命委员会（Shora ye Ali ye Enghelab e Farhangi）的批准，伊朗所有的专科学校被关闭而建立了这种大学。这种新学校是在具有100多年历史的专科学校的基础上建立的。被这些学校录取的学生从进入大学的第一天就有工资，在大学学习的几年都可算作他们的工龄。毕业生肯定能被国内的学校雇用，其他大学甚至高端大学的学生都没有这样的待遇。

（四）伊斯兰阿扎德大学

根据社会需求，1983年伊斯兰阿扎德（自由）大学作为伊斯兰革命后第一所非公立大学成立了，在很短时间内就有几万名学生入学，并且在伊朗不同的城市甚至在国外（阿富汗、英国、黎巴嫩、阿联酋等）建立了分校，以及发展了各种专业，这样就开辟了高等教育与私营部门合作的道路。公立大学的入学考试严格、招生名额有限，可是高中毕业生接受高等教育的需求又在日益增长，建立这样一所大学是为了缓解矛盾。阿扎德大学不是依靠政府支持而是依靠向学生收取的学费维持运转，因此必须收取高额学费。学生之所以愿意支付高昂的学费，是因为一个大学的学位可以极大地提高其社会和职业地位以及向上流动的可能性。伊斯兰阿扎德大学的课程与公立大学的十分相似，学术自由的限度也与公立大学差不多。① 伊朗国内目前有253所阿扎德大学。

（五）远程开放大学

1988年，为了给住在不发达、遥远地区的人提供学习的便利，建立了

① Sharzad Kamyab：《伊朗办巨型私立大学》，《国际高等教育》2009年第2卷第3期。

远程开放大学（拍亚目·努尔大学），这种大学的教学方式是远程函授自学，通过广播电视播放教学节目，短期集中面授，还会开通网上授课。虽然有一定的人在类似的学校进行学习和研究，但更多伊朗人在伊斯兰阿扎德大学求学。

（六）私立大学

为了给大量要进入学校的学生提供条件、减少政府的资金负担以及增加公民接受高等教育的机会，伊朗开始建立私立大学，投资方通过国家的资助及根据其在银行的信用来建立这种私立学校。近几年建立了上百所私立大学。虽然私立大学得不到政府的财务支持，但必须按照国家规定来开展教育活动。私立大学一般向学生收取较高的学费。建立私立大学的人都是大学的老师。如果想建立一所私立大学，必须有一个由 10 人组成的理事会，并上报高等教育部。有些私立大学没有自己独立的校园，而是租赁校舍。这种大学所开设的专业都要得到高等教育部的批准，在这个过程中还需要几年的辛苦工作。①

（七）高等宗教教育机构——厚资·伊理米叶

伊朗还有一种伊斯兰学校，名为“厚资·伊理米叶”（Houze Elmieh，科学之地）。这种宗教学校的学习由四个阶段组成，即预科、入门、研修与专修。在预科期间，学生要在六年的时间里掌握逻辑、阿拉伯语和《古兰经》的语言。在入门期间，学生要学习四年的演绎教法和教法渊源。研修阶段的教学内容为教法与教法渊源，一般由著名的穆智台希德亲自负责，学生还要学习伊斯兰哲学和理论。这一阶段的学习没有时间限制，如果学生愿意的话，可以一辈子在这个阶段进行学习和研究。该阶段完成以后，学生就能取得法学权威的称号——穆智台希德。专修指学生在取得穆智台希德称号

---

① 郭大光：《揭开伊朗社会和高等教育的神秘面纱》，《现代大学教育》2010 年第 1 期。

之后，继续研修经注学、教义学和教法学等，以满足宗教学校和社会的需求。[1]

（八）学术和研究中心

截至2014年，伊朗有341个学术委员会，有500个医学研究院、763所非医科研究中心。有1149种学术期刊，学术论文（ISI）的数量达到27336篇，伊朗学术论文总量达到世界的1.5%。目前，伊朗有36个科技园，科技园内有3000多家科学基础公司，在国家的经济发展中发挥了一定的作用。建立科技园的目的是通过提高创造精神来培养核心竞争力，增加社会财富。

七　伊朗高校现状分析

（一）大学课程安排

伊朗高等教育的课程安排由最高计划委员会来实施。该委员会的责任是制定与审核教育规则及其章程。最高计划委员会由9个计划小组、68个专业委员会、3个常务委员会以及470名常务会员组成。常务会员大部分是大学老师和高等教育专家。本科专业的课程有4种，即公共课、基础课、专业课和主修课。这些课程大部分为必修课，少数为选修课。

（二）伊朗大学的数量

根据统计，目前伊朗有48所医学院、36所牙科学院、17所药物学院。总的来说，伊朗公立医学院的数量为170家，伊斯兰阿扎德大学大概有20家学院。

2015年，伊朗大学的数量为2640所，其中68%是公立大学，32%是伊斯兰阿扎德大学。据西班牙CISC估计，中国拥有2481所大学，而印度也有

---

① 陆瑾、张立明：《伊朗：东西方文明的汇合点》，香港城市大学出版社，2011。

1620 所大学。伊朗维持这么多大学的运营大概需要 5 兆里亚尔（约 133 亿美元）的国家经费，大学毕业生占国家失业人口的 50%。

根据世界银行的报告，伊朗人占世界移民人口的 15%，其中很大部分是技术移民。据最高文化革命委员会估计，在 2015 年约有 11300 名受过高等教育的伊朗人移民到海外。根据 CISC 发布的统计数据，世界发达国家的大学总数一般在 500 所以下，比如德国有 412 所大学、英国有 291 所、加拿大有 329 所、意大利有 236 所。一些欧洲国家如挪威、瑞典、丹麦和芬兰的大学数量不到 100 所。在亚洲国家当中，新加坡和韩国的大学数量也不到 100 所，只有日本拥有 987 所大学。澳大利亚和新西兰的大学也不超过 500 所。伊朗的大学数量远多于发达国家的大学数量。①

（三）大学师生人数

根据 2015 ~ 2016 年的统计，伊朗全国拥有 400 多万名大学生，其中大约 54% 在公立大学学习，大部分学生是学习人文学科相关专业的本科生。400 多万名大学生当中，在德黑兰省学习的学生最多，达到 873964 名，而伊拉姆省只有 39701 名大学生，是伊朗大学生人数最少的省。在伊朗全国大学生中，全国公立学校的大学生占 54.1%，私立学校的学生占 45.9%（其中 162 万名是伊斯兰阿扎德大学的学生），全国女学生占 46.1%。在这些大学生当中，822345 人为大专生，2558066 人为本科生，774776 人为硕士生，78015 人为职业博士生，115191 人是专业博士生。②

在大学任教的老师中，55.4% 在公立大学任教，44.6% 在私立学校任教。大学老师中，4629 人为教授、9806 人为副教授、37477 人是讲师、27961 人是助教（Morabbi）。

（四）大学管理机构

校长是伊朗大学的最高领导，由高等教育部部长和医疗、卫生与医学

① اختلاف معنادار دانشگاه ها در ایران و جهان،،ایسنا،۱۰مرداد۹۵.

② کامل ترین آمار دانشجویان ایرانی، وبگاه قطره، ۱ دی ماه ۹۵ .

教育部部长任命。副校长由校长任命，学校的校务委员会由校长和几位副校长组成，还包括教务处处长、科研处处长、研究生处处长、大学生处处长、文化与社会处处长、资源发展与管理处处长、经营与财务处处长以及行政处处长（医科学校还包括医务处处长、医药处处长等）。另外，法基赫（教法学家）的监护代表几乎在所有学校设立办事处，负责管理政治和宗教活动。

（五）学生社团

每所学校的大学生可以根据他们的爱好加入一些学生社团，开展自己所喜欢的活动。比如，各种专业设立的学生学术会。这些学生会的责任是推广自己专业的各种学术活动，例如，举行研讨会和开办各种工作坊，举办或协助举办国内外的会议和学术比赛，安排各种课外培训班，等等。对美术和文化活动感兴趣的学生也可以加入大学生文化团或艺术团，开展文化或艺术活动。

（六）大学的资金来源

伊朗大部分的大学资金由政府从公共收入中划拨，如伊朗的石油销售收入，以及学校自主创收的部分资金。国家的教育资金保障系统会直接影响到高等教育、社会和经济发展。国家公民越能享受到高品质的教育，国家的经济和社会的发展越快。学校自主创收收入就是利用任何学校条件而获得的收益，这些资金也会用于实现学校的目标以及发展学校的计划。获得这种收入的途径很多，包括销售学校所完成的科研项目成果，知识产权的销售或委托，提供各种治疗、技术、学术、研究、生产、咨询等服务，销售各种化学、农业、文化产品等。①

高校可以拓宽财务来源的多样化渠道，即在提供教学服务的同时，可以通过实施各种项目，把自己的技术科学商业化，比如，根据要求给各种企业

① نقدي بر نظام تأمين و تخصيص منابع مالي در صنعت آموزش عالي ايران، دكتر يعقوب انتظاري، مؤسسه پژوهش و برنامه ريزي آموزش عالي.

提供研究成果，开办工业工作坊，出售学校的发明专利，举行与信息产业有关的各种教学活动，等等。①

（七）伊朗主要大学

世界一些知名刊物每年会对世界各国的大学进行调查，它们根据教学质量、博士学位授予人数、学术领域的同行评价、论文引用率等，对各个大学进行打分排名。比如，“泰晤士高等教育世界大学排名”为《泰晤士高等教育》增刊所发表的年度世界大学排名。伊斯兰世界科学引文数据库（ISC）根据《泰晤士高等教育》发表的报告宣布，2016 年伊朗综合高校前十名分别为德黑兰大学、伊朗师范大学、设拉子大学、马什哈德菲尔多西大学、大不里士大学、夏希德·贝赫希提大学、伊斯法罕大学、赞詹基础学科高等学校、布阿里·西那大学和卡尚大学。除了这些学校之外，还有几所著名大学，如沙里夫理工大学、伊斯法罕科技大学、阿米尔·卡比尔科技大学、科学工业大学、德黑兰医科大学、阿拉梅·塔巴塔巴伊大学等。当然每种刊物对大学进行排名的标准都不一样，并且每年的排名都会有所改动。

八　结语

尽管经历了伊斯兰革命、大学关闭和再开放、两伊战争以及美国施加的各种制裁等，但伊朗的高等教育和研究没有被困难所打倒，反而迸发出顽强的发展动力。随着科学的不断发展，全世界的人随时可以进行交流。伊朗的大学努力与世界一流大学开展各种学术交流。在这方面，很多学校曾经做过一些活动。根据伊朗 20 年远景规划，在学术竞争方面，伊朗要在邻国、中东和中亚国家中占据首位。为了达到这个目标，伊朗必须在学术方面跟其他国家进行合作和交流。伊朗大学加快了国际化步伐，加大了改革力度。

“追求文凭”的现象在伊朗很普遍。英国也不例外，据说 80% 的部长拥

---

① توان مالي دولت و ساير راه هاي تأمين مالي آموزش عالي، ابوالقاسم نادري، مؤسسه پژوهش و برنامه ريزي آموزش عالي.

有本科学历，伊朗大部分领导的最高学历为博士学位，但伊朗的经济面临潜在的危机。每年许多毕业生找不到与自己专业相关的工作，而新的招聘职业一般跟他们所读的专业没关系，这样国家所投入的教育经费无助于经济发展。实际上，不是高学历者越多越有助于经济和生产力的发展。雇主考虑的是受雇者能否给自己带来利益增长，而不是受雇者的学历高低，雇主不会花更多的钱聘用高学历者去做普通人能够做的工作，人才也就得不到重视。这样的恶性循环会影响人才培养，对国家也无利。

有的专家认为现在大学体制的状况是在制订教育计划方面不太重视社会和市场需求，因为学校的老师和学生都由另一种组织选择，学校的财源由政府提供，教学内容也由另一种组织来制定，因此大学对于培养最终要交给社会的大学生没有什么责任，这些因素使得大学成为一种被动、在市场需要和人才培养之间缺乏有机联系的机构。①

学校的基本责任就是向公民提供教育、研究与社会服务。大学与政府、企业、其他研究机构应该有更多的合作、交流，学校也可以在这方面发挥引导性作用。应该采取适当的措施，让国内大学与相关的国外大学举办各种研讨会和开展国际活动，想办法吸引更多的外国留学生到伊朗大学学习伊朗历史和伊斯兰历史、艺术、文学等知识。还要向外国老师提供访学机会，让他们与伊朗老师一起做研究和开展翻译项目，吸收外国专家丰富的经验，创造对国家有利的发展机会。②

① Nader Habibi，"Iran's over Education Crisis：Causes and Ramifications"，*Crown Center for Middle East Studies*，No. 89，Brandeis University，2015.

② Maryam Akbari Lakeh，"Higher Education Geographic Expansion Strategic Model in Iran：A Qualitative Study"，*Shahram Yazdani*，RDME，2016.

B.11

伊朗交通运输业现状及发展趋势*

雷 洋　黄承锋　陈 泽**

摘　要：伊朗位于亚洲东西交通要冲，交通区位优势明显，曾经是古代丝绸之路上最重要的节点国家，现代交通运输业在伊朗国民经济中占据重要地位。由于长期的经济制裁，伊朗的交通运输业发展受到抑制，主要表现在交通基础设施存在改善的迫切需求，物流运输服务效率需要提高。本文介绍了伊朗国内的交通运输业发展现状，以及与伊朗密切相关的国际运输通道的建设进展，剖析了伊朗在欧亚大陆互联互通中的地缘和交通区位的优势、潜力。伊朗对交通基础设施的改善和建设规划，不仅着眼于国内交通运输业的发展，也期望在国际中转贸易格局和国际运输通道中占据重要地位。在“一带一路”建设中，伊朗处于中转站位置，伊朗交通基础设施承载能力和服务水平的提高，对“丝绸之路经济带”和“21世纪海上丝绸之路”的建设具有重要意义。

关键词：伊朗　交通运输业　国际运输通道　一带一路

伊朗地处波斯湾核心地带，国土北邻里海，西接土耳其和伊拉克，南部

---

* 本文为社科基金项目“中巴伊土国际通道多边战略价值及风险评估研究”（项目编号：16AGJ007）的阶段性成果。

** 雷洋，博士研究生，重庆交通大学讲师，主要研究方向为国际运输通道发展战略；黄承锋，重庆交通大学副校长；陈泽，重庆交通大学经管学院硕士研究生。

坐拥波斯湾优良港口，东部与巴基斯坦和阿富汗为邻，优越的地理区位使其成为连接东西方文明的重要走廊。伊朗曾经是古代丝绸之路上最重要的国家之一，在中东地区占有重要的战略地位，也是重要的枢纽之一，地缘与交通的区位优势明显。

交通运输业在伊朗国民经济中占据重要地位，其创造的经济总产值约占伊朗 GDP 的 9%，超过 100 万人口（占国家总人口的比重约为 1.3%）从事交通运输行业相关的工作。近些年来伊朗交通运输业的总产值每年都以 15% 的速度增长，货物运输服务为伊朗提供了巨大的收入来源，物流运输服务有望成为伊朗除石油之外的另一个重要的收入来源。2016 年 3 月 1 日，伊朗《金融论坛报》报道，伊朗铁路运量增长迅速，伊历 1394 年前 11 个月（2015 年 3 月 ~2016 年 2 月）铁路货运同比增长 120%，铁路部门官员认为伊核协议的达成是铁路货运快速增长的主要原因。

世界银行发布的全球 160 个国家和地区的物流绩效（Logistics Performance Index，LPI）报告显示，2010 年伊朗的 LPI 得分为 2.57 分（满分 5 分），排在第 103 位，2012 年伊朗的 LPI 得分为 2.49 分，排在第 112 位，2016 年伊朗的 LPI 得分为 2.60 分，排在第 96 位（见表 1），其中海关服务指标是明显的得分短板（见图 1）。

表 1　伊朗物流绩效指数得分及排名情况

年份	排名	得分	海关效率	交通基础设施	国际运输服务能力	物流处理能力	物流信息追踪	物流时效性
2010	103	2.57	2.22	2.36	2.44	2.65	2.5	3.26
2012	112	2.49	2.19	2.42	2.49	2.66	2.49	2.66
2016	96	2.60	2.33	2.67	2.67	2.67	2.44	2.81

资料来源：世界银行数据库，http：//databank.worldbank.org/data/home.aspx。

由上述数据分析可以看出，由于长期的经济制裁，伊朗的交通运输业发展受到抑制，交通运输行业和物流绩效在全球处于中等偏下的位置，因此整体上伊朗存在改善交通基础设施的迫切需求，物流运输服务效率需要提高。

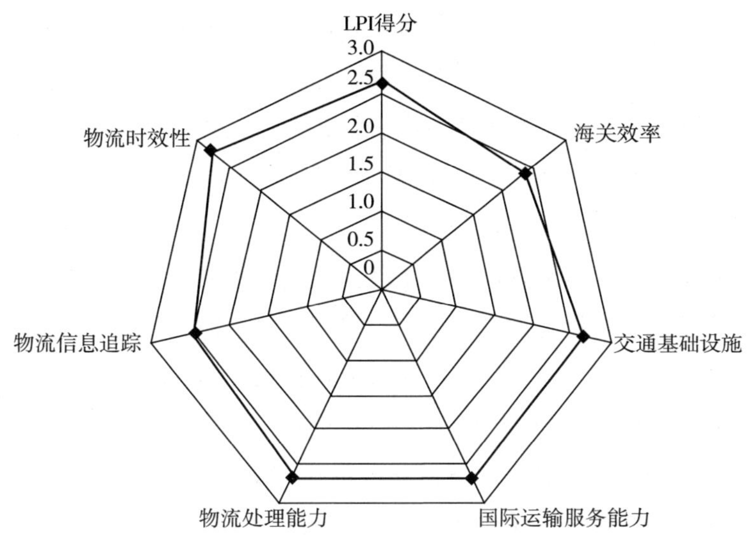

图 1　2016 年伊朗物流绩效指数

资料来源：笔者根据世界银行数据库的 LPI 数据整理。

近年来，伊朗为了提升交通运输行业的服务能力，使其与经济发展相匹配，提出了一系列完善公路网、铁路网以及提高海关货物通行效率的发展措施和计划[①]，2016 年伊朗的物流绩效排名比 2012 年上升了 16 位，这说明近些年来伊朗的交通运输业发展措施正在发挥作用。

一　伊朗国内交通运输业发展概况

（一）道路运输业

伊朗素有“欧亚陆桥”和“东西方空中走廊”之称，优越的地理区位使其成为联通欧洲、中东和中亚的运输纽带。早在公元前 5 世纪，波斯国王就修建了著名的皇家御道（Royal Road），该通道的西段始于土耳其的萨第

① “Moving Around”，https：//www. thebusinessyear. com/iran－2011/moving－around/review.

斯城，向东穿过今天土耳其的中北部，在巴格达附近分为南北两条线路，第一条向西北再向西经过伊克巴他拿，与古丝绸之路对接，另一条路线往东延伸，到达波斯首都苏萨，即东南方向沿线，最终连接波斯波利斯。借助这条御道，波斯信差可以在七天内走完1677 英里（约3000 公里）的路程，因此波斯御道也被称为古代“高速公路”。

公路里程数和汽车保有量不仅是现代交通的重要评价指标，也是一个国家进步和发展的主要标志之一。伊朗油气资源丰富，交通运输成本相对较低，目前每千人的汽车拥有量已经超过 100 辆；目前，伊朗各类公路的通车总里程为 18 万公里，其中乡村公路的总里程为 10 万公里。由图 2 可以看出，2006 年以前伊朗的沥青铺装道路里程增长缓慢，2007 年开始迅速增长，说明伊朗政府对道路交通基础设施的投入力度加大。

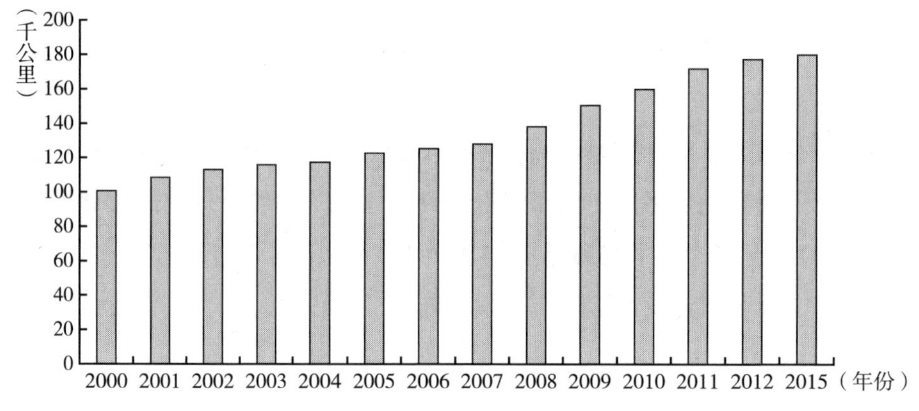

图 2　伊朗沥青铺装道路里程数

资料来源：《伊朗统计年鉴（2013 ~2014）》，2015 年的数据来自维基百科。

伊朗汽车使用成本较低，机动化出行较为普遍，相对于汽车保有量和增长水平，道路资源的供给稍显不足，公路建设发展仍显滞后，因此拥挤也成为伊朗大城市交通系统需要解决的问题。伊朗现有的公路路网技术状况较差，加上普遍存在的不文明驾驶现象，各种交通事故频繁发生，使伊朗成为交通事故率较高的国家。由表 2 可以看出，2000 ~2012 年，伊朗的交通事故数量呈现一个倒 U 形的变动趋势，2000 ~2006 年，道路交通事故数量逐年上升，2006 年达到峰值，2006 ~ 2012 年，交通事故数量逐年下降。这种变化除了与道路交通基础设施的改善有关，也与伊朗登记注册的机动车数量下降有密切关系。由图 3 可以看出，伊朗国内注册的机动车数量的变动趋势也呈现倒 U 形，其中 2000 ~ 2004 年，机动车注册数量增长明显，2004 ~ 2010 年机动车注册数量处于相对稳定状态，2011 年以后，机动车注册数量呈现明显的下降趋势。

表 2　伊朗交通事故情况

单位：起

年份	交通事故数量	市区外	城市内部
2000	292230	76976	215254
2001	346853	83499	263354
2002	448304	96449	351855
2003	554849	109023	445826
2004	625338	115979	509359
2005	780514	138351	642163
2006	811981	165130	646851
2007	750250	148354	601896
2008	780352	156905	623447
2009	702512	162757	539755
2010	782170	251874	530296
2011	396893	126878	270015
2012	429544	133428	296116

资料来源：《伊朗统计年鉴（2013 ~ 2014）》。

利用公路里程数以及国土面积进行简单计算，伊朗的公路路网密度约为 12 公里/百平方公里，路网发展水平低于周边邻国①。伊朗道路和城市发展部（Road Maintenance and Transport Organization）公布的最新统计数据显示，纳入其养护管理的公路总里程约为 7.9 万公里，其中高速公路为 2053 公里，

① 巴基斯坦路网密度为 30 公里/百平方公里（2005 年），土耳其路网密度为 45 公里/百平方公里（2008 年），阿富汗路网密度为 27 公里/百平方公里（2014 年）。

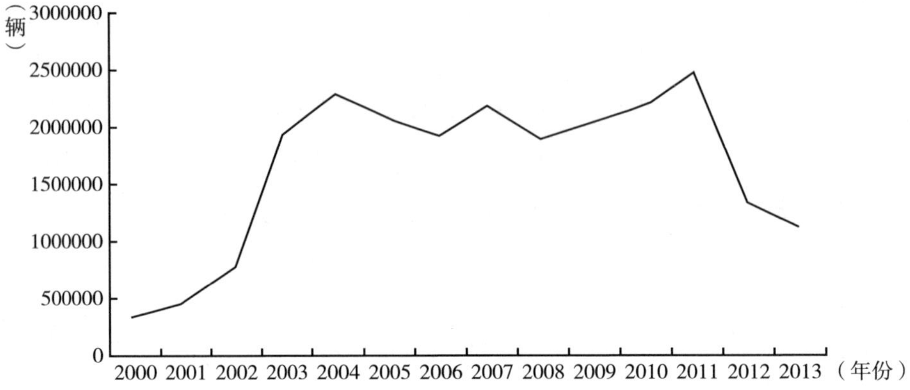

图 3　伊朗登记注册的机动车数量

资料来源：《伊朗统计年鉴（2013～2014）》。

只占总里程的 2.6%，管理的绝大部分道路属于次干路（二级公路），其占比为 54.2%。伊朗国内大约有 4.5 万公里的主要道路和 10 万公里的农村公路缺少改造和养护的资金，而近年来国际油价的下跌给伊朗的道路交通基础设施发展和改善目标带来巨大挑战。由此可以看出伊朗道路交通基础设施有较大的提升空间，但是也面临建设资金压力。

表 3　伊朗道路和城市发展部养护的公路里程（不考虑农村道路）

单位：公里

省份	高速公路	公路	主干路	次干路	城市路	总里程
东阿塞拜疆	216.5	211	880	1822	0	3130
西阿塞拜疆	0	285	626	1920	0	2831
阿尔达比勒	0	102	679	638	56	1475
伊斯法罕	398	1520	1991	983	0	4892
厄尔布尔士	61.2	82	126	105	0	375
伊拉姆	0	37	665	817	3	1522
布什尔	0	595	467	800	37	1899
德黑兰	143.8	446	248	133	43	1014
巴赫蒂亚里	0	142	1033	374	18	1567
南呼罗珊	0	277	581	3278	1	4137
呼罗珊	29.3	995	1003	4041	82	6160
北呼罗珊	0	102	439	675	7	1223
胡齐斯坦	10.1	727	1730	2104	57	4698

续表

省份	高速公路	公路	主干路	次干路	城市路	总里程
赞詹	200	58	384	774	52	1468
塞姆南	0	723	298	526	0	1547
锡斯坦－俾路支斯坦	0	154	1639	3894	17	5704
法尔斯	0	685	1777	4058	0	6520
加兹温	216.3	267	297	498	46	1324
库姆	167	156	267	159	0	749
库尔德斯坦	0	109	362	1164	0	1635
克尔曼	32	958	1325	2948	0	5263
克尔曼沙汗	0	272	493	1630	46	2441
科吉卢耶－博耶尔艾哈迈德	0	47	518	701	0	1266
戈勒斯坦	0	404	661	212	0	1177
吉兰	52.1	288	310	1008	63	1722
洛雷斯坦	104	248	796	579	52	1779
马赞德兰	12.4	445	368	1403	0	2229
中央	199	269	554	948	49	2019
霍尔木兹甘	34	357	392	2176	91	3050
哈马丹	85	383	301	973	95	1837
亚兹德	0	507	852	1817	0	3176
总里程	2053	11652	22052	43258	815	79830
百分比(%)	2.6	14.6	27.6	54.2	1	100

资料来源：伊朗道路和城市发展部官方网站，http：//www.rmto.ir。

（二）铁路运输业

伊朗铁路系统建设始于1872年，1887年由一家法国公司建造的从德黑兰至近郊莎赫锐拉的铁路建成通车，全长仅8.7公里。1927年伊朗开始按照国际标准轨距（1435毫米）对国家铁路网进行改建，此后伊朗新建的铁路系统基本上都采用了标准轨距，现行铁路系统大部分按照国际铁路联盟（International Union of Railway，UIC）的标准建造并进行维护和运营。二战期间及战争结束后，伊朗铁路的发展比较缓慢。伊朗伊斯兰革命后，政府制订了2000公里的铁路发展计划，2000年伊朗全国铁路的总长度超过9000公里。中国商务部发布的《对外投资合作国别（地区）指南：伊朗（2015年版）》显示，伊朗现有的铁路总里程为1.3万公里，年运送旅客2900万人次，运输货物13.7亿吨/公里。

从总体上看，伊朗铁路运输网建设和服务能力还比较落后。铁路线路主要分布在以德黑兰为中心的区域，大部分线路属于单轨铁路线（铁路复线率为7%），并且没有进行电气化工程改造（电气化率仅为2%），大部分的铁路设计时速较低（50～80公里/时）。图4显示了伊朗铁路运营里程的发展趋势。

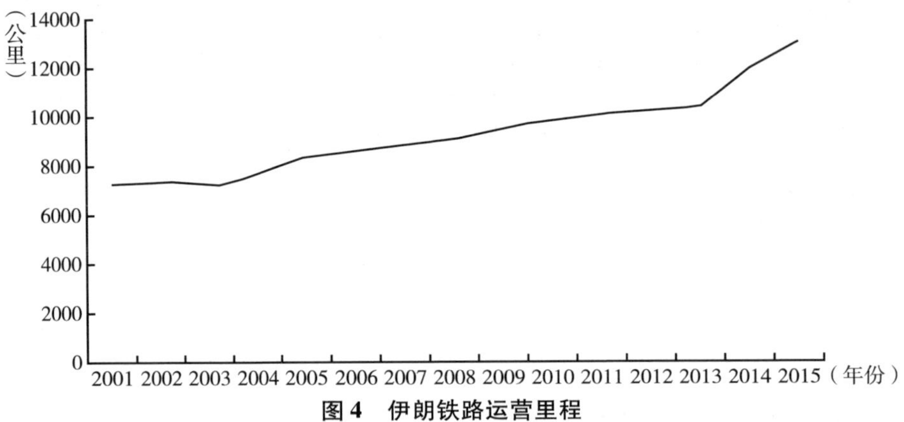

图4　伊朗铁路运营里程

资料来源：伊朗国家统计中心网站，https：//www. amar. org. ir。

由于线路老化和机车老旧，铁路整体运输速度低，货物运输价格相对较高，同时存在旅客运输能力不足的问题，因此大多数货主和旅客仍倾向于选择汽车或飞机等交通工具，由图5可以看出，2001～2005年伊朗的铁路运输周转量缓慢上升，2006～2010年趋于平缓，2011年开始，铁路运输周转量的增长有复苏趋势。

图5　伊朗铁路运输周转量

资料来源：伊朗国家统计中心网站，https：//www. amar. org. ir。

（三）海运与港口布局

海运在伊朗对外经济贸易中占据重要地位。2015 年伊朗日产原油 315 万桶，原油日出口量为 108 万桶，凝析油等石油产品日出口量为 51.4 万桶，石油出口额为 273 亿美元，在伊朗出口总额和国内生产总值中的占比分别为 35% 与 7%。中国、印度、日本是近年来伊朗前三大原油出口市场。约 93% 的原油出口采用海运方式，非原油出口物资中，海运运载量占 95% 以上。

表 4　伊朗 2012～2013 年以及 2013～2014 年进出口货运量统计

单位：吨

项目		2012～2013 年			2013～2014 年		
		石油	非石油货物	总量	石油	非石油货物	总量
海运	进口	1547594	35225391	36772985	942461	44657749	45600210
	出口	9008558	44799585	53808143	7554829	36671203	44226032
公路	进口	38455	1341417	1379872	56746	1476956	1533702
	出口	1082033	5531701	6613734	1392889	5524611	6917500
铁路	进口	7821	617543	625364	14396	646244	660640
	出口	12077	879587	891664	18460	107861	126321
总量	进口	1593870	37184351	38778221	1013603	46780949	47794552
	出口	10102668	51210837	61313505	8966178	43303675	52269853

资料来源：伊朗道路和城市发展部官方网站，http：//www. rmto. ir。

伊朗国内有大小港口近 200 个，其中重要的商用港口有 11 个。海港大部分集中在南部的波斯湾，例如霍梅尼港、阿巴丹港、阿巴斯港、布什尔港；里海沿岸有 4 个重要港口，分别是安札利港、瑙沙赫尔港、阿米阿巴德港以及内卡港口。位于锡斯坦－俾路支斯坦省南端、波斯湾外部的恰巴哈尔港具有良好的地理和水文条件，从空间距离看，该港距巴基斯坦重点开发建设的瓜达尔港不足 100 公里，优越的地理条件和战略区位使其具有重要的战略价值，近年来成为大国竞相投资的重点港口。

（四）航空运输业

伊朗民用航空运输发展可以追溯到1927年，德国容克士航空公司得到伊朗政府的支持，在伊朗成立了第一家商业航空公司。1944年伊朗航空公司成立，德黑兰到马什哈德是其运营的第一条航线，该条航线后来成为世界上最繁忙的航线之一。1961年，伊朗国内两家民航公司合并，成立了国有的伊朗航空公司，该公司将建设世界一流、具有国际竞争力的国际航空公司作为发展目标。伊朗航空公司发展快速，被认为是世界最重要的航空公司之一，具有较强的国际竞争力①。到1976年，伊朗航空安全飞行十年无事故，成为当时世界上最安全的航空公司之一，被评为仅次于澳大利亚Qantas航空的世界第二安全的航空公司。20世纪70年代末期，伊朗航空是全球成长最快的航空公司之一，盈利状况良好。到1978年年底，伊朗航空的航班已经到达31个国际目的地，包括北京和东京等东亚城市②。

1979年伊朗爆发伊斯兰革命后，伊朗航空公司的业务被迫收缩，此后由于以美国为首的西方经济体对伊朗实施经济制裁，伊朗无法从正常渠道购买飞机维护零件，购买新的民航飞机更是受到限制。禁运和经济制裁导致伊朗航空运输业的发展受到抑制，民航飞机老旧和得不到有效维护是伊朗近年来空难频发的重要原因。过去10年伊朗的总客座数增长率为3%左右，国际客座数增长强劲，但其国内运输客座数最近几年反而在下降。2015年，伊朗的航空运输总客座数为2200万，其中国际航线的客座数约为1160万（年增长14%），国内航线的客座数约为1050万（比2014年减少了13%）③。2016年伊朗航空旅客运输量达到5000万人

① Abbas Atrvash, "The Iranian Airline Industry", https://iranian.com/History/June97/IranAir/index.shtml.

② 孙力舟：《伊朗与波音公司半个世纪的纠结》，新浪网，http://history.sina.com.cn/his/zl/2014-11-14/1109107900.shtml。

③ 杨燕超：《解禁的伊朗民航市场：蛋糕很大但挑战更大》，民航资源网，http://news.carnoc.com/list/335/335997.html。

次。

伊核协议签署后，西方国家逐渐放松了对伊朗的经济制裁，经济和贸易环境的改善为伊朗航空运输业的振兴提供了良好的机会。2016 年，美国政府向波音公司和欧洲空中客车公司颁发许可令，允许这两家飞机制造巨头向伊朗出售民用飞机，此举为伊朗改善航空运输公司机型老旧的问题提供了政策可行性。2016 年 12 月，伊朗国家航空公司与美国波音公司签署购买和交付协议，美国波音公司将在接下来的十年内向伊朗国家航空公司交付 80 架民用航空客机。据媒体报道，这是自 1979 年伊朗伊斯兰革命以来美伊两国间最大金额的交易。

（五）油气管道运输

伊朗除了拥有丰富的石油资源之外，天然气探明储量巨大。BP 集团的《世界能源统计年鉴》显示，伊朗天然气储量超过 34 万亿立方米[①]，探明储量占世界总储量的 18.2%，这意味着伊朗天然气的探明储量超过俄罗斯的探明储量（32.3 万亿立方米），位居世界第一，天然气资源开发前景十分可观。天然气作为一种重要的清洁能源，越来越受到全球能源消费市场的青睐，根据预测全球市场对天然气的消费需求年增长率为 2.4%，为了满足这种持续增长的能源需求，伊朗计划将最大的非伴生天然气田——南帕尔斯天然气田（South Pars）的天然气输送到能源消费国，南帕尔斯气田位于伊朗布什尔省的阿鲁萨，沿波斯湾海岸伸展约 300 公里，面积达到 1 万公顷，是目前世界上最大的油气田之一，天然气的探测储量为 10.2×10^{12} 标准立方米。伊朗境内拥有近 2 万公里的输气管道及 7000 多公里的输油管道，主要分布在西南和西北地区。

尽管伊朗天然气储量巨大，但多数天然气田有待开发。据《伊朗日报》2014 年 11 月 5 日的报道，由于南帕尔斯天然气田的产能不断得到释放和增

① 《世界能源统计年鉴》，2016，http://www.bp.com/zh_ cn/china/reports - and - publications/bp_ 2016.html。

长，伊朗国内天然气的产能预计在2017年年底实现日产10亿立方米。伊朗天然气实现自给自足后开始出口，目前伊朗的邻国土耳其和伊拉克是其主要的天然气出口国。伊朗是土耳其第二大天然气进口国，由于两国之间在政治、经济以及技术等方面的多重因素及美国的反对，筹划多年的伊朗西北部的塔布里茨至土耳其安卡拉之间全长约2500公里的输气管道在2001年年底才完工通气，其中部分经过土耳其东部库尔德工人党经常袭击的敏感地域，因此输气经常中断，这一问题延缓了伊朗向欧洲供气的进程。伊朗与伊拉克的天然气合作进展较快，2014年，伊朗与伊拉克达成了天然气合作协议，在协议期内，伊朗为伊拉克的发电厂每天供应高达2500万立方米的天然气。作为伊朗的东方邻国，巴基斯坦国内能源匮乏，对油气资源存在巨大的需求，尽管双方政府已经签署了天然气供应协议，但是输气设施的建设成为履行协议的阻碍，由于巴基斯坦方面缺乏足够的资金支持，伊朗与巴基斯坦之间的天然气管道在短期内贯通较为困难。在建设中巴经济走廊的背景下，巴基斯坦正在考虑借助中国的力量，重新启动该项目，以期缓解国内的能源短缺困境。

二　伊朗参与的国际运输通道发展概况

伊朗位于亚洲东西交通要冲，区位优势明显，具有极其重要的战略地理地位，在国际贸易和国际运输中具有独特的优势，这些优势表现在以下几方面。第一，伊朗国土面积广阔，海岸线和陆地国界线绵长；第二，伊朗与7个国家接壤；第三，伊朗有优良的港口，通往中东国家十分便利；第四，伊朗位于5条国际商业和运输走廊的重要位置：欧亚南北运输走廊（International North-West Transport Corridor）、欧洲—高加索—亚洲运输走廊（Europe - Caucasus - Asia Transport Corridor）、欧亚东西国际运输走廊（International East-West Transport Corridor）、南亚国际运输走廊（South Asia Corridor）、亚洲交通基础设施网（Asian Land Transportation Infrastructure Development）；第五，具备开展多式联运的线路和基础设施条件；第六，波斯湾沿岸没有自由贸易区；第七，有相对便宜的燃料、动力成本以及劳动力成本[①]。

（一）欧亚东西国际运输走廊

伊朗是古代东西方文明和贸易沟通、往来的重要纽带，因此欧亚东西国际运输通道也可被称为“古代丝绸之路”，中国、东亚和东北亚的货物通过伊朗的中间运输纽带，可以到达里海、西亚以及地中海地区。2014 年 12 月，连接伊朗—土库曼斯坦—哈萨克斯坦的南北通道（哈—土—伊铁路）通车，这使中国可以不依赖俄罗斯铁路网而通过哈—土—伊铁路直接与欧洲对接成为可能[②]，2016 年 2 月 15 日，义乌—德黑兰班列首抵德黑兰，标志着中国与伊朗之间铁路运输成为现实。2014 年 12 月，中国与阿富汗、塔吉克斯坦、哈萨克斯坦、伊朗签署协议，将建设连接中国至伊朗的铁路线。该条铁路将从中国喀什出发，通过阿富汗、塔吉克斯坦、哈萨克斯坦，有望成为中国与伊朗之间一条便捷的铁路运输线路。

（二）欧亚南北运输走廊

欧亚南北运输走廊的建设倡议可以追溯到 2001 年 9 月，最初的发起者只有印度、伊朗和俄罗斯三个国家。相比传统的苏伊士航线，欧亚南北运输走廊在运输距离方面具有显著的优势。根据欧亚南北运输通道的规划，该通道从印度洋海域或波斯湾出发，到达伊朗，穿越里海，抵达俄罗斯境内，而后进入东欧和北欧国家。此线路的运输距离要比传统的苏伊士运河航线短 40% 左右，具有较强的运输吸引力。从印度孟买发出的 40 英尺贸易集装箱，如果通过苏伊士运河，需要一个月，并且运输费用高达 4800 美元。运输同样规格的集装箱，如果利用欧亚南北运输走廊，综合计算海运时间和陆运时

---

① “Iran Logistics Industry Overview”, *Economy Business And Markets*, January 4, 2017, https://financial tribune. com/articles/economy - business - and - markets/56843/iran - logistics - industry - overview.

② Onur Uysal, “Kazakhstan-Turkmenistan-Iran Railway to Open Today”, *Rail Turkey*, http://railturkey. org/2014/12/03/kazakhstan - turkmenistan - iran - railway/.

间，仅为10~12天，比传统航线要节约20天，费用也可下降1/3左右。鉴于该走廊的辐射范围和技术经济优势，阿塞拜疆、亚美尼亚、哈萨克斯坦、吉尔吉斯斯坦、塔吉克斯坦、土耳其、乌克兰、白俄罗斯、阿曼、叙利亚等国陆续加入，目前保加利亚成为该协议的观察国，科威特也表示出加入的兴趣。

尽管欧亚南北运输走廊建设协议有众多国家响应，但从该协议提出到如今，已经过去了16年，欧亚南北运输走廊还没有真正开始运行，主要原因在于通道的基础设施联通方面还存在问题，货源也存在较大不确定性。对印度来说，这条通道具有显著的地缘政治价值和经济价值，印度总理莫迪上台后将这条走廊的建设重新提上日程，按照印度的规划，印度提倡的欧亚南北运输走廊将着力打造和建设伊朗阿巴斯港，依托伊朗的陆上铁路运输，北上通往里海地区（可以考虑采用海运或者滚装运输模式），最后进入俄罗斯境内，依托俄罗斯现有的发达路网，最终联通欧洲。通过欧亚南北运输走廊，印度可以避开巴基斯坦的陆地阻隔，绕过安全形势不稳定的阿富汗，借道伊朗进入中亚市场。印度与伊朗已经签署合作开发恰巴哈尔港的备忘录，内容包括基础设施建设、贸易合作、产能合作等方面。印度和伊朗计划依托恰巴哈尔港，建立一个自由贸易区并将其接入欧亚南北运输走廊。印度媒体称，连接印度、伊朗和俄罗斯的欧亚南北走廊越来越受欢迎，很有可能成为21世纪的另外一条“丝绸之路”。该条通道强化了伊朗在全球贸易和物流格局中的地位，同时也加强了印度在中亚的地位，缓解与南亚地区和中亚地区之间的经济孤立状态，利用市场机制进行资源和优势互补，帮助中亚国家与印度顺利开展能源贸易。

欧亚南北运输走廊铁路网络中未联通的部分只有167公里（伊朗拉什特市—阿塞拜疆阿斯塔拉市），2014年伊朗与俄罗斯、阿塞拜疆等国达成协议，将打通欧亚南北运输走廊的铁路线路提上日程。2017年1月7日，相关当局宣布该段铁路于2017年开始动工建设①。

① Rabil Katanov, “Construction of Rasht-Astara Railway to be Launched This Year”, http://azertag.az/en/xeber/_039Construction_of_Rasht_Astara_railway_to_be_launched_this_year_039-1024897.

（三）欧洲—高加索—亚洲运输走廊

欧洲—高加索—亚洲运输走廊是指从亚洲经由里海地区、高加索地区和黑海地区通往欧洲的一条便捷的运输通道，该走廊的建设重点包括海上运输、航空运输、公路运输、铁路运输、交通安全、交通基础设施建设六个方面的内容①。1993 年 5 月，欧盟成员国、高加索地区国家以及中亚部分国家签署了一份旨在发展地区之间交通运输的国际运输多边协议，包括发展国际公路、铁路和海运的系列措施，提高前苏联加盟国进入欧洲和全球市场的贸易与交通便利性，以维护这些国家的政治和经济独立性，2004 年的巴库倡议进一步强调了该协议的目标和愿景意义②。目前，欧洲—高加索—亚洲运输走廊的成员国包括土耳其、亚美尼亚、伊朗、塔吉克斯坦、乌兹别克斯坦、哈萨克斯坦、吉尔吉斯斯坦、阿塞拜疆、罗马尼亚、乌克兰、保加利亚、格鲁吉亚和摩尔多瓦，2016 年，希腊考虑以观察国的身份加入欧洲—高加索—亚洲运输走廊建设倡议③。阿塞拜疆国家统计委员会数据显示，2017 年 1 ~2 月，在欧亚运输走廊框架下通过阿塞拜疆转运的货物量为 189.81 万吨，同比增加 61.8%，占报告期内该框架下货物运输量的 21.6%④。伊朗于 2009 年 9 月正式加入欧洲—高加索—亚洲运输走廊建设协议，独特的地理区位赋予其重要的战略通道价值，伊朗期望以此加强其在国际运输领域的影响力，在欧洲与前苏联加盟国之间的陆上贸易和交往中发挥重要的纽带作用，然而由于联合国安理会和欧盟对伊朗的制裁，欧洲—高加索—亚洲运输走廊建设组织并没有为伊朗提供有效的交通工程项目的技术援助。

---

① European and Caucasian Transport Specialists Discuss, The Prospects of Cooperation, Armenpress, November 19, 2012.

② Henderson, Karen, Weaver, Carol, ed., *The Black Sea Region and EU Policy: The Challenge of Divergent Agendas*, Ashgate Publishing, 2010, pp. 143 - 145.

③ Hasanli, Azad, "Greece keen to join TRACECA", Trend News Agency, July 11, 2016.

④《2017 年 1 ~2 月在欧亚运输走廊"TRACECA"框架下通过阿塞拜疆转运的货物同比增加近 62%》，中华人民共和国商务部官网，http://www.mofcom.gov.cn/article/i/jyjl/e/201704/20170402563361.shtml。

（四）亚洲交通基础设施网

亚洲交通基础设施网项目最早由联合国亚洲及太平洋经济社会委员会于1992年首次提出，该项目旨在提出一个促进区域内交通运输网络建设的合作框架，主要包括三个方面的内容：亚洲高速公路网（Asian Highway Network）、跨亚洲铁路网（Trans-Asian Railway Network）、陆路交通基础设施（Facilitation of Land Transport）。其中，跨亚洲铁路网又被媒体称为“钢铁丝绸之路”，该规划于2006年正式生效，规划了北部走廊（Northern Corridor）、南部走廊（Southern Corridor）、东南亚铁路走廊（Southeast Asian Network，主体是昆明—新加坡铁路）、南北铁路走廊（North-South Corridor），其中伊朗是南部走廊和东南亚铁路走廊两条铁路线路的必经之国，可以看出伊朗在跨亚洲铁路网中具有中转站的地位。2003年，哈萨克斯坦总统提倡修建一条穿越哈萨克斯坦的标准轨距铁路，东段直接对接中国新疆的阿拉山口口岸，西段连接伊朗戈勒斯坦省的省会戈尔甘，然而这个工程仍然未被提上日程。2009年8月，伊朗东南部城市扎黑丹开通了通往巴基斯坦基达的货运列车，从巴基斯坦首都伊斯兰堡出发，通过扎黑丹进入伊朗，将货物运往土耳其伊斯坦布尔，到2011年4月，这条货运线路运行正常①。

三　未来发展趋势

伊朗公路运输系统基础相对薄弱，近些年来伊朗政府加大了公路建设力度，伊朗公路系统发展任务主要是现有路网的等级改造，自2013年以来伊朗已经建设了700公里的高速公路。2015年6月，伊朗政府表示将在现有2000公里高速公路的基础上，将高速公路增加到10万公里，若要实现这一

① “Connecting China and Europe”, *Railway Gazette International*, April 25, 2011, http://www.railwaygazette.com/news/single-view/view/connecting-china-and-europe.html.

目标，意味着在道路基础设施建设领域伊朗至少投资 30 亿美元[①]。公路建设方面，伊朗不仅制订了国内大规模的发展计划，对道路运输的国际联通和合作也表现出极大兴趣。伊朗不仅规划了伊朗—土耳其—欧洲公路走廊，而且启动了总投资额约 15 亿美元的伊朗连接中亚、欧洲的跨境运输新走廊计划，涉及亚美尼亚、阿塞拜疆、格鲁吉亚、土耳其、保加利亚和希腊六国，通过全长约 550 公里的公路，实现货车通过中亚国家到达黑海港口，并通过驳船到达保加利亚和希腊[②]，该项目计划按最高国际标准建设，北起格鲁吉亚边境，南连伊朗边境，进而通向世界市场，全线计划于 2019 年完工。该项目已从亚洲开发银行贷款 5 亿美元，还有 1. 5 亿美元将由欧亚开发银行提供，从欧洲投资银行融资 6000 万欧元。伊朗国内的道路路网密度整体偏低，现有的道路规划中，资源集中布局在西北区域，对东南沿海部分的道路资源分配偏少，随着经济发展，以及伊朗国内物流的贸易的复苏和发展，在实现现有路网的升级改造基础上，还需要建设更多的公路网络，以满足经济和社会发展需要。

自 2013 年鲁哈尼总统上台以来，积极提高国家铁路系统能力一直是政府工作的重点。伊朗经济委员会于 2014 年批准了《伊朗铁路发展规划》，该规划展现了伊朗提升铁路运输系统能力的宏伟目标。伊朗计划在未来十年内对现有的铁路系统进行大规模的升级改造，到 2025 年，现有铁路线将实现电气化改造和双轨道化技术升级，以提高铁路客运和货运能力，同时，将新建 12000 公里铁路线，最终实现铁路总里程翻番的宏伟目标，相关改造和升级需要超过 75 亿美元的投资。这项规划还对伊朗铁路系统的客运、货运分担能力提出了更高的要求，提出到 2023 年伊朗铁路货运量从现有的 217 亿吨/公里提升到 758 亿吨/公里，客运量将从现在 174 亿人/公里提升到 342 亿人/公里。铁路系统的巨额投资和建设，除了要满足伊朗自身的人口和货

① 《伊朗官方揭晓其公路发展规划称需 30 亿美元投资》，中华人民共和国商务部官网，http：//www. mofcom. gov. cn/article/i/jyjl/j/201506/20150601016898. shtml。

② 《伊朗和欧盟将建设经亚美尼亚跨境运输新走廊》，http：//world. people. com. cn/n/2015/1109/c157278 – 27793670. html。

物流动需要外，伊朗政府也希望利用发达的铁路网络提升其国际铁路通道运输能力，提高其国际地位。伊朗政府计划将国内铁路与邻国铁路相连，包括伊拉克、独联体国家。目前伊朗政府规划了七个方向的国际铁路运输通道，分别为德黑兰—中亚、伊朗—中国（新疆）、伊朗—莫斯科、德黑兰—库姆—伊斯法罕高铁示范线、伊朗—巴士拉、东部走廊（从恰巴哈尔港口至亚洲、里海和高加索地区）、赫拉特铁路（伊朗—阿富汗）①。

伊朗铁路系统中长期规划目标宏伟，意图在国际中转贸易格局和国际运输通道中占据重要地位。七个方向的铁路系统不仅丰富和完善了国内铁路系统，而且组成了一个庞大的国际铁路运输通道，使伊朗成为连接欧洲、亚洲和非洲的中转站，连接了太平洋、印度洋和大西洋。其中，伊朗—中国（新疆）方向的铁路运输通道在伊朗国内联通德黑兰和马什哈德两个重要节点城市，其沿途经济发达，人口相对密集，向东与土库曼斯坦、哈萨克斯坦的铁路联通，最终到达中国的新疆，向西沟通土耳其铁路，联通南欧，这条走向的线路是伊朗“新丝绸之路”计划的重要内容，伊朗计划将此条线路的国内段进行电气化改造，目标是把货运能力从现在的 300 万吨提升到 1000 万吨。对于“一带一路”建设，这条线路具有显著的价值，是中欧国际铁路运输通道的一条理想线路，不仅可以避开俄罗斯铁路直接联通中国与欧洲，而且运输时间还比水运（中国上海港—伊朗阿巴斯港）节省 30 天左右。“一带一路”倡议提倡共商、共建、共享，强调寻找和创新利益契合点，伊朗这个方向的铁路建设计划显然与“一带一路”倡议的契合度较高，对于中国来说，应通过与伊朗方面的深度合作，优先开展此线路的电气化改造工程，提高该通道的承运能力和运营效率。

伊朗铁路规划中的南北通道向北联通俄罗斯，向南沟通重要节点恰巴哈尔港（规划中称为“东部走廊”），聚焦南亚新兴市场，通过海上、铁路联运形式联通印度，该条铁路对伊朗来说意义非凡，能极大地提高恰巴哈尔港

---

① David Rogers, “Iran's Railway Revolution”, http://www.globalconstructionreview.com/markets/how-islamic-republic-set-become-land-br8i8d8ge/.

的港口疏散能力，并且将其经济腹地延伸到广阔的中部大陆。近些年来印度加大了对恰巴哈尔港的投资力度，印度承诺为恰巴哈尔港项目投入8500万美元直接投资和1.5亿美元贷款，并且计划在沿线与伊朗开展深度合作，建设工业园区，依靠伊朗规划的东部走廊铁路直接与阿富汗连接。阿富汗是印度重要的盟友，因此伊朗东部走廊对印度同样具有显著的战略价值。对于中国来说，若依托中巴经济走廊，向西联通伊朗，形成中巴伊土国际运输通道（中国西南—巴基斯坦—伊朗—土耳其），必然与印度在此区域的战略选择和利益存在交叉，因此构建中巴伊土国际运输通道需要充分考虑印度的战略和利益布局。

欧洲被伊朗视为重要的天然气消费区域，从伊朗途经土耳其到欧洲的天然气管道当前正在建设。该管道将从伊朗的南帕尔斯天然气田经过土耳其、希腊，将天然气运输至奥地利，土耳其有望成为伊朗与欧洲能源贸易的重要转运中心。2015年6月，伊朗天然气工程开发公司与帕萨尔加德油气公司签署了23亿美元的天然气管道建设BOT合同，该项资金主要用于完成代号为“IGAT－6”的输气管道建设，该项工程的完工将提升伊朗向欧洲输送天然气的能力①。然而伊朗国家天然气公司（NIGC）总经理阿拉奇在德黑兰接受伊朗石油部新闻网站采访时表示，伊朗可以通过LNG贸易进入欧洲天然气市场，但是伊朗无意与俄罗斯在欧洲天然气市场进行竞争，欧洲市场不是伊朗与俄罗斯竞争的市场，伊朗有自己的市场，他认为伊朗是本地区唯一一个可以满足其邻国天然气需求的国家。

随着经济的快速发展，中国天然气需求持续高速增长，预计到2020年，中国天然气需求量将超过2000亿立方米。然而，中国的天然气资源并不十分丰富，仅靠国内产能供给并不现实，天然气的内部供需之间存在巨大的缺口，出于能源安全考虑，除了传统的能源合作伙伴俄罗斯和土库曼斯坦之外，中国需要从多方面保证天然气稳定的供应，而拥有巨大天然气储量的伊

---

① “Iran Signs ＄2.3 billion Gas Pipeline Plan”，http：//presstv.com/Detail/2015/07/13/420068/iran－iraq－gas－pipeline－deal－gharibi.

朗无疑是一个值得关注的合作伙伴。伊朗与中国油气管道合作项目主要可以从三个方面考虑。第一，中国—中亚天然气管道（土库曼斯坦—乌兹别克斯坦—哈萨克斯坦—中国）已经通气，伊朗和土库曼斯坦接壤，伊朗可以通过规划的东北方向油气管道与土库曼斯坦油气管道对接，连接中国—中亚天然气管道网络；第二，通过阿富汗进入中国市场；第三，将目前正在论证的伊朗—巴基斯坦输气管道工程向北延伸，对接中国喀什输气管道。从地缘政治的视角来看，方案一和方案三具有较强的可操作性。

四　结语

“一带一路”倡议是中国建设以合作共赢为核心的新型国际关系、建设人类命运共同体的重要实践和体现，伊朗是中巴伊土国际运输通道的重要支点[①]，中国和伊朗在政治、经济和地缘等层面有密切关联，存在广泛的合作基础和利益契合点。中巴经济走廊作为“一带一路”的样板工程，其定位和发展不应局限于中巴两国，伊朗与巴基斯坦是邻邦，巴基斯坦的交通基础项目向西延伸，与伊朗国内的交通基础设施实现互联互通，是实现中国和西亚北非陆上互联互通（乃至亚洲和欧洲的联通）的一条具有重要战略价值的通道，因此伊朗交通基础设施的建设和发展对于在中亚、西亚推进“一带一路”建设具有显著价值。

伊朗是中欧中亚铁路运输南部通道的必经之地，由于伊朗铁路线路和通关服务能力的限制，中国运往伊朗的货物进入土库曼斯坦后需要绕道萨拉赫斯口岸才能进入伊朗，这导致在土库曼斯坦境内的里程增加到 1156 公里，降低了班列的竞争力。若伊朗铁路发展规划能够如期实施，伊朗北部地区东西向铁路运输线路能够与土耳其和乌兹别克斯坦高效联通，必将极大地缩短中欧中亚铁路运输南部通道的运行成本，提高运行效率。中国公司在普通铁

① 黄承锋：《“一带一路”视域下重庆市对外通道发展现状、瓶颈及对策》，《企业经济》2016 年第 8 期，第 5 页。

路和高速铁路建设方面均有技术经济优势，因此在铁路提升项目上的合作能够实现双赢。

“一带一路”互联互通建设的重点方向在亚洲，而交通基础设施建设则是互联互通的突破口，因此伊朗的交通运输行业发展和振兴计划与“一带一路”倡议有着较高的契合度，双方在铁路、天然气生产、油气管道建设等基础设施和资源开发领域有巨大的合作空间。从地区合作层面上看，伊朗位于亚洲东西交通要冲，区位优势明显，有极其重要的战略地理地位，在“一带一路”建设中，伊朗处于中转站位置，伊朗交通基础设施承载能力和服务水平的提高，对“丝绸之路经济带”和“21 世纪海上丝绸之路”的建设都具有重要意义。

B.12
伊朗旅游业发展透视

白志所*

摘　要：　伊朗是旅游资源极为丰富的文明古国。在前伊斯兰时期，伊朗就有悠久的旅游传统。随着伊斯兰教的传入，伊朗的旅游资源和旅游活动逐渐具有了伊斯兰色彩。伊朗政府的旅游管理从近代以来日趋完备，伊朗把旅游管理与文化遗产、手工艺术的保护高度结合起来。随着伊核协议的签署，伊朗人文景观和自然景观对世界各国游客的吸引力更加突出。伊朗旅游业的基础设施有了一定程度上的改进，招商引资也有一定的起色。伊朗旅游业的发展空间仍有待开发。

关键词：　伊朗　文明古国　旅游业

一　历史回顾

1995 年世界旅游组织（UNWTO）为旅游下了定义："旅游活动是人们出于休闲、商务以及其他目的，短期（历史不超过一年）离开自己的惯常环境，前往他乡的旅行活动以及在该地的停留访问活动。"根据这一定义，伊朗有着悠久的旅游历史，早在公元2000 多年前，古老的埃兰人就已经开始旅游活动，他们走亲访友，往来贸易。公元前 17 世纪，米迪王国为方便

* 白志所，伊朗驻华使馆文化处高级波斯语翻译，伊朗马什哈德拉扎维大学哲学学士、德黑兰大学哲学硕士。

各地区人们之间的交流与往来，大力发展交通，兴建道路，用道路网络把各州县紧密连接起来。尤其在阿契美尼德王朝，随着古波斯版图扩张到中亚及西亚大部分地区，第一个横跨欧亚非三洲的帝国创建起来，到伊朗旅游的人络绎不绝。阿契美尼德王朝第一位国王居鲁士二世和第三位国王大流士一世，在开拓疆域的同时，发展道路交通，兴建客栈，为商队和旅行者提供饮水、住宿等方便。塞琉古王朝和安息王朝虽然也兴修道路，重视旅游，但与之前的王朝相比逊色许多。直到萨珊王朝时期，随着各国间商队往来密切，政府对旅游的发展格外重视，扩建道路，使得交通线路四通八达，而且在沿途修建大量客栈，为商队和游客提供服务。①

642 年，信仰伊斯兰教的阿拉伯人军队征伐伊朗，651 年，伊朗全境为阿拉伯人所征服，全民改信伊斯兰教，这一时期的伊朗旅游业发展迅速。在这一时期，随着伊斯兰版图的扩大，大批穆斯林文人、商人、地理历史学家、艺术家走出家门，到世界各地周游，加强与世界各民族的交往，去发现更多的“新大陆”，尤其是古老的波斯文明吸引了大批游客，伊朗成为旅游目的地，他们慕名而来，被伊朗的风俗、文化古迹和地理环境所折服。阿拉伯旅行家伊本·郝格勒在所著《大地面貌》一书中，详细介绍了他在伊朗的见闻；摩洛哥穆斯林学者、大旅行家伊本·白图泰（1304～1377 年）在游记中记录了伊朗的许多城市；叙利亚地理学家、传记作家雅古特·阿尔·哈马维（1179～1229 年）曾到过伊朗，他在著作《地理词典》中记录了许多伊朗城市。

除穆斯林旅行家外，许多欧洲旅行家也曾到过伊朗，并在各自的著作中对伊朗进行了全面而又详细的介绍。例如，17 世纪意大利商人旅行家彼得罗·德拉·维尔就在萨法维王朝时期到过伊朗，他在游记中详细记载了伊朗古城伊斯法罕的所有历史古迹。法国旅行家让·查汀（Jean Chardin）曾在萨非王朝首都伊斯法罕居住过一段时间，他在游记中称，他对伊斯法罕的了解超过了对伦敦的了解。

① 《世界旅游历史概述》，http：//sadsoo. blogsky. com/1396/02/14/post－6960/。

在伊朗，涌现了一大批旅行家，如著名地理学家伊本·胡尔达兹比赫（820～912年）、艾哈迈德·伊本·鲁斯塔（卒于912年），游记学家、诗人纳赛尔·胡斯鲁·格巴迪亚尼（1004～1088年），他们到世界各地周游，介绍伊朗文化，也了解其他民族的风俗人情，留下了宝贵的文化、历史、地理著作。

由于实现了国家的独立和民族的统一，萨非王朝谱写了伊朗历史的新篇章，文化、经济等各领域取得了巨大发展，这一时期亦是伊朗旅游业发展的一个黄金时期。一方面，政府大力发展交通，兴修道路，扩建客栈，为游客提供食宿方便和安全保障；另一方面，随着伊斯兰教的传播和古波斯的复兴，伊朗文化备受西方人的关注，大批西方人来到伊朗，其中不乏外交官员、旅行家、商人、考古学家、历史学家甚至探险家。许多西方国家的旅行者都在自己的游记中详细描述过萨法维王朝时期的伊朗兴盛。1589年，英国旅行家安东尼·舍利（Anthony Shirley）（1565～1635年）和罗伯特·舍利（Robert Shirley）（1581～1628年）兄弟抵达伊朗，受到阿巴斯国王的热情欢迎，国王发布命令："从今天起，我们的国家向所有基督教徒敞开，我国居民，无论官居何位，不得用言语侮辱他们，不得对他们搜身检查。宗教人士也不得干涉他们的事务。"该公告颁布后，许多西方人抱着不同的目的纷纷来到伊朗，他们受到了贵宾待遇，舍利兄弟在游记中写道："与奥斯曼国相比，伊朗人对外国人非常友善，在国王的治理下，伊朗的安全有了充分的保障，无论走到哪里，都无须携带兵器，而且伊朗人热情好客、彬彬有礼。"①

真正意义上的旅游是20世纪中叶才发展起来。1935年，伊朗内政部成立了第一个负责旅游事务的机构，但只是出版一些宣传册，介绍伊朗的地理、政治、文化、社会和旅游景点。该机构于1941年改为旅游委员会，每周在内政部召开一次会议，而旅游事务则交由外交部政治司完成。但随着游客的增加，旅游给经济发展带来了实惠，伊朗内政部于1954年恢复了负责旅游事务的机构，成立旅游司，扩大业务范围，除向其他国家推广伊朗的旅

① 《世界旅游简史》，http：//rayafile. ir/product/24246/دانلود-مقاله-تاریخچه-سفر-و-جهانگردی-در-جهان。

游业外，还起草了外国人出入境管理法，全面推动旅游业的发展。①

1979 年，伊朗伊斯兰革命取得胜利，伊朗伊斯兰共和国成立，国家的命运进入了一个新的时期，随着国际关系的发展，伊朗旅游业也发生了新的变化。1979 年伊朗伊斯兰革命委员会将国王时期负责旅游事务的四家股份公司——伊朗国际旅游股份公司、国内旅游股份公司、伊朗之家中心股份公司和冬运国际旅游中心股份公司合并，成立伊朗旅游组织，负责管理酒店、餐饮、冬季运动等与旅游业有关的事务。2004 年，伊朗伊斯兰议会通过一项决议，把文化遗产组织和旅游组织合并，成立伊朗文化遗产和旅游组织（ICHHTO），并从伊朗文化与伊斯兰指导部分离出来，直属于总统，副总统兼任主席。2006 年，为了发展手工业，伊朗行政最高委员会通过决议，把伊朗手工业组织与文化遗产和旅游组织合并，成立伊朗文化遗产、手工业和旅游组织，仍直属于总统。②

二　旅游景点

截至目前，伊朗有 21 处景点被联合国教科文组织列为世界文化遗产，其中卢特荒漠和波斯水渠是 2016 年 6 月列入文化遗产目录的，卢特荒漠也是伊朗被列入世界文化遗产的首个自然风景。

表 1　伊朗被列入世界文化遗产名录的景点

名称	遗产编号	地理位置	批准时间	评选标准
恰高・占比尔古建筑	113	胡齐斯坦	1979	iii、iv
波斯波利斯	114	法尔斯	1979	i、iii、vi
伊玛目广场	115	伊斯法罕	1979	i、v、vi
塔赫特苏莱曼	1077	西阿塞拜疆	2003	i、ii、iii、iv、vi
巴姆城堡	1208	克尔曼	2004	ii、iii、iv、v
帕萨尔加德	1106	法尔斯	2004	i、ii、iii、iv

① 《世界旅游简史》，http：//rayafile. ir/product/24246/دانلود-مقاله-تاریخچه-سفر-و-جهانگردی-در-جهان 。

② 伊朗文化遗产、手工业和旅游组织官网，http：//ichto. ir/。

续表

名称	遗产编号	地理位置	批准时间	评选标准
苏丹尼耶圆顶	1188	赞詹	2005	ii、iii、iv
贝希斯敦铭文	1222	克尔曼沙阿	2006	ii、iii
阿塞拜疆基督教堂群	1262	东、西阿塞拜疆	2008	ii、iii、vi
舒什塔尔的历史水利系统	1315	胡齐斯坦	2009	i、ii、v
大不里士集市	1346	大不里士	2010	ii、iii、iv
谢赫萨菲·丁长老陵园	1345	阿尔达比勒	2010	i、ii、iv
波斯园林	1372	法尔斯、马赞达兰、伊斯法罕、克尔曼、叶兹德、霍拉桑	2011	i、ii、iii、iv、vi
伊斯法罕聚礼清真寺	1397	伊斯法罕	2012	i、ii、iv
贡巴德·卡布斯高塔	1398	古丽斯坦	2012	i、ii、iv
戈勒斯坦宫	5194	德黑兰	2013	iii、iv
被焚之城	5185	锡斯坦－俾路支斯坦	2014	ii、iv
梅满德文化景观	1423	克尔曼	2015	v
苏萨	1455	胡齐斯坦	2015	i、ii、iii、iv
波斯水渠	1506	霍拉桑·拉扎维、南霍拉桑、叶兹德、克尔曼、中央省、伊斯法罕	2016	iii、iv
卢特荒漠	1505	南霍拉桑、克尔曼、锡斯坦－俾路支斯坦	2016	vii、viii

注：提名列入世界遗产名录的文化遗产项目，必须符合下列6项标准中的1项或几项。

i. 代表一种独特的艺术成就，一种创造性的天才杰作。

ii. 能在一定时期内或世界某一文化区域内，对建筑艺术、纪念物艺术、城镇规划或景观设计方面的发展产生极大影响。

iii. 能为一种已消逝的文明或文化传统提供一种独特或至少是特殊的见证。

iv. 可作为一种建筑、建筑群或景观的杰出范例，展现人类历史上一个或几个重要阶段。

v. 可作为传统的人类居住地或使用地的杰出范例，代表一种（或几种）文化，尤其在不可逆转之变化的影响下变得易于损坏。

vi. 与具特殊意义的事件、现行传统、思想、信仰、文学艺术作品有直接或实质的联系。只有在某些特殊情况下或该项标准与其他标准一起发挥作用时，此款才能成为列入世界遗产名录的理由。

伊朗是一个历史悠久的文明古国，而且地理位置重要，自然风景秀丽。伊朗旅游景点和旅游种类多，可以满足各种旅游爱好者的需求。总体来看，伊朗旅游可分为三大板块：自然风景、文化艺术与历史、宗教圣地。

（一）自然风景

伊朗北边与世界上最大的内陆湖——里海接壤，南部是波斯湾，特殊的地理位置和气候造就了数不胜数的自然景观，有阿尔德比勒高耸入云的撒巴兰火山，有土地肥沃的平原（北部的纳兹平原、中北部的穆甘平原、南部的阿尔占平原），有一望无际的森林（东北部的古利斯坦国家森林公园、北部的努尔和希三岗森林公园），有蜿蜒十余公里的阿里萨德溶洞，有迤逦盘桓的卡伦、扎杨德、萨菲德等河流，有风景秀丽的安泽里湿地，有茫茫千里的沙漠，有碧水蓝天的乌鲁米耶、克赫尔、塔尔湖泊，有舒适温暖且具有疗效的萨拉茵（Sareyn）、马哈拉特温泉。伊朗南北气候悬殊较大，各地气温和湿度迥异，北部偏寒、多雨，南部干燥、炎热，中部气候适中。

（二）人文与历史景观

伊朗历史悠久，勤劳的伊朗人民用自己的智慧在历史上创造了辉煌的文明。伊朗位于古丝绸之路的中心地带，是东西方经贸和文化交流的枢纽，古老的丝绸之路一方面促进了伊朗经济、文化等领域的发展，另一方面把波斯文明传播到世界各地。近几年来，随着全球旅游业的发展，许多考古学家、社会学家、历史学家和游客纷纷踏入这块尚未被现代工业和高楼大厦取代的旅游胜地，感受举世闻名的波斯文明。伊朗的文化历史景观主要分为遗址、清真寺和宫殿。其中，著名的遗址有建于4000多年前的哈马丹埃克巴塔纳居鲁士大帝宫；位于卡尚具有7000年历史的锡亚勒克遗址；位于里海附近3000多年前的马尔利克遗址；建于公元前1250年的恰高·占比尔古建筑；古埃兰王朝的首都舒什（Shush）古城；位于设拉子的阿契美尼德王朝的波斯波利斯宫城遗址。古清真寺以独特、美丽的建筑风格闻名于世，其中最著名的古清真寺包括伊斯法罕的谢赫·鲁图福拉清真寺；历时一个世纪建成的

亚兹德聚礼清真寺；位于马什哈德伊玛目礼扎陵园的古赫尔沙德清真寺（建于1418年，帖木尔第四子沙哈鲁帖木尔帝国苏丹的妻子下令修建，并以她的名字命名）；伊斯法罕聚礼清真寺。此外，吸引游客的人文景观还有别具匠心的高塔如伊斯法罕的晃塔；古老的冷却装置招风斗；古老的浴室，其中最著名的是建于1611年的甘吉·阿里汉浴室建筑群；历经数个世纪的古道客栈，如库姆附近的泰努吉客栈、卡尚的姗姗客栈等；赏心悦目的花园，如设拉子的埃拉姆花园、卡尚的芬恩花园、克尔曼省东南部的王子花园等。

（三）宗教圣地

伊朗是一个伊斯兰教什叶派国家，特别重视伊玛目及其后裔和重要宗教领袖的陵墓建筑，分散在伊朗各地的陵墓建筑群具有独特的建筑风格，是伊朗清真寺建筑艺术的瑰宝，它们不仅是宗教活动的中心，也是什叶派的圣地。伊朗圣裔陵墓分为两类，一类为全球什叶派瞻仰的圣地，如位于马什哈德的什叶派第八伊玛目礼萨的陵墓、位于库姆的伊玛目礼萨的妹妹马苏麦的陵墓、位于德黑兰郊区的伊朗伊斯兰共和国奠基者伊玛目霍梅尼的陵墓。另一类为伊玛目后代的陵墓，多为伊朗国内的瞻仰圣地，如设拉子的沙赫赤拉格陵墓、德黑兰雷伊城的阿布杜·阿泽姆陵墓。如今，这些宗教圣地已成为伊朗重要的旅游景点。①

三　伊朗旅游业在国际上的地位

根据世界经济论坛发布的《2017年旅游业竞争力报告》，在过去两年伊朗的旅游业竞争力有所提高，得分3.43，而两年前的得分为3.32。在全球136个经济体中，伊朗的旅游竞争力排在第93位，比2015年上升了4位。根据该报告，伊朗的“安全与治安”排在第87位，机场基础设施排在第89位，陆地与港口基础设施排在第75位，旅游服务基础设施排在第116位，

① 《伊朗旅游》，http：//iransair-1.blogsky.com/1387/09/12/post-1/。

文化资源与旅游贸易排在第 38 位。在物价方面，伊朗获 6.66 分（满分为 10 分），在 136 个国家获最高分，成为世界上物价最低的国家，其次是埃及，获 6.18 分，位居第 2，马来西亚获 6.06 分，位居第 3。

根据联合国世界旅游组织（UNWTO）发布的报告，2015 年伊朗在全球旅游目的地排名中排在第 50 名，这是自伊朗伊斯兰共和国成立以来，伊朗第一次进入前 50 名。2015 年到伊朗旅游的外国游客达到了 500 万，伊朗的旅游收入约为 75 亿美元，外国游客在伊朗每人平均消费 1500 美元。到伊朗旅游的外国游客中，53% 的游客是休闲旅游，27% 的游客为宗教文化旅游，14% 的游客是为了工作，6% 的游客为其他目的，到伊朗的 40% 的中国游客是出于商贸目的。

四 伊朗旅游发展现状

自鲁哈尼组建伊朗第十一届政府后，伊朗的旅游业发展迅速，外国游客数量大幅增长，出现井喷式发展。一方面，伊朗是文明古国，旅游资源非常丰富，在全球最具吸引力的旅游目的地中排在第 4 位，众多的旅游景点吸引着全球游客的眼球。另一方面，随着石油价格大幅度下滑，伊朗政府大力发展非石油产业，其中旅游业是重中之重，因为发展旅游业不仅能创造就业机会，增加收入，而且大量外国游客进入伊朗，感受古老的波斯文明和伊朗人民的热情，能够对伊朗有深入的了解，从而消除某些媒体对伊朗负面宣传的影响，减少人们对伊朗的恐惧感，对全面取消对伊朗的制裁、加强世界各国与伊朗的合作具有很大的作用。伊朗前副总统兼伊朗文化遗产、手工业和旅游组织主席苏坦尼法尔 2016 年 5 月 18 日在伊朗驻华使馆举办的伊朗旅游业相关政策及投资推介会上表示，消除西方媒体不实报道带来的误解的最佳途径就是发展伊朗旅游业。他还表示，伊朗是古丝绸之路沿线的一个重要国家，自古以来丝绸之路就是中伊两国拓展合作的重要平台。伊朗愿抓住“一带一路”建设机遇，进一步加强与中国在旅游等领域的合作，“伊朗政府非常重视加强与各国在丝绸之路可持续发展领域的合作，伊朗文化遗产、手工业和旅游组织将为促进文化交流与经贸合作发挥更加积极的作用”。

伊朗总统鲁哈尼在2017年于德黑兰召开的第十七届国际导游公约会议上发表讲话，强调了伊朗发展旅游业的决心。他说：“旅游是加强世界各民族联系的一座桥梁。我们因和平、平等、和睦相处感到自豪。今天，世界各国之间不应该存在阻碍交往的‘墙壁’。”

伊朗政府出台了一系列发展旅游的政策。伊朗文化遗产、手工业和旅游组织，外交部，内政部与情报部成立联合工作小组，出台简化签证手续的政策；伊朗卫生与医学教育部，医务委员会，文化遗产、手工业和旅游组织与外交部联合成立健康旅游战略委员会，制定健康旅游相关政策，并对健康旅游进行监督；放宽过境签证，将机场15天的过境签证延长至30天；增加免签国家数量；鼓励伊朗旅游机构参加在世界各地举办的国际旅游展，在其他国家开设旅游代表机构，宣传伊朗的旅游景点，并提供前往伊朗的旅游服务；改善旅游基础设施，增加各大城市国际机场的容量；增开国际航线，购买新一代客机；减免旅游投资税收，根据伊朗相关法律，外国投资商在伊朗兴建酒店，从营业日开始计算，免税5年，在不发达地区免税时间可达10年，外国旅游公司在伊朗开设代办也享受相应的免税政策。

2016年，伊朗政府提出了1500个发展旅游的投资计划，总投资额超过300亿美元，涵盖文化遗产、手工业和旅游业。增加文化遗产、手工业和旅游组织的年预算，建筑项目的预算从2016年的47%增加到2017年的53%。

伊朗副总统兼文化遗产、手工业和旅游组织主席泽赫拉·艾哈麦迪普尔在接受媒体采访时表示，鲁哈尼政府重视发展旅游业，目前伊朗已进入全球最具吸引力的旅游目的前十名。她还表示，截至2013年，伊朗全国只有125个四星级和五星级酒店，而自2015年至2017年，全国新增30座酒店，另外有25座酒店将在2018年3月竣工，并投入营运。还有500多座酒店正由伊朗国内私营企业建设。艾哈麦迪普尔作为第一位伊朗文化遗产、手工业和旅游组织女主席对发展旅游业充满了信心，她表示，到2025年，伊朗将吸引2000万外国游客。目前到伊朗旅游的外国游客数约为600万，要想在未来8年内达到上述目标，的确任重而道远。所以，她在上任后的一次工作会议中强调，要努力解决旅游发展道路上存在的问题，铲除一切障碍。她表示，政府在文化遗产、手工业和旅游业三个领域有许多投资项目，“我们必须忠实地把这些国家资金用到实处”。在德黑兰召开的第十七届国际导游公约会议上，她在发言中阐述了伊朗在发展旅游方面的决心和采取的一些措施，她表示，伊朗具有强大的旅游吸引力，比如政治稳定、社会安全、人民热情好客、文化多样、民俗各异、物价低廉、人文和自然景观丰富等。在谈到 2017 年的旅游发展规划时，艾哈麦迪普尔表示，目前欧洲国家到伊朗旅游的人数增长 126%，而且伊朗的旅游种类非常丰富。现在伊朗正在争取亚洲国家的游客。伊朗与中国在旅游领域的合作已有数年，伊朗还将努力以吸引更多的中国游客。中国人到伊朗参观或旅游通常住在中国人在当地租的民宅里，所雇用的导游也是在伊朗的中国留学生，这种做法违背了当地法律，已引起伊朗政府的高度重视。伊朗正在努力，让中国游客在伊朗的旅游活动正规化。①

2016 年，伊朗旅游官员与土耳其签署了一项旅游发展谅解备忘录，土耳其将在伊朗建造 10 座星级酒店。

2016 年 5 月，伊朗前副总统兼文化遗产、手工业和旅游组织主席苏坦尼法尔在出席于北京召开的首届世界旅游发展大会期间，与中国国家旅游局局长李金早签署了一项发展旅游的合作谅解备忘录，加强中伊两国在旅游市场评估、旅游宣传、旅游投资、旅游服务、旅游安全、旅游教育、旅游信息交流，以及发展丝绸之路旅游等领域的合作。

据伊朗当地媒体报道，未来伊朗计划每年吸引超过 100 万人次中国游客前往伊朗旅游。2016 年是中伊建交 45 周年，两国在各领域的交往日益频繁，友好关系平稳发展。特别是 2016 年 1 月习近平主席成功访问伊朗后，中伊两国成为共建“一带一路”的天然伙伴。据报道，由于中伊人员往来日益频繁，中国南方航空公司往返德黑兰—北京的航班自 2014 年以来逐年增加，2016 年再度增加至每周 5 班。南方航空新疆分公司市场销售部副总

① 《2017 年伊朗酒店预定增长 126%》，http：//www. khabaronline. ir/detail/665871/society/tourism。

经理许健敏表示，为配合国家“一带一路”建设，服务于两国间经贸往来，德黑兰—北京航线的航班 2017 年将进一步增加至每周 6 班或 7 班，进一步适应市场需求。此外，伊朗马汉航空公司已开通北京、上海和广州至德黑兰的往返航线。

旅游情报公司（Forward Keys）对近三年来伊朗的旅游发展进行了全面研究，发表了一份报告，该报告显示，随着伊朗国际航线的增加，伊朗已成为世界上一个重要的旅游目的国。近几年来，到伊朗旅游的游客逐年增长，2016 年伊朗的旅游人数增长 17.3%，到伊朗旅游的外国游客达到了 600 万，旅游收入 80 亿美元。从全年的入境旅游状况看，2 月游客增长最多，达到了 28.2%，其次是 4 月和 8 月，6 月由于是斋月，到伊朗旅游的游客明显减少，出现了 7.5% 的负增长。报告指出，北美、欧洲和中东地区对伊朗的旅游业发展贡献最大，占到伊朗旅游的总游客数的 83.7%。其中，德国游客最多，占 14.3%，与同期相比增长 8.3%；美国游客占 10.7%，增长速度较快，与同期相比增长 9.3%。2016 年，从到伊朗旅游的游客增长速度来看，巴基斯坦排在第 1 位，游客数增长 62.5%，其次是法国和意大利，增长速度分别为 57.5% 和 36.1%。此外，2016 年，巴林、加拿大、英国等国家到伊朗旅游的游客数也有明显增长。荷兰皇家航空公司（KLM）于 2016 年 10 月增开了一个航班，方便周边国家和地区的游客前往伊朗。瑞士游客通常从维也纳机场飞往伊朗，因此，从 2017 年开始，维也纳飞往伊朗的航班座位增加了近两倍。① 英国航空公司在停飞 4 年后，于 2016 年 9 月 1 日恢复了伦敦至德黑兰伊玛目霍梅尼国际机场的航线。法国航空公司因对伊朗的核制裁于 2008 年停飞从巴黎直飞德黑兰的航班，也于 2016 年 4 月恢复直航。

旅游情报公司在报告中还对 2017 年伊朗的旅游业发展进行了预测，2017 年前三个月，伊朗的旅游业增长约为 14.7%。总体上，2017 年伊朗的旅游业将有很大的增长，其中最主要的原因是伊朗将增加数条国际航线，其

① 《伊朗旅游引擎从未熄灭》，http：//www.isna.ir/news/95110402956/موتور-گردشگری-ایران-خاموش-شدنی-نیست。

他国家也将增加至伊朗的国际航线，其中意大利至伊朗的航线增长 125%，运送的游客数将增加 3 倍。此外，联合国大会通过决议，将 2017 年定为国际可持续旅游发展年；伊斯兰教科文组织将马什哈德定为 2017 年伊斯兰世界文化之都；伊斯兰会议组织将大不里士选为 2018 年伊斯兰世界旅游城市。这些因素必定促使伊朗旅游业在未来几年迅猛发展。

伊朗国内旅游近几年也发展迅速，尤其是宗教旅游、诺鲁兹（春节）旅游比往年发展明显，这一点表明，伊朗国内经济明显改善，民众旅游文化出现上升。

英国欧洲商情市场调研公司中东市场主席、国际分析师尼古拉针对伊朗旅游市场发展发表了一份报告，指出在未来几年伊朗将成为中东和北非的旅游大国。

根据该报告，目前伊朗的旅游年收入并不算太高，每年约为 80 亿美元，但随着旅游基础设施的改善及政府出台一系列发展旅游的政策和措施，预计到 2025 年，伊朗的旅游年收入将达到 350 亿美元。伊朗拥有丰富的旅游资源，在这里既可以看到古老的波斯文明，又可以领略辉煌的阿拉伯 - 伊斯兰文明，从历史古城伊斯法罕到高耸入云的达马万德山峰，从宗教圣城马什哈德到风景秀丽的基什岛，都会令游客流连忘返，留下美好的回忆。

该报告还指出，虽然对伊朗的核制裁已经取消，但美国对伊朗的某些制裁依然存在，即使如此，欧洲国家已经捷足先登，抢占伊朗旅游市场，法国雅高酒店集团（Accor）、西班牙最大的酒店集团美利亚酒店集团已开始布局伊朗市场，阿联酋罗塔娜酒店集团也计划在德黑兰、伊斯法罕和马什哈德三大城市兴建酒店。预计到 2018 年，将有 6 家外国品牌酒店进入伊朗市场，推动伊朗旅游业的发展。

总之，自 2013 年鲁哈尼当选伊朗总统后，伊朗与西方国家的关系相对得到改善，对伊朗长达 10 年的制裁被取消，伊朗步入了经济发展的黄金时期。与其他行业相比，最近几年伊朗的旅游业可谓发展迅猛。随着外国游客不断涌入，伊朗旅游业基础设施、接待能力、管理水平已远远跟不上发展的步伐，许多问题日益凸显。其中，最大的问题是缺少酒店，比如在伊斯法罕

历史名城，有些酒店需要提前3个月预订。伊斯法罕负责旅游事务的官员伊泽德·豪斯指出，自2015年对伊核制裁取消后，许多外国游客涌入这座历史古城，导致酒店爆满。他说："目前我们只有15000个房间，而据统计，我们需要15万个房间。"正如英国欧洲商情市场调研公司中东市场主席、国际分析师尼古拉在报告中所指出的那样，伊朗国际和国内机场已经满足不了日益增长的国外游客，伊朗政府需要投入更多资金改善机场设施，增加容量；伊朗酒店严重不足，游客预订酒店面临许多问题。此外，酒店管理和服务水平亟待提升，需要培训更多的专业人才。酒店网络速度慢在某种程度上降低了服务质量，由于经济制裁，酒店和购物还未实现网上支付。

B.13
2016年伊朗禁毒行动解析

陈利宽*

摘　要：　伊朗是世界上打击毒品犯罪的主力和先锋国家。毒品问题是今天伊朗面临的一个综合性、复杂性和长期性难题。伊朗毒品问题主要表现在两个方面：第一，“金新月”地带毒品非法过境；第二，伊朗国内的毒品滥用和贩毒。伊朗毒品问题的产生有着历史和现实两方面的动因。历史上，伊朗国内就出现了生产和吸食毒品的现象。伊斯兰革命后，年青一代对伊朗经济社会发展状况的不满使他们容易选择使用毒品。濒临世界上最大毒品生产国的地理位置使伊朗成为国际毒品贸易的直接受害者，贩毒给伊朗的国家安全、经济和社会带来严重的问题。伊朗政府在禁毒行动中对毒贩进行严厉打击，对吸毒者进行治疗和教育改造，还开展国际合作共同打击贩毒。尽管伊朗的禁毒行动取得了一定的成效，但由于伊朗国内对毒品的内在需求短期内不会削减、伊阿边境管制难度大、阿富汗对毒品经济的依赖以及西方国家在国际禁毒合作上的不配合，伊朗难以从根本上解决毒品问题，未来伊朗的禁毒行动仍然面临诸多困境和挑战。

关键词：　伊朗　毒品问题　禁毒行动

* 陈利宽，历史学博士，延安大学历史系讲师，西南大学伊朗研究中心兼职研究员。

一 伊朗毒品问题的历史和现状

伊朗毒品问题主要表现在两个方面：第一，“金新月”地带毒品非法过境；第二，伊朗国内的毒品滥用和贩毒。伊朗毒品问题的产生有着历史和现实两方面的动因。

恺加王朝时期，伊朗统治阶层腐化堕落，大量吸食毒品。当时鸦片已经成为伊朗的主要出口产品之一。但是在阿富汗成为世界最大的毒品生产国之前，伊朗国内的毒品问题基本上处于可控的局面，没有出现大规模的毒品滥用和贩毒。毒品使用主要集中在社会上层。

伊朗国内毒品问题的凸显与阿富汗成为全球重要毒品生产国密切相关。伊朗濒临全球最重要的毒品生产地“金新月”地带，是“金新月”地带毒品流向欧洲最主要和最便捷的通道。伊朗南部的锡斯坦－俾路支斯坦省也位于该地带。阿富汗是“金新月”地带的核心。阿富汗毒品主要经伊朗、土耳其、希腊、保加利亚进入西欧。阿富汗鸦片种植的历史已有两千多年，亚历山大大帝东征使鸦片传入阿富汗。阿富汗的鸦片种植长期维持在小规模、零散状态。1979 年苏联入侵阿富汗造成该国国内政治、经济、社会动荡，阿富汗经济发展停滞，政治局面不稳，人民生活贫苦不堪。美国出于打击苏联的需要，大力支持阿富汗人种植鸦片，从而获得收入以提高他们的作战能力，这些因素导致罂粟在阿富汗的大面积种植和鸦片的大量生产。苏联撤军后的军阀混战局面使阿富汗的毒品问题进一步恶化。塔利班时期，政府采取禁毒措施，阿富汗国内的毒品问题得到一定程度的遏制。2001 年塔利班倒台，阿富汗的毒品产量又急剧攀升，阿富汗成为世界上最主要的毒品生产国。[①] 2006 年，以阿富汗为主的“金新月”地带的毒品产量达到 6100 吨，海洛因供应量已占全世界总量的 92%。[②] 2007 年的毒品产量达到 7400 吨，

① 申玉辉：《论美国对阿战略对阿富汗毒品问题的影响》，《南亚研究》2013 年第 1 期，第 55～56 页。

② 杜玮：《论“金新月”毒品问题对我国的影响》，《法制与社会》2009 年第 22 期，第 201 页。

2008 年到 2010 年的毒品产量由 5900 吨下降到 3600 吨，2011 年又迅速增长到 5800 吨，2012 年下降到 3700 吨，2013 年又增长到 5500 吨。阿富汗毒品产量总体上处于高位状态。[①] 2014 年的鸦片产量达到 7500 吨[②]。2016 年，阿富汗生产的毒品占世界产量的 80% 以上。[③]

从 1998 年起，阿富汗一直是世界上种植罂粟最多的地区。2004 年，世界毒品市场上 70% 的鸦片和海洛因以及欧洲市场上 90% 的海洛因都由阿富汗生产。仅 2009 年，过境伊朗的贩卖毒品就达到 145 吨，其中 80% 被运往西方国家，也对伊朗社会造成严重危害。大量的阿富汗难民进入伊朗，很多难民无稳定的谋生手段而选择贩毒。[④]

伊朗毒品问题恶化也有深刻的经济社会根源。1979 年伊斯兰革命后，伊朗与美国关系长期恶化，面临美国及其盟友的长期经济制裁。长达 8 年的两伊战争使伊朗经济遭受重创，伊朗的经济发展情况一直不尽如人意。伊斯兰革命后出生的伊朗人在全球化时代受外部思潮、新事物的影响很大，他们普遍接受过良好的教育。但伊朗经济发展状况难以满足年青一代的就业和生活诉求，而伊朗社会的伊斯兰化和传统习俗的制约更是引发了伊朗年青一代的逆反心理，经济社会诉求难以得到满足使不少年轻人选择吸毒来发泄对社会的不满和寻求心理慰藉。

21 世纪以来，伊朗的吸毒、贩毒活动已经遍布国家全境，给伊朗的国家社会发展带来一系列问题。伊朗各阶层人都对毒品有偏好，很多年轻人和妇女都接触毒品。伊朗国内需求量最大的三种毒品分别是海洛因、鸦片和冰毒。以德黑兰为例，2013 年该城市共有 840 万居民，超过 50 万人接触过毒品。在德黑兰街头，毒品交易几乎随处可见。伊朗各个阶层对毒品的偏好也不同。德黑兰富人聚会主要消费可卡因，年轻人喜欢大麻和摇头丸，老年人喜欢鸦片。[⑤]

---

① UNODC，"Afghaniatan Opium Survery 2013"，p. 44.

② "Iran Raps Minimal Global Support for Anti-drug Fight"，*The Tehran Times*，October 11，2015.

③ "Iran Has Paid a very Heavy Price in Drug Fight"，*The Tehran Times*，June 28，2016.

④ 冀开运：《伊朗毒品问题透视》，《西亚非洲》2007 年第 12 期，第 59 页。

⑤ Ramita Navai：《冰毒席卷伊朗首都德黑兰》，张宝钰编译，《 青年参考 》2014 年 5 月 21 日，第 21 版。

二 毒品问题给伊朗带来的危害

阿富汗毒品过境给伊朗的国家安全、经济和社会带来一系列的挑战。

国家安全方面，1979～2015 年，先后有 3700 名伊朗安全部队成员在与地区和国际武装毒贩作战的禁毒行动中牺牲，1.1 万名安全部队成员受伤或者残疾。截至 2016 年 10 月，伊朗安全部队的死亡人数上升到 4000 人，伤残人数增长到 1.2 万人。[①] 伊朗与阿富汗的边界地带被国际毒贩肆意践踏。近些年，“金新月”地带出现毒贩与极端恐怖分子合流的态势，这给伊朗国家安全带来更大的挑战。

伊朗长期遭受国际社会的经济制裁，其经济发展面临不少问题。禁毒行动使伊朗政府耗费大量的资金。到 2016 年，伊朗在禁毒行动中先后耗资数十亿美元。到 2015 年，伊朗投入到东部边境管控的资金已经达到 70 亿美元。[②] 毒品滥用使伊朗大量年轻人失去劳动能力，不利于经济的发展。伊朗先后有 600 万人因滥用毒品而失去工作能力。

毒品对伊朗社会的危害最为明显。伊朗社会的吸毒人数快速增长。吸毒也造成伊朗感染艾滋病的人数迅速增长。伊朗超过 70% 的艾滋病感染者是因为吸毒而感染的。值得注意的是，伊朗青少年的吸毒问题也很严重。[③] 截至 2016 年年底，与毒品问题相关的罪犯占伊朗罪犯的 40%。伊朗每年判处死刑的罪犯中因毒品犯罪的人占一半以上。[④]

毒品犯罪正在侵蚀伊朗年青一代，侵蚀伊朗的未来，但国际社会提供的支持和帮助远远不够。[⑤] 2015 年，伊朗吸毒人数达到 132.5 万人，2012 年死

---

① “Iran Bearing Heavy Burdens of Fighting Narcotics: Iran's Envoy to UN”, *The Tehran Times*, October 9, 2016.

② “Iran Raps Minimal Global Support for Anti-drug Fight”, *The Tehran Times*, October 11, 2015.

③ “Iran Has Paid a very Heavy Price in Drug Fight”, *The Tehran Times*, June 28, 2016.

④ “40% of Iran Inmates Drug-related Criminals”, *Press TV*, 5 March, 2016.

⑤ “Iran Bearing Heavy Burdens of Fighting Narcotics: Iran's Envoy to UN”, *The Tehran Times*, October 9, 2016.

于毒品引发的问题的人数为3056人，2013年为2219人，[①] 2014年的死亡人数超过3000人。从2014年3月到2015年10月，伊朗因吸毒而死亡的人数同比增长1%，其中吸毒的女性死亡人数增长33%。吸毒的女性约为12万人，占全国吸毒人数的10%。由于女性自身的弱点，她们不敢到戒毒中心接受治疗，因此她们受到的伤害更大。[②] 女性吸毒对伊朗社会的危害更大，妇女吸毒会影响下一代的健康，给家庭稳定带来严重的负面影响。伊朗禁毒总部专家扎赫拉·伯尼尔尼恩（Zahra Bonianian）表示："尽管伊朗女性吸毒人数没有男性高，但对于一个家庭而言，如果把父亲比作屋顶给予家庭保护，那么母亲便是梁柱把家庭紧紧地融合在一起。一旦梁柱倒坍，屋顶也不复存在，家就不存在了。"[③] 伊朗女性吸毒的一个重要表现是年轻、富裕和高学历群体吸毒人数的迅速上涨。全球化时代，伊朗新一代女性普遍接受了较好的教育，广泛接触到外部世界的新事物，但是他们在社会就业等领域仍然无法摆脱传统价值观的束缚，在就业领域得不到公平的竞争机会。这种落差使很多女性选择吸毒来发泄对社会的不满。[④] 伊朗的美容院和体育馆都对毒品有一定的需求。冰毒在伊朗价格低廉，有减肥功效，不少伊朗女性在美容院选择使用冰毒减肥。[⑤]

三　伊朗的禁毒政策和禁毒行动

毒品给伊朗带来巨大的危害，伊朗政府从20世纪80年代就开始制定相关的禁毒政策，实施禁毒行动，严厉打击吸毒和贩毒活动。伊朗的禁毒政策

---

① "Iran Has Paid a very Heavy Price in Drug Fight", *The Tehran Times*, June 28, 2016.

② "Drug Seizures Increase by 21 Percent Inside Iran", *The Tehran Times*, November 2, 2015.

③ 《伊朗女性吸毒人数剧增　专家恐引发社会危机》，2015年1月4日，http://world.huanqiu.com/exclusive/2015-01/5334833.html。

④ Jack Crone, "Iran Facing Drug Abuse Crisis with Record Numbers of Educated Woman Becoming Addicted to Crystal Meth", *Mail Online*, January 8, 2017.

⑤ Ramita Navai：《冰毒席卷伊朗首都德黑兰》，张宝钰编译，《青年参考》2014年5月21日，第21版。

和采取的禁毒行动主要包括以下五个方面。

第一，依法禁毒。伊斯兰革命后，伊朗政府加大了对吸毒和贩毒活动的打击力度。政府颁布法令禁止在国内种植罂粟。1989 年 1 月，伊朗议会批准禁毒法，规定任何携带 30 克以上海洛因或 5000 克以上鸦片的人都将被处以极刑。自颁布禁毒法到 2013 年，伊朗已处决了 4000 多名毒贩。[①] 2016 年 2 月，伊朗南部锡斯坦－俾路支斯坦省一个村庄的所有成年男子因毒品犯罪被处死。[②]

对毒贩执行死刑是伊朗禁毒行动的重要举措。2016 年 10 月 7 日，伊朗司法部官员穆罕默德·贾瓦德·拉里贾尼（Mohammad Javad Larijani）在接受巴西《圣保罗州报》（*O Estado de São Paulo*）记者采访时，表示伊朗正在研究进行法律改革，可以考虑减少对贩毒人员判死刑，但是对于贩毒团伙头目执行死刑不会改变。[③] 但是从实际效果来说，对毒贩执行死刑并未遏制国内的贩毒活动。伊朗已经开始调整对毒贩执行死刑的政策，对毒枭执行死刑，对其他毒贩不执行死刑，减少执行死刑的数量。2015 年 12 月，伊朗议会有超过 70 名议员提议终止对毒贩执行死刑。[④]

伊朗司法部官员穆罕默德·巴克尔·艾利发特（Mohammad Baqer Olfat）在 2016 年 8 月 27 日接受塔斯尼姆通讯社记者采访时，表示对毒贩处以死刑产生的震慑作用有限。尽管伊朗全力打击毒贩，但是国内的贩毒规模、毒品种类和参与贩毒的人员呈增长态势。他向伊朗司法部门提议用对毒贩实施长期劳改代替执行死刑。[⑤] 但是要废除对毒贩的死刑短期内不现实。

---

① 《世界各国禁毒措施》，2013 年 6 月 20 日，央视网，http：//www. cctv. com/special/4/4/606. html。

② Lizzie Dearden，“Every Man in Iranian Village Executed on Drugs Charges”，*India Times*，February 27，2016.

③ “Iran to Revise Capital Punishment in Near Future：Official”，October 8，2016，http：//ifpnews. com/news/politics/security/2016/10/iran – revise – capital – punishment – near – future – official/.

④ Saeed Kamali Dehghan，“Iran under Pressure to Abolish Death Penalty for Drug Trafficking”，*The Guardian*，June 2016.

⑤ “Alternative to Death Sentence Proposed for Drug Traffickers”，*IFP News*，August 27，2016，http：//ifpnews. com/news/legal/judiciary/2016/08/alternative – death – sentence – proposed – drug – traffickers/.

第二，加强对吸毒者的改造和教育，帮助吸毒者戒毒。伊朗在打击吸毒和贩毒活动的同时，也在国内广泛开展禁毒方面的教育和宣传工作。伊朗重视在学校和办公场所进行抵制毒品的教育，对青少年进行禁毒方面的教育，预防他们吸毒和贩毒。伊朗还利用电影、电视、报纸杂志等向社会宣传毒品的危害，在清真寺和社会开展预防毒品教育活动。[①] 在全国范围内展开反毒品宣传也是伊朗政府采取的一项重要措施。政府通过各种新闻媒体鼓励群众揭发、举报毒品走私活动。仅 1997 年，伊朗政府就为此向电台和电视台等宣传机构拨 50 亿里亚尔（约合 166 万美元）专款。同时，政府在全国各地设立戒毒所，帮助吸毒者戒毒。同年，全国戒毒中心的数量已达 17 所。到 2016 年，伊朗国内建成 5233 个戒毒中心，其中有 4647 个由非政府组织负责经营。

伊朗政府在帮助吸毒者戒毒的同时，还为治愈的吸毒者提供工作岗位。伊朗内政部副部长阿里礼扎·贾兹尼（Alireza Jazini）在 2016 年 4 月接受《德黑兰时报》采访时表示伊朗已经为 1500 名治愈的吸毒者提供了工作岗位。解决毒品治愈者的工作问题十分重要，很多治愈者因为找不到合适工作而重新吸毒。[②] 2016 年，注射毒品造成的感染艾滋病人数已经下降了 60%。[③]

国内青少年吸毒人数的大量增加使政府重视对青少年的禁毒教育。政府通过各种途径教育青少年要远离毒品。政府在大学和中学设立了大量的培训项目，伊朗参加培训的学生人数已经达到 300 多万。伊朗在 15 个省建立大量的康复治疗中心，对大批吸毒者进行强制戒毒。

政府每年向戒毒和艾滋病防治项目投入大量的资金。国内的戒毒工作也取得了明显的成效。2015 年，伊朗的吸毒人数已经下降了 22%。但是国内的吸毒问题仍很严重，死于吸食毒品的人数仅次于死于车祸的人数。伊朗对

---

① 冀开运：《伊朗毒品问题透视》，《西亚非洲》2007 年第 12 期，第 60 页。

② "1500 Jobs Created for Recovered Addicts", *The Tehran Times*, April 10, 2016.

③ "Iran Bearing Heavy Burdens of Fighting Narcotics: Iran's Envoy to UN", *The Tehran Times*, October 9, 2016.

毒品上瘾的女性数量从2011年开始每年以5%的速度增长。这主要是在减肥过程中使用毒品造成的。[①] 到2015年，有75万吸毒者接受相关方面的戒毒服务。

政府还支持非政府组织参与禁毒工作。到2016年，有超过1200个非政府组织在伊朗境内参与禁毒工作，伊朗政府支持非政府组织的工作，这些组织的工作包括开办戒毒中心、帮助吸毒者康复等。它们的工作得到政府的支持和肯定。例如，伊朗国家福利组织（State Welfare Organization of Iran）将妇女染毒者的戒毒康复问题作为优先项。非政府组织再生社会（Rebirth Society）的工作很有成效，该组织不仅在伊朗境内广泛开展戒毒工作，减少民众对毒品的需求，而且在亚洲范围内开展活动。该组织发起成立了亚洲戒毒协会（Asian Drug Demand Reduction NGOs Association），协会吸引了包括来自中亚和西亚地区的非政府组织成员参与进来，成立该协会的目的是推动亚洲地区的戒毒工作。[②]

伊朗政府重视每年"6·26"国际禁毒日前后的宣传工作。2005年6月26日，伊朗公开销毁缴获的50吨毒品。2013年6月26日，伊朗公开销毁毒品超过100吨。2016年国际禁毒日前的6月21日，伊朗国内开展多项活动。检察官贾法尔·蒙塔泽里（Jafar Montazeri）呼吁国际社会支持伊朗的禁毒工作。[③]

第三，对越境贩毒团伙实施武力打击，缴获毒品。贩毒势力往往装备各种先进武器，具备较强的作战能力，伊朗警方难以单独应对。政府在禁毒行动中经常直接出动军队对贩毒集团进行武力打击，或击毙毒贩，收缴毒品。1993年伊朗共缴获各种毒品95吨，1994年增加到135吨，1997年则高达195吨。[④] 2011年，伊朗缴获了全世界89%的鸦片、41%的海洛因和吗啡，

---

① "Number of Drug Users Has Dropped by 22 Percent in Iran: Official", *The Tehran Times*, December 26, 2015.

② "Iran Has Paid a very Heavy Price in Drug Fight", *The Tehran Times*, June 28, 2016.

③ Hua Xia, "Iran Marks Int'l Anti-drug Day", *New China*, June 22, 2016.

④ 《世界各国禁毒措施》，2013年6月20日，央视网，http://www.cctv.com/special/4/4/606.html。

缴获的毒品总量超过 500 吨。2012 年，伊朗共缴获 388 吨鸦片，占全球缴获鸦片量的 72%。[①] 根据联合国毒品和犯罪问题办公室 2014 年发布的报告，2012 年伊朗缴获了世界上 74% 的鸦片与 25% 的吗啡和海洛因。[②] 2014 年，伊朗政府缴获的各类毒品超过 500 吨，包括 13.459 吨海洛因、12.717 吨吗啡和 393.013 吨鸦片。[③] 2015 年，伊朗缴获各种毒品 620 吨[④]。伊朗缴获的毒品量占世界缴获量的 90% 以上[⑤]。

2015 年，伊朗共抓捕各种毒枭和毒品交易商 29.823 万人。参与毒品活动的人员比 2014 年增加 8%。伊朗政府的禁毒行动也比 2014 年增加了 5%。[⑥] 根据伊朗禁毒总部发言人帕尔乌兹·阿夫沙尔的说法，从 2015 年 3 月到 11 月，伊朗缴获各种毒品 366.577 吨，包括 9 吨海洛因、2.701 吨吗啡，1.243 吨冰毒、283 吨鸦片和 5.5 吨大麻。其间，伊朗安全部队共与毒贩团伙作战 1510 次，打掉 1767 个帮派，摧毁 133 个毒品生产和实验场所。伊朗有 2 名警察在战斗中死亡。政府的禁毒行动导致冰毒在伊朗的售价飞涨，每公斤冰毒的价格从 2014 年的 5567 美元上涨到 2015 年的 1.729 万美元。海洛因的售价上涨 2%，而鸦片的价格下降了 34%。[⑦] 根据伊朗边防军军官卡西姆·礼萨伊（Qassem Rezaee）的说法，伊朗在边境管控、打击贩毒团伙方面比阿富汗和巴基斯坦做得好，伊朗军队在 2015 年 11 月的一次行动中就打掉一个贩毒团伙，缴获 2 吨毒品。[⑧]

2016 年前 4 个月，伊朗共缴获过境毒品 220 吨，比 2015 年同期的缴获

---

① "Alternative to Death Sentence Proposed for Drug Traffickers", *IFP News*, August 27, 2016, http://ifpnews.com/news/legal/judiciary/2016/08/alternative-death-sentence-proposed-drug-traffickers/.

② UNODC, "World Drug Report 2014", http://www.unodc.org/wdr2014/.

③ "Iran Has Paid a very Heavy Price in Drug Fight", *The Tehran Times*, June 28, 2016.

④ "Iran Bearing Heavy Burdens of Fighting Narcotics: Iran's Envoy to UN", *The Tehran Times*, October 9, 2016.

⑤ "Iran Raps Minimal Global Support for Anti-drug Fight", *The Tehran Times*, October 11, 2015.

⑥ "Some 536 Tons of Drugs Seized in Iran in 10 Months", *The Tehran Times*, January 28, 2016.

⑦ "Drug Seizures Increase by 21 Percent Inside Iran", *The Tehran Times*, November 2, 2015.

⑧ "Iran Blames Pakistan, Afghanistan for Drug Trafficking in Borders", *The Tehran Times*, November 15, 2015.

量增长了12%。伊朗投入边界管控的资金已经达到70亿美元。[①] 2016年7月，伊朗警察在两次禁毒行动中缴获2吨毒品[②]；在锡斯坦－俾路支斯坦省的两次禁毒行动中，伊朗安全部队共缴获2吨鸦片、1辆卡车和2辆汽车。[③] 2016年8月，伊朗警方在南部锡斯坦－俾路支斯坦省逮捕大毒枭，他承认伊斯兰革命后共走私毒品800吨。他手下的300名团伙成员也被抓获。[④] 2016年9月，伊朗警方在南部的霍尔木兹甘省缴获各种毒品超过4.6吨。

伊朗政府坚决打击国际毒贩，反对和贩毒分子进行妥协。国际毒贩经常寻求和伊朗政府进行接触谈判，他们希望伊朗政府让毒品过境，同时担保绝不让毒品流入伊朗而危害伊朗政治和社会，他们的尝试都被伊朗坚决拒绝。伊朗反毒品军队司令穆罕默德·马苏德·扎赫丁将军在接受伊朗塔斯尼姆通讯社记者采访时表示，接受毒贩们的要求是伊斯兰教所不允许的，伊朗反对任何贩毒行为。[⑤]

第四，加强边境管控。1995年1月，伊朗同巴基斯坦签署了一项协议，决定在此后3年里共同建立边境哨所，提高双方反毒机构的预警能力和交换边境地区有关毒品走私活动的信息。2007年，伊朗、阿富汗和巴基斯坦三方禁毒机制在联合国毒品和犯罪问题办公室的协助下成立。该机制建立的目的是提高三国在禁毒行动方面的协作能力。三国以此为契机加强边境管控，

① "220 Tons of Narcotics Seized Across Iran in Four Months: Police", *IFP News*, http://ifpnews.com/news/politics/security/2016/08/220-tons-narcotics-seized-across-iran-four-months-police/.

② "Police Seize over Two Tons of Opium in Southeastern Province", July 24, 2016, http://ifpnews.com/news/politics/security/2016/07/iranian-police-seize-two-tons-opium-southeastern-province/Iranian.

③ Huaxia, "Iran Cracks Down on Drug Ring by Seizing Two Tones of Opoum", *New China*, July 25, 2016.

④ "Iranian Police Arrest Drug Kingpin in Southeastern Province", *IFP News*, http://ifpnews.com/news/politics/security/2016/08/iranian-police-arrest-drug-kingpin-southeastern-province/.

⑤ "Iran Rejects International Drug Cartels' Transit Offer", *IFP News*, December 3, 2016, http://ifpnews.com/news/politics/security/2016/12/iran-rejects-international-drug-cartels-transit-offer/.

共享相关的情报，并采取联合行动打击毒品犯罪活动。三国在德黑兰建立联合指挥中心（Joint Planning Center，JPC）以协调三国在边境地区的行动，打击跨境活动的毒贩。联合指挥中心由来自三国的联络官员组成，他们相互交换情报信息，直接实施对毒贩的逮捕行动。三国联络官员还成立了专门机构联络局，联络局位于三国边境地区，对毒贩的活动进行监控和打击。截至2015年11月，在该机制下，三国多次召开各种级别的会议，其中包括7次内阁级会议，三国高官就禁毒斗争进行了11次会谈，三国还召开了4次禁毒斗争的情报信息交流会议。进入21世纪以来，伊朗政府先后与土库曼斯坦、哈萨克斯坦等国开展禁毒合作。伊朗与阿富汗和巴基斯坦的合作是伊朗开展地区禁毒合作的重中之重。伊朗加强对其与巴基斯坦和阿富汗边境地带的管制，伊朗在边界地带通过修筑沟渠、设置岗哨和架设通电钢丝网阻止毒品从巴基斯坦和阿富汗入境。伊朗在边境修筑的围墙已经达到600公里。政府派遣大量安全部队在边境地带进行清剿活动。同时，政府在入境的交通要道设置关卡，严格检查过往人员、车辆。

2015年4月13日，担任伊朗禁毒指挥部（Iran's Drug Control Headquarters）副秘书长的阿里礼扎·贾兹尼在接受《德黑兰时报》采访时表示，2001年美军入侵以来，阿富汗的毒品生产规模迅速扩大，年增长率为40%。美国及其盟国在阿富汗的毒品控制上没有大作为。① 2016年4月，费多托夫对伊朗在多国联合禁毒工作中发挥的作用表示赞赏，他呼吁伊朗多与地区国家分享禁毒经验和信息，以满足地区国家在反毒斗争方面开展长期合作的需要。②

贾兹尼强调要从根本上消除阿富汗的毒品产销走私系统，伊朗需要在坚持开展本国禁毒行动的同时，加强与阿富汗和巴基斯坦的地区合作，支持阿富汗建立稳定有力的统一中央政府，这是根治毒品走私所必需的。此外，还需要为阿富汗的经济重建提供帮助，引进其他经济作物改善阿富汗农民的生

① "Iran Gets Extremely Little International Aid in Drug War: Official 'Anti-drug Campaign Requires Determination of Nations'", *The Tehran Times*, October 9, 2016.

② "Iran Staunching Flow of Narcotics Into U. S., Europe", *The Tehran Times*, April 19, 2016.

活，使他们在种植毒品之外有其他的谋生手段。

2016 年 8 月 6 日，伊朗与阿富汗举行双边会谈，其中的重要议题包括边境管控和打击贩毒活动。伊朗参会代表是国家安全委员会秘书阿里·沙姆哈尼（Ali Shamkhani），阿富汗参会代表是总统国家安全顾问穆罕默德·哈尼夫·阿特马尔（Mohammad Hanif Atmar）。[①] 2016 年 8 月 7 日，伊朗外交部部长穆罕默德·贾瓦德·扎里夫（Mohammad Javad Zarif）在德黑兰与巴基斯坦和阿富汗安全部门高官进行会谈，三方就边境管控和打击毒品走私问题进行磋商。[②]

2016 年 9 月 25 日，伊朗参加在阿富汗首都喀布尔举行的第 7 届中亚禁毒五国会议，参会国包括伊朗、塔吉克斯坦、阿富汗和俄罗斯四个会议成员国，成员国巴基斯坦没有参加此次会议。与会各国达成共识，要共同应对世界毒品问题。各国应加强禁毒情报共享，加强陆上禁毒能力建设，打击贩毒活动，就吸毒者戒毒改造问题加强经验交流，加强对禁毒机构专业人员的培训和再培训合作。[③]

第五，加强禁毒国际合作。伊朗与欧盟的禁毒合作开始于 2005 年，该年 3 月，双方进行会谈。开展禁毒合作符合双方共同利益，从伊朗过境的毒品大部分流到欧洲。伊朗呼吁欧盟支持阿富汗农民种植其他作物谋生，在阿富汗周边遏制贩毒活动，将毒品遏制在生产地。[④] 2016 年，伊朗和意大利加强在各领域禁毒工作的合作，意大利为伊朗提供大量的监控设备用于禁毒行动。[⑤]

---

① "Iran, Afghanistan Exchange Views on Water, Security, Border Control", *The Tehran Times*, August 6, 2016.

② "Zarif Holds Talks with Top Afghan and Pakistani Security Officials", *The Tehran Times*, August 7, 2016.

③ Huaxia, "Fighting Drug, A Shared Responsibility of Int'l Community: Afghan Counter-narcotics Minister", *New China*, January 8, 2017.

④ 冀开运：《伊朗毒品问题透视》，《西亚非洲》2007 年第 12 期，第 60 页。

⑤ "Italy Ready to Upgrade Iranian Anti-Drug Police Equipment: Official", *IFP News*, April 30, 2016, http://ifpnews.com/news/politics/security/2016/04/italy-ready-to-upgrade-iranian-anti-drug-police-equipment-official/.

2014 年，欧盟通过联合国毒品和犯罪问题办公室给伊朗提供援助。其主要援助措施是建立为吸毒者提供服务的短期医疗康复中心和帮助训练禁毒行动专用犬。联合国毒品和犯罪问题办公室支持伊朗采取严格的法律措施与加强边界管控打击毒贩。支持伊朗在联合国相关条款的框架下采取全方位的举措应对国内的吸毒问题，帮助吸毒者康复。支持阿富汗种植罂粟可替代作物，向阿富汗提供援助以降低其境内的毒品生产。但让阿富汗农民放弃种植鸦片并不现实，在阿富汗目前动荡的局势下，农民除了种植鸦片外不愿种植别的作物。联合国毒品和犯罪问题办公室的相关部门对阿富汗农民种植罂粟的原因进行了调研，主要原因包括鸦片的高售价与高收益、改善生活条件、贫困和产量高。①

2002 年，伊朗与奥地利就禁毒工作开展合作。2015 年 12 月 17 日，两国再次就禁毒工作签署备忘录，继续保持合作。伊朗内政部部长法兹利和奥地利官员约翰纳·米克尔－莱特纳（Johanna Mikl-Leitner）在维也纳会面，双方就禁毒问题进行了重点协商。伊朗和奥地利都是毒品输往欧洲的重要中转地。莱特纳赞赏伊朗在禁毒工作中所做出的贡献，认为伊朗截获了从阿富汗走私到欧洲的毒品的一半。双方表示两国国际刑警将加强合作，共同打击毒品走私。②

长期以来，伊朗获得联合国在禁毒方面提供的援助。2014 年 6 月，联合国毒品和犯罪问题办公室驻伊朗代表莱克·布恩瓦特（Leik Boonwaat）到访伊朗位于伊阿边境的禁毒总部。2015 年 12 月 15 日，伊朗和联合国毒品和犯罪问题办公室在维也纳签署合作协议以应对来自阿富汗的贩毒问题。伊朗方面出席会议的是内政部部长法兹利，联合国毒品和犯罪问题办公室方面出席会议的是执行官尤里·费多托夫（Yury Fedotov）。联合国毒品和犯罪问题办公室与伊朗政府达成 2015～2019 年的新合作项目协议。协议内容包括帮助伊朗控制国内的毒品犯罪，治理吸毒问题，增加对伊朗

---

① UNODC，"Afghanistan Opium Survey"，2005～2013，转引自文丰《阿富汗毒品及其对中亚的影响》，《新疆社会科学》2014 年第 6 期，第 80 页。

② "Iran，Austria Boost Co-op to Fight Narcotics"，*The Tehran Times*，December 17，2015.

禁毒行动的支援。[①] 其中一个很重要的合作项目就是研究罂粟的可替代作物，联合国将与伊朗在这方面开展合作，并向伊朗提供必要的支持。伊朗将在五年内提供2亿美元用于边境管控和禁毒执法。

四 伊朗禁毒行动成效评估及前景

毒品问题是国际社会共同面对的世界性难题。伊朗禁毒行动的成效与国际社会的支持和配合密切相关。伊朗政府与国际社会保持合作，这种合作涵盖了从与阿富汗、巴基斯坦、中亚国家、欧洲国家的合作到与联合国合作等多个层面。国际社会的援助和配合在一定程度上提高了伊朗打击贩毒势力的能力，有助于伊朗在国内针对吸毒者开展戒毒行动，伊朗的禁毒行动得到联合国等国际社会组织的高度赞誉。联合国国际禁毒委员会在2011年度的报告中指出，伊朗在禁毒工作中“走在了世界的前面”。禁毒行动成为伊朗与国际社会开展合作的重要途径，可以树立伊朗在国际社会的正面形象，争取国际社会的广泛援助，提高伊朗的国际影响力。2016年10月，伊朗驻联合国代表古拉姆·侯赛因·德加尼（Gholam Hossein Dehqani）在联合国大会第三委员会上发言时强调了伊朗在禁毒行动中所付出的代价以及对国际社会的贡献。他认为伊朗是处在禁毒战斗前线的国家，伊朗在打击国际毒品犯罪、保护国际社会免遭毒品伤害的行动中先后花费数十亿美元，本国人员大量伤亡。要流入世界的毒品中，超过80%的鸦片、约40%的海洛因和吗啡在伊朗被截获。[②] 伊朗近年来为禁毒工作投入了大量的人力、物力和财力，在打击毒品走私方面做出了突出的贡献。联合国毒品和犯罪问题办公室发布的统计数据显示，在控制毒品入境和减少毒品需求方面行动的成效，伊朗位列“金新月”地区之首。为打击毒品滥用和走私，伊朗政府每年投入将近

① “Iran Bearing Heavy Burdens of Fighting Narcotics: Iran’s Envoy to UN”, *The Tehran Times*, October 9, 2016.

② “Iran Bearing Heavy Burdens of Fighting Narcotics: Iran’s Envoy to UN”, *The Tehran Times*, October 9, 2016.

10 亿美元，其中数百万元用于边境管理和建设。伊朗的禁毒行动有效地遏制了阿富汗毒品向欧洲的走私。但是，伊朗的禁毒行动仍然会长期面临巨大的困境和难度。

当前，伊朗要解决国内的毒品问题还面临一系列国内外因素的制约。第一，伊朗经济发展的滞后致使毒品交易泛滥。伊朗经济长期不振，货币贬值，通货膨胀严重，民众生活水平长期得不到改善。伊朗伊斯兰革命后，长期的社会伊斯兰化政策造成伊朗民众特别是年轻人的社会生活单调、乏味，缺少正常、适当的文化体育活动，不少民众选择吸毒发泄对社会生活的不满。[①] 伊朗的这种经济社会状况短期内难以改变，因此，国内对毒品的需求将长期存在。

第二，伊阿边境管制难度大。伊朗和阿富汗有 975 公里的边境线，管制难度很大。该地区地形复杂，经济社会发展普遍落后。伊朗国内也有不少人以贩毒为业。国内外毒贩长期保持合作，不少毒贩与极端恐怖分子进行合作。他们都配备一定数量的先进武器装备，有较强的作战能力，对伊阿边境地带有较强的渗透能力。在伊朗与阿富汗和巴基斯坦边境，毒贩利用弹射器越过伊朗的隔离设施将毒品投送到伊朗境内。[②]

第三，阿富汗是世界上最大的毒品生产地，阿富汗对毒品经济的依赖使阿富汗的毒品生产态势难以改观。毒品贸易的巨额利润使国际贩毒集团敢于铤而走险，越境伊朗从事非法毒品贸易。伊朗对毒贩执行死刑也难以对毒贩进行有效震慑。阿富汗脆弱的政府难以和伊朗开展有效的禁毒合作，不利于伊朗的边境管控和通过国际合作打击贩毒集团。

第四，西方国家在国际禁毒合作上的不配合。伊朗和西方国家在禁毒问题上有共同利益。过境伊朗的毒品大部分流向欧洲，但是欧美国家政府出于意识形态和本国自身利益的考虑，加上与伊朗的政治矛盾，它们对伊朗禁毒

---

① 冀开运：《伊朗毒品问题透视》，《西亚非洲》2007 年 12 期，第 59 页。

② “Smugglers in Afghanistan Use Catapult to Get Drugs over Iran’s Borders”, *IFP News*, May 11, 2016, http://ifpnews.com/news/politics/security/2016/05/smugglers-in-afghanistan-use-catapult-to-get-drugs-over-irans-borders/.

行动的支持有限。2015 年，联合国毒品和犯罪问题办公室与伊朗签署为期 5 年的禁毒合作协议，但这并没有影响到西方国家借助人权问题向伊朗施压。2016 年，英国、意大利、德国、澳大利亚、丹麦、爱尔兰和挪威等国没有给伊朗的禁毒斗争提供任何国际基金。此外，它们还经常以人权问题指责伊朗对毒贩执行死刑，不给伊朗与联合国的禁毒合作提供资金支持，指责伊朗革命卫队将缴获的毒品销售获利，批评伊朗将其援助的狙击步枪等装备用于支持伊拉克什叶派武装和黎巴嫩真主党等。西方国家这种说法的真实性难以得到证实。西方国家不配合伊朗禁毒的另一个因素是经济利益。他们从“金新月”到欧洲的整个毒品贸易链中获得巨额的经济收益。美欧各国是毒品的消费大国，毒品在这些国家中被广泛用于私人消费和科研活动。阿富汗是世界上最大的毒品生产地，欧美国家如果全力支持伊朗的禁毒行动，将导致流入欧洲的毒品数量大幅减少，进而引发毒品价格的暴涨，不符合他们的利益。毒品贸易产生的大量资金流入西方国家银行。此外，西方国家还是阿富汗提炼毒品所需的化学原料的主要提供者。①

国内外因素的影响使伊朗的禁毒行动短期内难以从根本上解决国内存在的毒品问题。

① 申玉辉：《论美国对阿战略对阿富汗毒品问题的影响》，《南亚研究》2013 年第 1 期，第 59 ~ 60 页。

B.14

伊朗互联网发展历程及其影响

罗炯杰　冀开运*

摘　要： 进入21世纪以来，互联网技术改变了人们生活的方方面面。伊朗作为中东地区强国，在接纳以互联网为代表的新兴技术过程中具有浓厚的“伊朗特色”。互联网自1992年首次接入伊朗以来，随着伊朗国内外形势不断地变化，互联网在伊朗的发展起起伏伏。经历了2009年总统选举引发的风波后，内贾德政府更是加强了对互联网技术的管理，逐渐完善了国内互联网管理体系。2013年鲁哈尼政府上台后，倡导以宽容的态度应对以互联网为代表的新技术，这给整个伊朗社会信息技术的发展带来了希望。自2016年国际社会施加的制裁解除后，伊朗国内庞大的通信市场将吸引众多公司前往投资，伊朗的互联网技术有望借助全球市场的竞争态势进行大幅升级，伊朗信息技术发展的趋势向好。

关键词： 伊朗　互联网管理　信息技术

一　互联网在伊朗的发展历史

互联网在世界各地的发展都是在与各国的社会现状和历史文化背景

* 罗炯杰，西南大学政治与公共管理学院硕士研究生；冀开运，西南大学伊朗研究中心主任，西南大学历史文化学院教授。

之间进行不断地协调适应，最后成为国家政治、经济、文化、社会生活中重要的一部分，伊朗亦是如此。伊朗是中东地区第二个接入国际互联网的国家，国内最早的互联网服务主要应用于学术和研究机构，1992 年，位于德黑兰的伊朗基础科学研究所（IPM）首次连接国际互联网。1993 年，伊朗最高通信委员会宣布与伊朗电信公司（TCI）开始商讨在全国范围建立数据网络的计划。1995 年，伊朗政府提出由政府来主导国内互联网的发展及相关基础设施的建设，但由于缺乏相关的经验、资源和明确的目标，伊朗互联网的发展和相关设施的建设进展缓慢，到 1995 年，伊朗国内约有 2500 人接触到互联网，他们大多使用互联网来发送和接收电子邮件。

1997 年，哈塔米当选伊朗总统，上任后便着手推行一系列改革计划，在经济改革中期望借助新技术的发展拉动国内经济，提高国民收入水平。哈塔米总统关于发展伊朗科技的规划，由时任伊朗电话、电报和邮政部部长纳斯鲁拉·贾汉格德（Nasrollah Jahangard）主导实施。贾汉格德提出伊朗要建立知识型经济体系，鼓励外资和民间资本参与伊朗网络建设，向民众提供廉价、易于使用的网络服务。[①] 同时期，伊朗国内已经涌现出一批由民间资本运营的网络公司，它们通过租用伊朗电信公司的线路向民众提供互联网服务。伊朗的各大城市里私人投资开设的网吧数量也迅速增加，据估计，2000 年德黑兰市就有 7000 ~8000 家网吧，而当年伊朗国内的互联网用户数量约为 615164。[②]

互联网在伊朗的发展长期以来受制于国际社会对伊朗实施的制裁。一些国家规定禁止将高科技产品出口到伊朗，这导致伊朗国内的计算机和通信类产品大部分都由非正式渠道进口，所以伊朗国内计算机和移动通信设备不仅价格昂贵，而且配件短缺、缺乏售后保障。因为伊朗通信产业整体缺乏国外资金的投入和充分的市场竞争，伊朗民众使用互联网的成本高，平均每月的

---

① Annabelle Sreberny and Gholam Khiabany, *Blogistan: The Internet and Politics in Iran*, I. B. Tanuris & Co Ltd, 2010, p. 28.

② World Bank, http://data. worldbank. org/country/iran - islamic - rep?view = chart.

网络费用为 35000 土曼（折合 35 美元）。[①] 用购买力平价理论分析伊朗国内的互联网费用会更加直观，据测算，2005 年伊朗国内购置 1 台电脑大约需花费 2250 美元，在网吧上网的费用为 3.5 美元/小时，使用拨号方式上网费用为 1 美元/小时，而使用网速为 128 ~ 512Kpbs 的宽带网络每月需花费 1200 美元。[②] 当时，伊朗国内互联网和电子科技属于比较奢侈的事物，但还是有部分民众对其十分着迷，这得益于伊朗城市青年群体的成长。自两伊战争结束后，伊朗政府将经济建设列为国家头等大事，得益于石油价格的一路走高和总体平稳的地区环境，伊朗的经济发展迅速。2004 年以前，伊朗 GDP 增速一直高于中东地区 GDP 的平均增速，且 GDP 总量一直位居中东地区前列，1999 年伊朗人均国民收入净额就达到了 1341 美元。不仅如此，伊朗也属于中东地区“最年轻”的国家，国内 30 岁以下人口占伊朗总人口的 50%。伴随着经济的快速发展，在伊朗国内逐渐形成了以受过高等教育的城市人口为主的年轻群体，这个群体在伊斯兰革命前后出生，受过比以往任何一代伊朗人都完整的良好教育，大多数人都曾通过卫星电视接触到非伊斯兰的外来文化。这个城市青年群体一方面向往西方现代社会，另一方面却在现实生活中接受单调的伊斯兰式的文化范式。[③] 当以互联网为代表的新技术和相关设备进入伊朗时，这个群体便对这种能够了解世界和丰富个人生活的新兴事物极为着迷。不光是城市青年群体，越来越多的伊朗民众都开始通过互联网了解世界，在互联网中追寻他们感兴趣的内容。

伊朗政府长期以来对国内的传媒、通信行业把控严格，开办杂志社、出版社和报社，设立电台、电视，不仅需要一定的资金和实力，还需要经过重重的审查。互联网的普及逐渐打破了伊朗政府对信息传播渠道的管制。互联网凭借其快捷、灵活、廉价、受制约少等特点吸引了越来越多的伊朗民众通

---

① Annabelle Sreberny and Gholam Khiabany, *Blogistan: The Internet and Politics in Iran*, I. B. Tanuris & Co Ltd, 2010, pp. 18 – 19.

② Annabelle Sreberny and Gholam Khiabany, *Blogistan: The Internet and Politics in Iran*, I. B. Tanuris & Co Ltd, 2010, p. 19.

③ 韩建伟：《当代伊朗青年亚文化初探》，《西亚非洲》2011 年第 3 期，第 52 ~ 56 页。

过这个渠道传播信息，其中以博客、Twitter、Facebook、YouTube 等为代表的社交媒体的盛行更是极大地改变了伊朗民众的生活。

2001 年 9 月，萨尔曼·贾里里（Salman Jariri）发出了伊朗的第一条博客，两个月后，记者侯赛因·德拉克斯汗（Hossein Derakhshan）发出了第一条用波斯语写的博客，还在博客上向民众宣传如何开设波斯语博客，希望更多的民众能够接触这一新兴的交流渠道。据统计，2001 年伊朗国内互联网用户数量约为 991648[①]，而当年伊朗国内开设的博客总数约为 200 个[②]。到 2003 年，伊朗国内博客数量增长到 13000 个，根据相关报道，2005 年博客数量更是增长到 700000 个[③]。伊朗国内的博客以波斯语为主，许多博客主还将英语作为其博客语言。许多阿富汗人和土耳其人以波斯语撰写的博客也会被转载到伊朗。博客在伊朗的迅速发展引起了政府的关注。2003 年 9 月，时任伊朗副总统穆罕默德·阿里·阿布塔西（Mohammad Ali Abtahi）开设了自己的英语版本和阿拉伯语版本博客，其访问量一天能达到 15000 人。时任总统哈塔米在出席 2003 年 12 月于日内瓦召开的“信息社会世界峰会”时向外界表示，伊朗国内的网络发展迅速，波斯语博客数量在世界上只少于英语和法语的博客。博客的快速发展使互联网的参与性和互动性变得更强，伊朗国内许多非政府组织都希望借助互联网来宣传自己，扩大在民众中的影响力。

宗教团体注意到互联网的传播途径多、受众群体范围广等特点，积极以网络为载体宣传其宗教主张和教义。宗教团体不仅能够通过博客宣传宗教思想教化伊朗国内民众，而且能够向国外输出伊斯兰教思想。位于宗教圣城库姆和马什哈德的伊斯兰教团体不仅开设网站和博客宣传伊斯兰教，还将 2000 多本伊斯兰教经典刻录在 CD 上并上传到网络。[④] 据统计，2005 年各类

---

① World Bank，http：//data. worldbank. org/country/iran – islamic – rep?view = chart.

② Annabelle Sreberny and Gholam Khiabany，*Blogistan*：*The Internet and Politics in Iran*，I. B. Tanuris & Co Ltd，2010，p. 35.

③ Annabelle Sreberny and Gholam Khiabany，*Blogistan*：*The Internet and Politics in Iran*，I. B. Tanuris & Co Ltd，2010，p. 35.

④ Annabelle Sreberny and Gholam Khiabany，*Blogistan*：*The Internet and Politics in Iran*，I. B. Tanuris & Co Ltd，2010，p. 141.

宣传宗教或以宗教为主题的网站和博客有 6000 个之多[①]。圣城库姆还专门成立了一个发展宗教博客的管理机构，鼓励宗教学校的学生开设宣传伊斯兰教的博客。

伊朗的工会组织也纷纷开设博客，希望借助博客这个新兴传播平台推动自己发起的工会运动，其中影响力最大的当属伊朗巴士司机联合会开设的博客。[②] 他们通过博客向外界表达其诉求以及组织游行活动，向政府施加压力，以争取更好的福利待遇和更加独立的地位。

记者和作家也纷纷开设博客，在网络中进行新闻报道的同时，也将与新闻事件相关的资料上传到网络或发表自己的见解。记者因其专业性逐渐得到了民众的认可和关注，成为网络空间中的“意见领袖”。伴随着社交媒体的崛起，这些“意见领袖”还会在网络空间中发出更大的声音。

当伊朗政府通过国有公司控制着传统媒体渠道时，私人资本通过投资相关的互联网项目，间接地涉足传播产业。伊朗国内的网络服务公司和博客站点的运营方大多是由私人资本投资建立的，规模也随着互联网的普及而不断扩大。比如，Persianbolg 开设了一系列覆盖生活方方面面的博客和网站，而 Blogfa 公司主要提供搜索服务，Parsiblog 则主要登载与宗教相关的内容。据调查，2007 年，在 Persianbolg 上一共有 101959 个各式各样的博客，其中主题为家庭、生活类的博客最多有 45479 个，音乐、电影等艺术类的博客共计 15705 个，IT 类的博客有 14821 个，新闻类的博客只有 2629 个。[③]

Nedstatbasic 网站在 2006 年 5 月 18 日的统计显示，在伊朗浏览量前 100 名的网站中，只有 2 个新闻类的博客，其他大多为娱乐性质的网站。[④] 这说

---

① Annabelle Sreberny and Gholam Khiabany, *Blogistan: The Internet and Politics in Iran*, I. B. Tanuris & Co Ltd, 2010, p. 141.

② Annabelle Sreberny and Gholam Khiabany, *Blogistan: The Internet and Politics in Iran*, I. B. Tanuris & Co Ltd, 2010, p. 146.

③ Annabelle Sreberny and Gholam Khiabany, *Blogistan: The Internet and Politics in Iran*, I. B. Tanuris & Co Ltd, 2010, p. 42.

④ Annabelle Sreberny and Gholam Khiabany, *Blogistan: The Internet and Politics in Iran*, I. B. Tanuris & Co Ltd, 2010, p. 45.

明伊朗民众更热衷于通过互联网进行娱乐活动，而不是参与公共性事务活动。伊朗民众通过互联网可以接触到政府不倡导的各种内容，看西方制作的电影、听流行音乐、下载娱乐视频、了解世界的时尚潮流。对于普通民众而言，他们关心的是接触自己想要的内容，而不是符合官方所认可的。互联网被大部分伊朗民众作为生活的消遣、获取信息的工具，网络空间中的政治氛围并不浓厚，事实上伊朗的网络空间注重“流行性”更甚于“公共性”。

二 互联网给伊朗社会带来的影响

由于伊朗的政治表达渠道不健全，随着互联网的普及，民众开始逐渐通过网络渠道参与政治活动。2005 年和 2009 年的两次总统选举，客观上加速了伊朗网络空间中“公共性”成分的发展。

2005 年的总统大选反映了互联网和社会舆论在伊朗的政治生活中逐渐提高的影响力。首先，在这次总统选举中所有的总统候选人为了扩大自己的影响力均开设了个人博客、网站，以吸引更多的选民支持。其次，社会舆论在哈塔米总统时期逐渐成为政治体系不可忽视的力量。

2009 年的总统选举中，互联网也发挥了重要的作用。在选举宣传阶段，改革派候选人就将互联网作为重要的宣传阵地，弥补其在传统媒体渠道上的劣势，以抗衡保守派在宣传方面所具有的巨大优势，客观上缩小了与保守派在宣传渠道和宣传资源上的差距。在这次选举中，4 位总统候选人均在 Facebook 上开设了个人主页，并发布了相关图片和新闻。不仅如此，候选人卡鲁比效仿奥巴马，将其竞选口号定为“改变伊朗”，还把个人竞选网站命名为“tagheer”，意为“改变”。候选人穆萨维是受到伊朗国内务实的保守派和温和改革派认同的候选人，此前曾于 1981 年 10 月至 1989 年 8 月担任伊朗总理。在竞选中，穆萨维还获得了前总统哈塔米的全力支持。穆萨维在竞选活动中宣称若赢得选举将放宽对信息的限制，实现公民的权利和保护私人空间。总统内贾德的支持者也使用各种媒体渠道为内贾德造势，在 Facebook、Twitter 上宣传内贾德的执政理念和功绩，还将与内贾德相关的视频上传到视频网站 YouTube。

在此次选举中，内贾德以 63% 的得票率获胜，但投票结果引起了另外三位候选人和一些民众的反对。2009 年 6 月 15 日，在德黑兰街头爆发了大规模的示威游行活动，抗议在选举过程中的舞弊，要求重新进行选举。参加抗议游行的民众中大部分为年轻人，他们积极响应改革派和网络上的号召，表达他们对选举结果和政府的不满，而伊朗的其他城市包括伊斯法罕、马什哈德、什拉子等也出现了游行示威活动。当天，伊朗政府便禁止外国媒体对其选举后的游行活动进行报道，屏蔽了 Facebook、Twitter 等社交媒体，伊朗的国家电视台和各类报纸杂志也并未对抗议活动进行大幅报道。

传统媒体在这场风波中的失声使得伊朗民众只得通过网络渠道了解和宣传国内发生的抗议与骚乱。外国媒体被禁止在伊朗境内进行采访，所以在这次风波中国际社会只能通过网络渠道获取伊朗国内动态，例如 BBC、CNN 都转载了大量 Twitter 和 Fcaebook 上的消息。选举结果出炉后，各类社交媒体上就充斥了关于选举结果的相关话题，民众纷纷通过网络渠道表达对选举结果的不满。许多伊朗民众不仅将写着“我的选票在哪里”的图片上传到他们的 Facebook 和 Twitter 账号，还在各个网络平台中号召、组织发动更大规模的游行示威活动。在抗议活动初期，政府的管制使得与总统选举相关的消息大多比较零散，但是民众将大量的现场消息、图片上传到网络。经过民众的广泛传播和补充，与选举相关的事件细节逐渐明朗，最后经过社交媒体上的广泛传播，逐渐将整个事件的全貌展现给世界。民众还将自己用手机拍摄的视频上传到 YouTube、Twitter、Facebook，更直观地向外界传达发生在德黑兰街道上的抗议游行活动。虽然其中部分视频的真实性无从考证，但是能够鲜活地反映伊朗国内局势的变化。

2009 年 6 月 17 日，伊斯兰革命卫队通过国家媒体发布声明，伊朗国内所有网站和社交媒体平台必须立即删除制造紧张气氛的相关内容，否则相关人员将面临法律诉讼。伊朗政府还短暂地停止了国内的互联网和手机短信服务，尽可能地控制事态的继续发酵。但是政府采取的一系列措施并没有控制住事态的发展，民众使用社交媒体大肆传播关于选举的各类消息，其中就包含选举结果存在大规模舞弊的论断，认为赢得总统选举的应该是穆萨维，这些绝对化语言以及主观臆断在短时间内对伊朗政府造成了巨大的舆论压力。人们对于政府的不信任情绪逐步加深，而且这种不信任及恐慌情绪通过互联网在民众中快速蔓延开来。以至于伊朗政府所面临的是在新媒体时代下，特大规模的谣言泛滥和政府的公信力危机。

由于 Twitter 和 Facebook 这类社交媒体的快捷性、自由性、互动性、无边界性是传统传媒工具所无法比拟的，所以当传统媒体无法发声时，广大用户通过 Twitter 和 Facebook 能够快速地将他们的诉求和意见传播出去以获取支持。社交媒体在这次风波中也从纯粹的消息工具，变成舆论的载体，引导了社会舆论的走向。改革派也在第一时间将伊朗国内动态上传到网络，意图扩大抗议的规模与影响，加上西方媒体的推波助澜，其间也有其他国家政府向伊朗政府施加压力。叶夫根尼·莫罗佐夫（Evgeny Morozov）对 Twitter 在伊朗被用于抗议政府的行为进行总结时，称这场抗议活动为“Twitter 革命”①。国际社会和各类非政府组织也纷纷指责伊朗在选举后采取的管制措施，以声援伊朗国内的抗议民众和改革派。选举结果引发了伊朗社会的动荡，引起了广泛的国际关注，但是对于伊朗的国内局势而言这只是火上浇油，解决不了实际问题。

互联网技术难以使人与人在数字空间中产生信任感，但社交媒体以现实人际关系为基础的互动极大地增进了个人参与现实和跨地区的网络活动。社交媒体通过用户分享个人和公共信息的方式构建了网络社交的模式，重构用户的社会关系，用户可以通过社交媒体扩宽自己的交往圈。据调查，Facebook 在伊朗的用户群体年龄为 20～24 岁，其中大多数用户是因为朋友推荐而开设账号的，而且绝大多数用户在自己的 Facebook 资料中都填写了自己的真实姓名和照片。

① “Iran Election：A Twitter Revolution?” http：//www.washingtonpost.com/wp－dyn/content/discussion/2009/06/17/DI2009061702232.html.

互联网的去中心化特性使得新媒体时代的信息传播不再是一对一的或一对多的，而是多对多的。随着互联网的普及和设备门槛的降低，每个人都可以成为信息源、成为传播者。新媒体时代的信息传播是由用户驱动的，因此用户期望信息的后续跟进，即使这个信息不是完全准确或完整的，大众注重信息的即时性更胜过信息的准确性。朗姿胡特指出："公众舆论被一种不确定的情绪化倾向所取代。这种倾向容易被具体事件所左右。"[①] 根据哈佛大学贝克曼中心"网络生态项目"（The Webecology Project）的研究分析，2009 年 6 月 7 日至 6 月 26 日，有 2024166 条关于伊朗选举的推特消息，有 479780 名用户参与其中。而这些推特消息中有 1/4 的消息是转发的，其中 59. 3% 的用户只推送了 1 条消息，贡献了总信息量的 14. 1%；有 10% 的用户平均每人推送 6 条消息，大约占总信息量的 65. 5%；有 1% 用户大约推送了总消息量中的 32. 9%，其中每人至少推送 58 条推特消息。[②] 这一数据说明了在"Twitter 革命"中传播的关于伊朗选举的推特消息大多为转发的，凸显了 Twitter 的扩音器作用，信息经大量的用户传播，最终对现实生活造成了巨大的影响。

在新媒体时代，以 Twitter、Facebook 为代表的社交媒体的快速发展将公众的政治参与提升到一个新的高度，为大众提供了新的表达思想、言论的方式和更通畅的信息接收渠道。每个人都可以借助网络渠道发布信息，极大地提升了公众参与社会实践的积极性。随着人们参与度的提高，网络空间的发展也逐渐受到用户所拥有的财富、教育背景、性别等因素的影响，变得越发真实，网络空间好似一个真实的世界。虽然 Twitter、Facebook 等社交媒体代表了新媒体时代的发展方向，但是其传播方式的优势也是其弱点所在。社交媒体具有快速性、便捷性，也意味着信息传播是混乱、无序的。首先，Twitter 将每条信息的字数限定在 140 个字以内，这就不能将一件复杂事件的来龙去脉解释清楚，存在着曲解事实的可能性。其次，社交媒体信息传播的

---

① 哈贝马斯：《公共领域的结构转型》，曹卫东等译，学林出版社，1999，第 284 页。

② "The Iranian Election on Twitter: The First Eighteen Days", http: //www. webecologyproject. org/2009/06/iran - election - on - twitter/.

即时性使得每一个用户都能够发出“自己的声音”，很多信息是带有用户主观性的。所以各类新媒体虽然是可靠的信息传播工具，但是它们永远不能像专业记者那样给人们提供超出文字的信息，而社交媒体的用户也永远无法取代训练有素和准备充分的记者。

在新媒体时代，当个体在有限的理性下传播的信息与具有政治目的的理念或策略相结合时，上传的信息就会冲击表达的公正性和平衡性，有可能使民主传播工具堕落为一种控制的手段。[①] 首先，Twitter 和 Facebook 这类社交媒体会受到现代商业化运作模式的限制以及所在国政府的影响。据有关媒体报道，当 2009 年的总统选举结果引发了伊朗国内大规模的抗议示威活动后，美国国务院的一位官员告知 Twitter 运营公司，希望该公司推迟对 Twitter 服务器的定期维护，以免中断 Twitter 的服务。[②] 其次，在互联网时代国家事务与国际事务之间的界限将变得越来越模糊。加拿大 Sysomos 网络分析公司对选举中的 Twitter 信息数据进行分析后，发现在 2009 年 6 月 11 日包含“#iranelection”标签的推特消息中有 51.3% 来自伊朗境内，有 27% 来自伊朗境外；但是到了 6 月 19 日，来自伊朗境内的推特消息只有 23.8%，而来自伊朗境外的消息有 40.3%。当然，这也包含了许多伊朗民众在 Twitter 被封禁后，使用代理软件进行访问造成的 IP 地址定位误差。[③] 虽然，这种 IP 地址的变化无法准确地说明有多少来自伊朗境外的推特消息，但是德黑兰大学的卡瓦赫·克塔巴茨（Kaveh Ketabchi）团队研究了伊朗选举期间的 Twitter 消息所体现的语言习惯。经统计，其中只使用波斯语撰写的推特消息约有 270000 条，所占比例为 20%，只使用英语撰写的消息约有 150000 条，所占比例为 11%，而推特消息中既使用了波斯语又使用了英语的消息约有 940000

① 任孟山、朱振明：《试论伊朗“Twitter 革命”中社会媒体的政治传播功能》，《传播学研究》2009 年第 9 期，第 24～28 页。

② Mike Musgrove, “Twitter is a Player in Iran's Drama”, http://www.washingtonpost.com/wp-dyn/content/article/2009/06/16/AR2009061603391.html?hpid=topnews.

③ “A Look at Twitter in Iran”, https://blog.sysomos.com/2009/06/21/a-look-at-twitter-in-iran/.

条，所占比例为69%。[①] 这些数据表明在这场“Twitter 革命”中有境外势力积极参与其中。最后，在技术层面上，发展中国家的网络科技水平与以美国为首的西方发达国家之间的差距会越来越大，这会导致发展中国家逐渐丧失对网络空间的话语权和信息传播的治理权。在此次风波中，不仅有境外人士向伊朗的抗议民众提供突破伊朗政府网络管控的软件工具，还有部分境外人士采用技术手段攻击内贾德和伊朗政府的相关网站。[②] 因此发展中国家应该不断发展国内互联网技术，否则今后在解决国内事务时，将面临来自虚拟空间中各方施加的多重压力。

伊朗总统选举引发了国内局势的动荡，而改革派抓住这个微妙的机会引领着事态的走向，将民众对选举结果的不满和对穆萨维的支持转变为对现政府的冲击。虽然总统选举期间互联网中充斥着对选举不公的抗议和对穆萨维的支持，穆萨维在伊朗国内似乎有着强大的民意支持，但这并不代表内贾德的民众支持度不高。“Twitter 革命”中更多的是那些支持国家加速自由化、更加世俗化民众的呼声，并非代表了全部伊朗人民的呼声。

首先，内贾德总统在第一个任期内并未乘着油价高的契机对国内的产业结构进行有效的转型升级，反而采取以财政输血为主的惠民政策，试图在短期内兑现自己的选举承诺，但这一政策掏空了伊朗经济的长远发展潜力。其次，内贾德总统“撒胡椒面”式的补贴政策，不但没有缩小国内的贫富差距，反而加剧了贫富分化。[③] 所以，在内贾德第一任期内伊朗国内不仅通胀严重，还耗费了政府大部分财政盈余，失业率居高不下，国内对内贾德的批评之声不断。随着社会矛盾和问题不断累积，有民众认为内贾德没有实现选举时的承诺，所以对内贾德政府的信心不足，伊朗政府公信力有下降的趋

① Kaveh Ketabchia, Masoud Asadpourab, Seyed Amin Tabatabaeia, “Mutual Influence of Twitter and Postelection Events of Iranian Presidential Election”, *Procedia – Social and Behavioral Sciences* 100 (2013), pp. 40–56.

② 任孟山、朱振明：《试论伊朗“Twitter 革命”中社会媒体的政治传播功能》，《传播学研究》2009 年第 9 期，第 24～28 页。

③ 林海虹、田文林：《伊朗经济困局的政治经济学分析》，《现代国际关系》2010 年第 2 期，第 13～18 页。

势，部分年轻群体和失意群体期待进行社会变革。但内贾德总统亲民的作风和改善民生的施政方针还是为他赢得不少民众的支持，伊朗国内低收入人群和农村地区人群就是内贾德的坚定支持者，而穆萨维在竞选期间提出的施政主张并未关注伊朗国内的低收入人群和农村地区人群。另外，穆萨维提出的社会改革方案引起了国内宗教人士和保守人士的反对，使他失去了大批宗教界人士的支持。最后，在竞选过程中，以穆萨维为代表的改革派对政府的大肆抨击引起了民众的反感，也间接地影响了选举结果的走向。大部分民众通常不喜欢改革派对政府的不妥协和直截了当的批评，因为这会对他们的日常生活造成冲击，没有民众会喜欢一个缺乏稳定、充满动荡的社会。穆萨维的支持者主要为城市人口和青年，他们接触及使用互联网的机会高于内贾德的支持者，所以在整个选举过程中民众对内贾德的支持被淹没于大量的穆萨维支持者的信息中。看上去穆萨维的呼声很高，但实际支持率并没有高过内贾德。总的来讲，2009 年选举结果引发的风波，虽然声势浩大，也引起了国际社会的广泛关注，但不同于后来的“阿拉伯之春”，该事件并未对伊朗国内造成实质的影响。

社交媒体在“Twitter”革命中发挥的巨大作用，使得人们不得不重新定义互联网技术给传统社会带来的影响。互联网无法解决国家中存在的政治、经济、文化等深层次结构性问题，而这些问题却能够通过互联网渠道被无限放大，进而引起国家的动荡。各国政府在面对社交媒体的强势崛起时，一方面要合理利用新式媒体工具，推动的社会进步，另一方面也要对其发展进行限制，警惕被作为社会变革的武器而滥用和误用。

三　伊朗的互联网管理

互联网在伊朗发展初期，国内一直缺乏针对互联网的正式管理规定。2001 年，在最高领袖哈梅内伊的指示下，官方出台了《计算机信息及网络服务管理总条例》（Overall Policies on Computer-based Information-providing Networks），一方面鼓励国内加强互联网的使用与发展，另一方面强化政府对互联网的控制，明确指出国际互联网业务只能由国有企业运营。在该文件出台后不久，伊朗文化革命最高委员会便制定了关于互联网的管理文件，在运营互联网业务方面，规定伊朗境内的国际互联网业务只能由伊朗电信公司负责，而其余的网络服务提供商（IPS）和网吧从业者则必须取得信息委员会颁发的运营执照，而且必须符合一系列的详细规定，例如，必须是伊朗公民、信仰官方认可的宗教，不能是反伊斯兰革命团体成员，等等。该文件还要求所有的网络服务公司都有阻止用户访问不道德和政治类网站的义务，必须使用网络过滤系统。

据 BBC 报道，伊朗政府在 2003 年大约屏蔽了 15000 个不符合政府规定的网站。① 2003 年 12 月，伊朗官方首次承认存在“网络负面清单”，对清单上的网站进行了屏蔽。② 时任伊朗电话、电报和邮政部部长艾哈迈德·莫塔迈迪（Ahmad Motamedi）宣布伊朗政府将采取更好、更有效率的屏蔽系统，并且建议国内的网络服务提供商只屏蔽清单上的网站。哈塔米总统出席 2003 年在日内瓦召开的“信息社会世界峰会”时表示：“伊朗政府只屏蔽了大约 240 个涉及色情及不道德的网站，而不是外界报道的有 15000 个与新闻和政治的相关网站被屏蔽。”③ 虽然伊朗官方一再表态，其网络屏蔽政策只针对不符合伊朗法律的一些不良网站，但事实上伊朗官方对网站及博客的筛选行动还涉及实际的政治利益。伊朗政府将反对派阵营开设的网站和博客一并屏蔽了，涉及同性恋内容的网站也被屏蔽。但是，伊朗官方只能屏蔽网站的网址或者 IP 地址，并不能完全阻止民众访问，民众还是可以通过架设的代理服务器来绕开官方的网站屏蔽系统，自由访问被屏蔽网站。

在屏蔽不良网站的同时，伊朗官方还对国内搜索引擎的关键词进行了一定的限制，将涉及伊斯兰文化中敏感内容的关键词进行了过滤，如“女性”

---

① Annabelle Sreberny and Gholam Khiabany, *Blogistan: The Internet and Politics in Iran*, I. B. Tanuris & Co Ltd, 2010, p. 70.

② Annabelle Sreberny and Gholam Khiabany, *Blogistan: The Internet and Politics in Iran*, I. B. Tanuris & Co Ltd, 2010, p. 70.

③ Annabelle Sreberny and Gholam Khiabany, *Blogistan: The Internet and Politics in Iran*, I. B. Tanuris & Co Ltd, 2010, p. 70.

“性”“分娩”等词语在搜索引擎中被设置为敏感词语，在搜索引擎中无法搜索到相关内容。由于在搜索引擎中的屏蔽词语涉及面太广，在伊朗国内引发了不小的争议，民众发起了反对的活动，试图让政府取消对“女性”等词语的屏蔽。迫于压力伊朗司法部在2006年5月宣布将重新调查那些被屏蔽的词语。在当年12月，在搜索引擎中搜索“女性”这个词已能够查找到相关内容。

2005年，互联网在伊朗发展缓慢。内贾德总统认为在哈塔米总统任内对于互联网的管理过于宽松，造成伊朗的网络空间充斥着太多与国家利益和伊斯兰教教义相冲突的言论、信息。内贾德上任后伊朗政府便采取了一些有针对性的政策措施，以应对互联网给伊朗社会带来的变化。

2006年夏，伊斯兰文化指导委员会宣布网站运营者和博客所有者必须于2007年1月前将其个人姓名、电话、住址等信息进行登记备案。这个决定的颁布立即引发了民众的不满，不少博主号召民众一起抵制这个规定。2006年10月，伊朗信息和通信技术部与无线电管理中心联合发布新的管理规定，下令伊朗国内的网络分包商将用户的下载速度限制为128Kbps。伊朗信息和通信技术部声称：“这是一项临时性措施，当高速网络通道的标准和规则被批准后，网络限速的命令将取消。”限制网速的规定一出台立即在伊朗国内引起了争议，从普通民众到政府官员均对限制网速的政策感到强烈不满。鲁哈尼当选总统后也曾公开批评伊朗的互联网速度太慢，他在一次会议中以玩笑的口吻说道：“有时下载一篇文章需要很长时间，人们在文章下载完成之前便在电脑前睡着了。”政府限制网速的做法，目的是不让国内民众沉溺于外国的文化产品，特别是来自西方的电影和歌曲。伊朗国内的保守势力认为对互联网的发展不进行适当的管理将对伊斯兰文化造成强烈冲击，而互联网就是继卫星电视后西方文化入侵的又一重要渠道。

在2009年的选举风波后，伊朗政府更是扩大了对社交媒体和国际网站的屏蔽。政府还出台了专门的互联网管理法律和设立了相关的管理机构，以应对在“Twitter革命”中互联网技术所展示的巨大舆论影响力。2009年7月，伊朗出台了专门的《计算机犯罪法》（CCL），此前伊朗政府一直使用《新闻法》来判罚互联网犯罪活动。同年，在《计算机犯罪法》的框架下，伊朗司法机构还设立了确定犯罪内容委员会（CDICC），该机构由伊朗总检察长领导，其成员是多个政府部门领导，职能为审查网站刊载的内容并领导其他部门对违规网站进行整治。伊朗政府于2011年成立了专门的网络警察部门（FATA）。

长期以来，伊朗国内行政部门、司法机构、警察部门均认为互联网应该在其管辖范围内，所以几个部门间在互联网管理问题上时常发生政策上的冲突。为规范互联网的管理制度，2012年在最高领袖哈梅内伊的直接授意下，成立了最高网络空间委员会（SCC）。该委员会作为伊朗国内互联网相关事务的最高决策及管理机构，负责从国家层面上指导和协调互联网在伊朗的管理与发展。

2013年6月，鲁哈尼在总统选举中获胜，他在竞选过程中所提出的逐渐放宽对互联网管制的承诺尤其受到民众的欢迎。在互联网审查制度问题上，鲁哈尼政府就“WhatsApp”的屏蔽问题曾与确定犯罪内容委员会产生分歧。2016年8月，为了给伊朗民众提供网速更快、质量更好、内容更丰富的网络服务，代号为“国家互联网”项目的第一阶段上线运行，反映了伊朗的网络环境在逐渐改善。① “国家互联网”项目旨在通过大力发展高新科技产业和促进其他产业发展来推动国内经济的增长。该项目的建设首先会提高通信产业的直接就业率，并通过一系列相关项目提高间接就业率，金融机构和电子商务也将从高速网络中获利。“国家互联网”项目是全球化的互联网技术与伊朗社会意识形态不断磨合的产物，代表着伊朗互联网的发展进入了一个新的阶段。

四　伊朗通信市场概况

相关统计数据显示，截至2016年伊朗总人口数约为8027万，其中互联网用户约占国内总人口的53.2%，宽带用户人数约为9318943人。②

---

① 《伊朗国家互联网项目上线运行》，http：//en. mehrnews. com/news/119304/Iran – launches – National – Information – Network。

② World Bank，http：//data. worldbank. org/country/iran – islamic – rep?view = chart.

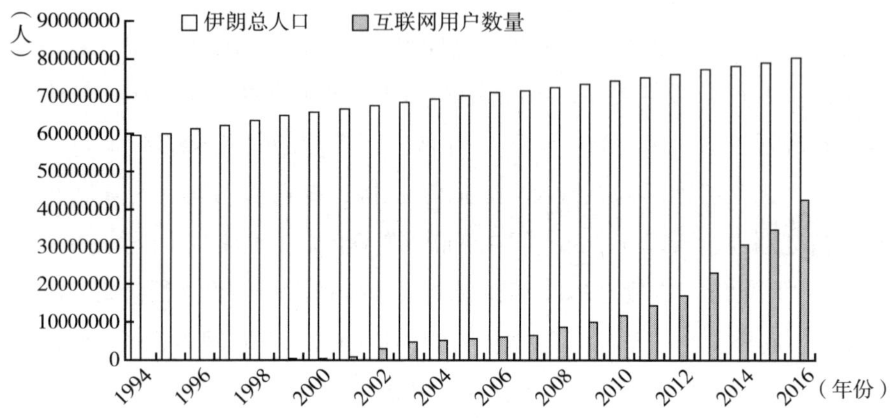

图1　伊朗人口及互联网用户数量

资料来源：世界银行国家数据库。

2014 年秋季，迈赫尔通讯社（Mehrnews Agency）发布的统计数据显示，伊朗人口中 11% 的民众通过移动设备使用无线网络服务，而国内 44.7% 的城市家庭和 17.5% 的农村家庭可以连接互联网。家庭和公司可以通过铜缆或光纤，使用宽带或拨号服务连接互联网，因为接入宽带的费用较高昂，伊朗国内的宽带普及率并不高（见图 2）。伊朗国内光纤网络的建设也并不顺利，2005 年哈塔米总统宣布将在国内进行大规模的光纤网络建设，但这个计划提出后不久便被搁置了，光纤网络的建设进展缓慢。直到近期，伊朗国内才开始新一轮的大规模光纤网络的建设。

在伊朗的通信市场中，伊朗电信公司是主要的基础电信企业，垄断伊朗境内的固定电话和国际互联网业务。该公司的前身为 1972 年成立的伊朗电话公司，该公司在 2005 年 7 月进行了重组，成为管辖 33 家电子通信类公司的集团。哈塔米总统推行的企业改革措施中，包括向私营企业出售国有资产以推动经济的发展。2007 年年初，伊朗私有化组织曾宣布，将伊朗电信公司股权的 51% 对外出售，但 2009 年 9 月才具体实施，埃德马德 - 莫宾（Etemad-e-Mobin）财团花费了约 78 亿美元获得了伊朗电信公司 51% 的股权，该财团包括三家公司，报道称其中两家公司由伊斯兰

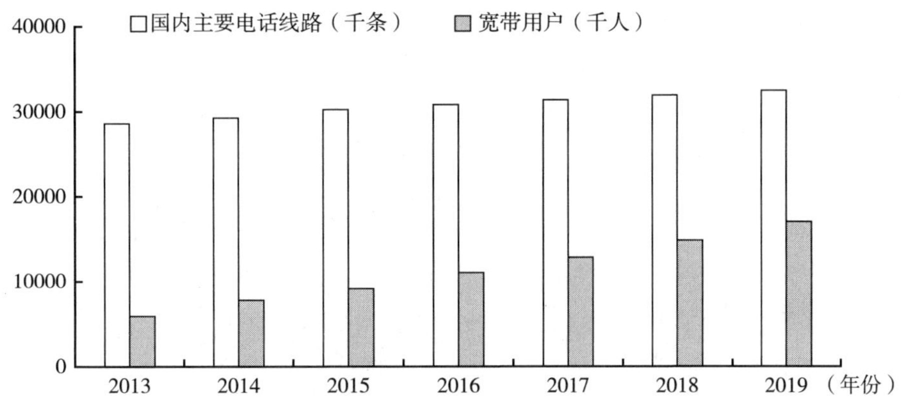

图 2　伊朗宽带用户增长趋势

资料来源：Iran Telecommunications Report Q4 2016，BMI Research，2016。

革命卫队控制。①

目前，在伊朗的移动通信市场一共有 6 家运营商，而伊朗移动电信公司（Mobile Telecommunication Company of Iran）和伊朗移动公司（MTN Irancell）一直处于统治地位。2 家公司一共占据了 97.2% 的市场份额，其中伊朗移动电信公司的市场份额为 60%，伊朗移动公司的市场份额为 37.2%（见图 3）。②

伊朗移动电信公司成立于 2004 年，是伊朗国内最大的移动运营商，该公司的网络覆盖了全国 92% 的人口。它是伊朗电信公司的子公司，伊朗电信公司拥有该公司 90% 的股份。伊朗移动电信公司的用户数量约为 4100 万，用户渗透率为 53.71%。伊朗移动电信公司的网络覆盖了 1244 个城市和 44273 个村庄。③ 伊朗移动电信公司于 2014 年 8 月获得 3G、4G 网络许可证。

伊朗移动公司是伊朗国内第二大移动运营商，于 2005 年 11 月获得伊朗

---

① 《伊朗史上最大收购案》，http：//www. tehrantimes. com/news/204100/Iran – s – biggest – ever – bourse – deal。

② Iran Telecommunications Report Q4 2016，BMI Research，2016，p. 25.

③ 《伊朗手机运营商概况——MCI 仍占主导地位》，http：//www. ictna. ir/id/077174/。

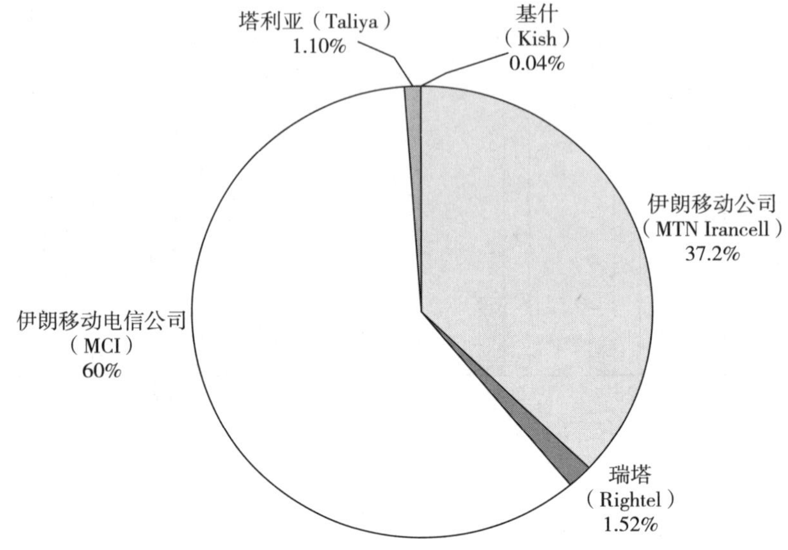

图3　伊朗移动通信市场份额

资料来源：Iran Telecommunications Report Q4 2016。

官方颁发的 GSM 运营执照。伊朗移动公司是一家合资公司，该公司的 51% 股份由伊朗电子发展有限公司（Iran Electronic Development Company）持有，而南非 MTN 通信集团持有 49% 股份。伊朗移动公司的用户数量约为 2800 万，用户渗透率为 38.58%。伊朗移动公司运营的网络覆盖伊朗国内 1195 个城市和 1171 个村庄。① 2014 年 12 月，伊朗移动公司首次在伊朗国内进行了 4G 移动网络的商业化运营，该公司的 4G 网络在项目建设初期覆盖了德黑兰、大不里士、马什哈德等 9 个城市。② 伊朗移动公司凭借其在 4G 移动网络方面的优势，把 3G、4G 移动网络作为公司的核心业务，并决定在 2020 年前将手机通信网络扩展至国内 1000 个城市和覆盖 85% 的国内人口。

目前，伊朗国内市场的手机销售量为 1.3 亿部，其中智能手机约为 4000 万部。随着伊朗国内 3G、4G 网络覆盖更多的地区，3G、4G 网络用户在互联网用户中的占比将越来越高。

① 《伊朗手机运营商概况——MCI 仍占主导地位》，http：//www.ictna.ir/id/077174/。

② 《MTN Irancell 4G 网络的商业化运行》，http：//www.ictna.ir/id/065689/。

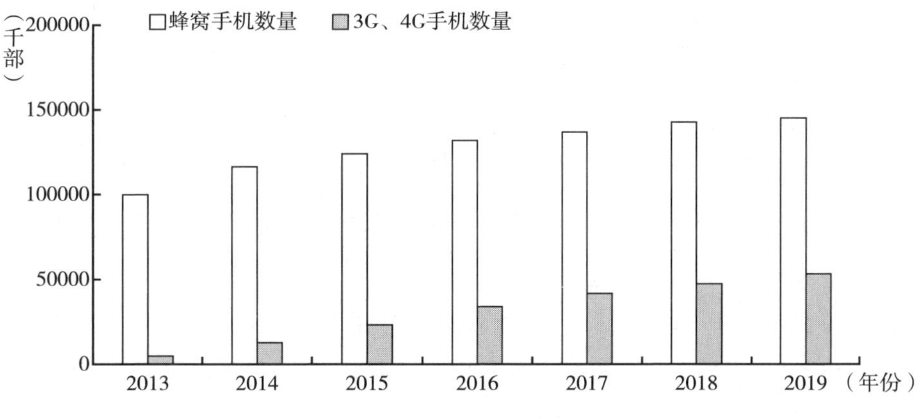

图4　伊朗手机市场发展

资料来源：Iran Telecommunications Report Q4 2016。

得益于伊朗国内互联网在最近几年的迅猛发展，电子商务也随之在伊朗盛行。据相关媒体报道，在德黑兰就有超过 20000 家网上商店，2015 年它们的商业活动额达到了 174 亿美元。伊朗国内最大的三家互联网科技公司分别为数码产品（Digikala，市值约为 1.5 亿美元）、阿帕拉脱（Aparat Group，市值约为 3000 万美元）和咖啡集市（Cafe Bazaar，市值约为 2000 万美元）。① 数码产品公司是伊朗最大的互联网公司，其商业模式类似美国亚马逊公司的商业模式，而咖啡集市是伊朗国内广受欢迎的安卓（Android）系统应用商店。②

五　伊朗互联网的发展前景

尽管伊朗积极发展互联网技术，但是由于伊朗社会的伊斯兰性以及国内保守派对新技术施加的限制，互联网在伊朗的发展历程起起伏伏。虽然互联

① 《全球各国的最大三家科技创业公司》，http：//www. economist. com/blogs/graphicdetail/2014/07/daily - chart - 6。

② 《伊朗数字科技创业时代的到来》，http：//www. bbc. com/news/world - middle - east - 34458898。

网技术与伊斯兰文化不断磨合的过程很漫长，但国内民众的现实需求还是不应该被选择性地忽略。以 Twitter、Facebook、YouTube 为首的一批社交媒体虽然被伊朗政府屏蔽，但是它们在伊朗很受欢迎，许多民众使用代理软件（VPN）来规避政府的限制。BBC 在伊朗展开的调查显示，“伊朗人最关心的是获得他们想要的内容。他们想听音乐、观看视频，或者在网上下载音乐和视频，更新他们的安卓或苹果设备”。在 2009 年大选之后，有部分西方媒体和改革派对“Twitter 革命”这个话题进行了炒作，使得国际社会误认为伊朗网络空间中的政治氛围很浓厚。但事实是伊朗民众主要使用互联网开展娱乐活动而不是政治活动。在过去几年中，伊朗网络警察在国内逮捕了一些涉及贩卖、宣传、培训代理软件使用方法的人，伊朗政府可能会继续打击国内的网络代理软件，并尽可能减少这类软件的受众。

长期以来，因为国际社会的制裁和伊朗政府针对先进技术的政策变化不定，伊朗电信市场在过去几十年中长期被国际电信公司和资本所忽视。伊朗国内拥有庞大的年轻、受过教育、渴望获得移动和宽带服务的群体，伊朗的通信市场增长潜力巨大。国际社会对伊朗施加的制裁解除后，伊朗通信市场将迎来新的发展机遇。伊朗可以利用全球市场的竞争，选择对国内的通信市场最有利的条件来进行技术改造、升级，促进国内通信市场和通信技术的发展。2016 年 5 月，韩国最大的移动通信运营商 SK 电信公司与伊朗政府达成协议，将向伊朗出口基于物联网技术（LOT）的基础设施管理技术，这项协议旨在重启韩国和伊朗在通信技术领域的合作。[①] 对于普通民众而言，他们将能够在第一时间享受到全球各类高科技成果。未来，伊朗国内将有接近一半的人口使用智能手机连接互联网，这一趋势将引导伊朗互联网管理进行新的调整。智能手机的便捷性，加上国内大规模的 3G、4G 移动网络的建设，伊朗政府会把互联网管理的重心逐渐转向智能手机领域，智能手机将成为伊朗互联网审查制度的主要对象。

---

① 《SK 电信将向伊朗出口物联网技术》，http://www.koreaherald.com/view.php?ud=2016050300063。

时至今日，伊朗国内各方对社会现状和国家利益的认识不一致，在互联网发展问题上也存在巨大分歧。互联网已经成为伊朗不可分割的一部分，互联网是虚拟的，但实实在在地影响、改变着这个国家。如哈贝马斯所言："疆域的拓展是与具体角色的多样化、生活方式的多元化以及生活设计的个人化同步进行的。丧失根基的同时，也出现了自我群体属性和出生的建构。"[①] 伊朗民众通过互联网热烈追求多元化、个性化的生活，鲜明地表现了伊朗社会在现代世俗化和保守的伊斯兰文化之间的挣扎。由于互联网的发展进程是不可逆转的，一旦伊朗政府疏于对互联网的管理，伊朗存在着丧失网络空间话语权的可能性。但是如果伊朗国内各方势力对互联网施加的限制过于严苛，将对伊朗的互联网发展和民众的现实需求造成阻碍。所以在未来一段时期内，伊朗政府对于互联网的发展态度，既应该照顾广大民众在网络空间中的舒适度与互联网技术的健康发展，又能最大限度地维护国家在网络空间中的利益，而这无疑是一个不断摸索的过程。

① 哈贝马斯：《公共领域的结构转型》，曹卫东等译，学林出版社，1999，第 32 页。

中伊关系篇

Sino-Iran Relationship

B.15

“一带一路”倡议下中国对伊朗的能源投资研究

黄一玲*

摘　要：　在中国和平崛起的历史大背景下，“一带一路”倡议将中国参与全球贸易与投资发展进程推进到新阶段。中国对伊朗能源投资正面临宝贵机遇，包括人民币国际化、伊核协议签订之后伊朗投资环境改善等。但文化差异、伊朗国内经济结构矛盾、政局动荡、大国战略博弈等多重因素给中国对伊朗能源投资带来严峻挑战，本文针对这些问题提出建设性的应对之策。

* 黄一玲，同济大学博士后，西南政法大学副教授，西南大学伊朗研究中心兼职研究员，察哈尔学会研究员。

关键词：　一带一路　伊朗　能源投资

"一带一路"倡议为"丝绸之路经济带"与"21世纪海上丝绸之路"的简称。"一带一路"以"共商、共建、共享"为原则，强调互联互通，贯通亚洲、欧洲等区域，构成了覆盖几十亿人口的全球跨度最长的经济走廊。"一带一路"倡议是在一定的国际背景下于2013年由习近平主席正式提出的。当时美国在"亚太再平衡"战略思想的指导下力图建立起美国主导的亚太经济合作体系。对此，正处于发展机遇期的中国亟须进行积极的应对。"一带一路"倡议的提出恰逢其时，它被国外媒体解读为中国的"第二次开放"。《中共中央关于全面深化改革若干重大问题的决定》提出："加快沿边开放步伐……加快同周边国家和区域基础设施互联互通建设，推进丝绸之路经济带、海上丝绸之路建设，形成全方位开放新格局。""一带一路"倡议积极打造人类命运共同体，力图塑造一个包容、开放、共赢的新合作体系。这不仅有利于推进中国国内不同地区的均衡、协调发展，也是中国周边外交的重要转型升级。中东因其地理位置的特殊性与优越性，是"一带一路"倡议的重要支点。而伊朗由于处于西亚的中心，辖控霍尔木兹海峡，是"21世纪海上丝绸之路"与"丝绸之路经济带"的交汇点，地理位置相当突出。基于此，当前学术界研究"一带一路"倡议必然离不开对中东的研究，而研究中东必然离不开对正在崛起的地区大国——伊朗的研究。"一带一路"倡议下中国企业积极走出去，对外能源投资方兴未艾。对此，本文将聚焦中国对伊朗能源投资议题的研究，为更好地推动"一带一路"建设中中国对外能源投资活动的开展提出建议。

一　当前国际能源体系与中国对伊朗能源投资现状

目前，国际能源体系已经由统一化向板块化发展。从国际能源体系的供给侧来看，目前全球已经形成了中东、中亚、非洲、美洲与俄罗斯五个主要

能源供应板块。中东是重要的能源供应区域，OPEC 国家原油产量持续增长，俄罗斯因为需要应对西方制裁也在不断提升石油产量以增加石油出口。页岩油气革命使美国、加拿大的油气产量大增。例如，2015 年美国页岩油每日的产量达到 930 万桶。[①] 一些能源研究机构预测美国液态能源产量最少持续增长至 2020 年，美国的能源自给率将不断提升。伊核协议签订后，作为产油大国的伊朗重返国际能源市场，全球原油供应充足，油价保持下降趋势。据估计，全球原油存在日均 200 万桶的过剩产能，国际原油供过于求的问题严重。从国际能源体系的需求侧来看，目前全球的主要能源需求集中于欧洲、亚太地区。受全球经济复苏乏力、主权债务危机等负面影响，欧盟经济仍不见起色，欧洲地区的能源需求趋于稳定，而亚太地区的能源需求仍处于增长状态。东亚地区的日本经济仍处于长期低迷状态，印度等新兴经济体普遍经济增长放缓，虽然这些因素共同导致全球能源市场总需求减少，但部分亚洲国家尤其是中国仍有旺盛的能源需求。

随着改革开放后经济的快速发展，中国的能源需求日益增加，能源供需不平衡的矛盾日益加剧。2003 年，中国取代日本成为世界第二大石油消费国。根据美国能源部预测，2030 年中国石油日进口量将超过 1000 万桶。中东处于“石油心脏地带”，是油气供应的支轴地区，也是中国主要的能源供应地。2012 年，中国石油进口量的 1/5 来自中东国家；2013 年，中国从中东进口石油 1.4654 亿吨，占中国石油进口总量的 52%。伊朗是中东地区的能源大国，能源产业是伊朗的经济支柱产业。据伊朗石油部通讯社报道，伊朗拥有中东石油销售市场 13% 的份额。中国是伊朗在亚洲的第一大贸易伙伴。2015 年，中国从伊朗进口原油 2700 万吨。2016 年，伊朗每日的原油产量为 385 万桶，每日原油出口量达到 220 万桶左右。2017 年年初，伊朗原油出口已经达到 280 万桶/日，预计 2018 年可以恢复至制裁前水平。伊朗原油出口总量的 1/5 是销往中国的，并且伊朗出口到中国的原油质量上乘，其中轻质原油占伊朗出口到中国的原油总量的比例超过 80%，这对于有效维

① EIA, Short-Term Energy Outlook, January 13, 2015.

护中国的能源供应安全、促进中国经济健康发展具有积极作用。

“一带一路”倡议提出以来，中国对“一带一路”沿线国家的投资累计达511亿美元，占同期中国对外直接投资总额的12%。中国对能源行业的投资总量最大，“在社会持续增长的资本要素过程中起着重要的消纳角色”①，《世界能源展望报告》预计2035年中国在能源领域的投资将占全球能源总投资的15%，达到5700亿美元。中东是中国对外能源投资的重要目的国。受2008年全球金融危机的影响，中国对中东的能源投资减少，但2009年再次增加。数据显示中国对中东能源投资的主要形式包括兼并和收购、合作、绿地投资、成立合资企业和股权投资，具体包括参与能源勘探与开发、能源运输管道建设和炼化销售等领域。在“一带一路”倡议以及“走出去”战略的积极引导下，目前中国对中东能源投资已从单一油气合作开采、石油工业一体化运作跨越到自我积累、滚动发展的良性循环阶段。油气质量的衡量指标主要是原油API度，即油品相对于水的轻重衡量指标。而伊朗生产的原油API值介于28～35，属于易于加工的原油。再加上伊朗石油油层浅，分布集中，主要分布于西南部的胡泽斯坦省等波斯湾沿岸地区，具有开采与运输成本低的优点，相对于其他中东国家具有明显的比较优势。伊朗在油气领域的投资机会主要集中于石油开发、二次开采和提高采收率、天然气开发与管道建设、油气勘探、炼油化工五个方面。② 例如，作为中国最大的石油和天然气生产及经销商，中石油集团已经在中东签署了一系列的大型油田服务合同，包括中石油在伊朗油田开发重点项目——北阿扎德甘油田项目等。此外，据英国《金融时报》报道，中石油联合法国道达尔公司将与伊朗签订南帕尔斯气田开发协议。能源企业界的另一个佼佼者——中石化集团的走出去战略目标区域也是中东地区，目前中石化已参与伊朗的石油及天然气项目开发并且与伊朗达成原油购买协议，2016年中石化可获得约1380万吨的原油。中国是世界上最大的能源投资者，计划到2020年可再生

---

① 张跃军、魏一鸣：《我国未来能源投资的效益与风险研究》，《中国能源》2010年第5期。

② 张礼貌、傅荣：《制裁解禁后伊朗油气领域发展态势、投资机会、风险与对策建议》，《中外能源》2015年第10期。

能源投资额至少达到3600亿美元，对清洁能源、新能源的投资额将不断上升。由于多年制裁，伊朗的能源投资不足，2016年年初包括意大利埃尼石油公司在内的一些机构估计伊朗石油工业至少需要1500亿美元投资。截至2016年6月，中国对伊朗的直接投资存量超过41亿美元，其中包括能源基础设施投资在内的能源投资是中国对伊朗投资的主要部分。目前，投资于伊朗能源领域的中国企业大多是大型国有企业。例如，2016年9月，据《德黑兰时报》报道，中石化与伊朗石油部门达成了对伊朗最大的炼油厂进行翻新和改建的一项价值12亿美元的协议。伊朗官员表示中国将对伊朗能源项目的投资增加至原来的两倍，即增加至逾520亿美元（约合420亿欧元）。[①] 2017年2月，伊朗能源部部长哈米德·奇特亲（Hamid Chitchian）对外表示伊朗财政部已经批准在可再生能源产业中价值30亿美元的外国能源投资项目。[②] 伊朗媒体报道，2017年中国计划投资3万亿美元用于改造伊朗的炼油设施。[③] 由于能源投资被普遍视为维护国家能源安全的重要战略，伊朗制裁被解除后，中国对伊朗能源投资的限制减少，可以预计未来中国对伊朗的能源投资额将持续稳步上升。

二　中国对伊朗能源投资的机遇

中国和中东地区保持长期的贸易和投资关系，古代丝绸之路就是最有力的见证。中国和中东许多国家自古以来就通过丝绸之路保持着贸易关系。近年来，中国和中东国家经济合作日益密切。中国国内的能源资源特别是化石

---

① 《外媒：中国对伊朗能源投资翻番超520亿美元》，凤凰网财经，2014年11月17日，[http://finance.ifeng.com/a/20141117/13282628_0.shtml。

② Joshua S. Hill, "Iran Approves $3 Billion Worth of Foreign Renewable Energy Investments", https://cleantechnica.com/2017/02/08/iran-approves-3-billion-worth-foreign-renewable-energy-investments/.

③ Irina Slav, "China to Pour $3 Billion in Iran's Refining Capacity", 2017-01-19, http://oilprice.com/Latest-Energy-News/World-News/China-To-Pour-3-Billion-in-Irans-Refining-Capacity.html.

能源资源产出的增长空间非常有限，所以中国迫切需要推进能源领域的“走出去”战略。伊朗位于亚洲西南部，是海湾地区重要的国家，与土库曼斯坦、亚美尼亚、阿塞拜疆、土耳其、伊拉克、阿富汗、巴基斯坦等国接壤，地缘战略位置突出。伊朗是重要的能源供应国，也是石油输出国组织（OPEC）以及经济合作组织（OECD）的重要成员国。伊朗毗邻波斯湾和里海资源富集区，其石油储量居世界第四位，其天然气储量居世界第二位，仅次于俄罗斯。伊朗现在拥有世界最大的石油、天然气联合储量。EIA 预计到 2035 年伊朗原油产量将达到 2.4 亿吨。近年来，伊朗石油提炼能力不断提升，石油出口规模稳定。据伊朗华语台报道，2017 年伊朗向亚欧国家出口石油 7.77 亿桶，其中超过 60% 的石油出口到亚洲，中国、印度是 2017 年伊朗在亚洲地区主要的石油出口对象国。

中国与伊朗的双边经贸合作关系源远流长。据史书记载，汉武帝时张骞的副使出访安息（伊朗高原古国名），南北朝时期波斯（伊朗古称“波斯”）使节多次访问中国。其后，唐、宋、元、明时期，伊朗都与中国保持了友好的关系。古代丝绸之路基本形成于汉代，在唐代达到鼎盛。伊朗是古代丝绸之路的交通枢纽与贸易中转站。中国的丝绸、瓷器等通过古代丝绸之路源源不断地进入伊朗，而西域乐舞等也传入中国。中国与伊朗悠久的交往历史和两国良好的双边关系有利于中国顺利开展对伊朗的能源投资。中伊两国都经历了古代的繁荣、近代的屈辱、当代民族复兴的大致相似的“三段式”历史发展轨迹。伊朗一贯奉行不结盟的独立外交政策，反对霸权主义。自 1971 年中伊两国正式建交之后，中国和伊朗长期以来在反殖民、反强权、谋和平、促发展方面有着共同目标。伊朗伊斯兰革命发生后，中国是世界上率先承认伊朗伊斯兰共和国的国家。伊朗核危机发生之后，中国积极进行外交斡旋，为最终合理解决伊朗核问题做出了建设性贡献。当前中国与伊朗双边关系进入发展的黄金时期，一直困扰中伊双边关系的“美国因素”正逐渐消弭。迄今中国与伊朗已经签订了避免双重征税协定、双边投资保护协定等 24 个协定，为两国经贸合作打下了良好的基础。中国的“一带一路”倡议得到伊朗政府的积极呼应。伊朗努力将这一倡议与本国的国家战略尤其是四大经济走廊战略结合，全面推进和深化伊朗本国的经济改革。[①] 伊朗国内专门为“一带一路”成立了一个跨部门的委员会，委员们来自不同的政府相关部门以及私有企业和经济实体。[②] 习近平主席于2016年1月对伊朗进行国事访问，掀开了中国、伊朗两个文明古国交往的新篇章，这是中国国家领导人时隔14年再次访问伊朗，也是中国与伊朗全面战略伙伴关系的巩固和深化。习近平主席访伊期间，中伊双方签署了有关共同推进“一带一路”建设的谅解备忘录，双方共签署17项合作文件，这些合作文件涵盖能源、高铁等诸多领域，大大拓展了中伊合作的广度与深度，推进了南南合作的发展。政治对经济具有重要影响，中伊两国外交关系的稳定为中国对伊朗进行能源投资带来了宝贵的历史机遇。

研究发现，东道国投资环境的优劣与外资的流入规模呈正相关，伊核协议签署后伊朗迎来新的发展机遇，其投资环境明显改善，迅速成为全球经济格局下新的投资热点国家。伊朗城市化率超过60%，法律体系比较完备，全国教育普及率比较高。人口结构相对合理，其中，30岁以下青年占伊朗全国人口的一半，人口结构属于典型的成年型人口再生产类型。伊朗的工业基础相对扎实，具有比较完整的工业生产体系。伊朗是中东第二大制造业强国，亚洲第七大经济体，其传统的汽车、钢铁与电力年生产产量居于中东首位。近年来伊朗不断加强与其他国家在能源跨界运输体系建设方面的合作。2002年伊朗与俄罗斯、印度提出了国际南北交通走廊计划，2015年伊朗又与印度、阿富汗签署了三方运输及过境走廊合作协议。伊朗与印度合作开发被称为“欧亚非新枢纽”的南亚、西亚、中亚、印度洋交汇之处的恰巴哈尔港。与此同时，伊朗允许中国企业在恰巴哈尔港自由区附近投资建设包括大型炼油厂在内的石化工业城。此外，伊朗政府还积极制订风能、太阳能等清洁能源的开发计划，发展新能源产业，积极寻找经济发展的新增长点，努力实现工业化、城镇化、信息化建设目标。据伊朗《德黑兰时报》报道，

① 周戎：《伊朗的“东向外交”有声有色》，《文汇报》2016年5月23日。

② 曹煦：《伊朗特别为“一带一路”成立了跨部门委员会》，《中国经济周刊》2016年第17期。

2014 年伊朗的互联网普及率已经达 53.2%。伊朗主要电信运营商将加快 3G 和 4G 网络建设，不断推进信息化建设进程。2015 年，伊朗国内生产总值（GDP）约合 3876 亿美元，人均 GDP 为 4877 美元。根据国际货币基金组织的数据，伊朗 GDP 总量居全球第 23 名，属于中等收入国家。虽然伊朗受到多年制裁，但是伊朗 2016 年的人均 GDP 仍达到了 5219 美元。外界普遍对伊朗今后的经济发展持乐观态度。例如，IMF 认为伊朗在 2017 年至 2020 年的年均 GDP 增长率能达到或者超过 4.0%，分别为 4.0%、4.1%、4.4%、4.4%。[①] 从国家之间的贸易结合度来看，近年来中国与伊朗的经济相互依存度高且具有强互补性，2013 年中国对伊朗的贸易结合度为 1.769。中国主要向伊朗出口机械设备、建筑钢材、轻工产品、电子产品等，而伊朗主要向中国出口原油、石化产品等。由此可见，中伊两国的经贸合作空间巨大。

伊朗鲁哈尼政府奉行“温和主义”“实用主义”的外交政策并推行“重振经济”的战略方针，美欧与伊朗关系回暖，有利于改善伊朗的整体经济环境。目前，伊朗经济发展态势良好，吸引了包括中国在内的诸多国家对其进行投资并与其开展贸易。

根据核协议，欧美对伊朗在石油与天然气领域的交易、金融活动和航空与船运的制裁都将被取消。[②] 当前欧洲各国已陆续开始撤销在能源投资领域对伊朗的制裁。美国与伊朗的关系趋向改善，美伊在地区反恐、阿富汗地区问题上存在共同利益与合作意愿。与此同时，海合会国家也表示出缓和同伊朗关系的意愿，这些因素使得伊朗能源投资环境改善，投资政治风险减少，有利于中国企业进一步扩大对伊朗的投资规模。能源曾是美国对伊朗进行制裁的重点领域，受美国制裁的影响，伊朗能源生产设备老化，技术落后，石油采收率不高，人才紧缺，急需开展对外能源合作创新，从而吸引人才并引进新的设备、技术等。正处于“后制裁时代”的伊朗积极融入国际社会，不断提升国内经济运行效率，力图实现本国的全面崛起。伊朗政府为吸引外

---

① IMF Executive Board Concludes 2015 Article IV Consultation with Iran, Press Release No. 15/581, December 21, 2015.

② 王婕：《伊朗回归国际能源市场后》，《上海证券报》2015 年 7 月 22 日。

资，设立自由工业贸易区，修改传统上严苛的财税条款，积极推行新税法，并且出台了《鼓励和保护外国投资法》，对外国人在伊朗投资给予一系列优惠政策。为改善运输条件，伊朗已与阿塞拜疆、亚美尼亚、格鲁吉亚、保加利亚、土耳其和希腊通过谈判就共建经亚美尼亚的跨境运输新走廊达成初步协议，该工程预计2019年完工。此外，伊朗开展石油领域的体制改革，扩大投资，为中伊深化合作创造了机会。① 伊朗政府推出了多个价值数百亿美元的石油和天然气开发项目，并以新的石油合同（IPC）模式与外来投资者进行合作。新石油合同的承包商能从增产激励、高油价中分享部分超额收益，更愿意在项目执行过程中控制成本，② 这为在伊朗进行能源投资的中国企业带来便利。

金融合作是投资合作的“助推剂”。伊斯兰金融是国际金融体系不可忽视的重要力量，目前全球伊斯兰金融资产总额大约已经达到2.1兆美元。与马来西亚等国家伊斯兰金融发展状况类似，伊朗是伊斯兰金融发展良好的国家之一。伊斯兰革命后，伊朗推行全盘伊斯兰化政策，银行取消了利息。但自20世纪90年代，伊朗银行重新引入利息制度，统一货币汇率，开始允许私人银行、外国银行存在，伊朗货币政策逐渐走向务实，为外资进入创造有利环境。伊核协议签订之后，国际上多家银行已拟定与伊朗进行新一轮金融合作计划。中国与中东各国占据全球大约70%的主权财富基金，拥有开展大规模金融合作的基础。中伊之间部分石油交易已经用人民币结算，这将使得人民币在中东乃至全球作为储备货币和结算货币的影响不断扩大，有利于人民币国际化，同时中国可以减少交易成本，避免了汇率风险，节省了换汇成本，这给中国对伊朗的能源投资带来便利，中国企业从中受益匪浅。使用人民币结算对伊朗亦具有积极意义，因为这能够分散石油美元汇率变动的风险，稳定伊朗本国货币的汇率。以上诸多因素都构成了中国对中东能源投资的宝贵机遇，需要善加把握。

---

① 庞森：《中伊共同努力谱写心心相连新丝路》，《国际商报》2016年1月25日。

② 周勇、冯文康、李振、洪龙超、毛及欣：《伊朗新石油合同模式投资效果对比分析》，《国际石油经济》2016年第4期。

三 中国对伊朗能源投资的挑战

中东地区处于欧洲、亚洲、非洲的枢纽位置，是“一带一路”倡议的重要支点。由于地区冲突、宗教纷争、民族矛盾、外部势力干涉等多重因素的影响，中东地缘政治复杂，破碎化特征明显，迄今为止还没有建立起有效的地区安全机制，部分国家政局动荡，例如“阿拉伯之春”使埃及等一些中东国家经历了翻天覆地的变革。伊斯兰教的宗教共同体观念、真主主权观念以及“圣战”观念是伊斯兰国际体系观的重要组成部分，与现代民族国家体系观念存在巨大差异和根本矛盾。[①] 伊朗位于什叶派宗教带，国内什叶派所占比例超过九成，而什叶派与逊尼派的矛盾加剧了地区冲突，伊朗与沙特、以色列关系不佳。此外，“伊斯兰国”的出现以及中东难民剧增等因素都使得该地区的安全态势不乐观，恐怖主义势力活动猖獗，极大地影响到中国跨国公司对中东能源投资的安全性。

当前美国在中东呈现战略收缩态势，其影响力正在逐渐衰弱，但遏制伊朗依然是美国战略的一环。虽然伊核协议签订之后，美国与伊朗关系缓和，但不意味美伊之间的结构性矛盾得到化解，双方远未实现关系正常化。现今俄罗斯、印度等国对中东地区的战略介入力度加大，阿拉伯国家的转型仍在进行之中，中东地区正处在构建新秩序的关键阶段。通常一国国内新旧领导人交替将使得国家内外政策变动概率提高。例如，巴列维王朝时期伊朗推行世俗化改革，但霍梅尼时期则强调神权政治；内贾德时期大力实行“东向战略”，但鲁哈尼时期则提倡“西向战略”。中东地区的大国博弈以及伊朗国内新旧制度的嬗变将导致在伊能源投资预期的不确定性。伊朗在政治现代化进程中如何实现宗教与政治之间的平衡？伊朗政坛强大的保守派势力与革新派势力如何平衡？美国国会中反伊议员团体的势力仍很强大，美国总统特朗普将对伊朗具体采取怎样的政策？美国对伊制裁是否能如协议所达成的那

① 金良祥：《中东成为国际恐怖主义策源地的原因分析》，《阿拉伯世界研究》2016 年第 5 期。

样如期顺利解除？这些不确定因素将给中国对伊朗能源投资带来不稳定性。

基础设施是影响能源投资环境的重要因素之一，主要包括交通运输设施、邮电通信设施、水电气公用设施等。[①] 虽然伊朗网络用户不断增加，但总体上伊朗的电信业仍然比较落后，网络覆盖率低、通信质量差，部分村庄甚至没有网络。伊朗国内交通运输体系建设有待完善，现有的民航机队老化严重。除了空运之外，海运是伊朗能源运输的主要形式，超过 90% 以上的油气资源是通过海路进行运输的。伊朗地理位置优越，地处波斯湾核心地带，素有“欧亚陆桥”之称，其石油运输通道经过阿拉伯半岛和伊朗之间的霍尔木兹海峡，该海峡输送的石油量占世界输油总量的 1/5。[②] 但是伊朗海运业不发达，且正遭受资金短缺的困扰。而一些国际货轮公司也不愿运输伊朗石油，主要由于现阶段美国对伊朗的限制法令仍没有完全解除，其中包括禁止任何美元交易以及禁止美国公司、银行和再保险人参与运输业务。[③] 此外，在中国与伊朗长距离的能源运输过程中，运输游轮面临海盗袭击、气候突变等各种困难与问题。

因多年的外部制裁，伊朗的金融体系长期被世界隔离，伊朗的经济处于崩溃边缘，经济总体呈现“三高三低”态势。[④] “三高”即里亚尔大幅贬值，通货膨胀严重，青年失业率偏高，生活成本高；“三低”即经济增长率低，外来投资增长率低，伊朗本国私人资本增长率低。伊朗经济“三高三低”态势的产生有内外双重原因，除了制裁的负面影响之外，伊朗自身经济也存在亟待调整的问题。例如，农业、轻工业、重工业比例不协调，轻工业不发达，伊朗石油出口收入占其全部外汇收入的 85%，伊朗石油型经济发展特点与经济多元化发展目标之间存在矛盾。此外，伊朗市场主体结构不合理，国有经济是伊朗国民经济主体且低效，私有企业比较少，政府对经济

---

① 冷青：《武汉城市圈投资环境评价研究》，华中师范大学，硕士学位论文，2009。

② 孙立昕：《美国制裁伊朗的现状、效果及影响》，《当代世界》2014 年第 5 期。

③ 《英媒：伊朗制裁解除后原油出口大增　亚欧油轮帮助运输》，《环球时报》2016 年 6 月 7 日。

④ 冀开运主编《伊朗发展报告（2015 ~ 2016）》，社会科学文献出版社，2016。

活动的干预程度比较高，经济市场化程度不高，市场尚未在资源配置中起决定性作用，整体经济活力不足。目前伊朗经济以进口替代战略为主、出口导向战略为辅，长期实行强调独立自主的抵抗型经济战略，容易出现贸易保护主义。伊朗关税过高，2015 年伊朗海关对进口商品平均征收 18.8% 的关税。[①] 伊朗注重保护本国劳工利益，要求外来投资者优先雇用本国劳工；伊朗有着严格的雇用外籍员工的条例且雇用外籍员工的程序繁杂。[②] 伊朗政府行政效率不高、官僚主义比较严重、部分大城市环境污染比较严重，公共服务存在管理不善的问题。伊斯兰革命后，政府推行银行伊斯兰化，为实现社会公平而实施补贴政策，但加重了政府的财政负担。长期以来，外资进入伊朗能源业需要采取回购合同模式，其风险高且回报率逐年下降，从而影响了外来投资者的投资热情。这些因素显然不利于希望开放投资环境的中国企业在伊朗的能源投资活动顺利开展。

能源安全问题已经成为当今国际关系中的重大课题，从本质上讲它也是政治和经济相互联系的问题，更是和国内外政治及经济相联系的问题。中国的持续发展和和平崛起有赖于能源的稳定供给，而中国对石油的巨大需求必然会对国际石油市场造成冲击，并与操控国际石油市场的发达国家之间产生利益冲突。伊核协议签署后，欧美对伊朗的制裁逐步取消。各大国持续在伊朗角力，欧美企业纷纷进军伊朗。与此同时，伊朗有实施宗教地缘战略与开展“第三方外交”的传统，将自身安全与大国能源需求进行“利益绑定”，[③] 以维持地区内大国之间的平衡。中国对伊朗能源投资面临着来自美国、欧洲、日本和其他西方大国企业的激烈竞争。此外，中国在中东大量开采石油以及进行能源投资也在国际上招致一些国家的质疑，导致“中国威胁论”甚嚣尘上。伊核协议虽然已经生效，但是国际社会真正解除对伊朗

① 《2015 年伊朗海关进口平均进口关税为 18.8%》，中华人民共和国商务部网站，2016 年 1 月 18 日，http：//www.mofcom.gov.cn/article/i/jyjl/j/201601/20160101235933.shtml。

② 《“一带一路”投资政治风险研究之伊朗》，中国网，2015 年 5 月 6 日，http：//opinion.china.com.cn/opinion_92_128992.html。

③ 田文林：《伊朗对外行为的战略文化分析》，《阿拉伯世界研究》2016 年第 4 期。

的制裁尚需时日，外资在伊投资仍受掣肘。受美国《对伊朗制裁法案》的影响，一些中国企业在伊朗的石油投资规模仍然受到一定程度的限制。

由于历史、地理、气候等各异，不同的国家、民族形成了不同的文化发展模式。母国和东道国之间的文化差异导致企业在投资活动中面临文化风险。文化差异增加内部控制模式的不确定性，并使投资成本增加，如增加信息交换和控制成本。中华文明和伊斯兰文明各具特色。中东是伊斯兰教的发源地，而伊朗是中东地区的文化大国，保留了古代波斯文明，涌现了萨迪的《蔷薇园》、菲尔多西的《列王记》等一大批享誉世界的文学珍品。伊朗文化受到琐罗亚斯德教文化和伊斯兰教文化双重影响，与中东其他阿拉伯国家文明异大于同。中国与伊朗同为文明古国，两者之间存在一些共同的特点。中华文化深受儒家文化影响，博大精深，以华夏朝贡体系为载体一度对东亚地区文化产生巨大的辐射作用。伊朗是多宗教、多民族的国家。目前，伊朗的主要人口是波斯人，什叶派穆斯林占全部人口的89%，逊尼派穆斯林占10%，1%的人口为琐罗亚斯教徒、犹太教徒、基督教徒和巴哈伊教徒等。[①] 伊朗文化和中国文化都拥有悠久历史，但彼此存在很多差异，生活习俗也截然不同，这增加了中国企业对伊朗能源投资的文化适应风险。目前，中国和伊朗之间存在“经热文冷”现象，中伊两国人民对彼此的了解较少。由于受到西方媒体的影响，中伊两国人民对彼此国家的形象出现了认知偏差。中伊在教育领域合作有待深化，目前伊朗科技部和教育部只承认中国50所大学。此外，伊朗国内的汉学家很少，普通民众平时难以买到介绍当代中国的图书，导致他们对中国目前的经济、政治、教育等真实情况知之甚少，影响了伊朗人民对中国真实国情的了解，也影响了中伊之间的人文、投资、经贸交往的深入开展。

四　相关对策建议

针对以上中国对伊朗能源投资的现状以及面临的诸多问题，我们应积极

① 冀开运：《伊朗综合国力研究》，时事出版社，2016。

把握宝贵机遇，妥善应对各种挑战，本文在此主要提出以下几点建议。

首先，文化的交流与合作是经济合作的基础。基于文化强大的软实力作用，应积极构建“一带一路”架构下的中伊文化交流合作机制。应加强中华文明和伊斯兰文明两大传统文明的交流对话，弘扬文明互鉴，共同抵制宗教极端主义，传播重和平、尚和谐、去极端、求真知的理念。[①] 中国与伊朗应加强文化、教育、智库、新闻、科研等领域和各层级人员的交往与交流，在广大伊朗人民群众中积极塑造、宣传中国的良好形象。例如，建设中伊两国之间“一带一路”人文交流系列工程、建设中伊合作性教育与研究机构、设置中伊文化交流中心、在伊朗建立孔子学院、设立对伊中文教育机构、加快两国旅游业发展等，以此加深中国与伊朗普通民众之间的相互了解，从而共同推动人类文明进步。

其次，中国企业要抓住“走出去”战略和“一带一路”倡议提供的机遇，并学会避免政治风险与文化风险。一些中国企业不了解伊朗当地的风土人情，给中国对伊朗投资带来了不必要的阻力，需要引以为戒，中国企业应遵守伊朗法律法规并且积极采取当地化战略。目前中国对中东能源投资的企业大多是国有企业、集体企业。虽然国有企业、集体企业拥有资金优势，但也有一些缺点，如政治认同的阻力。因此，从战略角度看，中国政府应该鼓励、支持更多的私有企业开展海外能源投资并给予其优惠政策、信贷支持等，提高私有企业对能源领域的参与度，协调私有企业和国有企业在能源领域的投资比例，构建能源领域合理的竞争机制。中国相关部门应积极了解伊斯兰金融相关内容，在合适的条件下可有针对性地引导中国企业投资部分伊斯兰基金，以更好地加强与伊朗在金融投资领域的合作。此外，中国企业应积极制定合理的海外能源投资发展战略，全面了解伊朗的法律，及时关注伊朗气候变化和环境政策，构建能源投资风险的综合识别、积极预警与有效防范体系，大力确保对伊朗的能源投资安全。

---

① 丁虹：《共叙友好　共话合作　共谋发展——习近平主席访问沙特、埃及、伊朗和阿盟总部成果丰硕意义重大》，《人民日报》2016 年 1 月 25 日。

再次，在国内层面，中国应大力整合国家资源，完善能源市场化定价机制，大力完善能源法律体系，将提高能源利用率与节约能源相结合；制定能源节约新法，开发新能源，支持可再生能源，建设能源网络，研发和引进新能源技术，降低对进口能源的依赖性。在国际层面，为维护能源安全，中国除了实施能源多元化战略之外，还必须超越经济领域而谋求国际政治层面的外交运作，确立“大能源外交”的理念，通过与发达国家、产油国、石油输出国组织以及其他重要原油进口国之间开展有效的外交活动，来协调各国的经济利益、地缘政治利益，通过有效的国际机制实现互利共赢。通过国家外交层面的“大能源外交”运作，将解决能源问题有效地融入中国与西方发达国家、产油国以及其他重要原油进口国的外交活动中，通过卓有成效的外交活动寻求中国能源安全问题的有效解决。中国应与伊朗深化政治互信，双方应持续加强能源领域的长期战略合作，包括能源运输安全、金融合作、新能源技术研发合作、共建能源走廊等，例如，修建连接中国与中亚、中东地区的中伊铁路等。与此同时，中国应与美国等西方国家、能源机构等开展能源安全合作，推进中东地区有效安全机制的构建，积极推进全球能源治理，维护全球能源市场稳定。

B.16

2016年伊朗主流媒体涉华报道分析

——以法尔斯新闻社为例

杨　涛*

摘　要：法尔斯新闻社2016年的涉华报道总体上偏重外交领域，尚未形成完整、全面的涉华报道体系，但也在一定程度上反映了伊朗主流媒体对中国社会以及各类涉华国际和地区问题的看法。同时，该社以西方媒体为主要信息源，其对中国在中亚地区影响力的不断提升持矛盾心态，对“一带一路”倡议存在不同声音。

关键词：涉华报道　中国形象　伊朗媒体

2016年是中国和伊朗两国双边关系史上的重要一年。2016年1月22日至23日，中国国家主席习近平对伊朗进行了为期2天的友好访问，成为伊朗核协议正式执行后首位到访的外国元首。访问期间，中伊双方在多个领域签署了一系列合作协议，并一致同意建立中伊全面战略伙伴关系。在习主席访伊的推动下，一年来，中伊两国在政治、经济、能源、基础设施建设和人文交流等领域的合作取得了很多新的进展，中伊全面战略伙伴关系已经迈入了全面发展的新时期。

中伊两国关系的不断深入发展，进一步激发了两国人民互相了解和加深

* 杨涛，解放军外国语学院波斯语讲师。

友谊的强烈愿望。新闻媒体历来是世界各国人民相互了解的重要渠道，其中主流新闻媒体以其强大的信息优势和影响力，对于被报道国在本国民众心目中的形象具有重要的塑造作用，在很大程度上影响着本国民众对被报道国的认识。同时，主流新闻媒体对一国的报道在一定程度上反映着主流社会对被报道国的态度和看法。因此，持续关注并了解伊朗主流媒体涉华报道的特点，分析涉华报道所塑造的中国形象，准确把握伊朗主流社会对中国的态度和看法，对实现中伊两国“民心相通”，顺利推进“一带一路”建设，无疑具有重要的参考价值。

一　研究方法

1. 媒体选择

本文以伊朗法尔斯新闻社（Fars News Agency，以下简称“法尔斯社”）[①] 2016 年的波斯语涉华新闻报道为分析样本。法尔斯社成立于 2003 年，是伊朗“首家独立新闻媒体”[②]，其网站以波斯语、英语、阿拉伯语和土耳其语四种语言进行报道。根据 Alexa 网站 2017 年 1 月的统计数据，法尔斯社网站的访问量在全球排在第 1007 位，在伊朗所有网站中排在第 16 位，在新闻类网站中排在第 1 位。[③] 该网站 90.8% 的访客来自伊朗，91.44% 的访客访问了该网站的波斯语版面。[④] 同时，法尔斯社同伊朗革命卫队关系密切，属于半官方性质的通讯社。可见，法尔斯社受众广泛，是伊朗影响力较大、权威性较强的新闻媒体。同时由于其半官方性质，在一定程度上也能够反映伊朗政治精英的观点和立场。

2. 报道检索

本文以“چین”[⑤] 为关键词，使用法尔斯社网站主页的检索功能对 2016

① 官方网址为 http：//www. farsnews. com。
② فارس فرزند ایران اسلامی است, http：//www. farsnews. com/aboutus.
③ “Top Sites in Iran”, http：//www. alexa. com/topsites/countries/IR.
④ “ Farsnews. com Traffic Statistics”, http：//www. alexa. com/siteinfo/farsnews. com.
⑤ 波斯语“中国”。

年1月1日至2016年12月31日所有新闻标题进行检索，共检索到480条新闻。经过筛选①，最终以430篇报道为分析样本，并根据内容将全部报道分为政治、经济、外交、军事、社会、文化、科技、体育8个类别。政治类是关于中国国内政治发展状况、政治事件的报道；经济类是关于中国经济发展状况的报道，也包括纯经济活动性质的对外贸易；外交类主要是中国同世界上的其他国家和组织在政治、经济、文化、军事等各个领域的双边和多边交流与合作；军事类指关于中国军事发展状况、武器研发、军事动向等的报道；社会类报道包括环境保护、食品安全、事故等社会现象、社会问题；文化类是介绍中国文化、风俗人情、人文景观的报道；科技类是关于中国军事领域以外的科技发展状况的报道；体育类主要是关于中国体育界各种赛事、活动的报道。

从两方面对报道进行分析：一是通过研读涉华报道的内容，揭示涉华报道在内容倾向性等方面的总体特征，分析法尔斯社对中国及涉华重大事件的看法、态度等；二是分析法尔斯社通过报道所塑造的各个领域的中国形象。

二　涉华报道特点

1. 对中国外交领域的关注度远远高于其他领域

如表1所示，2016年法尔斯社对中国各个领域的关注度由高至低依次为外交、体育、社会、文化、军事、经济、政治、科技。其中，对外交领域的关注明显高于其他领域，报道数量占全部报道的半数以上。对体育领域的报道数量也比较多，占32.6%。相比前两者，法尔斯社对中国社会、文化、军事、经济、政治和科技领域的关注度不高，相关报道所占比例极小，这6个领域的报道总量仅占全部报道的13%。可见，法尔斯社涉华报道的国际关系色彩浓厚，通过该社的报道，受众难以了解中国社会各方面发展状况的全貌。

① 主要是通过逐条考察检索结果，将相关度不高的报道排除。

表 1　2016 年法尔斯社涉华报道领域分布

报道领域	数量	比例(%)
外交	234	54.4
体育	140	32.6
社会	14	3.3
文化	13	3.0
军事	10	2.3
经济	9	2.1
政治	7	1.6
科技	3	0.7
共计	430	100

2. 外交领域重点关注中伊关系以及中国同美俄等大国的双边关系

如表 2 所示，在所有外交领域的涉华报道中，涉及中伊两国双边交往的报道占绝对多数，其次依次是中国同美国、中亚各国、俄罗斯和巴基斯坦等国之间的双边交往。另有少数报道涉及中国政府对于叙利亚危机、朝鲜核问题等国际问题发表的言论和所持立场。

表 2　2016 年法尔斯社外交领域涉华报道内容分布

中国外交对象/所涉国际问题	报道数量	比例(%)
伊朗	123	52.6
美国	41	17.5
中亚各国	20	8.5
俄罗斯	10	4.3
巴基斯坦	9	3.8
沙特阿拉伯	7	3.0
菲律宾	5	2.1
英国、德国、日本、朝鲜、土耳其、印度、乌克兰等国家	12	5.1
叙利亚危机、朝鲜核问题	7	3.0
共计	234	100

对中伊双边关系的报道涉及经贸、科技、司法、交通、军事、媒体、文化、安全等多领域，其中，对中国国家主席习近平访伊、国务委员兼国防部部长常万全访伊以及伊朗外长扎里夫访华分别进行了集中报道。涉及中伊关系的报道数量之多，一方面说明法尔斯社对中伊关系在伊朗外交大局中的定位有清晰的认识和准确的把握，另一方面也是2016年中伊两国在全面战略伙伴关系框架内进行广泛和深入交流与合作的自然反映。

中美关系、中俄关系都是当今世界重要的双边关系，其发展变化对包括中伊关系在内的全球国际关系都有着不同程度的影响，因而也是法尔斯社重点关注的话题。就内容的倾向性而言，涉及中美关系的报道以两国之间的对抗、竞争、摩擦为主，如《中国抗议美国和台湾的防卫关系草案》①、《中国扣留美国潜水器》②、《北京：中美关系面临新变数》③、《特朗普当选以及中美在中亚竞争的加剧》④、《中国向美国发出警告》⑤、《中国强烈抗议在朝鲜半岛部署萨德系统》⑥ 等。涉及中俄关系的报道以两国在外交、经济、军事等领域的交流与合作为主，如《俄罗斯和中国否决联合国关于阿勒颇的决议》⑦、《俄罗斯原子能公司将为中国修建新的核电站》⑧、《俄罗斯和中国签

① اعتراض چین به لایحه روابط دفاعی-سیاسی آمریکا با تایوان, 2016 年 12 月 26 日, http://www.farsnews.com/13951006000145。

② چین زیردریایی آمریکا را توقیف کرد, 2016 年 12 月 16 日, http://www.farsnews.com/13950926000836。

③ چین: روابط پکن-واشنگتن با تزلزل‌های تازه‌ای روبرو شده است, 2016 年 12 月 22, http://www.farsnews.com/13951002000135。

④ انتخاب «ترامپ» و تشدید رقابت بین آمریکا و چین در آسیای مرکزی, 2016 年 11 月 10 日, http://www.farsnews.com/13950819001630。

⑤ چین به آمریکا هشدار داد, 2016 年 9 月 8 日, http://www.farsnews.com/13950618000286。

⑥ مخالفت شدید چین با استقرار سامانه تاد در شبه‌جزیره کره, 2016 年 9 月 5 日, http://www.farsnews.com/13950615000153。

⑦ روسیه و چین قطعنامه سازمان ملل درباره حلب را وتو کردند, 2016 年 12 月 5 日, http://www.farsnews.com/13950915001772。

⑧ روس اتم نیروگاه هسته‌ای جدیدی برای چین احداث می‌کند, 2016 年 11 月 8 日, http://www.farsnews.com/13950818001396。

署30亿（美元）的军事协议》[①] 等。一些关于中俄双边关系的报道还被赋予同美国进行对抗的色彩，如《中国和俄罗斯签署自由贸易协定回应特朗普的威胁》[②]。同时，一些涉及中俄双边关系、中俄伊三边关系的报道也具有对抗美国和西方的意味，如《华盛顿企图挑拨中俄关系并继续对伊朗施压》[③]、《伊朗、俄罗斯和中国构成的金三角将成为西方的障碍》[④]。

3. 对中国在中亚地区影响力的不断提升持矛盾心态

涉及中国和中亚各国双边、多边关系的报道数量也较多，大多集中于"一带一路"倡议下的经济合作以及能源、安全等领域的双边交流等。这一方面是因为中亚是"一带一路"倡议顺利推进的重要节点，而且"一带一路"倡议同中亚各国的战略利益高度契合，中亚各国因而积极地响应"一带一路"倡议。另一方面，由于同中亚地区之间千丝万缕的历史、宗教、文化联系和地缘关系，伊朗历来视中亚地区为自己的"后院"，并将该地区作为外交领域的重点方向之一。伊朗不仅努力同中亚各国建立稳定的友好关系，还致力于通过加强同中亚各国的交通和能源合作，将伊朗打造为联通中亚和欧洲的枢纽。

作为濒临中亚的地缘政治经济大国，中国在中亚的一举一动自然受到伊朗的格外关注。近年来，中国同中亚各国交往的广度和深度都在不断增大，伊朗一方面看到中国同中亚各国在能源、交通、基础建设等领域的互联互通有利于其一直推动的同中亚地区的经济一体化建设，另一方面又对中国在中亚地区影响力的迅速提升可能对自己在该地区的地位产生冲击而感到担忧。这种矛盾心态直接体现在涉及中国同中亚各国交流与合作的报道中。总体

① روسیه و چین توافق نظامی 3 میلیاردی به امضا رساندند, 2016 年 11 月 23 日, http://www.farsnews.com/13950903001018。

② چین و روسیه در واکنش به تهدیدهای ترامپ پیمان تجارت آزاد امضا می‌کنند, 2016 年 11 月 20 日, http://www.farsnews.com/13950830000396。

③ تلاش واشنگتن برای ایجاد تفرقه بین چین و روسیه و تداوم فشار بر ایران, 2016 年 11 月 27 日, http://www.farsnews.com/newstext.php?nn=13950906000938。

④ مثلث طلایی ایران، روسیه و چین مانعی در برابر غرب خواهد بود, 2016 年 11 月 24 日, http://www.farsnews.com/13950903000815。

上，法尔斯社能够客观地对中国同中亚各国交流与合作的事实进行报道，但同时也经常伴随着诸如中国通过经济、教育、文化等方面的软实力加大对中亚地区的“渗透”，或中国“觊觎”中亚能源等声音，刻意放大或突出强调双边合作对中国的单方面利益，大有“提醒”中亚国家防范中国之意。例如，报道《中国在中亚地区通过教育项目进行“软”渗透》援引一名哈萨克斯坦欧亚大学学者的话，称中国同美、俄一样，都是在中亚地区最有影响力的国家；中国通过开展教育项目，将中亚各国“置于自己的影响之下”；随着前往中国留学的人数不断增长，中国“实际上已经打造出一个‘汉语世界’”①。题为《中亚上空的中国大幕》的报道在全面介绍近年来中国同哈萨克斯坦、塔吉克斯坦和乌兹别克斯坦三国在政治、经济、安全、文化、教育等方面的交流与合作的同时，称“目前，中国在推进中亚地区各个项目的发展方面比以前更为活跃，这些项目的推进速度取决于项目的重要性和双方的互信程度。北京总是迅速解决那些优先项目中出现的困难，但在其他时候总是尽量拖延谈判以逃避承诺”②。题为《以经济杠杆代替战争与暴力：中国给中亚上的一课》的报道称，虽然中国的“一带一路”倡议能够为中亚各国的相互合作奠定基础，但同时也使中亚各国比其他任何时候都“更加依赖中国”，而中国则“紧盯着中亚尚未开采的自然资源，希望在将来能够获得更多的份额”。③

4. 对中国“一带一路”倡议存在不同声音

关于中国提出的“一带一路”倡议，法尔斯社的相关报道数量不多，却代表着两种不同声音。一是伊朗政府在不同场合发表的关于“一带一路”倡议的言论，多以“支持”“积极参与”为主要特征。例如，伊朗总统鲁哈尼在同中国国家副主席李源潮的会谈中指出，“复兴丝绸之路对于

① نفوذ نرم چین در آسیای مرکزی از طریق اجرای پروژه‌های آموزشی, 2016 年 12 月 22 日，http：//www. farsnews. com/13950929000606。

② خیمه سنگین چین روی آسیای مرکزی؛ اقتصاد جاده صافکن ورود چشم‌بادامی‌ها, 2016 年 10 月 31 日，http：//www. farsnews. com/13950728000575。

③ جایگزینی اهرم اقتصاد بجای جنگ و خشونت؛ درسی که چین به آسیای مرکزی داد, 2016 年 10 月 21 日，http：//www. farsnews. com/13950730000063。

地区发展和经济合作意义重大，伊朗已做好准备在此领域再次发挥历史性作用”①。伊朗文化革命高级委员会委员委拉亚提称，“复兴丝绸之路是打破美国对伊朗和中国等国家进行包围的最有效方式之一”②。二是法尔斯社在该问题上的评论性报道，例如，报道《中国统治世界的地缘政治战略》在对比了中国的“一带一路”倡议、美国国际政治学家尼古拉斯·斯皮克曼的“边缘地带”理论③、英国地缘政治学家詹姆斯·菲尔格里夫等人的地缘政治思想后指出，“一带一路”倡议同“边缘地带”理论非常相似。“边缘地带”是控制世界的钥匙，“谁控制了边缘地带，谁就将统治整个欧亚大陆并最终统治全世界”，而中国正是处于“边缘地带”制高点的那个国家。中国发展的优先任务是保障中亚和俄罗斯的陆路能源输送线路，并为产品出口开辟新的路线和市场。再如援引吉尔吉斯斯坦 AsiaPolotic 网站的报道称，“一带一路”倡议“只保障中国的利益”，因为参与“一带一路”的发展中国家将承担巨大的资金风险。④ 这两种不同声音似乎表明，在看待中国“一带一路”倡议的问题上，法尔斯社同伊朗政府的立场和观点并不完全一致。

5. 对中国在叙利亚问题上的立场表示赞同

有多篇报道涉及中国政府对于叙利亚危机的言论和立场，如《中国政府呼吁重启叙利亚和平对话》⑤、《中国对在阿斯塔纳举行解决叙利亚危机的

---

① روحانی در دیدار معاون رئیس‌جمهور چین مطرح کرد: ضرورت توسعه همکاری‌های بانکی میان تهران و پکن/ از سرمایه‌گذاری چین در حوزه‌های نفت و گاز ایران استقبال می‌کنیم, 2016 年 10 月 9 日，http://www.farsnews.com/13950718001141。

② ولایتی تاکید کرد: احیای جاده ابریشم یکی از راه‌های شکستن حلقه محاصره آمریکا به دور کشورهایی مانند ایران و چین است, 2016 年 9 月 13 日，http://www.farsnews.com/13950623000342。

③ 斯皮克曼的“边缘地带”是指包括欧洲的边缘部分以及中东、印度、南亚和中国在内的整个欧亚大陆的边缘部分。

④ پروژه «یک کمربند-یک مسیر» تنها منافع چین را تأمین می‌کند, 2016 年 10 月 30 日，http://www.farsnews.com/13950805000227。

⑤ چین خواستار ازسرگیری گفت‌وگوهای صلح برای سوریه شد, 2016 年 9 月 26 日，http://www.farsnews.com/13950705000857。

政治谈判表示欢迎》①、《中国呼吁通过政治方式解决叙利亚危机》②、《中国呼吁通过对话和安理会斡旋解决叙利亚危机》③ 等。这些报道反映出在以政治、外交手段解决叙利亚危机这一问题上，伊朗政府同中国政府的立场是一致的，伊朗需要包括中国在内的国际社会对伊朗在中东地区最重要的盟友——叙利亚巴沙尔政权的支持。一些报道甚至还暗示在叙利亚问题上，中国（包括俄罗斯）和伊朗是“盟友”。例如，题为《俄罗斯和中国不会批准旨在令恐怖分子进行重组的决议》的报道援引一名叙利亚议员的话称，由于联合国安理会中“伊朗盟友”的作用，美国已经“丧失了对安理会的控制力”④，此处“盟友”的所指不言而喻。

6. 援引境外媒体涉华报道首选西方媒体

所有涉华报道的信息来源分为法尔斯社直接报道和援引其他媒体或信息源的报道。

从表 3 可以看出，法尔斯社在引用境外媒体的涉华报道时，首选是英国路透社和俄罗斯卫星通讯社的报道，数量分别达到 36 篇和 13 篇。而仅有 7 篇中国新华社的报道被引用，不及路透社被引用报道数量的 1/5。《环球时报》也仅有 5 篇报道被引用。这些数据表明，在 2016 年法尔斯社涉华报道援引的国外信息源中，西方媒体总体上占据主导地位，其中英国路透社优势明显，但并未形成垄断；以新华社、《环球时报》等为代表的中国主流媒体相对弱势，但也没有被过于边缘化，在所有国外信息源中处于中间位置。

---

① چین از مذاکرات سیاسی در آستانه برای حل بحران سوریه، استقبال کرد, 2016 年 12 月 18 日, http://www.farsnews.com/13951007001178。

② چین خواستار راه حل سیاسی برای بحران سوریه شد, 2016 年 12 月 14 日, http://www.farsnews.com/13950924000502。

③ چین خواستار گفت‌وگو و میانجیگری شورای امنیت برای حل بحران سوریه شد, 2016 年 10 月 10 日, http://www.farsnews.com/13950719000993。

④ روسیه و چین اجازه تصویب قطعنامه برای تجدید قوای تروریست‌ها را نمی‌دهند, 2016 年 12 月 10 日, http://www.farsnews.com/13950920000160。

表 3　2016 年法尔斯社涉华报道信息源分布

信息源类别	所属国家	信息源名称	报道数量		所占比例
法尔斯社直接报道	伊朗	法尔斯新闻社	292		68%
其他信息源	伊朗	Mashreghnews 等伊朗媒体	41		9.5%
	英国	路透社	36	41	9.5%
		卫报	3		
		每日星报	1		
		太阳报	1		
	俄罗斯	卫星通讯社	13	19	4.4%
		Russia today	4		
		塔斯社	2		
	中国	新华社	7	15	3.5%
		环球时报	5		
		CCTV1	1		
		人民日报	1		
		中国国防部	1		
	美国	Associated press	4	9	2.1%
		纽约时报	1		
		福克斯新闻	1		
		Politico	1		
		国际事务杂志	1		
		华盛顿邮报	1		
	巴基斯坦	Daily express	3	6	1.4%
		Dawn 报	3		
	法国	法新社	3	3	小于 1%
	韩国	韩国时报	2	2	小于 1%
	新西兰	新西兰先驱报	1	1	小于 1%
	吉尔吉斯斯坦	AsiaPolitic	1	1	小于 1%

三　涉华报道塑造的中国形象

1. 国际政治形象

综合法尔斯社对中国外交领域的报道，可以将其塑造的国际政治领域的中国形象归纳为：积极参与各项国际事务的大国；在叙利亚问题上同伊朗、俄罗斯立场一致并发挥重要作用；同伊朗交流深入而广泛；同美国之间竞争、对抗激烈；在中亚地区非常活跃且影响力明显提升。

2. 经济形象

对中国经济领域的报道不多，仅9篇，主要包括中国智能手机市场、中国汽车制造业发展现状、中伊双边贸易，以及人民币纳入国际货币基金组织特别提款权货币篮子等内容。部分涉及中伊双边贸易的报道流露出对于伊朗市场上的大量中国商品对伊朗本国企业产生冲击的担忧。例如，《第十一届政府从中国进口了138吨浮石》用“担忧”一词来形容部分政府官员对从中国进口的浮石数量猛增的态度①；而《全国有超过90家螺丝钉生产企业停业　进口螺丝钉来自中国和中国台湾》② 仅看题目就让人联想到正是来自中国大陆和中国台湾地区的进口螺丝钉导致了伊朗本国大批相关企业停业。

两篇分别涉及中国汽车制造业、文具生产领域的报道则认为中国产品质量不高。《伊朗是中国汽车的主要进口国　为何中国年产2400万辆却没有实现出口》③ 指出，根据中国政府2009年制定的规划，中国本土品牌的家用轿车出口量要达到生产总量的10%，而2015年这一数字仅达到了3%，其中中国国产汽车最大的出口对象国是伊朗。该篇报道评论，中国在汽车出口领域未达到预期目标的原因是“对外国合资者技术资源的依赖”，外国合资者在生产自己的产品时使用最新的汽车底盘，同时却把早已过时的底盘提供给中国合资者，从而导致中国的合资汽车产品“绝无可能”同外国品牌的产品相竞争。《中国和印度占据了伊朗80%的文具市场》称，“（来自中国和印度的）进口文具质量差，不耐用，令家长们担忧”④。虽然涉及中国产

① دولت یازدهم ۱۳۸ تن سنگپا از چین وارد کرد, 2016年11月22日，http：//www.farsnews.com/13950902001176。

② تعطیلی بیش از 90 کارخانه تولید پیچ و مهره در کشور/ پیچ و مهره‌های خارجی از چین و تایوان وارد می‌شود, 2016年9月13日，http：//www.farsnews.com/13950623000004。

③ ایران مبدأ مهم واردات خودروهای چینی/ چرا صنعت خودروی چین با تولید ۲۴ میلیونی صادراتی نشد؟, 2016年12月21日，http：//www.farsnews.com/13950930001685。

④ چین و هند ۸۰ درصد بازار لوازم التحریر ایران را گرفتند, 2016年9月21日，http：//www.farsnews.com/13950631000251。

品质量不高的报道数量不多，而且进口产品的质量也取决于包括进口方的选择在内的多种因素，但法尔斯社只选择质量不高的个别领域进行报道，因而不可避免地只能让受众产生“中国产品质量不高”的片面印象。不得不说，在中伊双边经贸问题上，法尔斯社表现出一定的贸易保护主义倾向。

以上为数不多的经济领域涉华报道塑造的中国经济形象如下：中国是一个经济大国，消费和投资能力巨大；一些领域的中国产品占领了伊朗市场，并对伊朗本土企业造成较大冲击；中国产品质量不高。

3. 社会民生形象

社会领域的数篇报道仅仅涉及中国的环境污染及治理、生产事故等问题。涉及环境污染现状的报道仅 1 篇，题为《中国有 1 万人死于食品污染》，这一报道塑造了一个“环境污染严重、食品安全问题突出、为发展不惜代价”的中国形象①。环境污染治理方面的报道主要涉及中国政府治理环境污染的各种举措，如《中国建造 2000 座花园应对空气污染》②、《（中国政府）鼓励人民使用自行车》③ 等。生产事故主要报道了西宁水泥厂爆炸、南京石化厂爆炸、江西丰城电厂施工平台倒塌事故等。

4. 军事形象

对中国军事领域的报道集中在新武器研发、海空军军事动向和军事演习等，如《中国造出新型远程战略轰炸机》④、《能与 F－35 相匹敌的第五代战斗机试验成功》⑤、《中国展示隐形战斗机》⑥、《中国将生产各型无人机 4. 2

---

① غذای آلوده جان 10 هزار نفر را در چین گرفت，2016 年 10 月 6 日，http：//www. farsnews. com/13950714001022。

② ساخت 2000 باغچه برای مبارزه با آلودگی هوا در چین，2016 年 11 月 3 日，http：//www. farsnews. com/13950822001166。

③ تشویق مردم چین برای استفاده از دوچرخه，2016 年 12 月 16 日，http：//www. farsnews. com/13950924000785。

④ چین بمب افکن راهبردی جدید دور پرواز ساخته است，2016 年 9 月 4 日，http：//www. farsnews. com/13950614001287。

⑤ چین جنگنده نسل پنجم رقیب «اف -35» را با موفقیت آزمایش کرد，2016 年 12 月 18 日，http：//www. farsnews. com/13951008001605。

⑥ قدرت‌نمایی ارتش چین با رونمایی از جنگنده رادارگریز，2016 年 11 月 1 日，http：//www. farsnews. com/13950811001726。

万架》①、《中国向中国南海派遣数艘军舰》②、《中国建造的首艘航空母舰现身太平洋军演》③、《中国军舰停靠卡拉奇港》④、《上合组织成员国军事演习在中国举行》⑤ 等，展示出军事新科技层出不穷、军队活动频繁的中国军事形象。

5. 国内政治形象

涉及中国国内政治领域的报道共7篇，集中报道中国的反腐形势，包括《中国罢免45名涉嫌腐败的人大代表》⑥、《中国国家体育总局前副局长因腐败获刑10年》⑦ 等，塑造出“反腐力度大，成效明显”的中国形象。

另外，文化领域的报道涉及冰灯艺术、文物展、“中国最豪华酒店”等，同时介绍了长城、壶口瀑布、“中国最美稻田”和“最古老木桥”等景观，几乎没有涉及中国民俗、传统文化的报道，对中国文化形象的塑造有限。科技领域的报道关注了中国的无人驾驶高铁、悬挂式单轨铁路和云计算机技术，展示了中国在这些领域处于全球领先地位的科技形象。体育领域的报道除包括奥运会在内的各种赛事外，主要集中于中国国家足球队换帅、2018年足球世界杯预选赛等。

四　结语

法尔斯社2016年涉华报道的关注点集中在中国的外交和国际关系领域，

① چین 42 هزار پهپاد از انواع مختلف می‌سازد, 2016年10月2日, http://www.farsnews.com/13950711001456。

② چین چندین کشتی و ناو جنگی به دریای چین جنوبی اعزام کرد, 2016年12月18日, http://www.farsnews.com/13951008000111。

③ حضور اولین ناوهواپیمابر ساخت چین در رزمایش نظامی اقیانوس آرام, 2016年12月25日, http://www.farsnews.com/13951005000176。

④ ناوهای جنگی چین در بندر کراچی پهلو گرفتند, 2016年11月17日, http://www.farsnews.com/13950827000130。

⑤ مانور نظامی کشورهای عضو سازمان همکاری شانگهای در چین آغاز شد, 2016年11月28日, http://www.farsnews.com/13950908000053。

⑥ چین ۴۵ نماینده کنگره ملی خلق را به دلیل فساد برکنار کرد, 2016年9月14日, http://www.farsnews.com/13950624000562。

⑦ معاون سابق وزارت ورزش چین به ۱۰ سال زندان محکوم شد, 2016年12月26日, http://www.farsnews.com/13951006001276。

对中国社会报道的广度不足，因而不能全面地反映中国的社会发展现状和中国民众的生活状态。同时，涉华报道的内容倾向性等特征也反映出伊朗主流社会对中国的看法和立场。当然，对法尔斯社一家媒体的考察只能从一个点上反映伊朗主流社会的对华态度，其局限性和片面性在所难免，而且这种态度本身也是多种因素共同作用的结果。

B.17

“一带一路”下的民心相通

——2016年伊朗高校青年群体的中国印象

姜　楠*

摘　要：本文主要基于问卷调查结果，从中国的国家形象、国际形象、文化形象、科技形象、中伊关系及“一带一路”倡议六个方面，全面展现了伊朗青年群体对中国的印象，并对调研结果所反映出的问题进行了分析及对策研究，对中伊关系的前景进行了展望。可以看出，伊朗民众尤其是高校青年群体普遍对中国印象良好，认可中国积极、正义、公平的国际形象。尤其对中国的经济发展给予肯定，但对中国现当代政治、文化及社会情况相当缺乏了解。中伊双方在加深“民心相通”方面仍有待努力。两国应加强青年交流，深化友谊，增强中国在伊朗的文化影响力，为实现“民心相通”奠定青年基础、注入新鲜血液。

关键词：一带一路　中伊关系　青年研究

2015年3月，国家发展改革委、外交部和商务部联合发布了《推动共建丝绸之路经济带和21世纪海上丝绸之路的愿景与行动》，指出“一带一

* 姜楠，对外经济贸易大学外语学院波斯语系讲师，北京大学外国语学院博士生。本项目得到“对外经济贸易大学中央高校基本科研业务费专项资金”资助（项目号16QN10）。感谢对外经济贸易大学波斯语专业本科生孔知禹、沈黎明同学在问卷调查过程中的协助。

路”建设的主要内容为政策沟通、道路联通、贸易畅通、货币流通、民心相通。“国之交在于民相亲，民相亲在于心相交”，“丝绸之路经济带”覆盖了众多文明、文化、信仰、政体、经济发展程度不同的国家，如何实现与这些国家的对接，“民心相通”既是社会基础，又是成败关键。伊朗作为“丝绸之路经济带”上的重要节点国家，在商贸、能源、反恐、地区安全等方面都对中国有着重要意义。与这样一个国家对接“民心相通”尤为重要。

2016 年 1 月，中国国家主席习近平访问伊朗，这是伊朗在解除制裁后迎接的第一位大国元首，也是 14 年来中国元首对伊朗的首次出访。在“一带一路”建设的背景下，这次访问不仅将中伊关系提升为全面战略伙伴关系，而且为双方更好地开展各领域的交流、夯实民心基础发挥了战略引领作用，中伊关系正在翻开新篇章。

一　中伊友好关系回顾

中国与伊朗有着悠久的交流传统，为双方的民心相通定下了“和平、友好”的历史基调。古代丝绸之路将这两个亚洲文明古国紧密地联系在一起。“中国文化（也包括印度及中国周边地区的文化）经丝绸之路传到波斯并在波斯得以发展，然后又传向西方。”① 两国交往的最早记载见于《史记·大宛列传》，张骞的副使曾到达古代伊朗的安息王朝，受到热情接待。自此，两国在商业、宗教、艺术、文学、技术等领域广泛交流、互通有无，两国亦成为沟通古代东西方文明的重要纽带。

中国与伊朗建交于 1971 年 8 月 16 日。1979 年伊朗爆发了伊斯兰革命，建立了伊朗伊斯兰共和国，精神领袖霍梅尼提出了“不要东方，也不要西方”的伊斯兰革命原则，特别表示要与“美帝国主义对抗，伊斯兰政权执

① 阿里·玛扎海里：《丝绸之路：中国—波斯文化交流史》，耿昇译，新疆人民出版社，2006，“译者的话”，第 2 页。

行与第三世界国家发展关系的外交路线”，因此伊朗积极发展与中国的关系。① 霍梅尼之后的几届伊朗政府都与中国保持着良好关系，双方在各方面的合作也得以稳步发展。

进入21世纪后，伊朗高层始终寻求与中国构建更加密切的关系。特别是内贾德政府执政时期，由于在核问题上持强硬态度，伊朗常年受到以美国为首的西方国家实施的经济制裁。伊朗国际关系学者认为，“中国与伊朗一样都反对当今世界的霸权制度，寻求多边的新秩序，伊朗寄希望于中国在安理会使用否决权，阻止美国及西方国家实行有损伊朗利益的制裁”②。中国学者也在文章中分析，“能够牵制美国的有效办法就是联合一切有实力且可能与美国对抗的力量，其中包括俄罗斯、中国，甚至是欧盟、印度和日本”③。因此伊朗政府将“向东看”作为外交政策的基础之一是其应对国际局势的必然选择，而中国无疑是该政策的重要支撑。在接下来的几年中，中国作为代表之一，始终是伊朗在伊核谈判中最信任的一方。在美伊关系高度紧张的气氛下，谈判能僵而不破，保证美伊双方不离开谈判桌，中国的作用十分关键，中国的角色不可取代。④

习近平主席提出“一带一路”倡议后，伊朗方面积极响应，并专门成立了一个跨部门委员会。伊朗非常看重自身在“一带一路”倡议中的地位，“认为自己无论从历史还是现实的角度看，都应该是中国推动新丝绸之路计划最理想的合作伙伴和能够发挥重要作用的角色”⑤。同时，中伊双边贸易额的持续增长证明了两国的经贸发展仍具有巨大潜力。截至2014年年底，中国与伊朗之间的贸易额为520亿美元，同比增长35%；伊朗对华出口额

---

① 张铁伟编著《列国志：伊朗》，社会科学文献出版社，2005，第337页。

② 赛耶德·沙姆斯·丁·萨迪吉、卡姆兰·鲁特菲：《中伊关系中的合作实质分析（1987～2015）》，《外交关系季刊》（波斯语），2015，第49页。

③ 熊小庆、杨兴礼、刘今朝：《内贾德执政对中伊关系走向的影响》，《重庆工学院学报》2006年第3期，第74页。

④ 华黎明：《伊朗核问题与中国中东外交》，《阿拉伯世界研究》2014年第6期，第9页。

⑤ 陆瑾：《历史与现实视阈下的中伊合作：基于伊朗人对“一带一路”认知的解读》，《西亚非洲》2015年第6期，第57页。

为280亿美元，占出口总额的52%。[①] 双方对双边贸易前景十分看好，伊朗总统鲁哈尼曾表示，未来10年双方贸易额将增加至6000亿美元。伊朗商界领袖哈拉比在接受凤凰卫视采访时表示："中国在制裁时期帮助我们，我们感谢中国。我们感谢中国政府和中国民众……西方解除对伊朗的国际制裁后，伊中经贸关系摆脱了束缚，只会更快地向前发展……当我们向西方开启窗口时，我们不会忘记中国。我们长期看待与中国的关系……在后制裁时代，中国将在伊朗经济中扮演重要角色。"[②]

除政界、商界外，伊朗民众对中伊两国人民的友好关系也高度认同。伊朗人曾说，一提到中国人就感到亲切。根据笔者及其他留学生早年在伊朗的亲身感受，伊朗人对中国人确实十分友好。两国在近现代历史中没有直接冲突，这是两国人民相互修好的现实基础。但是近年来，伊朗从国家到民众层面对中国的印象都出现了一些波动。例如，2010年，中国在联合国安理会的1929号关于对伊制裁的决议中投了赞成票，在伊朗各界引起了一定程度的反感。有伊朗学者甚至表示"中国在实际行动上和西方一样，但是他们在言语上耍了我们"[③]。另外，在伊朗销售的中国小商品已经充斥于伊朗普通百姓的生活，而其低劣的质量引起了伊朗消费者的极大反感。一篇名为《为什么我们的商人总买质量差的中国商品》的文章被伊朗各大媒体转载。同时，中国网站上一篇由在伊中国留学生所写的《伊朗司机发现我是中国人，气氛马上变了》[④] 的文章再次让伊朗人对中国人的印象问题引起读者的注意，以至于伊朗副总统还就此发表了意见[⑤]。

---

① 《截至2014年年底中国伊朗之间的贸易额为520亿美元，同比增长35%》，全球经济数据网，2015年1月25日，http://www.qqjjsj.com/zglssj/47797.html。

② 《伊朗商界领袖：中国将是伊朗第一贸易伙伴国》，2016年6月18日，http://v.ifeng.com/news/world/201606/01c8de54-6087-4f08-9da2-a8d0c1a5f3db.shtml。

③ 穆赫辛·沙里阿提·尼亚：《影响伊朗中国关系的决定性因素》，《外交关系季刊》（第四季），2012，第206页。

④ 《伊朗司机发现我是中国人，气氛马上变了》，搜狐网，2016年5月15日，http://mt.sohu.com/20160515/n449553012.shtml。

⑤ 《伊朗副总统回应伊朗人对华"扭曲看法"：一直很敬佩中国人》，环球网，2016年5月20日，http://world.huanqiu.com/exclusive/2016-05/8953864.html。

为了更真实地了解当代伊朗人对中国的看法，我们应该倾听伊朗百姓的声音。作为掌握着伊朗未来的高校青年精英群体，他们对中国的印象将直接影响中伊关系的未来发展。了解该群体对中国的印象有助于有的放矢地开展对外传播活动，切实实现民心相通，为加深双边关系提供准确的舆情信息和对策建议。在上述背景下，我们对伊朗大学生群体的中国印象进行了实地问卷调查。

二　伊朗高校青年群体对中国的印象

（一）调研基本情况

调查对象为伊朗知名高校在校大学生，包括德黑兰大学、阿拉梅·塔巴塔巴伊大学、伊玛目霍梅尼国际大学、德黑兰艺术大学等。受访者是18～30岁的本科生及研究生，男女比例约为2∶1。有近百名来自机械工程、语言学、文学、伊斯兰史、英语、法学、哲学、社会学、通信、宗教学等专业的在校大学生参与了此次问卷调查。

问卷在中国国家与国民形象、中国与国际社会、中国文化软实力、中国科技软实力、中国与伊朗关系、“一带一路”倡议六个方面设置了58道选择题及2道主观题，力求全面展现伊朗高校青年群体对中国的印象，以便日后能够更好地开展有针对性的对外传播活动。

（二）调查结果分析

调查结果显示，受访者对中国的印象普遍良好，认可中国积极、正义、公平的国际形象，尤其对中国的经济发展给予肯定，但对中国现当代政治、文化及社会情况相当缺乏了解。中伊双方在加深“民心相通”方面仍需继续努力。

1. 中国国家与国民形象

伊朗青年群体对中国国家与国民形象的印象总体良好。53%的受访者对中国人的印象良好（见图1）；85%的受访者对在伊朗生活的中国人印象良好；有40%的受访者认为中国是一个“历史悠久”的国家，23%的受访者认为中国是一个“经济发达”的国家；7%左右的受访者认为中国拥有较大的影响力；89%的受访者看好中国未来的发展趋势（见图2）。

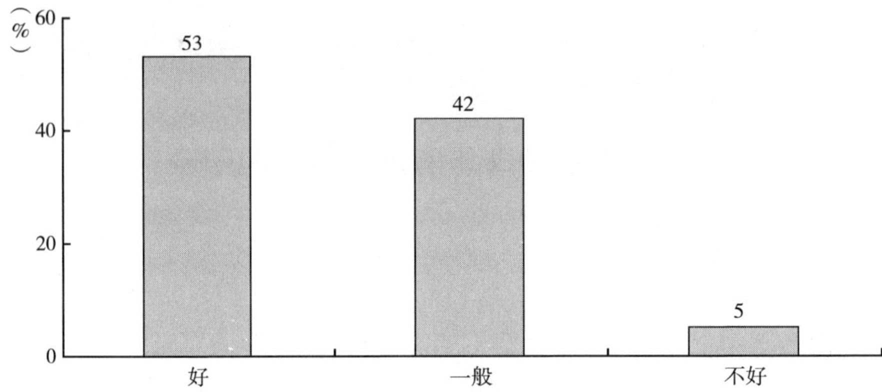

图1　你对中国人的印象如何

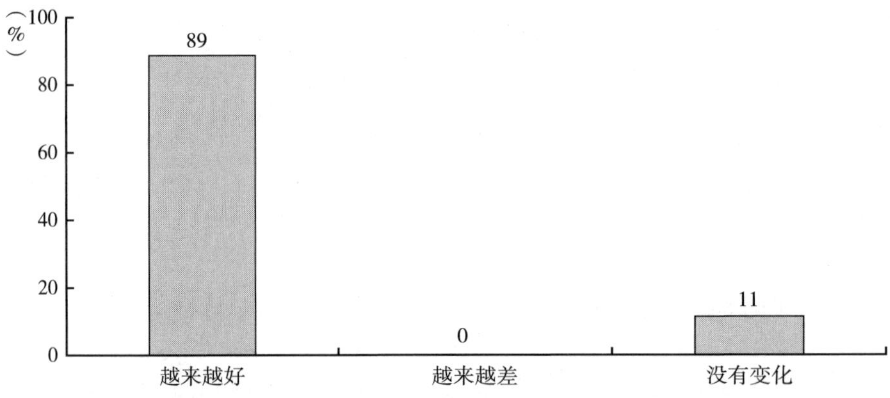

图2　你认为中国未来的发展趋势如何

63%的受访者认可中国以和平发展及睦邻友好为原则的外交政策。71%的受访者关注了习近平主席访问伊朗的新闻。习近平主席是解除对伊朗的制裁后第一位到访伊朗的大国元首，再加上中国在伊核谈判中发挥的积极作用以及伊朗对中伊未来发展给予的厚望，习主席的到访受到伊朗媒体的极大关注。具体谈到中国人留给伊朗人的印象，受访者依次选择了勤奋、聪明、友好。调查结果说明青年群体基本继承并延续了在中伊关系发展史中对中国的良好印象，这是双方深化发展关系的民心基础。由此可见，国家层面的高层次会晤以及重大利好的双边事件带来的广泛媒体效应及其形成的大众舆论，对于吸引青年人的关注和增加好感是非常重要的。

调查结果也显示出伊朗青年群体并不了解中国的政治体制。同时，由于青年人通过互联网接触的西方媒体较多，西方媒体及其释放的“中国威胁论”等负面信息也影响着青年人的判断，从而使他们对中国的政治外交形象产生误解，例如有 37% 的受访者认为中国外交旨在谋求权力。另外，调研结果显示，受访者对中国的宗教情况十分缺乏了解，这在一定程度上说明中国在宗教政策方面的对外宣传仍然不够，很可能在发生关键事件时使外国普通群体产生误解。

2. 中国的国际形象

受访者对中国在国际社会的形象给予了正面、积极的评价。有 86% 的受访者认为中国在国际事务中发挥了积极作用，63% 的受访者希望中国在国际上发挥更大作用。具体谈到中国与伊朗核问题时，56% 的受访者对中国在促进伊核问题的最终解决上的作用给予认可（见图 3）。在问到对世界上几个国家的印象时，伊朗学生给中国打出了最高分，其次分别是韩国、日本、德国与法国、美国、英国（见图 4）。中国、韩国与日本在国际制裁伊朗的情况下仍旧与伊朗保持了较好的商贸关系，中国产品在伊朗随处可见，韩剧占据了伊朗电视台的热播档，日韩产品入驻等因素带来的频繁接触也在很大程度上影响着青年群体的好感度。但值得一提的是，仍有 11% 的受访者选择了美国，可见青年群体对待事物的态度具有两面性，这种两面性尤其体现在政治态度和消费选择上。

尽管受访群体对中国的国际形象给予了正面评价，但仍需看到近年来伊朗对中国的负面评价也同时存在。例如，对于在联合国 1929 号对伊朗实施第四轮制裁的协议中投了赞成票，尽管中国在正式外交场合对此做出了解释，但仍旧有一部分伊朗人对中国心存芥蒂，此次调查中有 37% 的受访者认为中

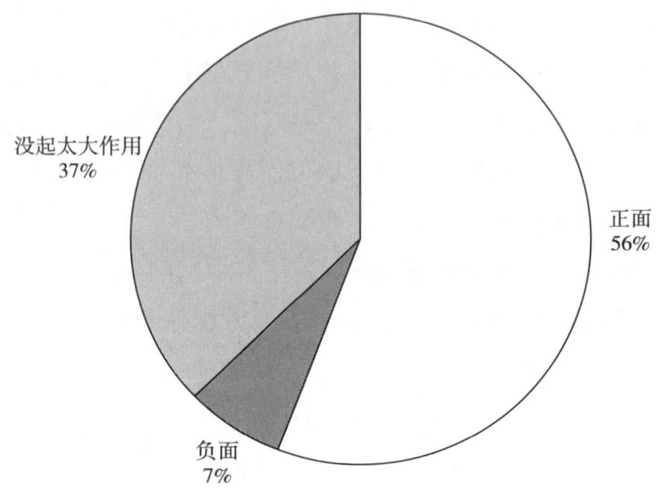

图 3　中国在伊核问题上发挥的作用

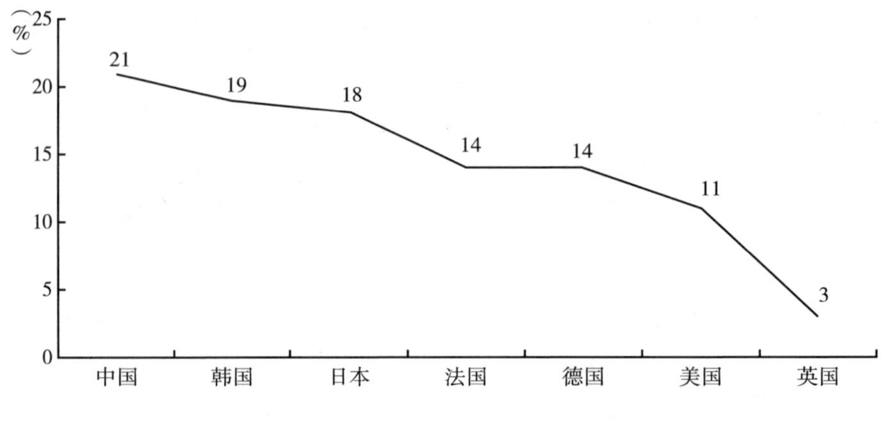

图 4　你对以下哪个国家的印象最好

国在伊核问题上没有发挥太大作用，可能就是受到此事的影响。在伊核全面协议达成后，伊朗官方对中国在此过程中发挥的作用给予了公正、理性的评价，在习近平主席访伊时，伊朗将中国称为“伊朗在受制裁时期的伙伴”①。

① شریک دوران تحریم در پساتحریم در راه تهران，2016 年 11 月 21 日，http：//donya - e - eqtesad. com/SiteKhan/999036。

由此可见，中国在国际社会的外交决策和形象还是得到了相关国家的普遍认可，出现误解时及时的外交解释也是非常必要的。

3. 中国文化形象

调查显示，受访群体对中国文化的印象停留在长久的已有共识下，而这种共识多来源于传统文化，对中国现当代文化发展了解较少。65%的受访者认为自己对中国文化有所了解，51%的受访者认为中国文化的核心精神依次是宽容、和谐和仁义。具体谈到对中国文化的哪些内容感兴趣时，武术仍旧高居榜首，其他依次为中国历史、电影、艺术、医学，很遗憾的是没有人选择文学（见图 5）。48%的受访者认为很少在伊朗媒体上看到与中国相关的报道，受访者依次对介绍中国历史文化、经济发展、青年人生活以及爱情、武打的内容更感兴趣。

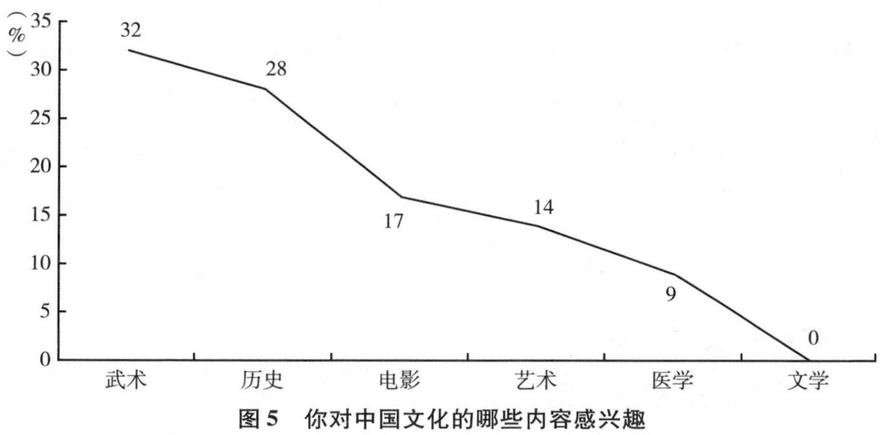

图 5　你对中国文化的哪些内容感兴趣

在国际社会中中国武术是中国的又一张名片，尤其受到青年人追捧。伊朗青年大多听说过李小龙、成龙的名字，而对其他中国影星几乎没有了解。没有人选择中国文学着实有点令人遗憾。与伊朗悠久的古典文学相同，中国也有着灿烂的古典文学，而且两国都以古代诗歌著称。这从一个侧面说明，我们在伊朗的文学翻译的宣传力度还很不够。笔者对伊朗德黑兰国际书展上中国图书的相关情况进行了调研，发现介绍现当代中国各方面情况的图书极为有限，这说明中伊两国的翻译出版行业在宣传现当代中国情况方面仍处于

起步阶段，有很大的合作空间。另外，尽管伊朗政府在网络监管上有比较严格的限制，但是青年仍旧更多地通过网络获取信息。据统计，2014 年伊朗每百人使用因特网的人数为 39.4，在中东处于中等水平。加强传统媒体及网络信息沟通，制作年轻人喜欢的节目，将成为中伊民间沟通的重要途径。

66% 的受访者表示没有听说过伊朗的孔子学院。据悉，目前伊朗仅有的一所孔子学院由于种种原因于 2010 年停办，2013 年 10 月重启。另外，尽管有多所院校开办了汉语专业，但由于师资不足等诸多问题，汉语教学在伊朗的推广并不顺利①。受访者对于学习汉语的兴趣也不高。尽管伊朗多年以来一直与美国及一些欧美国家处于敌对状态，但是政治状态并没影响学生的留学选择。30% 的受访者将美国选作留学首选国，而中国在此项调查中居于欧洲、美国、韩国、日本之后，仅有 9% 的受访者愿意留学中国（见图 6）。这并不奇怪，由于近现代的西化改革，伊朗的生活方式、饮食习惯与西方较为接近。在这次调查中韩国居于中国之前，很可能受到近年来伊朗韩流的影响，可见影视剧传播在域外文化软实力建设中产生了潜移默化的影响。可能我们费尽力气的正面宣传不如一部每天占据黄金档的韩剧的效果大。因此，影视剧作品的域外传播问题值得我们重视。

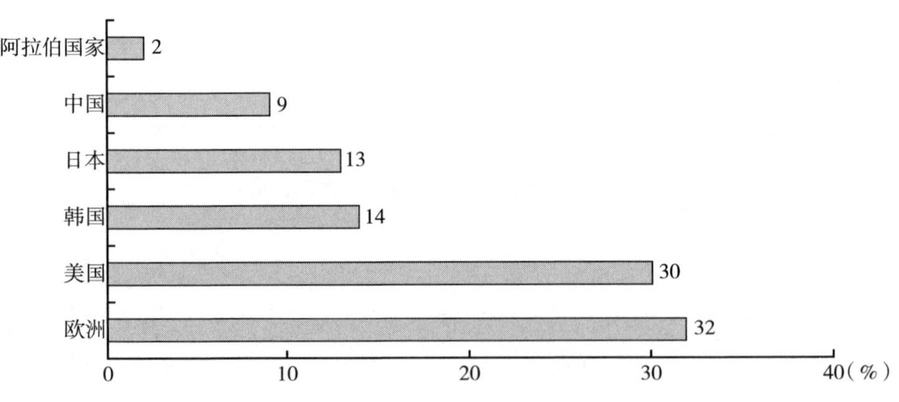

图 6　条件允许情况下，你首选的留学国家是哪个国家

---

① 孟娜：《2015 年伊朗的汉语教学及汉学研究》，载冀开运主编《伊朗发展报告（2015～2016）》，社会科学文献出版社，2016，第 265～278 页。

4. 中国科技形象

关于中国的科技软实力，整体上受访的伊朗学生对中国科技水平给予了较高评价，但对中国产品的评价参差不齐。有96%的受访者认为中国具有强大的工业制造能力，但仅有16%的受访者认为在基础设施建设中伊朗最应该引进中国的技术，而德国、美国、日本均居于中国之前。出现这样的状况是因为伊朗进口自中国尤其是与广大百姓生活息息相关的日用产品大多较为低端，品质也没有得到很好的保障，影响了伊朗人对中国产品的印象。27%的受访者认为中国产品在伊朗不受欢迎，10%的受访者厌恶中国产品（见图7）。50%的受访者对在伊朗销售的中国商品的总体评价是差及很差。

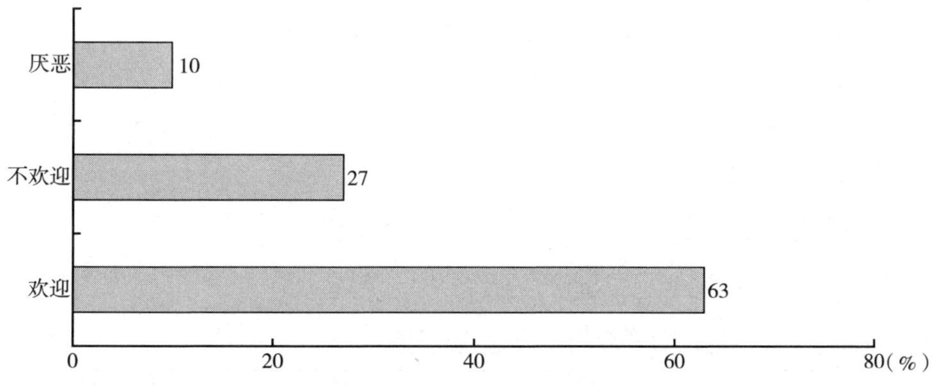

图7　中国产品受伊朗消费者欢迎吗

值得注意的是，所有受访者都有过使用中国商品的经历，说明中国商品已经深入伊朗百姓的生活。换句话说，中国商品的品质好坏更能够被伊朗百姓深切地体会到，从而形成口碑效应，影响伊朗人对中国的总体印象，在未来还将影响伊朗百姓的购买意愿。基于此种情况，68%的受访者不希望更多的中国商品进入伊朗市场（见图8）。如果经济条件允许，受访者更愿意购买美国的产品，其次是德国、日本、韩国的产品，选择中国产品的受访者仅有6%，居于以上几个国家之后（见图9）。在伊朗最受欢迎的中国产品是手机，其次是小商品、家用电器和汽车、服装。

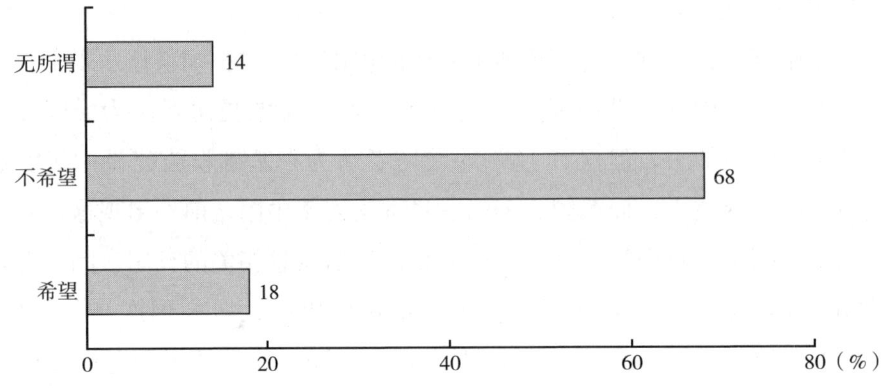

图8　你希望伊朗进口更多的中国产品吗

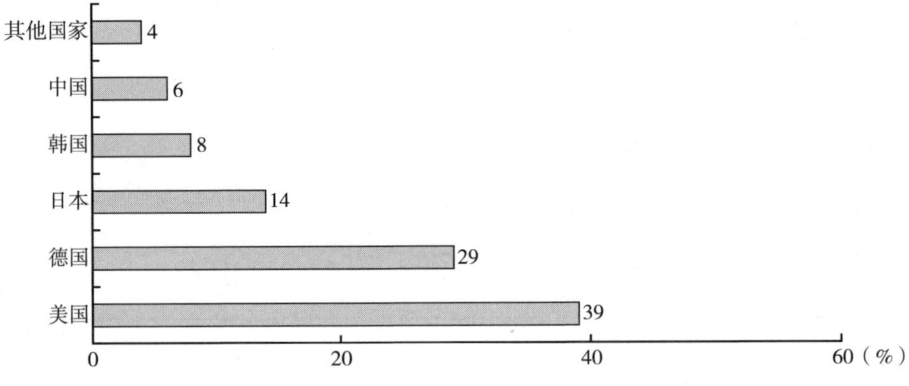

图9　经济条件允许情况下，你更愿意购买哪国产品

5. **中伊关系**

对于中国与伊朗的关系，50%的受访者认为当今中伊关系总体良好。85%的受访者认为伊朗应该加强与中国的关系（见图10），有半数的受访者认为对伊朗的制裁解除之后，中伊将深化双边合作，但更多的受访者认为中国在中伊双边关系中将受益更多，40%的受访者认为两国将在双边关系中实现双赢。68%的受访者认为中伊之间最重要的合作领域是经贸合作，其次是能源、地区安全、旅游、军事等（见图11）。97%的受访者认为伊朗应该学习至少是部分学习中国的快速发展模式。66%的受访者认为中国的发展将有利于伊朗的发展。79% 的受访者不知道伊朗是亚投行成员。仅有 18% 的受访者对中国与伊朗最新建立的“全面战略伙伴关系”进行了正确定位，而更多的人仅停留在“友好伙伴关系”上，这说明民众对“友好”一词的好感度更强。

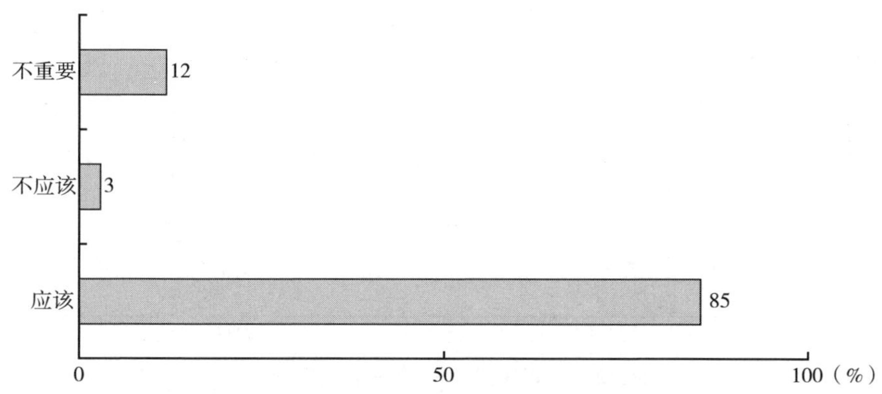

图 10　你认为伊朗是否应该加强与中国的关系

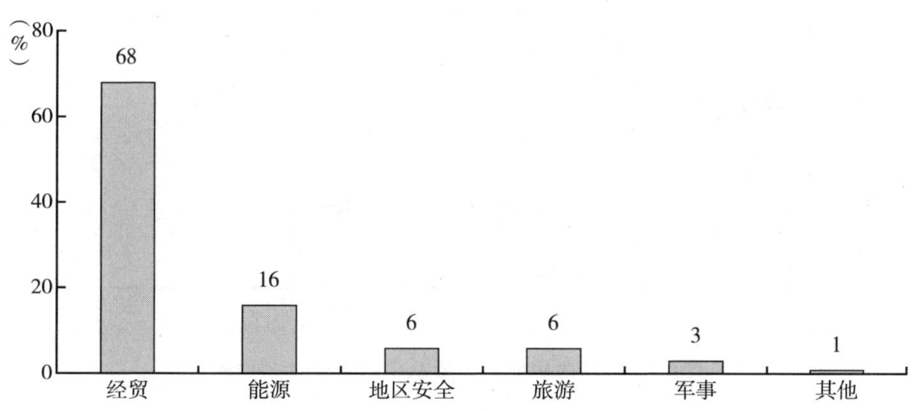

图 11　你认为中伊最重要的合作领域是什么

6. **“一带一路”倡议**

91% 的受访者对古代丝绸之路有高认知度，但对于中国提出的“一带一路”倡议，仅有 30% 的受访者听说过（见图 12）。84% 的受访者表示未在伊朗媒体上看到过关于“一带一路”的报道。51%的受访者认为“一带一路”倡议会给伊朗带来好处。受访者认为伊朗最需要从中国引进的资源依次为技术、资金及商品（见图13）。

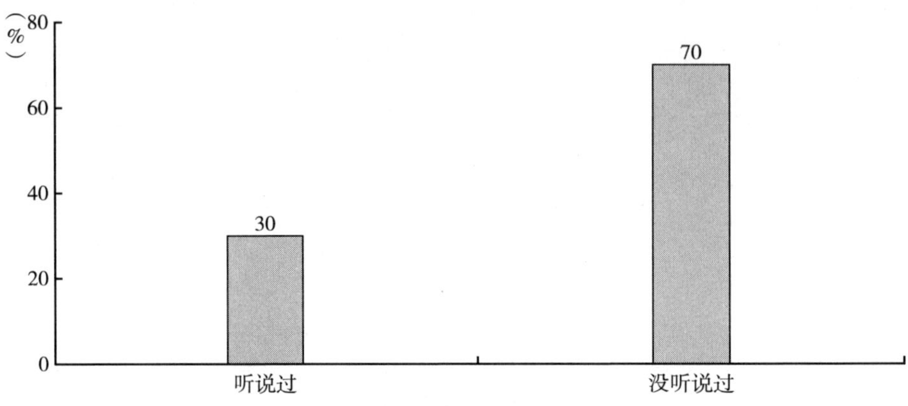

图12　你听说过“一带一路”倡议吗

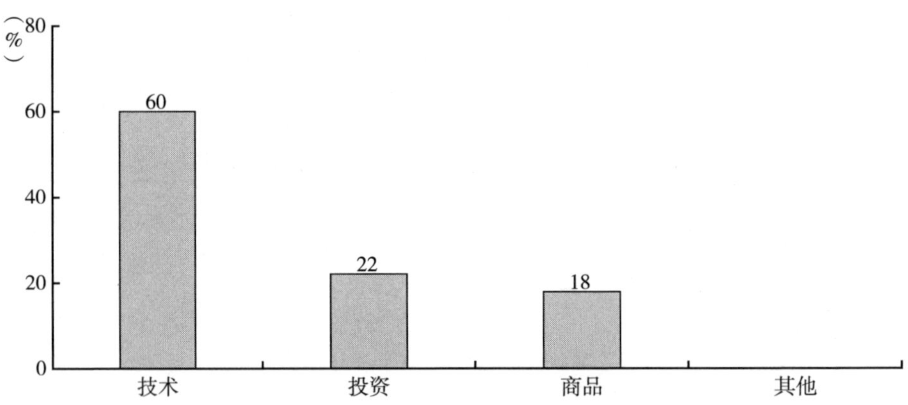

图13　你认为伊朗最需要从中国获得什么资源

51%的受访者认为“一带一路”具有更大的经济意义，其次是对旅游及文化产业的影响。64%的受访者认为伊朗应该处于中国“一带一路”倡议的重要位置。此项调查说明以丝绸之路作为推动两国合作的纽带具有很高的认知度，伊朗青年对“一带一路”倡议的实施也具有很高的期望，但目前“一带一路”倡议在伊朗的传播度不高，需要更多的宣传介绍。

三　在青年群体中构建中国良好形象的启示

第一，两国应深入挖掘历史文化共性，增强双方青年的广泛共识。在西方主流话语体系的影响下，各国青年或多或少都对西方文化有着莫名的崇拜，认为那才是先进的文化，而这种文化崇拜又进一步影响着他们的各种选择。调查发现，伊朗一部分青年在对待美国态度的问题上具有较为明显的两面性。一方面高举反美旗帜，另一方面又将美国作为首选留学国家，将美国产品作为优先消费选择。其实，作为亚洲的两大文明古国，中国和伊朗都有着灿烂的传统文化，如何挖掘两国的东方文化共性，发扬传统文化精神，帮助青年树立文化自豪感是两个国家共同的任务。

第二，加强中国在伊朗的文化软实力传播力度。“中国的大名耳熟能详，中国的内情却鲜为人知。”① 本次问卷调研结果再次印证了中国学者在中东调研时的感受。受访者除知道中国经济的快速发展外，对中国现当代其他事业的发展状况并没有什么了解，对中国的很多印象仍停留在 20 世纪七八十年代。因此，双方应尽快加强文教产业合作，加大中国在伊宣传力度。双方可针对青年群体推进双边教育合作，增加互换留学生的数量和频次，以留学、夏令营等各种形式增加伊朗青年对中国进行实地考察的机会。另外，电视、网络是青年获得信息的主要媒体渠道，但调研显示，受访者通过伊朗媒体获得的中国信息并不多，中国可考虑通过使馆或公司定期举办相关讲座或体验活动推广中国文化。还可通过加强中伊两国大学间的合作如互派访问学者、设立奖学金等形式来增加青年群体对中国现当代情况的了解，让这个群体成为宣传中国文化、沟通两国民心的使者。

第三，通过加强中伊贸易合作缓解伊朗青年的就业问题。根据伊朗中央统计局的数据统计，截至2016 年夏，伊朗的失业率为 12. 7% ，比 2015 年同

---

① 丁俊:《论中国与伊斯兰国家间的“民心相通”》,《阿拉伯世界研究》2016 年第 3 期，第 70 页。

期增长了1.8个百分点①。大批大学毕业生找不到工作，由此带来的事业发展、婚姻家庭等问题都是他们要面对的重重困难。很多青年因看不到希望而自暴自弃，吸毒、犯罪，带来了一系列社会问题。在调查中发现，受访青年群体对中国的经济发展印象深刻，对中伊的经贸关系发展尤为关注，并寄希望于中国帮助伊朗走出经济泥潭。有不少受访者在问卷的主观题部分表达出希望中国在伊朗开设工厂以增加青年人就业机会的想法。青年群体是中伊关系长远发展的关键，如果中国能够在一定程度上缓解青年就业困难的问题，无疑将赢得青年群体的好感。但这并非中国单方面就能办成的事情，还需要伊朗政府给予相关的政策支持。所以问题的根本还在于伊朗政府如何在制裁被解除后通过全面的政策改革吸引更多外资。

第四，严把出口产品质量关，加强中国商品在伊朗的品牌效应，改善伊朗消费者对中国产品的使用体验，守住伊朗大众消费市场。曾有伊朗朋友将中国产品戏称为“一次性用品”。在问卷的主观题中，有近4成的受访者将中国商品质量低下列为影响中伊关系发展的因素之一，仅位于美国及国际制裁之后。2016年，在伊朗大学生新闻网上出现了一篇题为《为什么我们的商人总买质量差的中国商品》的文章，被数十家媒体转载。该文对中国商品质量问题进行了比较客观的分析，指出在此问题上伊朗商人也应该承担一定责任。伊朗商人在选择商品时不以质量为优先，更看重价格低、利润高，而在商品质量出问题时又不愿承担相应的责任，“中国制造”就这样背了黑锅②。尽管中国的高端产品仍具有竞争力，但就使用范围和口碑效应而言无法和日常用品相比。因此，近年来中国产品的质量问题已经在伊朗国内的老百姓中形成了一种不太好的印象，并成为伊朗人对中国印象下降的重要因素之一。虽然改变这一状况需要中伊双方的共同努力，但作为出口方，中国应提高海关对出口产品的质量监管，切实维护中国产品的品牌形象。制裁被解

① نرخ بیکاری تابستان به ۱۲.۷ درصد رسید，2016年11月21日，http：//www.ireconomy.ir/fa/page/27100/نرخ+بیکاری+تابستان+به+۱۲.۷+درصد+رسید.html。

② 《伊朗普通人看中国：感觉中国在侵吞我生活的一切》，2016年5月15日，http：//news.163.com/16/0515/10/BN3ON0R30001121M.html。

除后的伊朗是一个巨大的潜在市场，各国元首在解除制裁后争相访问伊朗也是为了尽早了解、打开伊朗市场。尽管中国在这方面有较好的历史优势，但显然伊朗以后将拥有更多选择。守住伊朗市场不仅对双方的经贸合作有利，对民心相通也有重要影响。

第五，加大对“一带一路”倡议的宣传力度，让旅游、文化、教育等产业成为先行者，重点推进解决民生问题的基础设施项目合作。丝绸之路是中伊关系发展的重要标识，但伊朗人民对“一带一路”的认知度仍旧较低。在发挥“一带一路”经济效益的同时，让文化、教育、旅游业成为先行者，将为贸易交流带来更广阔的基础和空间，只有增进了解才能加深合作。

四　前景展望

伊朗驻华大使阿里·阿斯加尔·哈吉在接受《中国经济周刊》采访时曾表示：“中国在世界舞台上是非常重要、有分量的一个国家。中国的很多内政外交政策新议题，对于加强中国与其他国家的合作来说大有裨益。”①中国与伊朗在40多年的合作中，在各领域都注重优势互补，努力实现合作的双赢。尽管中伊关系曾经出现过波动，但调查显示伊朗人民对中伊关系的总体方向仍旧充满信心。就目前中伊双方在政治、商贸等领域所处的地位来看，伊朗仍需在较长时间内遵循“向东看”的方针。特别是特朗普上台后，美国的中东政策较为模糊，甚至有可能在已经取得的伊核谈判成果上有所倒退，因此中国仍旧是伊朗不得不倚重和信任的大国。在经贸领域，搭乘中国经济发展的快车，充分利用中国为“一带一路”建设投入的大量资金，弥补基础设施建设的不足，对于伊朗摆脱经济衰退、提高人民生活水平来说是个千载难逢的历史机遇。对于普通百姓而言，通过中伊商贸交往改变自身的

① 《伊朗驻华大使：“伊朗特别为‘一带一路’成立了跨部门会”》，人民网，http://world.people.com.cn/n1/2016/0504/c1002-28323112.html。

经济状况，把握“一带一路”的利好形势，也是伊朗人看重中国、欢迎中国的有利条件。因此，中国应该抓住这个机遇，在伊朗成为一个完全开放的国际市场之前在伊朗市场站稳。在“一带一路”建设的背景下，中伊双方都迎来了加深双边关系的历史机遇，而“民心相通”不论是前提还是最终目标，都具有重要意义。

B.18
中国在伊朗企业国际影响力

于桂丽*

摘　要： 在“一带一路”建设的大背景下，中国企业的国际业务往来和交流机会更加丰富，同时面对的世界环境也更加多元化，中国的跨国企业需要从自身的企业品牌及影响力方面调整发展的机遇。本文拟从企业品牌、企业形象、企业文化、企业创新、企业社会价值等方面梳理和分析中国企业在伊朗的总体国际影响力。为促进中国和伊朗的经济、文化等多方面的发展和“一带一路”建设提供新的探索经验，寻找新的发展模式。

关键词： 中国企业　伊朗　国际影响力

2016年1月，中国国家主席习近平对伊朗进行了国事访问。此次访问被认为是中伊外交的历史性事件。在“一带一路”倡议中，伊朗是必经之路，任何连接东亚至欧洲的公路、铁路、油气管道和通信网络，都将使伊朗受益。同时，与“一带一路”相辅相成的亚投行也可以为伊朗的基础设施建设提供资金支持。中国重汽、东风、奇瑞、一汽、宇通、力帆等汽车在伊朗市场都颇受欢迎，中船集团和中航技等公司同伊朗保持着密切的合作关

---

* 于桂丽，副教授，北京外国语大学亚非学院波斯语专业，西南大学伊朗研究中心特聘研究员。本文写作得到北京外国语大学跨文化研究中心主任刘琛教授的指导和2013届波斯语专业本科生刘济舟同学的大力支持，尤其参与资料收集等。

系。伊朗对中国工业产品和技术的依赖，也是未来中伊双边关系继续良好发展的重要基础。

本文调查了《同城报》、伊斯兰共和国通讯社、伊朗大学生通讯社、《早报》和法尔斯新闻社五种主流媒体对中国企业的相关报道，对这些报道进行内容分析、立场分析和定量分析，从全球化水平、企业社会价值创造、企业文化与企业创新四大维度分析中国企业在伊朗的社会影响力。

一 中国企业在伊朗的运营背景

伊斯兰革命以来，伊朗一直寻求国家的经济独立，对与国外的合作持复杂而审慎的态度。伊朗经济学家布瑞冯指出："伊朗不是从经济角度而是从政治角度考虑经济问题的。"长期以来，伊朗政府一直在经济独立和经济增长、经济开放和反经济制裁之间挣扎，这导致其政策具有不连续性。伊朗实行的是伊斯兰经济体制，伊朗经济的主要控制者是国家。2006年年底，领袖哈梅内伊要求占政府经济资产80%的银行、矿业和运输业等行业私有化。但是，这项改革进程缓慢，效果不明显。对伊朗经济影响较大的力量除政府外，还包括基金会组织和伊朗革命卫队。外国资金和技术可以在多大程度上参与伊朗的能源和工业发展？如何平衡与美国等西方国家、中国、俄罗斯以及阿拉伯国家的合作关系？对于这些问题，伊朗社会尚未达成共识。因此，外国公司在伊朗开展业务经常会遇到各种麻烦，例如员工签证、海关税收和项目审批等。伊核谈判成功后，2016年伊朗的银行将重新接入环球银行金融电信协会（Society For WorldWide Interbank Financial Telecommunication，SWIFT）系统[①]，对于在伊朗投资的外国企业来说，这是一个利好信息。

---

① 2012年1月，美国制裁并关闭了伊朗中央银行在SWIFT系统的美元结算通道，世界上任何一家银行都无法汇款至伊朗的银行。因此，2012年，伊朗的通货膨胀率大幅上升，国民经济衰退，GDP增长率跌至-6%。

二　中国企业在伊朗的全球化评价

中国企业的“全球化评价”由四个子维度构成，即海外拓展目的、国际规范契合度、经济指标以及当地认知度和美誉度。其中，海外拓展目的、国际规范契合度、经济指标受到认可，而当地认知度和美誉度相对薄弱。在伊朗的中国企业的全球化水平有以下三个特点。

第一，中国企业在伊朗市场的经济表现优秀。早在2009年，中国就成为伊朗最大的进口国，当年伊朗对中国的进口额占伊朗总进口额的16%，是同年伊朗第二大进口国日本的2倍。[①] 而今，伊朗媒体也充分肯定中国企业的投资实力、盈利水平以及在全球对外投资中的稳定、快速增长，这主要是因为中国经济结构与伊朗形成良好的互补，伊朗为资源密集型国家，而中国是劳动密集型国家。此外，伊朗与西方国家关系紧张，中国企业抓住了机会，扩大合作，形成了如今的规模。

第二，中国企业的国际规范契合度良好。在伊朗媒体的眼中，中国企业普遍遵守国际规范，并且好于伊朗的本土企业。

第三，中国企业的当地认知度和美誉度有待提高。在论及企业在所在地的认知度和美誉度时，虽然中国的大型国有企业和华为、小米、中信等大型高科技民营企业总体表现较好，但在伊朗消费市场所占据的比重最大，而且中国民营中小企业涉及的市场范围广、消费者数量众多，所以遭到的批评更尖锐，最终在一定程度上影响了中国企业在伊朗的美誉度。[②]

---

① John Garver, “China-Iran Relations: Cautious Friendship with America's Nemesis”, *China Report*, Vol. 49, Issue 1, 2013.

② 例如，伊朗媒体一篇名为《马来西亚、印度尼西亚、中国、土耳其出口至伊朗的沙发质量不过关》的报道，批评中国和土耳其等国出口至伊朗的沙发质量不过关。还特别指出，“即使中国拥有先进的设计和优秀的人才，但是其工厂的生产技术仍不过关”。参见Taraznewsagency, واردات مبل‌های بی‌کیفیت از اندونزی، مالزی, http://www.taraznews.com/content/68763，访问日期：2016年2月20日。

三 中国企业品牌在伊朗的影响力

（一）中国企业品牌在伊朗市场具有影响力

在伊朗受制裁期间，中国的大型国有企业抓住机会，其在伊朗的大型工程项目以及投资项目相比其他国家的企业处于领先地位。同时在日用品和零售市场领域，中国廉价商品占据了伊朗市场的半壁江山。但是，中国企业只在伊朗中低端市场占据主导地位。

中型民营企业在伊朗市场也具有很大的影响力。例如，华为公司在伊朗的手机及通信业市场就具有较大的国际影响力。伊朗大学生通讯社报道，近20年，伊朗手机市场发生了很大变化，成为伊朗最火的行业，智能高端手机最受消费者欢迎。在伊朗，苹果手机价格最高，为1000000～3000000土曼。而中低端的大众化手机，如华为、三星，华为的手机价格极具竞争力，符合在当前伊朗经济环境下民众对物美价廉的商品的迫切需求，在中低端的商品领域占据主导地位。2016年2月，伊朗宗教领袖国际事务顾问维拉亚提博士访问中国华为公司时说："伊朗愿意与中国民营企业合作，并对双方合作前景抱有很大希望。"[①] 另外，伊朗还有不少诺基亚直板的低端机，市场价格为30000～500000土曼。

通过分析2014年和2015年伊朗大学生通讯社、法尔斯新闻社和伊斯兰共和国通讯社对中国企业的报道，以下三个主题最受关注：石油贸易与合作、中国制造的智能手机和其他通信产品、中国汽车制造业。另外，伊朗媒体关注的中国企业主要分为三大类：大型国有企业、大中型民营企业、中小型民营企业（见表2）。

---

① اعلام آمادگی ولایتی برای همکاری مرکز تحقیقات با هوآوی，《伊朗大学生通讯报》，https：//www. isna. ir/news/940303018，访问日期：2018年1月20日。

表 1　伊朗手机市场价格

单位：土曼

品牌	型号	价格
苹果	iPhone 6(16G)	2000290
	iPhone 6(64G)	2000680
	iPhone 6 Plus(16G)	2000600
三星	Galaxy S6	1000970
	Galaxy S6	1000930
	Galaxy S6 Edge(32G)	2000188
	Galaxy S6 Edge(64G)	2000414
	Galaxy S6 Plus(32G)	2000742
	Galaxy S6 Plus(64G)	3000147
	Galaxy A8	1000687
	Galaxy A3	748000
	Galaxy A5	986000
HTC	One M9 Gold	1000989
	E9 Plus	1000634
	M8	1000484
	Desire 820	1000109
华为	Honor6	839000
	Ascend P7	819000
	Ascend G750 U10	669000
	P8 lite	770000
索尼	Xperia Z3 Plus	1000920
	Xperia Z2	1000320
	Xperia Z1	970000
	Xperia C3	790000
	Xperia M4	990000

资料来源：ISNA，http：//isna. ir/fa/news/94062314582/% DA% AF% D9% 88% D8% B4% DB% 8C，访问日期：2016 年 1 月 13 日。

表 2　伊朗媒体关注的中国企业类别

企业类别	核心业务	代表性企业
大型国有企业	石油天然气开采、基础设施建设等承包大型工程类项目	中石油、中石化、中车集团、中信建设等
大中型民营企业	高科技，通信及其他电子、机械类生产	华为、小米等
中小型民营企业	小商品、服装、日用品	无

资料来源：笔者根据报道整理而成。

中国企业在伊朗的影响力较大，中国作为伊朗最大的贸易伙伴，与伊朗的经济合作范围较广，从大型工程开发项目到日用品贸易都有广泛的合作，尤其是中国电子产品在伊朗市场的空间巨大。伊朗近些年一直受美国和欧盟等国家与组织制裁，2016 年以来中兴通讯在伊朗的发展受阻，但是华为企业在伊朗的发展呈现一片繁荣景象。2016 年，中国与伊朗的贸易额已达 300 亿美元，而 3 年前只有 144 亿美元。据预测，未来，中国将取代德国成为伊朗第一大商品来源地。因此中国企业在伊朗的影响力较大。德黑兰大学伊中关系战略研究中心专家穆赫森·沙里阿迪尼亚（Mohsen Shariatiniya）表示："扩大加强对华贸易联系的基础设施特别是铁路交通被认为是鲁哈尼政府的一个优先对外经济目标。"① 在伊朗遭受国际制裁期间，中伊合作经历了非常时期，对伊朗而言，在"丝绸之路经济带"框架下启动第一条贸易通道意味着恢复与中国的合作。

（二）中国企业形象总体上是正面的

分析 2015 年伊斯兰共和国通讯社、《同城报》、伊朗大学生通讯社和法尔斯新闻社对中国企业的报道立场，对中国企业的负面报道只有 13.25%，中国企业在伊朗的形象基本是正面的。其中，中国的高科技民营企业得到了伊朗媒体的高度评价。例如，伊朗媒体对小米和华为的智能手机的评价全部是正面的，民众在接受采访时表示，"这两家企业生产的智能手机技术非常优秀，而且手机的性价比高，物美价廉"。同时，伊朗媒体对中国大型国有企业的评价是中性的。对于由中国大型国有企业主导的中伊两国工程合作项目，例如石油、天然气、铁路建设、地铁建设、客车车厢等，中国企业形象在伊朗媒体的报道中总体上是中规中矩的。对于中国国有企业，伊朗媒体只报道相关协议、投资项目的数额等，不做任何评价。

① 《伊朗专家：加强对华贸易联系是伊优先对外经济目标》，http://w.huanqiu.com/r/MV8wXzg1NTE0NzVfMTM4XzE0NTU2NjUxMDA。

对于中国企业的批评主要集中于中小型民营企业在伊朗市场上销售的小商品和日用品。这些企业提供的商品虽然价格低廉，但质量不高，出现这个问题的很大一部分原因是伊朗进口商不断压低价格，中国企业只能出口质量相对较低的产品。例如，中国国际广播电台旗下的驻伊朗媒体 CRI 的一篇名为《伊朗商人购买中国廉价商品》报道指出，“在制裁后伊朗经济不景气的大环境下，伊朗人愿意接受中国低质量的廉价商品，但又对中国商品的低质量有不满的情绪”。

综上所述，伊朗媒体所呈现的中国企业形象总体良好。其中，大型民营企业尤其是高科技领域的企业获得的认同度最高；国有企业的形象相对神秘，与伊朗民众的联系仍不密切；最受质疑的是生产低端消费品的中小型民营企业。

（三）中国企业的形象单薄

总体上，关于中国企业的报道篇幅较短，43% 的报道篇幅为 300 个单词以下，87% 左右的报道篇幅为 800 个单词以下（见表 3）。

表 3　中国企业国际影响力报道篇幅分析（2015 年）

单词量	伊朗大学生通讯社		法尔斯新闻社		伊斯兰共和国通讯社	
	报道数（篇）	百分比（%）	报道数（篇）	百分比（%）	报道数（篇）	百分比（%）
300 个以下	10	43.48	17	42.5	10	43.48
300～500 个	9	39.13	11	27.5	9	39.13
500～800 个	1	4.3	7	17.5	2	8.7
800～1500 个	3	13.04	5	12.5	2	8.7

造成这种现象主要有以下几点原因。

第一，政府提供给民众和媒体的信息较少。在伊朗相对有影响力的中国企业多为国有企业，与伊朗的往来合作主要是官方层面的，伊朗政府对这些合作的态度比较审慎、低调。

第二，伊朗的民营经济发展尚未成熟。伊朗社会缺乏商业竞争的氛围，中国企业的进入能够给伊朗市场带来活力。同时，中国企业在伊朗的发展也面临很大的挑战。根据伊朗媒体的相关报道，中国企业在伊朗常遇到政府工作效率低、要依靠裙带关系办事等问题。

第三，伊朗媒体“重政轻经”。伊朗的财经类报纸、杂志数量较少，媒体普遍重视国际政治议题，尤其是对国家领导人的报道。例如，2016 年 2 月，伊朗伊斯兰共和国通讯社共有 40 余篇关于中国的报道，其中有 12 篇关于中国政治的报道，而对中国企业和中伊经济交流的报道只有 3 篇，且报道篇幅为 200 个单词以下。

第四，伊朗民众对中国的了解有限，因此对中国企业的相关信息不感兴趣，对中国企业生产的产品的消费需求不高。

四　中国企业文化在伊朗的影响力

中国企业在伊朗的企业文化评价有两个子维度：文化价值观和行为方式。中国企业文化在两个维度上的表现比较平均。

（一）中国企业缺乏文化价值观意识

伊朗媒体认为，大多数中国企业会优先考虑经济利益，而忽视了文化价值观的重要性。相比西方发达国家的企业，中国企业的文化内涵亟待提升。例如，伊朗大学生通讯社在《五家外国公司股票交易所》的报道中指出，“在伊朗石油化工产品展览会上的五家企业中，中国企业与两家韩国企业、一家阿联酋企业和一家沙特阿拉伯企业相比，表现平平”[①]。在接受媒体访问时，伊朗汽车业网站负责人毕占·扎黑迪法尔德表示，“中国企业家声称出口到伊朗的中国汽车的质量非常高，但是伊朗人民仍然相信日本车，因为

① عرضه ۵ شرکت خارجی در تالار بورس کلا，http://isna.ir/fa/news/91103017830/عرضه-5-شرکت-خارجی-در-تالار-بورس-کالا，访问日期：2016 年 2 月 29 日。

他们的企业文化形象鲜明，而且在全世界都是一样的”[①]。《中国汽车在日本生产线上展示》深入分析了缺乏企业文化价值观意识给中国企业造成的影响，指出“由于企业文化在伊朗没有影响力，中国企业家对产品宣传和推广无从下手”。

（二）中国企业的跨文化意识较为淡薄

随着经济全球化的发展，很多中国企业开始和国际接轨，走国际化发展道路。企业全球化的一个重要表现形式就是企业的跨文化管理，跨文化管理在中国企业的国际化发展中占据着重要的地位。在企业走出去前，培养中国企业跨文化意识很重要。在海外经营多年、比较成熟的中国企业，在这方面做得很好。比如，中石油、东风汽车、中兴通讯等公司，在将员工派往伊朗之前，与中国高校合作，对员工进行跨文化管理培训。从企业领导到员工都要具有跨文化意识。

在企业文化和产品的宣传上，中国企业有时会因欠缺文化敏感性而引发误解。例如，伊朗劳工通讯社报道，中国某家汽车厂商在伊朗展会上用金黄色的龙装饰汽车，引起很大的争议[②]。为了解决这个问题，中国企业可以从以下两个方面努力。首先，在尊重各自文化的前提下，寻求一致性。伊朗是伊斯兰国家，遵守当地法规，尊重和了解员工的信仰、风俗习惯与当地的历史文化尤为重要。围绕企业的愿景和目标，在文化管理上“求大同、存小异”，比较各自文化的共通点和差异性，从管理的功能上取舍两种文化的内涵。其次，在各自不同的专长中发展新的专长。

① بخش زاهدی فرد مدیر عامل ایران خودرو خراسان شد，http：//www. ilna. ir/ ，访问日期：2016 年 3 月 30 日。

② http：//www. ilna. ir/بخش-سایر-رسانه-ها-10/336736-رونمایی-از-خودرویی-عجیب-در-نمایشگاه-چین，访问日期：2016 年 1 月 29 日。

五　中国企业创新在伊朗的影响力

企业创新有两个子维度：产品服务和体制机制。中国企业的创新水平虽不及西方发达国家，但相比伊朗的本土企业和品牌具有很大的优势，这一优势建立在中国发达的制造业和相对开放的市场环境上。同时，中国对科研创新的重视程度比伊朗要更高一些。因此，中国有很多自主研发的高科技产品受到伊朗媒体的广泛关注。伊朗劳工通讯社一篇名为《中国生产的第一台电动载人飞机》的报道介绍了中国生产的第一台电动载人飞机，报道指出该飞机充电一次能飞行160千米，并且即将投入生产。①

六　中国企业在伊朗的社会价值

（一）中国企业在伊朗的社会价值评价

中国企业在伊朗的社会价值创造分为企业投资社会评价和利益相关方评价两部分。中国企业在伊朗的投资、工程建设受到较高的社会评价，但受到一些利益相关方的批评。伊朗媒体非常关注中伊两国投资、贸易、战略合作等主题，如《中国投资建设伊朗的港口》《中国和伊朗签订油田开发协议》《中国的汽车制造业不断发展》等。2016年年初，伊朗媒体报道，位于伊朗里海安扎里港口的新建投资项目需投入1210亿土曼（约24.2亿元人民币），伊朗媒体对中国、德国、韩国等国家为该项目注入了第一笔资金给予高度评价。②

① چین اولین هواپیمای برقی را تولید کرد, http://www.ilna.ir/بخش-بین-الملل - 8/285115 - چین-اولین-هواپیمای-برقی-را-تولید-کرد，访问日期：2016年2月2日。

② سرمایه گذاری چین، آلمان، کره و روسی در بندر انزلی, http://www.tejaratnews.com/Pages/News - 25205 - سرمایهگذاری_چین_آلمان_کره_روسیه_بندر_انزلی_ .aspx，访问日期：2016年1月11日。

（二）中国铁路、公路、地铁等项目在伊朗的评价较高

2015年年初，《伊朗信息报》（*Sibna*）题为《地铁通向新的城市》的报道指出，“受经济制裁的影响，伊朗已经采用‘物物交换’方式，用价值数十亿美元的原油从中国换来315节地铁车厢”。换购的地铁车厢将用于修建伊斯法罕、设拉子和大不里士这3座城市的地铁。以德黑兰为例，地铁设计和施工均由中国公司负责，工程过硬的质量得到当地政府和民众的高度评价。[①] 在基础设施建设方面，中国企业在伊朗的工程项目不仅数目较多，而且对于伊朗城市建设和道路、铁路建设起着至关重要的作用。伊朗劳工通讯社一篇题为《中国在设拉子建第二条地铁线》的报道指出，中信建设有限责任公司将在伊朗城市设拉子建设第二条地铁线。报道提及中信建设在德黑兰建设的伊朗国内的第一条地铁线非常成功，并且相信通过此次合作，中信建设将再次为伊朗交通基础设施建设的完善做出巨大贡献。[②]

（三）对中国企业的诚信评价很低

相对而言，利益相关方对中国企业的社会价值评价较低。具体原因是，伊朗在巴列维时期推行以西方化、世俗化、民主化为特点的现代化，派出大量专家、学者到西方学习，同时也有大量的欧美专家到伊朗工作。因此，伊朗人比较熟悉西方国家的先进技术及法规。中国取代西方发达国家和日本在伊朗的石油开发和其他工程项目中占据重要地位，很多伊朗本土的相关企业和政府机构对比后发现，与发达国家的企业相比，中国企业的效率和技术水平较低，他们会按照欧洲技术和标准要求中国企业。[③]伊朗人更认可欧美品

① دومین خط مترو توسط چینیان به عهده گرفت，http：//sibna. ir/Pages/News – 47066. html，访问日期：2016年3月30日。

② دومین خط مترو توسط چینیان به عهده گرفت，http：//isna. ir/fa/news/91103017830/%D8%B9%D8%B1%D8%。

③ 有伊朗媒体专门做了一期视频节目，对驻伊朗的中国油田开发企业的工作进行了批评，认为“中国企业取代了日本的位置，拿到油田开发权之后，半年多仍未开工，使得伊朗工人和合作企业受到了很大的利益损失”。参见赵小玲《波斯语视听说教程2》，视频内容，2013年1月1日。

牌，认为中国的技术和商品虽然价格低，但是质量不好。尽管如此，由于伊朗多年饱受制裁，老百姓购买能力低下，伊朗普通劳工的月收入不到500美元，他们仍会购买中国廉价商品。

另外，在伊朗的中国企业存在同企同行恶性竞争的问题，这不利于国家和集体利益。例如，陕西重汽在伊朗的销售成绩不好，近三年总共销售了300多辆。原因在于中国同行也进入伊朗市场，造成低价恶性竞争，几乎无利可图。[①] 在伊朗的中国电信企业（如中兴、华为）的竞争也是如此。2004年11月，中兴通讯正式进入伊朗市场，经过10多年的苦苦经营，在摸索竞争当中，公司初具规模。公司业绩好的时候，例如，2015年年底，中兴通讯伊朗代表处有近300名工人，售前、售后服务遍及伊朗各省。但是，2017年8月，公司只剩几个人，现已无法再继续在伊朗开展业务。

中国企业在伊朗最困难的时期，抓住了机遇，进入伊朗市场，并且形成了一定规模。中国企业的全球化水平和社会价值创造得到了较为广泛的认可。然而，中小型企业不够重视企业文化、同行业的竞争等在一定程度上损害了中国企业的整体形象。

在创新方面，中国企业虽与发达国家有一定差距，但仍具有一定的创新能力。我们要深入地思考，中国在伊朗的跨国企业应该与当地环境更好地融合。实现经济的共融，实现文化的相互尊重，促进交流，从而提高中国企业自身的接纳能力，提高国际格局下企业的运作和经营能力，提高企业对国际发展的责任和担当。在伊朗，中国企业有很多的合作发展机会，我们既需要了解伊朗政府与企业的政策走向，也要了解伊朗企业的主要文化，提高企业的国际影响力、经济增长能力、文化兼容能力、创新发展能力。目前，对伊朗的制裁已经解除，中国企业必会面临更大的挑战。通过对中国企业这些能力的梳理和挖掘，结合伊朗的具体环境，中国和伊朗要协调经济利益、人文发展，为“一带一路”建设提供新的探索经验，寻找新的发展模式。

---

① 冀开运主编《伊朗发展报告（2015～2016）》，社会科学文献出版社，2016，第233页。

附　　录

Appendix

B.19
2016年伊朗大事记

张玉慧　母仕洪*

1月

2日　沙特处决了什叶派教士，引发伊朗国内的强烈不满，暴怒的示威者攻击了沙特驻德黑兰大使馆，两国之间关系骤然紧张。

4日　沙特外交大臣朱拜尔宣布，沙特与伊朗断绝外交关系。同日，苏丹、巴林也宣布与伊朗断绝外交关系。

17日　伊朗外长扎里夫和欧盟外交和安全政策高级代表莫盖里尼宣布，针对伊朗核项目的制裁已经逐步取消，该声明是在国际原子能机构确认伊朗履行了伊核全面协议后宣布的。

18日　伊朗总统鲁哈尼向议会提交了下一年度的政府预算和伊朗第6

* 张玉慧，西南大学伊朗研究中心研究生；母仕洪，西南大学伊朗研究中心研究生。

个五年发展计划，政府预算依据国内外的经济环境对经济发展方向做出了相应的调整。

21 日 伊朗中央银行官员米亚比（Hossein Yaqoubi Miab）称，中国工商银行将在伊朗设立分行。

22 日 中国国家主席习近平对伊朗进行国事访问。

23 日 中华人民共和国商务部部长高虎城与伊朗经济事务和财政部部长塔布尼亚在德黑兰签署了两项备忘录：《中华人民共和国商务部和伊朗伊斯兰共和国经济事务和财政部关于加强两国投资领域合作的谅解备忘录》与《中华人民共和国商务部和伊朗伊斯兰共和国经济事务和财政部关于人力资源开发合作的谅解备忘录》。

26 日 伊朗总统鲁哈尼访问意大利，分别与意大利总统马塔雷拉、总理伦奇进行了会面，这是西方对伊朗制裁解除后，伊朗领导人的首次欧洲之行。同日，鲁哈尼访问梵蒂冈，教皇方济各接见了伊朗总统鲁哈尼。

27 日 伊朗文化遗产、手工业和旅游组织主席苏坦尼法尔表示，伊朗将于 2016 年在中国开设三个旅游办事处。

28 日 伊朗总统鲁哈尼访问法国，与法国总统奥朗德进行了会谈，两国签署了多项协议，两国将在工业、通信、教育、交通等领域开展更好的合作。

2月

3 日 中国与伊朗开通了新的海运航线。该航线连接中国广西北部湾钦州港和伊朗的阿巴斯港，同时连接新加坡、马来西亚、阿联酋等国，是中国未来联系东南亚、南亚、西亚地区的重要国际航线。

4 日 伊朗央行官员瓦里欧拉·赛夫对外宣称，环球银行金融电信协会已恢复了对 9 家伊朗银行的业务。这是国际银行系统自 2012 年与伊朗金融机构之间断绝业务关系后，重新开启双方合作。

7 日 伊朗总统鲁哈尼出席了由中国提供融资并承建的德黑兰—马什哈

德高铁项目开工仪式。

12 日 伊朗全国人民以各种方式庆祝伊斯兰革命胜利 37 周年。

15 日 伊朗央行外汇司副司长卡穆亚布表示，伊朗已开始将 SWIFT 代码用于银行转账，伊朗政府也鼓励外国机构扩大在伊朗的金融业务范围。

15 日 新丝绸之路开通后的第一辆货车将抵达伊朗首都德黑兰，伊朗举行了欢迎仪式。该趟货车携带 32 个集装箱，从中国浙江省义乌市出发，行程约 10000 公里，用时 14 天，途经哈萨克斯坦和土库曼斯坦两国，最终到达伊朗。

24 日 格什姆自贸区总经理莫梅尼（Hamidreza Momeni）宣布，中国投资者将在格什姆岛创立航空公司。

26 日 伊朗议会及专家委员会选举进行投票。

29 日 伊朗内政部部长拉赫玛尼·法兹利宣布，伊朗议会和专家委员会选举的计票工作已经结束。数据显示，保守派垄断伊朗议会的局面或将改变。

29 日 伊朗伊斯兰共和国船运公司总经理赛伊迪宣称，该公司一艘满载化工产品集装箱的货轮将于近日停泊欧洲。这是自 2010 年后，伊朗船运公司的船只首次停靠欧洲。

3月

2 日 伊朗副总统兼文化遗产、手工业和旅游组织主席苏坦尼法尔出席在基什岛召开的国际旅游展时表示，伊朗政府正在计划对 28 个国家实行免签政策，伊朗有望在 2017 年前向外国游客发放电子签证。

5 日 伊朗第一副总统贾汉吉里在德黑兰会晤了到访的土耳其副总理达武特路奥，贾汉吉里表示伊朗和土耳其的目标都是实现中东的和平与稳定。

9 日 伊朗成功试射了两枚分别名为“卡达尔－H”和“卡达尔－F”的弹道导弹。

14 日 在华伊朗商会成立大会在北京举行，这是伊朗在中国设立的首个商会。

15 日 中国进出口银行与伊朗商业银行（Bank Tejarat）签订为伊朗项目提供融资的协议。

20 日 伊朗总统鲁哈尼在伊历新年贺词中表示，在新的一年（2016 年 3 月 20 日 ~2017 年 3 月 20 日），伊朗将争取实现 5% 的经济增长率。

26 日 伊朗总统鲁哈尼访问巴基斯坦，与总理谢里夫在巴基斯坦首都伊斯兰堡举行会谈。鲁哈尼访问期间，两国签署了经济、贸易、文化、医疗卫生等领域的相关合作文件。

4月

1 日 伊朗与奥地利两国商会签署了一项包含 8 个文件的协议，协议涵盖汽车、钢铁、医药和工程服务等多个领域，金额约为 20 亿美元。

2 日 伊朗海关总署发布数据，伊朗外贸 37 年来首次实现出超，其中出口 424 亿美元，同比下降 16%；进口 414.6 亿美元，同比下降 23%。

4 日 香港总商会亚非委员会会长华贤士到访伊朗，与伊朗工矿农总商会会长加拉普会面，双方就加强经济贸易合作进行了交流。

6 ~8 日 中国外交部阿富汗事务特使邓锡军对伊朗进行访问，其间邓锡军特使会见了伊朗副外长拉希姆普尔和伊朗外交部西亚总司司长伊斯拉米，双方就阿富汗问题深入交换意见，并同意在阿富汗问题上加强协调与合作。

9 日 伊朗原子能机构发言人卡玛万迪称，伊朗将在 2025 年前后实现能源 20 年愿景规划，为此将建设 9 个核电站，届时，伊朗国内 10% 的电力将通过核电输出。

10 日 伊朗与土耳其在科尼亚召开第 25 届联合经贸委员会，双方签署了有关促进双边银行和贸易发展的谅解备忘录。

12 日 伊朗伊斯兰革命卫队举行了代号为“伟大先知”的大规模军事演习。

皮书系列

2018年

智 库 成 果 出 版 与 传 播 平 台

社长致辞

蓦然回首，皮书的专业化历程已经走过了二十年。20年来从一个出版社的学术产品名称到媒体热词再到智库成果研创及传播平台，皮书以专业化为主线，进行了系列化、市场化、品牌化、数字化、国际化、平台化的运作，实现了跨越式的发展。特别是在党的十八大以后，以习近平总书记为核心的党中央高度重视新型智库建设，皮书也迎来了长足的发展，总品种达到600余种，经过专业评审机制、淘汰机制遴选，目前，每年稳定出版近400个品种。“皮书”已经成为中国新型智库建设的抓手，成为国际国内社会各界快速、便捷地了解真实中国的最佳窗口。

20年孜孜以求，“皮书”始终将自己的研究视野与经济社会发展中的前沿热点问题紧密相连。600个研究领域，3万多位分布于800余个研究机构的专家学者参与了研创写作。皮书数据库中共收录了15万篇专业报告，50余万张数据图表，合计30亿字，每年报告下载量近80万次。皮书为中国学术与社会发展实践的结合提供了一个激荡智力、传播思想的入口，皮书作者们用学术的话语、客观翔实的数据谱写出了中国故事壮丽的篇章。

20年跬步千里，“皮书”始终将自己的发展与时代赋予的使命与责任紧紧相连。每年百余场新闻发布会，10万余次中外媒体报道，中、英、俄、日、韩等12个语种共同出版。皮书所具有的凝聚力正在形成一种无形的力量，吸引着社会各界关注中国的发展，参与中国的发展，它是我们向世界传递中国声音、总结中国经验、争取中国国际话语权最主要的平台。

皮书这一系列成就的取得，得益于中国改革开放的伟大时代，离不开来自中国社会科学院、新闻出版广电总局、全国哲学社会科学规划办公室等主管部门的大力支持和帮助，也离不开皮书研创者和出版者的共同努力。他们与皮书的故事创造了皮书的历史，他们对皮书的拳拳之心将继续谱写皮书的未来！

现在，“皮书”品牌已经进入了快速成长的青壮年时期。全方位进行规范化管理，树立中国的学术出版标准；不断提升皮书的内容质量和影响力，搭建起中国智库产品和智库建设的交流服务平台和国际传播平台；发布各类皮书指数，并使之成为中国指数，让中国智库的声音响彻世界舞台，为人类的发展做出中国的贡献——这是皮书未来发展的图景。作为“皮书”这个概念的提出者，“皮书”从一般图书到系列图书和品牌图书，最终成为智库研究和社会科学应用对策研究的知识服务和成果推广平台这整个过程的操盘者，我相信，这也是每一位皮书人执着追求的目标。

“当代中国正经历着我国历史上最为广泛而深刻的社会变革，也正在进行着人类历史上最为宏大而独特的实践创新。这种前无古人的伟大实践，必将给理论创造、学术繁荣提供强大动力和广阔空间。”

在这个需要思想而且一定能够产生思想的时代，皮书的研创出版一定能创造出新的更大的辉煌！

社会科学文献出版社社长

中国社会学会秘书长

谢寿光

2017年11月

社会科学文献出版社简介

社会科学文献出版社（以下简称“社科文献出版社”）成立于1985年，是直属于中国社会科学院的人文社会科学学术出版机构。成立至今，社科文献出版社始终依托中国社会科学院和国内外人文社会科学界丰厚的学术出版和专家学者资源，坚持“创社科经典，出传世文献”的出版理念、“权威、前沿、原创”的产品定位以及学术成果和智库成果出版的专业化、数字化、国际化、市场化的经营道路。

社科文献出版社是中国新闻出版业转型与文化体制改革的先行者。积极探索文化体制改革的先进方向和现代企业经营决策机制，社科文献出版社先后荣获“全国文化体制改革工作先进单位”、中国出版政府奖·先进出版单位奖，中国社会科学院先进集体、全国科普工作先进集体等荣誉称号。多人次荣获“第十届韬奋出版奖”“全国新闻出版行业领军人才”“数字出版先进人物”“北京市新闻出版广电行业领军人才”等称号。

社科文献出版社是中国人文社会科学学术出版的大社名社，也是以皮书为代表的智库成果出版的专业强社。年出版图书2000余种，其中皮书400余种，出版新书字数5.5亿字，承印与发行中国社科院院属期刊72种，先后创立了皮书系列、列国志、中国史话、社科文献学术译库、社科文献学术文库、甲骨文书系等一大批既有学术影响又有市场价值的品牌，确立了在社会学、近代史、苏东问题研究等专业学科及领域出版的领先地位。图书多次荣获中国出版政府奖、“三个一百”原创图书出版工程、“五个‘一’工程奖”、“大众喜爱的50种图书”等奖项，在中央国家机关“强素质·做表率”读书活动中，入选图书品种数位居各大出版社之首。

社科文献出版社是中国学术出版规范与标准的倡议者与制定者，代表全国50多家出版社发起实施学术著作出版规范的倡议，承担学术著作规范国家标准的起草工作，率先编撰完成《皮书手册》对皮书品牌进行规范化管理，并在此基础上推出中国版芝加哥手册——《社科文献出版社学术出版手册》。

社科文献出版社是中国数字出版的引领者，拥有皮书数据库、列国志数据库、“一带一路”数据库、减贫数据库、集刊数据库等4大产品线11个数据库产品，机构用户达1300余家，海外用户百余家，荣获“数字出版转型示范单位”“新闻出版标准化先进单位”“专业数字内容资源知识服务模式试点企业标准化示范单位”等称号。

社科文献出版社是中国学术出版走出去的践行者。社科文献出版社海外图书出版与学术合作业务遍及全球40余个国家和地区，并于2016年成立俄罗斯分社，累计输出图书500余种，涉及近20个语种，累计获得国家社科基金中华学术外译项目资助76种、“丝路书香工程”项目资助60种、中国图书对外推广计划项目资助71种以及经典中国国际出版工程资助28种，被五部委联合认定为“2015-2016年度国家文化出口重点企业”。

如今，社科文献出版社完全靠自身积累拥有固定资产3.6亿元，年收入3亿元，设置了七大出版分社、六大专业部门，成立了皮书研究院和博士后科研工作站，培养了一支近400人的高素质与高效率的编辑、出版、营销和国际推广队伍，为未来成为学术出版的大社、名社、强社，成为文化体制改革与文化企业转型发展的排头兵奠定了坚实的基础。

宏观经济类

经济蓝皮书

2018 年中国经济形势分析与预测

李平 / 主编　2017 年 12 月出版　定价：89.00 元

◆　本书为总理基金项目，由著名经济学家李扬领衔，联合中国社会科学院等数十家科研机构、国家部委和高等院校的专家共同撰写，系统分析了 2017 年的中国经济形势并预测 2018 年中国经济运行情况。

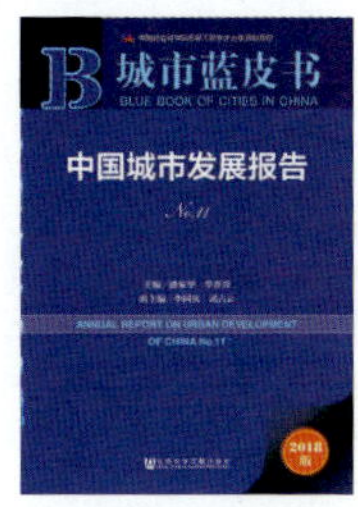

城市蓝皮书

中国城市发展报告 No.11

潘家华　单菁菁 / 主编　2018 年 9 月出版　估价：99.00 元

◆　本书是由中国社会科学院城市发展与环境研究中心编著的，多角度、全方位地立体展示了中国城市的发展状况，并对中国城市的未来发展提出了许多建议。该书有强烈的时代感，对中国城市发展实践有重要的参考价值。

人口与劳动绿皮书

中国人口与劳动问题报告 No.19

张车伟 / 主编　2018 年 10 月出版　估价：99.00 元

◆　本书为中国社会科学院人口与劳动经济研究所主编的年度报告，对当前中国人口与劳动形势做了比较全面和系统的深入讨论，为研究中国人口与劳动问题提供了一个专业性的视角。

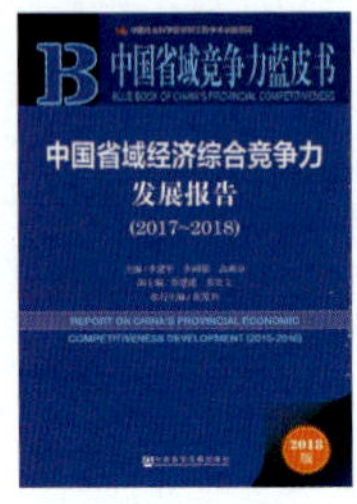

中国省域竞争力蓝皮书

中国省域经济综合竞争力发展报告（2017 ~ 2018）

李建平 李闽榕 高燕京 / 主编 2018 年 5 月出版 估价：198.00 元

◆ 本书融多学科的理论为一体，深入追踪研究了省域经济发展与中国国家竞争力的内在关系，为提升中国省域经济综合竞争力提供有价值的决策依据。

金融蓝皮书

中国金融发展报告（2018）

王国刚 / 主编 2018 年 2 月出版 估价：99.00 元

◆ 本书由中国社会科学院金融研究所组织编写，概括和分析了 2017 年中国金融发展和运行中的各方面情况，研讨和评论了 2017 年发生的主要金融事件，有利于读者了解掌握 2017 年中国的金融状况，把握 2018 年中国金融的走势。

区 域 经 济 类

京津冀蓝皮书

京津冀发展报告（2018）

祝合良 叶堂林 张贵祥 / 等著 2018 年 6 月出版 估价：99.00 元

◆ 本书遵循问题导向与目标导向相结合、统计数据分析与大数据分析相结合、纵向分析和长期监测与结构分析和综合监测相结合等原则，对京津冀协同发展新形势与新进展进行测度与评价。

社会政法类

社会蓝皮书

2018 年中国社会形势分析与预测

李培林　陈光金　张翼 / 主编　2017 年 12 月出版　定价：89.00 元

◆　本书由中国社会科学院社会学研究所组织研究机构专家、高校学者和政府研究人员撰写，聚焦当下社会热点，对 2017 年中国社会发展的各个方面内容进行了权威解读，同时对 2018 年社会形势发展趋势进行了预测。

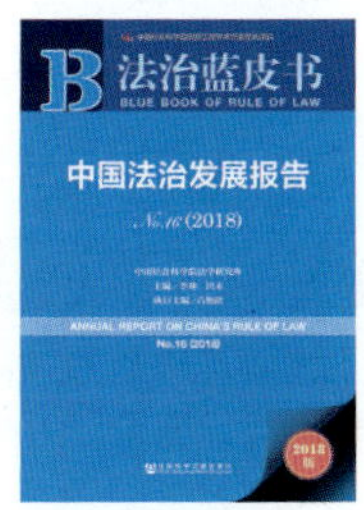

法治蓝皮书

中国法治发展报告 No.16（2018）

李林　田禾 / 主编　2018 年 3 月出版　估价：118.00 元

◆　本年度法治蓝皮书回顾总结了 2017 年度中国法治发展取得的成就和存在的不足，对中国政府、司法、检务透明度进行了跟踪调研，并对 2018 年中国法治发展形势进行了预测和展望。

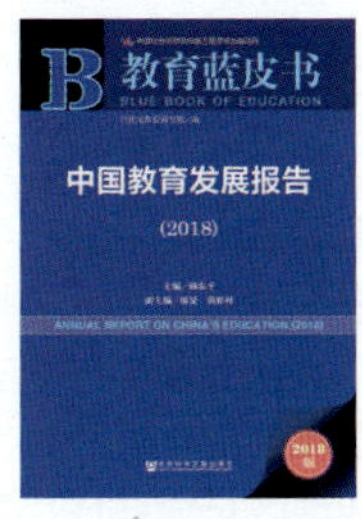

教育蓝皮书

中国教育发展报告（2018）

杨东平 / 主编　2018 年 4 月出版　估价：99.00 元

◆　本书重点关注了 2017 年教育领域的热点，资料翔实，分析有据，既有专题研究，又有实践案例，从多角度对 2017 年教育改革和实践进行了分析和研究。

社会体制蓝皮书

中国社会体制改革报告 No.6（2018）

龚维斌 / 主编　2018 年 3 月出版　估价：99.00 元

◆　本书由国家行政学院社会治理研究中心和北京师范大学中国社会管理研究院共同组织编写，主要对 2017 年社会体制改革情况进行回顾和总结，对 2018 年的改革走向进行分析，提出相关政策建议。

社会心态蓝皮书

中国社会心态研究报告（2018）

王俊秀　杨宜音 / 主编　2018 年 12 月出版　估价：99.00 元

◆　本书是中国社会科学院社会学研究所社会心理研究中心“社会心态蓝皮书课题组”的年度研究成果，运用社会心理学、社会学、经济学、传播学等多种学科的方法进行了调查和研究，对于目前中国社会心态状况有较广泛和深入的揭示。

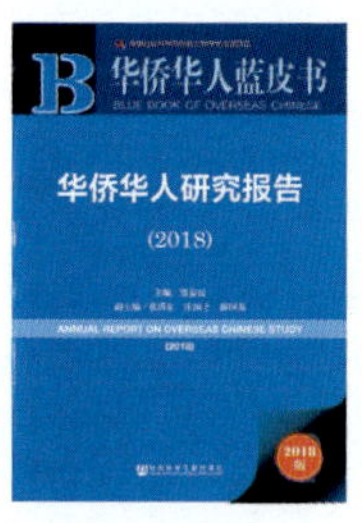

华侨华人蓝皮书

华侨华人研究报告（2018）

贾益民 / 主编　2018 年 1 月出版　估价：139.00 元

◆　本书关注华侨华人生产与生活的方方面面。华侨华人是中国建设 21 世纪海上丝绸之路的重要中介者、推动者和参与者。本书旨在全面调研华侨华人，提供最新涉侨动态、理论研究成果和政策建议。

民族发展蓝皮书

中国民族发展报告（2018）

王延中 / 主编　2018 年 10 月出版　估价：188.00 元

◆　本书从民族学人类学视角，研究近年来少数民族和民族地区的发展情况，展示民族地区经济、政治、文化、社会和生态文明“五位一体”建设取得的辉煌成就和面临的困难挑战，为深刻理解中央民族工作会议精神、加快民族地区全面建成小康社会进程提供了实证材料。

产业经济类

房地产蓝皮书

中国房地产发展报告 No.15（2018）

李春华　王业强 / 主编　2018 年 5 月出版　估价：99.00 元

◆　2018 年《房地产蓝皮书》持续追踪中国房地产市场最新动态，深度剖析市场热点，展望 2018 年发展趋势，积极谋划应对策略。对 2017 年房地产市场的发展态势进行全面、综合的分析。

新能源汽车蓝皮书

中国新能源汽车产业发展报告（2018）

中国汽车技术研究中心　日产（中国）投资有限公司
东风汽车有限公司 / 编著　2018 年 8 月出版　估价：99.00 元

◆　本书对中国 2017 年新能源汽车产业发展进行了全面系统的分析，并介绍了国外的发展经验。有助于相关机构、行业和社会公众等了解中国新能源汽车产业发展的最新动态，为政府部门出台新能源汽车产业相关政策法规、企业制定相关战略规划，提供必要的借鉴和参考。

行业及其他类

旅游绿皮书

2017 ~ 2018 年中国旅游发展分析与预测

中国社会科学院旅游研究中心 / 编　2018 年 2 月出版　估价：99.00 元

◆　本书从政策、产业、市场、社会等多个角度勾画出 2017 年中国旅游发展全貌，剖析了其中的热点和核心问题，并就未来发展作出预测。

民营医院蓝皮书

中国民营医院发展报告（2018）

薛晓林 / 主编　2018 年 1 月出版　估价：99.00 元

◆　本书在梳理国家对社会办医的各种利好政策的前提下，对我国民营医疗发展现状、我国民营医院竞争力进行了分析，并结合我国医疗体制改革对民营医院的发展趋势、发展策略、战略规划等方面进行了预估。

会展蓝皮书

中外会展业动态评估研究报告（2018）

张敏 / 主编　2018 年 12 月出版　估价：99.00 元

◆　本书回顾了 2017 年的会展业发展动态，结合“供给侧改革”、“互联网 +”、“绿色经济”的新形势分析了我国展会的行业现状，并介绍了国外的发展经验，有助于行业和社会了解最新的展会业动态。

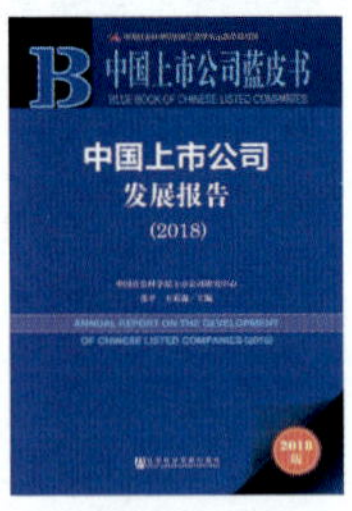

中国上市公司蓝皮书

中国上市公司发展报告（2018）

张平　王宏淼 / 主编　2018 年 9 月出版　估价：99.00 元

◆　本书由中国社会科学院上市公司研究中心组织编写的，着力于全面、真实、客观反映当前中国上市公司财务状况和价值评估的综合性年度报告。本书详尽分析了 2017 年中国上市公司情况，特别是现实中暴露出的制度性、基础性问题，并对资本市场改革进行了探讨。

工业和信息化蓝皮书

人工智能发展报告（2017 ~ 2018）

尹丽波 / 主编　2018 年 6 月出版　估价：99.00 元

◆　本书国家工业信息安全发展研究中心在对 2017 年全球人工智能技术和产业进行全面跟踪研究基础上形成的研究报告。该报告内容翔实、视角独特，具有较强的产业发展前瞻性和预测性，可为相关主管部门、行业协会、企业等全面了解人工智能发展形势以及进行科学决策提供参考。

国际问题与全球治理类

世界经济黄皮书

2018年世界经济形势分析与预测

张宇燕 / 主编　2018年1月出版　估价：99.00元

◆　本书由中国社会科学院世界经济与政治研究所的研究团队撰写，分总论、国别与地区、专题、热点、世界经济统计与预测等五个部分，对2018年世界经济形势进行了分析。

国际城市蓝皮书

国际城市发展报告（2018）

屠启宇 / 主编　2018年2月出版　估价：99.00元

◆　本书作者以上海社会科学院从事国际城市研究的学者团队为核心，汇集同济大学、华东师范大学、复旦大学、上海交通大学、南京大学、浙江大学相关城市研究专业学者。立足动态跟踪介绍国际城市发展时间中，最新出现的重大战略、重大理念、重大项目、重大报告和最佳案例。

非洲黄皮书

非洲发展报告No.20（2017～2018）

张宏明 / 主编　2018年7月出版　估价：99.00元

◆　本书是由中国社会科学院西亚非洲研究所组织编撰的非洲形势年度报告，比较全面、系统地分析了2017年非洲政治形势和热点问题，探讨了非洲经济形势和市场走向，剖析了大国对非洲关系的新动向；此外，还介绍了国内非洲研究的新成果。

国别类

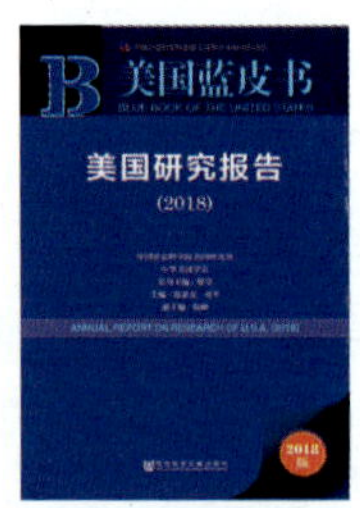

美国蓝皮书

美国研究报告（2018）

郑秉文　黄平 / 主编　2018 年 5 月出版　估价：99.00 元

◆　本书是由中国社会科学院美国研究所主持完成的研究成果，它回顾了美国 2017 年的经济、政治形势与外交战略，对美国内政外交发生的重大事件及重要政策进行了较为全面的回顾和梳理。

德国蓝皮书

德国发展报告（2018）

郑春荣 / 主编　2018 年 6 月出版　估价：99.00 元

◆　本报告由同济大学德国研究所组织编撰，由该领域的专家学者对德国的政治、经济、社会文化、外交等方面的形势发展情况，进行全面的阐述与分析。

俄罗斯黄皮书

俄罗斯发展报告（2018）

李永全 / 编著　2018 年 6 月出版　估价：99.00 元

◆　本书系统介绍了 2017 年俄罗斯经济政治情况，并对 2016 年该地区发生的焦点、热点问题进行了分析与回顾；在此基础上，对该地区 2018 年的发展前景进行了预测。

文化传媒类

新媒体蓝皮书

中国新媒体发展报告 No.9（2018）

唐绪军 / 主编　2018 年 6 月出版　估价：99.00 元

◆　本书是由中国社会科学院新闻与传播研究所组织编写的关于新媒体发展的最新年度报告，旨在全面分析中国新媒体的发展现状，解读新媒体的发展趋势，探析新媒体的深刻影响。

移动互联网蓝皮书

中国移动互联网发展报告（2018）

余清楚 / 主编　2018 年 6 月出版　估价：99.00 元

◆　本书着眼于对 2017 年度中国移动互联网的发展情况做深入解析，对未来发展趋势进行预测，力求从不同视角、不同层面全面剖析中国移动互联网发展的现状、年度突破及热点趋势等。

文化蓝皮书

中国文化消费需求景气评价报告（2018）

王亚南 / 主编　2018 年 2 月出版　估价：99.00 元

◆　本书首创全国文化发展量化检测评价体系，也是至今全国唯一的文化民生量化检测评价体系，对于检验全国及各地 " 以人民为中心 " 的文化发展具有首创意义。

地方发展类

北京蓝皮书

北京经济发展报告（2017 ~ 2018）

杨松 / 主编　2018 年 6 月出版　估价：99.00 元

◆　本书对 2017 年北京市经济发展的整体形势进行了系统性的分析与回顾，并对 2018 年经济形势走势进行了预测与研判，聚焦北京市经济社会发展中的全局性、战略性和关键领域的重点问题，运用定量和定性分析相结合的方法，对北京市经济社会发展的现状、问题、成因进行了深入分析，提出了可操作性的对策建议。

温州蓝皮书

2018 年温州经济社会形势分析与预测

蒋儒标　王春光　金浩 / 主编　2018 年 4 月出版　估价：99.00 元

◆　本书是中共温州市委党校和中国社会科学院社会学研究所合作推出的第十一本温州蓝皮书，由来自党校、政府部门、科研机构、高校的专家、学者共同撰写的 2017 年温州区域发展形势的最新研究成果。

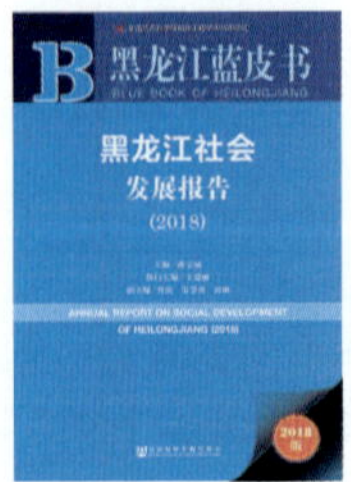

黑龙江蓝皮书

黑龙江社会发展报告（2018）

王爱丽 / 主编　2018 年 6 月出版　估价：99.00 元

◆　本书以千份随机抽样问卷调查和专题研究为依据，运用社会学理论框架和分析方法，从专家和学者的独特视角，对 2017 年黑龙江省关系民生的问题进行广泛的调研与分析，并对 2017 年黑龙江省诸多社会热点和焦点问题进行了有益的探索。这些研究不仅可以为政府部门更加全面深入了解省情、科学制定决策提供智力支持，同时也可以为广大读者认识、了解、关注黑龙江社会发展提供理性思考。

宏观经济类

城市蓝皮书
中国城市发展报告（No.11）
著(编)者：潘家华 单菁菁
2018年9月出版 / 估价：99.00元
PSN B-2007-091-1/1

城乡一体化蓝皮书
中国城乡一体化发展报告（2018）
著(编)者：付崇兰
2018年9月出版 / 估价：99.00元
PSN B-2011-226-1/2

城镇化蓝皮书
中国新型城镇化健康发展报告（2018）
著(编)者：张占斌
2018年8月出版 / 估价：99.00元
PSN B-2014-396-1/1

创新蓝皮书
创新型国家建设报告（2018～2019）
著(编)者：詹正茂
2018年12月出版 / 估价：99.00元
PSN B-2009-140-1/1

低碳发展蓝皮书
中国低碳发展报告（2018）
著(编)者：张希良 齐晔
2018年6月出版 / 估价：99.00元
PSN B-2011-223-1/1

低碳经济蓝皮书
中国低碳经济发展报告（2018）
著(编)者：薛进军 赵忠秀
2018年11月出版 / 估价：99.00元
PSN B-2011-194-1/1

发展和改革蓝皮书
中国经济发展和体制改革报告No.9
著(编)者：邹东涛 王再文
2018年1月出版 / 估价：99.00元
PSN B-2008-122-1/1

国家创新蓝皮书
中国创新发展报告（2017）
著(编)者：陈劲　2018年3月出版 / 估价：99.00元
PSN B-2014-370-1/1

金融蓝皮书
中国金融发展报告（2018）
著(编)者：王国刚
2018年2月出版 / 估价：99.00元
PSN B-2004-031-1/7

经济蓝皮书
2018年中国经济形势分析与预测
著(编)者：李平　2017年12月出版 / 定价：89.00元
PSN B-1996-001-1/1

经济蓝皮书春季号
2018年中国经济前景分析
著(编)者：李扬　2018年5月出版 / 估价：99.00元
PSN B-1999-008-1/1

经济蓝皮书夏季号
中国经济增长报告（2017～2018）
著(编)者：李扬　2018年9月出版 / 估价：99.00元
PSN B-2010-176-1/1

经济信息绿皮书
中国与世界经济发展报告（2018）
著(编)者：杜平
2017年12月出版 / 估价：99.00元
PSN G-2003-023-1/1

农村绿皮书
中国农村经济形势分析与预测（2017～2018）
著(编)者：魏后凯 黄秉信
2018年4月出版 / 估价：99.00元
PSN G-1998-003-1/1

人口与劳动绿皮书
中国人口与劳动问题报告No.19
著(编)者：张车伟　2018年11月出版 / 估价：99.00元
PSN G-2000-012-1/1

新型城镇化蓝皮书
新型城镇化发展报告（2017）
著(编)者：李伟 宋敏 沈体雁
2018年3月出版 / 估价：99.00元
PSN B-2005-038-1/1

中国省域竞争力蓝皮书
中国省域经济综合竞争力发展报告（2016～2017）
著(编)者：李建平 李闽榕 高燕京
2018年2月出版 / 估价：198.00元
PSN B-2007-088-1/1

中小城市绿皮书
中国中小城市发展报告（2018）
著(编)者：中国城市经济学会中小城市经济发展委员会
中国城镇化促进会中小城市发展委员会
《中国中小城市发展报告》编纂委员会
中小城市发展战略研究院
2018年11月出版 / 估价：128.00元
PSN G-2010-161-1/1

区域经济类

东北蓝皮书
中国东北地区发展报告（2018）
著(编)者：姜晓秋　　2018年11月出版 / 估价：99.00元
PSN B-2006-067-1/1

金融蓝皮书
中国金融中心发展报告（2017～2018）
著(编)者：王力 黄育华　　2018年11月出版 / 估价：99.00元
PSN B-2011-186-6/7

京津冀蓝皮书
京津冀发展报告（2018）
著(编)者：祝合良 叶堂林 张贵祥
2018年6月出版 / 估价：99.00元
PSN B-2012-262-1/1

西北蓝皮书
中国西北发展报告（2018）
著(编)者：任宗哲 白宽犁 王建康
2018年4月出版 / 估价：99.00元
PSN B-2012-261-1/1

西部蓝皮书
中国西部发展报告（2018）
著(编)者：璋勇 任保平　　2018年8月出版 / 估价：99.00元
PSN B-2005-039-1/1

长江经济带产业蓝皮书
长江经济带产业发展报告（2018）
著(编)者：吴传清　　2018年11月出版 / 估价：128.00元
PSN B-2017-666-1/1

长江经济带蓝皮书
长江经济带发展报告（2017～2018）
著(编)者：王振　　2018年11月出版 / 估价：99.00元
PSN B-2016-575-1/1

长江中游城市群蓝皮书
长江中游城市群新型城镇化与产业协同发展报告（2018）
著(编)者：杨刚强　　2018年11月出版 / 估价：99.00元
PSN B-2016-578-1/1

长三角蓝皮书
2017年创新融合发展的长三角
著(编)者：刘飞跃　　2018年3月出版 / 估价：99.00元
PSN B-2005-038-1/1

长株潭城市群蓝皮书
长株潭城市群发展报告（2017）
著(编)者：张萍 朱有志　　2018年1月出版 / 估价：99.00元
PSN B-2008-109-1/1

中部竞争力蓝皮书
中国中部经济社会竞争力报告（2018）
著(编)者：教育部人文社会科学重点研究基地南昌大学中国中部经济社会发展研究中心
2018年12月出版 / 估价：99.00元
PSN B-2012-276-1/1

中部蓝皮书
中国中部地区发展报告（2018）
著(编)者：宋亚平　　2018年12月出版 / 估价：99.00元
PSN B-2007-089-1/1

区域蓝皮书
中国区域经济发展报告（2017～2018）
著(编)者：赵弘　　2018年5月出版 / 估价：99.00元
PSN B-2004-034-1/1

中三角蓝皮书
长江中游城市群发展报告（2018）
著(编)者：秦尊文　　2018年9月出版 / 估价：99.00元
PSN B-2014-417-1/1

中原蓝皮书
中原经济区发展报告（2018）
著(编)者：李英杰　　2018年6月出版 / 估价：99.00元
PSN B-2011-192-1/1

珠三角流通蓝皮书
珠三角商圈发展研究报告（2018）
著(编)者：王先庆 林至颖　　2018年7月出版 / 估价：99.00元
PSN B-2012-292-1/1

社会政法类

北京蓝皮书
中国社区发展报告（2017～2018）
著(编)者：于燕燕　　2018年9月出版 / 估价：99.00元
PSN B-2007-083-5/8

殡葬绿皮书
中国殡葬事业发展报告（2017～2018）
著(编)者：李伯森　　2018年4月出版 / 估价：158.00元
PSN G-2010-180-1/1

城市管理蓝皮书
中国城市管理报告（2017-2018）
著(编)者：刘林 刘承水　　2018年5月出版 / 估价：158.00元
PSN B-2013-336-1/1

城市生活质量蓝皮书
中国城市生活质量报告（2017）
著(编)者：张连城 张平 杨春学 郎丽华
2018年2月出版 / 估价：99.00元
PSN B-2013-326-1/1

城市政府能力蓝皮书
中国城市政府公共服务能力评估报告（2018）
著(编)者：何艳玲　2018年4月出版 / 估价：99.00元
PSN B-2013-338-1/1

创业蓝皮书
中国创业发展研究报告（2017～2018）
著(编)者：黄群慧 赵卫星 钟宏武
2018年11月出版 / 估价：99.00元
PSN B-2016-577-1/1

慈善蓝皮书
中国慈善发展报告（2018）
著(编)者：杨团　2018年6月出版 / 估价：99.00元
PSN B-2009-142-1/1

党建蓝皮书
党的建设研究报告No.2（2018）
著(编)者：崔建民 陈东平　2018年1月出版 / 估价：99.00元
PSN B-2016-523-1/1

地方法治蓝皮书
中国地方法治发展报告No.3（2018）
著(编)者：李林 田禾　2018年3月出版 / 估价：118.00元
PSN B-2015-442-1/1

电子政务蓝皮书
中国电子政务发展报告（2018）
著(编)者：李季　2018年8月出版 / 估价：99.00元
PSN B-2003-022-1/1

法治蓝皮书
中国法治发展报告No.16（2018）
著(编)者：吕艳滨　2018年3月出版 / 估价：118.00元
PSN B-2004-027-1/3

法治蓝皮书
中国法院信息化发展报告 No.2（2018）
著(编)者：李林 田禾　2018年2月出版 / 估价：108.00元
PSN B-2017-604-3/3

法治政府蓝皮书
中国法治政府发展报告（2018）
著(编)者：中国政法大学法治政府研究院
2018年4月出版 / 估价：99.00元
PSN B-2015-502-1/2

法治政府蓝皮书
中国法治政府评估报告（2018）
著(编)者：中国政法大学法治政府研究院
2018年9月出版 / 估价：168.00元
PSN B-2016-576-2/2

反腐倡廉蓝皮书
中国反腐倡廉建设报告 No.8
著(编)者：张英伟　2018年12月出版 / 估价：99.00元
PSN B-2012-259-1/1

扶贫蓝皮书
中国扶贫开发报告（2018）
著(编)者：李培林 魏后凯　2018年12月出版 / 估价：128.00元
PSN B-2016-599-1/1

妇女发展蓝皮书
中国妇女发展报告 No.6
著(编)者：王金玲　2018年9月出版 / 估价：158.00元
PSN B-2006-069-1/1

妇女教育蓝皮书
中国妇女教育发展报告 No.3
著(编)者：张李玺　2018年10月出版 / 估价：99.00元
PSN B-2008-121-1/1

妇女绿皮书
2018年：中国性别平等与妇女发展报告
著(编)者：谭琳　2018年12月出版 / 估价：99.00元
PSN G-2006-073-1/1

公共安全蓝皮书
中国城市公共安全发展报告（2017～2018）
著(编)者：黄育华 杨文明 赵建辉
2018年6月出版 / 估价：99.00元
PSN B-2017-628-1/1

公共服务蓝皮书
中国城市基本公共服务力评价（2018）
著(编)者：钟君 刘志昌 吴正杲
2018年12月出版 / 估价：99.00元
PSN B-2011-214-1/1

公民科学素质蓝皮书
中国公民科学素质报告（2017～2018）
著(编)者：李群 陈雄 马宗文
2018年1月出版 / 估价：99.00元
PSN B-2014-379-1/1

公益蓝皮书
中国公益慈善发展报告（2016）
著(编)者：朱健刚 胡小军　2018年2月出版 / 估价：99.00元
PSN B-2012-283-1/1

国际人才蓝皮书
中国国际移民报告（2018）
著(编)者：王辉耀　2018年2月出版 / 估价：99.00元
PSN B-2012-304-3/4

国际人才蓝皮书
中国留学发展报告（2018）No.7
著(编)者：王辉耀 苗绿　2018年12月出版 / 估价：99.00元
PSN B-2012-244-2/4

海洋社会蓝皮书
中国海洋社会发展报告（2017）
著(编)者：崔凤 宋宁而　2018年3月出版 / 估价：99.00元
PSN B-2015-478-1/1

行政改革蓝皮书
中国行政体制改革报告No.7（2018）
著(编)者：魏礼群　2018年6月出版 / 估价：99.00元
PSN B-2011-231-1/1

华侨华人蓝皮书
华侨华人研究报告（2017）
著(编)者：贾益民　2018年1月出版 / 估价：139.00元
PSN B-2011-204-1/1

环境竞争力绿皮书
中国省域环境竞争力发展报告（2018）
著(编)者：李建平 李闽榕 王金南
2018年11月出版 / 估价：198.00元
PSN G-2010-165-1/1

环境绿皮书
中国环境发展报告（2017～2018）
著(编)者：李波 2018年4月出版 / 估价：99.00元
PSN G-2006-048-1/1

家庭蓝皮书
中国“创建幸福家庭活动”评估报告（2018）
著(编)者：国务院发展研究中心“创建幸福家庭活动评估”课题组
2018年12月出版 / 估价：99.00元
PSN B-2015-508-1/1

健康城市蓝皮书
中国健康城市建设研究报告（2018）
著(编)者：王鸿春 盛继洪 2018年12月出版 / 估价：99.00元
PSN B-2016-564-2/2

健康中国蓝皮书
社区首诊与健康中国分析报告（2018）
著(编)者：高和荣 杨叔禹 姜杰
2018年4月出版 / 估价：99.00元
PSN B-2017-611-1/1

教师蓝皮书
中国中小学教师发展报告（2017）
著(编)者：曾晓东 鱼霞 2018年6月出版 / 估价：99.00元
PSN B-2012-289-1/1

教育扶贫蓝皮书
中国教育扶贫报告（2018）
著(编)者：司树杰 王文静 李兴洲
2018年12月出版 / 估价：99.00元
PSN B-2016-590-1/1

教育蓝皮书
中国教育发展报告（2018）
著(编)者：杨东平 2018年4月出版 / 估价：99.00元
PSN B-2006-047-1/1

金融法治建设蓝皮书
中国金融法治建设年度报告（2015～2016）
著(编)者：朱小黄 2018年6月出版 / 估价：99.00元
PSN B-2017-633-1/1

京津冀教育蓝皮书
京津冀教育发展研究报告（2017～2018）
著(编)者：方中雄 2018年4月出版 / 估价：99.00元
PSN B-2017-608-1/1

就业蓝皮书
2018年中国本科生就业报告
著(编)者：麦可思研究院 2018年6月出版 / 估价：99.00元
PSN B-2009-146-1/2

就业蓝皮书
2018年中国高职高专生就业报告
著(编)者：麦可思研究院 2018年6月出版 / 估价：99.00元
PSN B-2015-472-2/2

科学教育蓝皮书
中国科学教育发展报告（2018）
著(编)者：王康友 2018年10月出版 / 估价：99.00元
PSN B-2015-487-1/1

劳动保障蓝皮书
中国劳动保障发展报告（2018）
著(编)者：刘燕斌 2018年9月出版 / 估价：158.00元
PSN B-2014-415-1/1

老龄蓝皮书
中国老年宜居环境发展报告（2017）
著(编)者：党俊武 周燕珉 2018年1月出版 / 估价：99.00元
PSN B-2013-320-1/1

连片特困区蓝皮书
中国连片特困区发展报告（2017～2018）
著(编)者：游俊 冷志明 丁建军
2018年4月出版 / 估价：99.00元
PSN B-2013-321-1/1

流动儿童蓝皮书
中国流动儿童教育发展报告（2017）
著(编)者：杨东平 2018年1月出版 / 估价：99.00元
PSN B-2017-600-1/1

民调蓝皮书
中国民生调查报告（2018）
著(编)者：谢耘耕 2018年12月出版 / 估价：99.00元
PSN B-2014-398-1/1

民族发展蓝皮书
中国民族发展报告（2018）
著(编)者：王延中 2018年10月出版 / 估价：188.00元
PSN B-2006-070-1/1

女性生活蓝皮书
中国女性生活状况报告No.12（2018）
著(编)者：韩湘景 2018年7月出版 / 估价：99.00元
PSN B-2006-071-1/1

汽车社会蓝皮书
中国汽车社会发展报告（2017～2018）
著(编)者：王俊秀 2018年1月出版 / 估价：99.00元
PSN B-2011-224-1/1

青年蓝皮书
中国青年发展报告（2018）No.3
著(编)者：廉思 2018年4月出版 / 估价：99.00元
PSN B-2013-333-1/1

青少年蓝皮书
中国未成年人互联网运用报告（2017～2018）
著(编)者：季为民 李文革 沈杰
2018年11月出版 / 估价：99.00元
PSN B-2010-156-1/1

人权蓝皮书
中国人权事业发展报告No.8（2018）
著(编)者：李君如 2018年9月出版 / 估价：99.00元
PSN B-2011-215-1/1

社会保障绿皮书
中国社会保障发展报告No.9（2018）
著(编)者：王延中 2018年1月出版 / 估价：99.00元
PSN G-2001-014-1/1

社会风险评估蓝皮书
风险评估与危机预警报告（2017~2018）
著(编)者：唐钧 2018年8月出版 / 估价：99.00元
PSN B-2012-293-1/1

社会工作蓝皮书
中国社会工作发展报告（2016~2017）
著(编)者：民政部社会工作研究中心
2018年8月出版 / 估价：99.00元
PSN B-2009-141-1/1

社会管理蓝皮书
中国社会管理创新报告No.6
著(编)者：连玉明 2018年11月出版 / 估价：99.00元
PSN B-2012-300-1/1

社会蓝皮书
2018年中国社会形势分析与预测
著(编)者：李培林 陈光金 张翼
2017年12月出版 / 定价：89.00元
PSN B-1998-002-1/1

社会体制蓝皮书
中国社会体制改革报告No.6（2018）
著(编)者：龚维斌 2018年3月出版 / 估价：99.00元
PSN B-2013-330-1/1

社会心态蓝皮书
中国社会心态研究报告（2018）
著(编)者：王俊秀 2018年12月出版 / 估价：99.00元
PSN B-2011-199-1/1

社会组织蓝皮书
中国社会组织报告（2017-2018）
著(编)者：黄晓勇 2018年1月出版 / 估价：99.00元
PSN B-2008-118-1/2

社会组织蓝皮书
中国社会组织评估发展报告（2018）
著(编)者：徐家良 2018年12月出版 / 估价：99.00元
PSN B-2013-366-2/2

生态城市绿皮书
中国生态城市建设发展报告（2018）
著(编)者：刘举科 孙伟平 胡文臻
2018年9月出版 / 估价：158.00元
PSN G-2012-269-1/1

生态文明绿皮书
中国省域生态文明建设评价报告（ECI 2018）
著(编)者：严耕 2018年12月出版 / 估价：99.00元
PSN G-2010-170-1/1

退休生活蓝皮书
中国城市居民退休生活质量指数报告（2017）
著(编)者：杨一帆 2018年5月出版 / 估价：99.00元
PSN B-2017-618-1/1

危机管理蓝皮书
中国危机管理报告（2018）
著(编)者：文学国 范正青
2018年8月出版 / 估价：99.00元
PSN B-2010-171-1/1

学会蓝皮书
2018年中国学会发展报告
著(编)者：麦可思研究院
2018年12月出版 / 估价：99.00元
PSN B-2016-597-1/1

医改蓝皮书
中国医药卫生体制改革报告（2017~2018）
著(编)者：文学国 房志武
2018年11月出版 / 估价：99.00元
PSN B-2014-432-1/1

应急管理蓝皮书
中国应急管理报告（2018）
著(编)者：宋英华 2018年9月出版 / 估价：99.00元
PSN B-2016-562-1/1

政府绩效评估蓝皮书
中国地方政府绩效评估报告 No.2
著(编)者：贠杰 2018年12月出版 / 估价：99.00元
PSN B-2017-672-1/1

政治参与蓝皮书
中国政治参与报告（2018）
著(编)者：房宁 2018年8月出版 / 估价：128.00元
PSN B-2011-200-1/1

政治文化蓝皮书
中国政治文化报告（2018）
著(编)者：邢元敏 魏大鹏 龚克
2018年8月出版 / 估价：128.00元
PSN B-2017-615-1/1

中国传统村落蓝皮书
中国传统村落保护现状报告（2018）
著(编)者：胡彬彬 李向军 王晓波
2018年12月出版 / 估价：99.00元
PSN B-2017-663-1/1

中国农村妇女发展蓝皮书
农村流动女性城市生活发展报告（2018）
著(编)者：谢丽华 2018年12月出版 / 估价：99.00元
PSN B-2014-434-1/1

宗教蓝皮书
中国宗教报告（2017）
著(编)者：邱永辉 2018年8月出版 / 估价：99.00元
PSN B-2008-117-1/1

产业经济类

保健蓝皮书
中国保健服务产业发展报告 No.2
著(编)者：中国保健协会　中共中央党校
2018年7月出版 / 估价：198.00元
PSN B-2012-272-3/3

保健蓝皮书
中国保健食品产业发展报告 No.2
著(编)者：中国保健协会
中国社会科学院食品药品产业发展与监管研究中心
2018年8月出版 / 估价：198.00元
PSN B-2012-271-2/3

保健蓝皮书
中国保健用品产业发展报告 No.2
著(编)者：中国保健协会
国务院国有资产监督管理委员会研究中心
2018年3月出版 / 估价：198.00元
PSN B-2012-270-1/3

保险蓝皮书
中国保险业竞争力报告（2018）
著(编)者：保监会　2018年12月出版 / 估价：99.00元
PSN B-2013-311-1/1

冰雪蓝皮书
中国冰上运动产业发展报告（2018）
著(编)者：孙承华 杨占武 刘戈 张鸿俊
2018年9月出版 / 估价：99.00元
PSN B-2017-648-3/3

冰雪蓝皮书
中国滑雪产业发展报告（2018）
著(编)者：孙承华 伍斌 魏庆华 张鸿俊
2018年9月出版 / 估价：99.00元
PSN B-2016-559-1/3

餐饮产业蓝皮书
中国餐饮产业发展报告（2018）
著(编)者：邢颖
2018年6月出版 / 估价：99.00元
PSN B-2009-151-1/1

茶业蓝皮书
中国茶产业发展报告（2018）
著(编)者：杨江帆 李闽榕
2018年10月出版 / 估价：99.00元
PSN B-2010-164-1/1

产业安全蓝皮书
中国文化产业安全报告（2018）
著(编)者：北京印刷学院文化产业安全研究院
2018年12月出版 / 估价：99.00元
PSN B-2014-378-12/14

产业安全蓝皮书
中国新媒体产业安全报告（2016～2017）
著(编)者：肖丽　2018年6月出版 / 估价：99.00元
PSN B-2015-500-14/14

产业安全蓝皮书
中国出版传媒产业安全报告（2017～2018）
著(编)者：北京印刷学院文化产业安全研究院
2018年3月出版 / 估价：99.00元
PSN B-2014-384-13/14

产业蓝皮书
中国产业竞争力报告（2018）No.8
著(编)者：张其仔　2018年12月出版 / 估价：168.00元
PSN B-2010-175-1/1

动力电池蓝皮书
中国新能源汽车动力电池产业发展报告（2018）
著(编)者：中国汽车技术研究中心
2018年8月出版 / 估价：99.00元
PSN B-2017-639-1/1

杜仲产业绿皮书
中国杜仲橡胶资源与产业发展报告（2017～2018）
著(编)者：杜红岩 胡文臻 俞锐
2018年1月出版 / 估价：99.00元
PSN G-2013-350-1/1

房地产蓝皮书
中国房地产发展报告No.15（2018）
著(编)者：李春华 王业强
2018年5月出版 / 估价：99.00元
PSN B-2004-028-1/1

服务外包蓝皮书
中国服务外包产业发展报告（2017～2018）
著(编)者：王晓红 刘德军
2018年6月出版 / 估价：99.00元
PSN B-2013-331-2/2

服务外包蓝皮书
中国服务外包竞争力报告（2017～2018）
著(编)者：刘春生 王力 黄育华
2018年12月出版 / 估价：99.00元
PSN B-2011-216-1/2

工业和信息化蓝皮书
世界信息技术产业发展报告（2017～2018）
著(编)者：尹丽波　2018年6月出版 / 估价：99.00元
PSN B-2015-449-2/6

工业和信息化蓝皮书
战略性新兴产业发展报告（2017～2018）
著(编)者：尹丽波　2018年6月出版 / 估价：99.00元
PSN B-2015-450-3/6

客车蓝皮书
中国客车产业发展报告（2017～2018）
著(编)者：姚蔚　2018年10月出版 / 估价：99.00元
PSN B-2013-361-1/1

流通蓝皮书
中国商业发展报告（2018～2019）
著(编)者：王雪峰 林诗慧
2018年7月出版 / 估价：99.00元
PSN B-2009-152-1/2

能源蓝皮书
中国能源发展报告（2018）
著(编)者：崔民选 王军生 陈义和
2018年12月出版 / 估价：99.00元
PSN B-2006-049-1/1

农产品流通蓝皮书
中国农产品流通产业发展报告（2017）
著(编)者：贾敬敦 张东科 张玉玺 张鹏毅 周伟
2018年1月出版 / 估价：99.00元
PSN B-2012-288-1/1

汽车工业蓝皮书
中国汽车工业发展年度报告（2018）
著(编)者：中国汽车工业协会
中国汽车技术研究中心
丰田汽车公司
2018年5月出版 / 估价：168.00元
PSN B-2015-463-1/2

汽车工业蓝皮书
中国汽车零部件产业发展报告（2017～2018）
著(编)者：中国汽车工业协会
中国汽车工程研究院深圳市沃特玛电池有限公司
2018年9月出版 / 估价：99.00元
PSN B-2016-515-2/2

汽车蓝皮书
中国汽车产业发展报告（2018）
著(编)者：中国汽车工程学会
大众汽车集团（中国）
2018年11月出版 / 估价：99.00元
PSN B-2008-124-1/1

世界茶业蓝皮书
世界茶业发展报告（2018）
著(编)者：李闽榕 冯廷佺
2018年5月出版 / 估价：168.00元
PSN B-2017-619-1/1

世界能源蓝皮书
世界能源发展报告（2018）
著(编)者：黄晓勇　2018年6月出版 / 估价：168.00元
PSN B-2013-349-1/1

体育蓝皮书
国家体育产业基地发展报告（2016～2017）
著(编)者：李颖川　2018年4月出版 / 估价：168.00元
PSN B-2017-609-5/5

体育蓝皮书
中国体育产业发展报告（2018）
著(编)者：阮伟 钟秉枢
2018年12月出版 / 估价：99.00元
PSN B-2010-179-1/5

文化金融蓝皮书
中国文化金融发展报告（2018）
著(编)者：杨涛 金巍
2018年5月出版 / 估价：99.00元
PSN B-2017-610-1/1

新能源汽车蓝皮书
中国新能源汽车产业发展报告（2018）
著(编)者：中国汽车技术研究中心
日产（中国）投资有限公司
东风汽车有限公司
2018年8月出版 / 估价：99.00元
PSN B-2013-347-1/1

薏仁米产业蓝皮书
中国薏仁米产业发展报告No.2（2018）
著(编)者：李发耀 石明　秦礼康
2018年8月出版 / 估价：99.00元
PSN B-2017-645-1/1

邮轮绿皮书
中国邮轮产业发展报告（2018）
著(编)者：汪泓　2018年10月出版 / 估价：99.00元
PSN G-2014-419-1/1

智能养老蓝皮书
中国智能养老产业发展报告（2018）
著(编)者：朱勇　2018年10月出版 / 估价：99.00元
PSN B-2015-488-1/1

中国节能汽车蓝皮书
中国节能汽车发展报告（2017～2018）
著(编)者：中国汽车工程研究院股份有限公司
2018年9月出版 / 估价：99.00元
PSN B-2016-565-1/1

中国陶瓷产业蓝皮书
中国陶瓷产业发展报告（2018）
著(编)者：左和平 黄速建
2018年10月出版 / 估价：99.00元
PSN B-2016-573-1/1

装备制造业蓝皮书
中国装备制造业发展报告（2018）
著(编)者：徐东华　2018年12月出版 / 估价：118.00元
PSN B-2015-505-1/1

行业及其他类

“三农”互联网金融蓝皮书
中国“三农”互联网金融发展报告（2018）
著(编)者：李勇坚 王弢
2018年8月出版 / 估价：99.00元
PSN B-2016-560-1/1

SUV蓝皮书
中国SUV市场发展报告（2017～2018）
著(编)者：靳军 2018年9月出版 / 估价：99.00元
PSN B-2016-571-1/1

冰雪蓝皮书
中国冬季奥运会发展报告（2018）
著(编)者：孙承华 伍斌 魏庆华 张鸿俊
2018年9月出版 / 估价：99.00元
PSN B-2017-647-2/3

彩票蓝皮书
中国彩票发展报告（2018）
著(编)者：益彩基金 2018年4月出版 / 估价：99.00元
PSN B-2015-462-1/1

测绘地理信息蓝皮书
测绘地理信息供给侧结构性改革研究报告（2018）
著(编)者：库热西·买合苏提
2018年12月出版 / 估价：168.00元
PSN B-2009-145-1/1

产权市场蓝皮书
中国产权市场发展报告（2017）
著(编)者：曹和平 2018年5月出版 / 估价：99.00元
PSN B-2009-147-1/1

城投蓝皮书
中国城投行业发展报告（2018）
著(编)者：华景斌
2018年11月出版 / 估价：300.00元
PSN B-2016-514-1/1

大数据蓝皮书
中国大数据发展报告（No.2）
著(编)者：连玉明 2018年5月出版 / 估价：99.00元
PSN B-2017-620-1/1

大数据应用蓝皮书
中国大数据应用发展报告No.2（2018）
著(编)者：陈军君 2018年8月出版 / 估价：99.00元
PSN B-2017-644-1/1

对外投资与风险蓝皮书
中国对外直接投资与国家风险报告（2018）
著(编)者：中债资信评估有限责任公司
中国社会科学院世界经济与政治研究所
2018年4月出版 / 估价：189.00元
PSN B-2017-606-1/1

工业和信息化蓝皮书
人工智能发展报告（2017～2018）
著(编)者：尹丽波 2018年6月出版 / 估价：99.00元
PSN B-2015-448-1/6

工业和信息化蓝皮书
世界智慧城市发展报告（2017～2018）
著(编)者：尹丽波 2018年6月出版 / 估价：99.00元
PSN B-2017-624-6/6

工业和信息化蓝皮书
世界网络安全发展报告（2017～2018）
著(编)者：尹丽波 2018年6月出版 / 估价：99.00元
PSN B-2015-452-5/6

工业和信息化蓝皮书
世界信息化发展报告（2017～2018）
著(编)者：尹丽波 2018年6月出版 / 估价：99.00元
PSN B-2015-451-4/6

工业设计蓝皮书
中国工业设计发展报告（2018）
著(编)者：王晓红 于炜 张立群 2018年9月出版 / 估价：168.00元
PSN B-2014-420-1/1

公共关系蓝皮书
中国公共关系发展报告（2018）
著(编)者：柳斌杰 2018年11月出版 / 估价：99.00元
PSN B-2016-579-1/1

管理蓝皮书
中国管理发展报告（2018）
著(编)者：张晓东 2018年10月出版 / 估价：99.00元
PSN B-2014-416-1/1

海关发展蓝皮书
中国海关发展前沿报告（2018）
著(编)者：干春晖 2018年6月出版 / 估价：99.00元
PSN B-2017-616-1/1

互联网医疗蓝皮书
中国互联网健康医疗发展报告（2018）
著(编)者：芮晓武 2018年6月出版 / 估价：99.00元
PSN B-2016-567-1/1

黄金市场蓝皮书
中国商业银行黄金业务发展报告（2017～2018）
著(编)者：平安银行 2018年3月出版 / 估价：99.00元
PSN B-2016-524-1/1

会展蓝皮书
中外会展业动态评估研究报告（2018）
著(编)者：张敏 任中峰 聂鑫焱 牛盼强
2018年12月出版 / 估价：99.00元
PSN B-2013-327-1/1

基金会蓝皮书
中国基金会发展报告（2017~2018）
著(编)者：中国基金会发展报告课题组
2018年4月出版 / 估价：99.00元
PSN B-2013-368-1/1

基金会绿皮书
中国基金会发展独立研究报告（2018）
著(编)者：基金会中心网 中央民族大学基金会研究中心
2018年6月出版 / 估价：99.00元
PSN G-2011-213-1/1

基金会透明度蓝皮书
中国基金会透明度发展研究报告（2018）
著(编)者：基金会中心网
清华大学廉政与治理研究中心
2018年9月出版 / 估价：99.00元
PSN B-2013-339-1/1

建筑装饰蓝皮书
中国建筑装饰行业发展报告（2018）
著(编)者：葛道顺 刘晓一
2018年10月出版 / 估价：198.00元
PSN B-2016-553-1/1

金融监管蓝皮书
中国金融监管报告（2018）
著(编)者：胡滨　2018年5月出版 / 估价：99.00元
PSN B-2012-281-1/1

金融蓝皮书
中国互联网金融行业分析与评估（2018~2019）
著(编)者：黄国平 伍旭川　2018年12月出版 / 估价：99.00元
PSN B-2016-585-7/7

金融科技蓝皮书
中国金融科技发展报告（2018）
著(编)者：李扬 孙国峰　2018年10月出版 / 估价：99.00元
PSN B-2014-374-1/1

金融信息服务蓝皮书
中国金融信息服务发展报告（2018）
著(编)者：李平　2018年5月出版 / 估价：99.00元
PSN B-2017-621-1/1

京津冀金融蓝皮书
京津冀金融发展报告（2018）
著(编)者：王爱俭 王璟怡　2018年10月出版 / 估价：99.00元
PSN B-2016-527-1/1

科普蓝皮书
国家科普能力发展报告（2018）
著(编)者：王康友　2018年5月出版 / 估价：138.00元
PSN B-2017-632-4/4

科普蓝皮书
中国基层科普发展报告（2017~2018）
著(编)者：赵立新 陈玲　2018年9月出版 / 估价：99.00元
PSN B-2016-568-3/4

科普蓝皮书
中国科普基础设施发展报告（2017~2018）
著(编)者：任福君　2018年6月出版 / 估价：99.00元
PSN B-2010-174-1/3

科普蓝皮书
中国科普人才发展报告（2017~2018）
著(编)者：郑念 任嵘嵘　2018年7月出版 / 估价：99.00元
PSN B-2016-512-2/4

科普能力蓝皮书
中国科普能力评价报告（2018~2019）
著(编)者：李富强 李群　2018年8月出版 / 估价：99.00元
PSN B-2016-555-1/1

临空经济蓝皮书
中国临空经济发展报告（2018）
著(编)者：连玉明　2018年9月出版 / 估价：99.00元
PSN B-2014-421-1/1

旅游安全蓝皮书
中国旅游安全报告（2018）
著(编)者：郑向敏 谢朝武　2018年5月出版 / 估价：158.00元
PSN B-2012-280-1/1

旅游绿皮书
2017~2018年中国旅游发展分析与预测
著(编)者：宋瑞　2018年2月出版 / 估价：99.00元
PSN G-2002-018-1/1

煤炭蓝皮书
中国煤炭工业发展报告（2018）
著(编)者：岳福斌　2018年12月出版 / 估价：99.00元
PSN B-2008-123-1/1

民营企业社会责任蓝皮书
中国民营企业社会责任报告（2018）
著(编)者：中华全国工商业联合会
2018年12月出版 / 估价：99.00元
PSN B-2015-510-1/1

民营医院蓝皮书
中国民营医院发展报告（2017）
著(编)者：薛晓林　2018年1月出版 / 估价：99.00元
PSN B-2012-299-1/1

闽商蓝皮书
闽商发展报告（2018）
著(编)者：李闽榕 王日根 林琛
2018年12月出版 / 估价：99.00元
PSN B-2012-298-1/1

农业应对气候变化蓝皮书
中国农业气象灾害及其灾损评估报告（No.3）
著(编)者：矫梅燕　2018年1月出版 / 估价：118.00元
PSN B-2014-413-1/1

品牌蓝皮书
中国品牌战略发展报告（2018）
著(编)者：汪同三　2018年10月出版 / 估价：99.00元
PSN B-2016-580-1/1

企业扶贫蓝皮书
中国企业扶贫研究报告（2018）
著(编)者：钟宏武　2018年12月出版 / 估价：99.00元
PSN B-2016-593-1/1

企业公益蓝皮书
中国企业公益研究报告（2018）
著(编)者：钟宏武 汪杰 黄晓娟
2018年12月出版 / 估价：99.00元
PSN B-2015-501-1/1

企业国际化蓝皮书
中国企业全球化报告（2018）
著(编)者：王辉耀 苗绿　2018年11月出版 / 估价：99.00元
PSN B-2014-427-1/1

企业蓝皮书
中国企业绿色发展报告No.2（2018）
著(编)者：李红玉 朱光辉
2018年8月出版 / 估价：99.00元
PSN B-2015-481-2/2

企业社会责任蓝皮书
中资企业海外社会责任研究报告（2017~2018）
著(编)者：钟宏武 叶柳红 张蒽
2018年1月出版 / 估价：99.00元
PSN B-2017-603-2/2

企业社会责任蓝皮书
中国企业社会责任研究报告（2018）
著(编)者：黄群慧 钟宏武 张蒽 汪杰
2018年11月出版 / 估价：99.00元
PSN B-2009-149-1/2

汽车安全蓝皮书
中国汽车安全发展报告（2018）
著(编)者：中国汽车技术研究中心
2018年8月出版 / 估价：99.00元
PSN B-2014-385-1/1

汽车电子商务蓝皮书
中国汽车电子商务发展报告（2018）
著(编)者：中华全国工商业联合会汽车经销商商会
北方工业大学
北京易观智库网络科技有限公司
2018年10月出版 / 估价：158.00元
PSN B-2015-485-1/1

汽车知识产权蓝皮书
中国汽车产业知识产权发展报告（2018）
著(编)者：中国汽车工程研究院股份有限公司
中国汽车工程学会
重庆长安汽车股份有限公司
2018年12月出版 / 估价：99.00元
PSN B-2016-594-1/1

青少年体育蓝皮书
中国青少年体育发展报告（2017）
著(编)者：刘扶民 杨桦 2018年1月出版 / 估价：99.00元
PSN B-2015-482-1/1

区块链蓝皮书
中国区块链发展报告（2018）
著(编)者：李伟 2018年9月出版 / 估价：99.00元
PSN B-2017-649-1/1

群众体育蓝皮书
中国群众体育发展报告（2017）
著(编)者：刘国永 戴健 2018年5月出版 / 估价：99.00元
PSN B-2014-411-1/3

群众体育蓝皮书
中国社会体育指导员发展报告（2018）
著(编)者：刘国永 王欢 2018年4月出版 / 估价：99.00元
PSN B-2016-520-3/3

人力资源蓝皮书
中国人力资源发展报告（2018）
著(编)者：余兴安 2018年11月出版 / 估价：99.00元
PSN B-2012-287-1/1

融资租赁蓝皮书
中国融资租赁业发展报告（2017~2018）
著(编)者：李光荣 王力 2018年8月出版 / 估价：99.00元
PSN B-2015-443-1/1

商会蓝皮书
中国商会发展报告No.5（2017）
著(编)者：王钦敏 2018年7月出版 / 估价：99.00元
PSN B-2008-125-1/1

商务中心区蓝皮书
中国商务中心区发展报告No.4（2017~2018）
著(编)者：李国红 单菁菁 2018年9月出版 / 估价：99.00元
PSN B-2015-444-1/1

设计产业蓝皮书
中国创新设计发展报告（2018）
著(编)者：王晓红 张立群 于炜
2018年11月出版 / 估价：99.00元
PSN B-2016-581-2/2

社会责任管理蓝皮书
中国上市公司社会责任能力成熟度报告No.4（2018）
著(编)者：肖红军 王晓光 李伟阳
2018年12月出版 / 估价：99.00元
PSN B-2015-507-2/2

社会责任管理蓝皮书
中国企业公众透明度报告No.4（2017~2018）
著(编)者：黄速建 熊梦 王晓光 肖红军
2018年4月出版 / 估价：99.00元
PSN B-2015-440-1/2

食品药品蓝皮书
食品药品安全与监管政策研究报告（2016~2017）
著(编)者：唐民皓 2018年6月出版 / 估价：99.00元
PSN B-2009-129-1/1

输血服务蓝皮书
中国输血行业发展报告（2018）
著(编)者：孙俊 2018年12月出版 / 估价：99.00元
PSN B-2016-582-1/1

水利风景区蓝皮书
中国水利风景区发展报告（2018）
著(编)者：董建文 兰思仁
2018年10月出版 / 估价：99.00元
PSN B-2015-480-1/1

私募市场蓝皮书
中国私募股权市场发展报告（2017~2018）
著(编)者：曹和平 2018年12月出版 / 估价：99.00元
PSN B-2010-162-1/1

碳排放权交易蓝皮书
中国碳排放权交易报告（2018）
著(编)者：孙永平 2018年11月出版 / 估价：99.00元
PSN B-2017-652-1/1

碳市场蓝皮书
中国碳市场报告（2018）
著(编)者：定金彪 2018年11月出版 / 估价：99.00元
PSN B-2014-430-1/1

体育蓝皮书
中国公共体育服务发展报告（2018）
著(编)者：戴健　2018年12月出版 / 估价：99.00元
PSN B-2013-367-2/5

土地市场蓝皮书
中国农村土地市场发展报告（2017~2018）
著(编)者：李光荣　2018年3月出版 / 估价：99.00元
PSN B-2016-526-1/1

土地整治蓝皮书
中国土地整治发展研究报告（No.5）
著(编)者：国土资源部土地整治中心
2018年7月出版 / 估价：99.00元
PSN B-2014-401-1/1

土地政策蓝皮书
中国土地政策研究报告（2018）
著(编)者：高延利 李宪文　2017年12月出版 / 估价：99.00元
PSN B-2015-506-1/1

网络空间安全蓝皮书
中国网络空间安全发展报告（2018）
著(编)者：惠志斌 覃庆玲
2018年11月出版 / 估价：99.00元
PSN B-2015-466-1/1

文化志愿服务蓝皮书
中国文化志愿服务发展报告（2018）
著(编)者：张永新 良警宇　2018年11月出版 / 估价：128.00元
PSN B-2016-596-1/1

西部金融蓝皮书
中国西部金融发展报告（2017~2018）
著(编)者：李忠民　2018年8月出版 / 估价：99.00元
PSN B-2010-160-1/1

协会商会蓝皮书
中国行业协会商会发展报告（2017）
著(编)者：景朝阳 李勇　2018年4月出版 / 估价：99.00元
PSN B-2015-461-1/1

新三板蓝皮书
中国新三板市场发展报告（2018）
著(编)者：王力　2018年8月出版 / 估价：99.00元
PSN B-2016-533-1/1

信托市场蓝皮书
中国信托业市场报告（2017~2018）
著(编)者：用益金融信托研究院
2018年1月出版 / 估价：198.00元
PSN B-2014-371-1/1

信息化蓝皮书
中国信息化形势分析与预测（2017~2018）
著(编)者：周宏仁　2018年8月出版 / 估价：99.00元
PSN B-2010-168-1/1

信用蓝皮书
中国信用发展报告（2017~2018）
著(编)者：章政 田侃　2018年4月出版 / 估价：99.00元
PSN B-2013-328-1/1

休闲绿皮书
2017~2018年中国休闲发展报告
著(编)者：宋瑞　2018年7月出版 / 估价：99.00元
PSN G-2010-158-1/1

休闲体育蓝皮书
中国休闲体育发展报告（2017~2018）
著(编)者：李相如 钟秉枢
2018年10月出版 / 估价：99.00元
PSN B-2016-516-1/1

养老金融蓝皮书
中国养老金融发展报告（2018）
著(编)者：董克用 姚余栋
2018年9月出版 / 估价：99.00元
PSN B-2016-583-1/1

遥感监测绿皮书
中国可持续发展遥感监测报告（2017）
著(编)者：顾行发 汪克强 潘教峰 李闽榕 徐东华 王琦安
2018年6月出版 / 估价：298.00元
PSN B-2017-629-1/1

药品流通蓝皮书
中国药品流通行业发展报告（2018）
著(编)者：佘鲁林 温再兴
2018年7月出版 / 估价：198.00元
PSN B-2014-429-1/1

医疗器械蓝皮书
中国医疗器械行业发展报告（2018）
著(编)者：王宝亭 耿鸿武
2018年10月出版 / 估价：99.00元
PSN B-2017-661-1/1

医院蓝皮书
中国医院竞争力报告（2018）
著(编)者：庄一强 曾益新　2018年3月出版 / 估价：118.00元
PSN B-2016-528-1/1

瑜伽蓝皮书
中国瑜伽业发展报告（2017~2018）
著(编)者：张永建 徐华锋 朱泰余
2018年6月出版 / 估价：198.00元
PSN B-2017-625-1/1

债券市场蓝皮书
中国债券市场发展报告（2017~2018）
著(编)者：杨农　2018年10月出版 / 估价：99.00元
PSN B-2016-572-1/1

志愿服务蓝皮书
中国志愿服务发展报告（2018）
著(编)者：中国志愿服务联合会
2018年11月出版 / 估价：99.00元
PSN B-2017-664-1/1

中国上市公司蓝皮书
中国上市公司发展报告（2018）
著(编)者：张鹏 张平 黄胤英
2018年9月出版 / 估价：99.00元
PSN B-2014-414-1/1

中国新三板蓝皮书
中国新三板创新与发展报告（2018）
著(编)者：刘平安 闻召林
2018年8月出版 / 估价：158.00元
PSN B-2017-638-1/1

中医文化蓝皮书
北京中医药文化传播发展报告（2018）
著(编)者：毛嘉陵 2018年5月出版 / 估价：99.00元
PSN B-2015-468-1/2

中医文化蓝皮书
中国中医药文化传播发展报告（2018）
著(编)者：毛嘉陵 2018年7月出版 / 估价：99.00元
PSN B-2016-584-2/2

中医药蓝皮书
北京中医药知识产权发展报告No.2
著(编)者：汪洪 屠志涛 2018年4月出版 / 估价：168.00元
PSN B-2017-602-1/1

资本市场蓝皮书
中国场外交易市场发展报告（2016~2017）
著(编)者：高峦 2018年3月出版 / 估价：99.00元
PSN B-2009-153-1/1

资产管理蓝皮书
中国资产管理行业发展报告（2018）
著(编)者：郑智 2018年7月出版 / 估价：99.00元
PSN B-2014-407-2/2

资产证券化蓝皮书
中国资产证券化发展报告（2018）
著(编)者：纪志宏 2018年11月出版 / 估价：99.00元
PSN B-2017-660-1/1

自贸区蓝皮书
中国自贸区发展报告（2018）
著(编)者：王力 黄育华 2018年6月出版 / 估价：99.00元
PSN B-2016-558-1/1

国际问题与全球治理类

“一带一路”跨境通道蓝皮书
“一带一路”跨境通道建设研究报告（2018）
著(编)者：郭业洲 2018年8月出版 / 估价：99.00元
PSN B-2016-557-1/1

“一带一路”蓝皮书
“一带一路”建设发展报告（2018）
著(编)者：王晓泉 2018年6月出版 / 估价：99.00元
PSN B-2016-552-1/1

“一带一路”投资安全蓝皮书
中国“一带一路”投资与安全研究报告（2017~2018）
著(编)者：邹统钎 梁昊光 2018年4月出版 / 估价：99.00元
PSN B-2017-612-1/1

“一带一路”文化交流蓝皮书
中阿文化交流发展报告（2017）
著(编)者：王辉 2018年9月出版 / 估价：99.00元
PSN B-2017-655-1/1

G20国家创新竞争力黄皮书
二十国集团（G20）国家创新竞争力发展报告（2017~2018）
著(编)者：李建平 李闽榕 赵新力 周天勇
2018年7月出版 / 估价：168.00元
PSN Y-2011-229-1/1

阿拉伯黄皮书
阿拉伯发展报告（2016~2017）
著(编)者：罗林 2018年3月出版 / 估价：99.00元
PSN Y-2014-381-1/1

北部湾蓝皮书
泛北部湾合作发展报告（2017~2018）
著(编)者：吕余生 2018年12月出版 / 估价：99.00元
PSN B-2008-114-1/1

北极蓝皮书
北极地区发展报告（2017）
著(编)者：刘惠荣 2018年7月出版 / 估价：99.00元
PSN B-2017-634-1/1

大洋洲蓝皮书
大洋洲发展报告（2017~2018）
著(编)者：喻常森 2018年10月出版 / 估价：99.00元
PSN B-2013-341-1/1

东北亚区域合作蓝皮书
2017年“一带一路”倡议与东北亚区域合作
著(编)者：刘亚政 金美花
2018年5月出版 / 估价：99.00元
PSN B-2017-631-1/1

东盟黄皮书
东盟发展报告（2017）
著(编)者：杨晓强 庄国土
2018年3月出版 / 估价：99.00元
PSN Y-2012-303-1/1

东南亚蓝皮书
东南亚地区发展报告（2017~2018）
著(编)者：王勤 2018年12月出版 / 估价：99.00元
PSN B-2012-240-1/1

非洲黄皮书
非洲发展报告No.20（2017~2018）
著(编)者：张宏明 2018年7月出版 / 估价：99.00元
PSN Y-2012-239-1/1

非传统安全蓝皮书
中国非传统安全研究报告（2017~2018）
著(编)者：潇枫 罗中枢 2018年8月出版 / 估价：99.00元
PSN B-2012-273-1/1

国际安全蓝皮书
中国国际安全研究报告（2018）
著(编)者：刘慧　2018年7月出版 / 估价：99.00元
PSN B-2016-521-1/1

国际城市蓝皮书
国际城市发展报告（2018）
著(编)者：屠启宇　2018年2月出版 / 估价：99.00元
PSN B-2012-260-1/1

国际形势黄皮书
全球政治与安全报告（2018）
著(编)者：张宇燕　2018年1月出版 / 估价：99.00元
PSN Y-2001-016-1/1

公共外交蓝皮书
中国公共外交发展报告（2018）
著(编)者：赵启正 雷蔚真　2018年4月出版 / 估价：99.00元
PSN B-2015-457-1/1

金砖国家黄皮书
金砖国家综合创新竞争力发展报告（2018）
著(编)者：赵新力 李闽榕 黄茂兴
2018年8月出版 / 估价：128.00元
PSN Y-2017-643-1/1

拉美黄皮书
拉丁美洲和加勒比发展报告（2017～2018）
著(编)者：袁东振　2018年6月出版 / 估价：99.00元
PSN Y-1999-007-1/1

澜湄合作蓝皮书
澜沧江-湄公河合作发展报告（2018）
著(编)者：刘稚　2018年9月出版 / 估价：99.00元
PSN B-2011-196-1/1

欧洲蓝皮书
欧洲发展报告（2017～2018）
著(编)者：黄平 周弘 程卫东
2018年6月出版 / 估价：99.00元
PSN B-1999-009-1/1

葡语国家蓝皮书
葡语国家发展报告（2016～2017）
著(编)者：王成安 张敏 刘金兰
2018年4月出版 / 估价：99.00元
PSN B-2015-503-1/2

葡语国家蓝皮书
中国与葡语国家关系发展报告·巴西（2016）
著(编)者：张曙光　2018年8月出版 / 估价：99.00元
PSN B-2016-563-2/2

气候变化绿皮书
应对气候变化报告（2018）
著(编)者：王伟光 郑国光　2018年11月出版 / 估价：99.00元
PSN G-2009-144-1/1

全球环境竞争力绿皮书
全球环境竞争力报告（2018）
著(编)者：李建平 李闽榕 王金南
2018年12月出版 / 估价：198.00元
PSN G-2013-363-1/1

全球信息社会蓝皮书
全球信息社会发展报告（2018）
著(编)者：丁波涛 唐涛　2018年10月出版 / 估价：99.00元
PSN B-2017-665-1/1

日本经济蓝皮书
日本经济与中日经贸关系研究报告（2018）
著(编)者：张季风　2018年6月出版 / 估价：99.00元
PSN B-2008-102-1/1

上海合作组织黄皮书
上海合作组织发展报告（2018）
著(编)者：李进峰　2018年6月出版 / 估价：99.00元
PSN Y-2009-130-1/1

世界创新竞争力黄皮书
世界创新竞争力发展报告（2017）
著(编)者：李建平 李闽榕 赵新力
2018年1月出版 / 估价：168.00元
PSN Y-2013-318-1/1

世界经济黄皮书
2018年世界经济形势分析与预测
著(编)者：张宇燕　2018年1月出版 / 估价：99.00元
PSN Y-1999-006-1/1

丝绸之路蓝皮书
丝绸之路经济带发展报告（2018）
著(编)者：任宗哲 白宽犁 谷孟宾
2018年1月出版 / 估价：99.00元
PSN B-2014-410-1/1

新兴经济体蓝皮书
金砖国家发展报告（2018）
著(编)者：林跃勤 周文　2018年8月出版 / 估价：99.00元
PSN B-2011-195-1/1

亚太蓝皮书
亚太地区发展报告（2018）
著(编)者：李向阳　2018年5月出版 / 估价：99.00元
PSN B-2001-015-1/1

印度洋地区蓝皮书
印度洋地区发展报告（2018）
著(编)者：汪戎　2018年6月出版 / 估价：99.00元
PSN B-2013-334-1/1

渝新欧蓝皮书
渝新欧沿线国家发展报告（2018）
著(编)者：杨柏 黄森　2018年6月出版 / 估价：99.00元
PSN B-2017-626-1/1

中阿蓝皮书
中国-阿拉伯国家经贸发展报告（2018）
著(编)者：张廉 段庆林 王林聪 杨巧红
2018年12月出版 / 估价：99.00元
PSN B-2016-598-1/1

中东黄皮书
中东发展报告No.20（2017～2018）
著(编)者：杨光　2018年10月出版 / 估价：99.00元
PSN Y-1998-004-1/1

中亚黄皮书
中亚国家发展报告（2018）
著(编)者：孙力　2018年6月出版 / 估价：99.00元
PSN Y-2012-238-1/1

国别类

澳大利亚蓝皮书
澳大利亚发展报告（2017-2018）
著(编)者：孙有中 韩锋 2018年12月出版 / 估价：99.00元
PSN B-2016-587-1/1

巴西黄皮书
巴西发展报告（2017）
著(编)者：刘国枝 2018年5月出版 / 估价：99.00元
PSN Y-2017-614-1/1

德国蓝皮书
德国发展报告（2018）
著(编)者：郑春荣 2018年6月出版 / 估价：99.00元
PSN B-2012-278-1/1

俄罗斯黄皮书
俄罗斯发展报告（2018）
著(编)者：李永全 2018年6月出版 / 估价：99.00元
PSN Y-2006-061-1/1

韩国蓝皮书
韩国发展报告（2017）
著(编)者：牛林杰 刘宝全 2018年5月出版 / 估价：99.00元
PSN B-2010-155-1/1

加拿大蓝皮书
加拿大发展报告（2018）
著(编)者：唐小松 2018年9月出版 / 估价：99.00元
PSN B-2014-389-1/1

美国蓝皮书
美国研究报告（2018）
著(编)者：郑秉文 黄平 2018年5月出版 / 估价：99.00元
PSN B-2011-210-1/1

缅甸蓝皮书
缅甸国情报告（2017）
著(编)者：孔鹏 杨祥章 2018年1月出版 / 估价：99.00元
PSN B-2013-343-1/1

日本蓝皮书
日本研究报告（2018）
著(编)者：杨伯江 2018年6月出版 / 估价：99.00元
PSN B-2002-020-1/1

土耳其蓝皮书
土耳其发展报告（2018）
著(编)者：郭长刚 刘义 2018年9月出版 / 估价：99.00元
PSN B-2014-412-1/1

伊朗蓝皮书
伊朗发展报告（2017～2018）
著(编)者：冀开运 2018年10月 / 估价：99.00元
PSN B-2016-574-1/1

以色列蓝皮书
以色列发展报告（2018）
著(编)者：张倩红 2018年8月出版 / 估价：99.00元
PSN B-2015-483-1/1

印度蓝皮书
印度国情报告（2017）
著(编)者：吕昭义 2018年4月出版 / 估价：99.00元
PSN B-2012-241-1/1

英国蓝皮书
英国发展报告（2017～2018）
著(编)者：王展鹏 2018年12月出版 / 估价：99.00元
PSN B-2015-486-1/1

越南蓝皮书
越南国情报告（2018）
著(编)者：谢林城 2018年1月出版 / 估价：99.00元
PSN B-2006-056-1/1

泰国蓝皮书
泰国研究报告（2018）
著(编)者：庄国土 张禹东 刘文正
2018年10月出版 / 估价：99.00元
PSN B-2016-556-1/1

文化传媒类

“三农”舆情蓝皮书
中国“三农”网络舆情报告（2017～2018）
著(编)者：农业部信息中心
2018年6月出版 / 估价：99.00元
PSN B-2017-640-1/1

传媒竞争力蓝皮书
中国传媒国际竞争力研究报告（2018）
著(编)者：李本乾 刘强 王大可
2018年8月出版 / 估价：99.00元
PSN B-2013-356-1/1

传媒蓝皮书
中国传媒产业发展报告（2018）
著(编)者：崔保国 2018年5月出版 / 估价：99.00元
PSN B-2005-035-1/1

传媒投资蓝皮书
中国传媒投资发展报告（2018）
著(编)者：张向东 谭云明
2018年6月出版 / 估价：148.00元
PSN B-2015-474-1/1

非物质文化遗产蓝皮书
中国非物质文化遗产发展报告（2018）
著(编)者：陈平　2018年5月出版 / 估价：128.00元
PSN B-2015-469-1/2

非物质文化遗产蓝皮书
中国非物质文化遗产保护发展报告（2018）
著(编)者：宋俊华　2018年10月出版 / 估价：128.00元
PSN B-2016-586-2/2

广电蓝皮书
中国广播电影电视发展报告（2018）
著(编)者：国家新闻出版广电总局发展研究中心
2018年7月出版 / 估价：99.00元
PSN B-2006-072-1/1

广告主蓝皮书
中国广告主营销传播趋势报告No.9
著(编)者：黄升民 杜国清 邵华冬 等
2018年10月出版 / 估价：158.00元
PSN B-2005-041-1/1

国际传播蓝皮书
中国国际传播发展报告（2018）
著(编)者：胡正荣 李继东 姬德强
2018年12月出版 / 估价：99.00元
PSN B-2014-408-1/1

国家形象蓝皮书
中国国家形象传播报告（2017）
著(编)者：张昆　2018年3月出版 / 估价：128.00元
PSN B-2017-605-1/1

互联网治理蓝皮书
中国网络社会治理研究报告（2018）
著(编)者：罗昕 支庭荣
2018年9月出版 / 估价：118.00元
PSN B-2017-653-1/1

纪录片蓝皮书
中国纪录片发展报告（2018）
著(编)者：何苏六　2018年10月出版 / 估价：99.00元
PSN B-2011-222-1/1

科学传播蓝皮书
中国科学传播报告（2016~2017）
著(编)者：詹正茂　2018年6月出版 / 估价：99.00元
PSN B-2008-120-1/1

两岸创意经济蓝皮书
两岸创意经济研究报告（2018）
著(编)者：罗昌智 董泽平
2018年10月出版 / 估价：99.00元
PSN B-2014-437-1/1

媒介与女性蓝皮书
中国媒介与女性发展报告（2017~2018）
著(编)者：刘利群　2018年5月出版 / 估价：99.00元
PSN B-2013-345-1/1

媒体融合蓝皮书
中国媒体融合发展报告（2017）
著(编)者：梅宁华 支庭荣　2018年1月出版 / 估价：99.00元
PSN B-2015-479-1/1

全球传媒蓝皮书
全球传媒发展报告（2017~2018）
著(编)者：胡正荣 李继东　2018年6月出版 / 估价：99.00元
PSN B-2012-237-1/1

少数民族非遗蓝皮书
中国少数民族非物质文化遗产发展报告（2018）
著(编)者：肖远平（彝） 柴立（满）
2018年10月出版 / 估价：118.00元
PSN B-2015-467-1/1

视听新媒体蓝皮书
中国视听新媒体发展报告（2018）
著(编)者：国家新闻出版广电总局发展研究中心
2018年7月出版 / 估价：118.00元
PSN B-2011-184-1/1

数字娱乐产业蓝皮书
中国动画产业发展报告（2018）
著(编)者：孙立军 孙平 牛兴侦
2018年10月出版 / 估价：99.00元
PSN B-2011-198-1/2

数字娱乐产业蓝皮书
中国游戏产业发展报告（2018）
著(编)者：孙立军 刘跃军
2018年10月出版 / 估价：99.00元
PSN B-2017-662-2/2

文化创新蓝皮书
中国文化创新报告（2017·No.8）
著(编)者：傅才武　2018年4月出版 / 估价：99.00元
PSN B-2009-143-1/1

文化建设蓝皮书
中国文化发展报告（2018）
著(编)者：江畅 孙伟平 戴茂堂
2018年5月出版 / 估价：99.00元
PSN B-2014-392-1/1

文化科技蓝皮书
文化科技创新发展报告（2018）
著(编)者：于平 李凤亮　2018年10月出版 / 估价：99.00元
PSN B-2013-342-1/1

文化蓝皮书
中国公共文化服务发展报告（2017~2018）
著(编)者：刘新成 张永新 张旭
2018年12月出版 / 估价：99.00元
PSN B-2007-093-2/10

文化蓝皮书
中国少数民族文化发展报告（2017~2018）
著(编)者：武翠英 张晓明 任乌晶
2018年9月出版 / 估价：99.00元
PSN B-2013-369-9/10

文化蓝皮书
中国文化产业供需协调检测报告（2018）
著(编)者：王亚南　2018年2月出版 / 估价：99.00元
PSN B-2013-323-8/10

文化蓝皮书
中国文化消费需求景气评价报告（2018）
著(编)者：王亚南　2018年2月出版 / 估价：99.00元
PSN B-2011-236-4/10

文化蓝皮书
中国公共文化投入增长测评报告（2018）
著(编)者：王亚南　2018年2月出版 / 估价：99.00元
PSN B-2014-435-10/10

文化品牌蓝皮书
中国文化品牌发展报告（2018）
著(编)者：欧阳友权　2018年5月出版 / 估价：99.00元
PSN B-2012-277-1/1

文化遗产蓝皮书
中国文化遗产事业发展报告（2017~2018）
著(编)者：苏杨 张颖岚 卓杰 白海峰 陈晨 陈叙图
2018年8月出版 / 估价：99.00元
PSN B-2008-119-1/1

文学蓝皮书
中国文情报告（2017~2018）
著(编)者：白烨　2018年5月出版 / 估价：99.00元
PSN B-2011-221-1/1

新媒体蓝皮书
中国新媒体发展报告No.9（2018）
著(编)者：唐绪军　2018年7月出版 / 估价：99.00元
PSN B-2010-169-1/1

新媒体社会责任蓝皮书
中国新媒体社会责任研究报告（2018）
著(编)者：钟瑛　2018年12月出版 / 估价：99.00元
PSN B-2014-423-1/1

移动互联网蓝皮书
中国移动互联网发展报告（2018）
著(编)者：余清楚　2018年6月出版 / 估价：99.00元
PSN B-2012-282-1/1

影视蓝皮书
中国影视产业发展报告（2018）
著(编)者：司若 陈鹏 陈锐　2018年4月出版 / 估价：99.00元
PSN B-2016-529-1/1

舆情蓝皮书
中国社会舆情与危机管理报告（2018）
著(编)者：谢耘耕　2018年9月出版 / 估价：138.00元
PSN B-2011-235-1/1

地方发展类-经济

澳门蓝皮书
澳门经济社会发展报告（2017~2018）
著(编)者：吴志良 郝雨凡　2018年7月出版 / 估价：99.00元
PSN B-2009-138-1/1

澳门绿皮书
澳门旅游休闲发展报告（2017~2018）
著(编)者：郝雨凡 林广志　2018年5月出版 / 估价：99.00元
PSN G-2017-617-1/1

北京蓝皮书
北京经济发展报告（2017~2018）
著(编)者：杨松　2018年6月出版 / 估价：99.00元
PSN B-2006-054-2/8

北京旅游绿皮书
北京旅游发展报告（2018）
著(编)者：北京旅游学会
2018年7月出版 / 估价：99.00元
PSN G-2012-301-1/1

北京体育蓝皮书
北京体育产业发展报告（2017~2018）
著(编)者：钟秉枢 陈杰 杨铁黎
2018年9月出版 / 估价：99.00元
PSN B-2015-475-1/1

滨海金融蓝皮书
滨海新区金融发展报告（2017）
著(编)者：王爱俭 李向前　2018年4月出版 / 估价：99.00元
PSN B-2014-424-1/1

城乡一体化蓝皮书
北京城乡一体化发展报告（2017~2018）
著(编)者：吴宝新 张宝秀 黄序
2018年5月出版 / 估价：99.00元
PSN B-2012-258-2/2

非公有制企业社会责任蓝皮书
北京非公有制企业社会责任报告（2018）
著(编)者：宋贵伦 冯培　2018年6月出版 / 估价：99.00元
PSN B-2017-613-1/1

福建旅游蓝皮书
福建省旅游产业发展现状研究（2017~2018）
著(编)者：陈敏华 黄远水
2018年12月出版 / 估价：128.00元
PSN B-2016-591-1/1

福建自贸区蓝皮书
中国（福建）自由贸易试验区发展报告（2017~2018）
著(编)者：黄茂兴　2018年4月出版 / 估价：118.00元
PSN B-2016-531-1/1

甘肃蓝皮书
甘肃经济发展分析与预测（2018）
著(编)者：安文华 罗哲　2018年1月出版 / 估价：99.00元
PSN B-2013-312-1/6

甘肃蓝皮书
甘肃商贸流通发展报告（2018）
著(编)者：张应华 王福生 王晓芳
2018年1月出版 / 估价：99.00元
PSN B-2016-522-6/6

甘肃蓝皮书
甘肃县域和农村发展报告（2018）
著(编)者：朱智文 包东红 王建兵
2018年1月出版 / 估价：99.00元
PSN B-2013-316-5/6

甘肃农业科技绿皮书
甘肃农业科技发展研究报告（2018）
著(编)者：魏胜文 乔德华 张东伟
2018年12月出版 / 估价：198.00元
PSN B-2016-592-1/1

巩义蓝皮书
巩义经济社会发展报告（2018）
著(编)者：丁同民 朱军　2018年4月出版 / 估价：99.00元
PSN B-2016-532-1/1

广东外经贸蓝皮书
广东对外经济贸易发展研究报告（2017～2018）
著(编)者：陈万灵　2018年6月出版 / 估价：99.00元
PSN B-2012-286-1/1

广西北部湾经济区蓝皮书
广西北部湾经济区开放开发报告（2017～2018）
著(编)者：广西壮族自治区北部湾经济区和东盟开放合作办公室
广西社会科学院
广西北部湾发展研究院
2018年2月出版 / 估价：99.00元
PSN B-2010-181-1/1

广州蓝皮书
广州城市国际化发展报告（2018）
著(编)者：张跃国　2018年8月出版 / 估价：99.00元
PSN B-2012-246-11/14

广州蓝皮书
中国广州城市建设与管理发展报告（2018）
著(编)者：张其学 陈小钢 王宏伟　2018年8月出版 / 估价：99.00元
PSN B-2007-087-4/14

广州蓝皮书
广州创新型城市发展报告（2018）
著(编)者：尹涛　2018年6月出版 / 估价：99.00元
PSN B-2012-247-12/14

广州蓝皮书
广州经济发展报告（2018）
著(编)者：张跃国 尹涛　2018年7月出版 / 估价：99.00元
PSN B-2005-040-1/14

广州蓝皮书
2018年中国广州经济形势分析与预测
著(编)者：魏明海 谢博能 李华
2018年6月出版 / 估价：99.00元
PSN B-2011-185-9/14

广州蓝皮书
中国广州科技创新发展报告（2018）
著(编)者：于欣伟 陈爽 邓佑满　2018年8月出版 / 估价：99.00元
PSN B-2006-065-2/14

广州蓝皮书
广州农村发展报告（2018）
著(编)者：朱名宏　2018年7月出版 / 估价：99.00元
PSN B-2010-167-8/14

广州蓝皮书
广州汽车产业发展报告（2018）
著(编)者：杨再高 冯兴亚　2018年7月出版 / 估价：99.00元
PSN B-2006-066-3/14

广州蓝皮书
广州商贸业发展报告（2018）
著(编)者：张跃国 陈杰 荀振英
2018年7月出版 / 估价：99.00元
PSN B-2012-245-10/14

贵阳蓝皮书
贵阳城市创新发展报告No.3（白云篇）
著(编)者：连玉明　2018年5月出版 / 估价：99.00元
PSN B-2015-491-3/10

贵阳蓝皮书
贵阳城市创新发展报告No.3（观山湖篇）
著(编)者：连玉明　2018年5月出版 / 估价：99.00元
PSN B-2015-497-9/10

贵阳蓝皮书
贵阳城市创新发展报告No.3（花溪篇）
著(编)者：连玉明　2018年5月出版 / 估价：99.00元
PSN B-2015-490-2/10

贵阳蓝皮书
贵阳城市创新发展报告No.3（开阳篇）
著(编)者：连玉明　2018年5月出版 / 估价：99.00元
PSN B-2015-492-4/10

贵阳蓝皮书
贵阳城市创新发展报告No.3（南明篇）
著(编)者：连玉明　2018年5月出版 / 估价：99.00元
PSN B-2015-496-8/10

贵阳蓝皮书
贵阳城市创新发展报告No.3（清镇篇）
著(编)者：连玉明　2018年5月出版 / 估价：99.00元
PSN B-2015-489-1/10

贵阳蓝皮书
贵阳城市创新发展报告No.3（乌当篇）
著(编)者：连玉明　2018年5月出版 / 估价：99.00元
PSN B-2015-495-7/10

贵阳蓝皮书
贵阳城市创新发展报告No.3（息烽篇）
著(编)者：连玉明　2018年5月出版 / 估价：99.00元
PSN B-2015-493-5/10

贵阳蓝皮书
贵阳城市创新发展报告No.3（修文篇）
著(编)者：连玉明　2018年5月出版 / 估价：99.00元
PSN B-2015-494-6/10

贵阳蓝皮书
贵阳城市创新发展报告No.3（云岩篇）
著(编)者：连玉明　2018年5月出版 / 估价：99.00元
PSN B-2015-498-10/10

贵州房地产蓝皮书
贵州房地产发展报告No.5（2018）
著(编)者：武廷方　2018年7月出版 / 估价：99.00元
PSN B-2014-426-1/1

贵州蓝皮书
贵州册亨经济社会发展报告（2018）
著(编)者：黄德林　　2018年3月出版 / 估价：99.00元
PSN B-2016-525-8/9

贵州蓝皮书
贵州地理标志产业发展报告（2018）
著(编)者：李发耀 黄其松　　2018年8月出版 / 估价：99.00元
PSN B-2017-646-10/10

贵州蓝皮书
贵安新区发展报告（2017~2018）
著(编)者：马长青 吴大华　　2018年6月出版 / 估价：99.00元
PSN B-2015-459-4/10

贵州蓝皮书
贵州国家级开放创新平台发展报告（2017~2018）
著(编)者：申晓庆 吴大华 季泓
2018年11月出版 / 估价：99.00元
PSN B-2016-518-7/10

贵州蓝皮书
贵州国有企业社会责任发展报告（2017~2018）
著(编)者：郭丽　　2018年12月出版 / 估价：99.00元
PSN B-2015-511-6/10

贵州蓝皮书
贵州民航业发展报告（2017）
著(编)者：申振东 吴大华　　2018年1月出版 / 估价：99.00元
PSN B-2015-471-5/10

贵州蓝皮书
贵州民营经济发展报告（2017）
著(编)者：杨静 吴大华　　2018年3月出版 / 估价：99.00元
PSN B-2016-530-9/9

杭州都市圈蓝皮书
杭州都市圈发展报告（2018）
著(编)者：沈翔 戚建国　　2018年5月出版 / 估价：128.00元
PSN B-2012-302-1/1

河北经济蓝皮书
河北省经济发展报告（2018）
著(编)者：马树强 金浩 张贵　　2018年4月出版 / 估价：99.00元
PSN B-2014-380-1/1

河北蓝皮书
河北经济社会发展报告（2018）
著(编)者：康振海　　2018年1月出版 / 估价：99.00元
PSN B-2014-372-1/3

河北蓝皮书
京津冀协同发展报告（2018）
著(编)者：陈璐　　2018年1月出版 / 估价：99.00元
PSN B-2017-601-2/3

河南经济蓝皮书
2018年河南经济形势分析与预测
著(编)者：王世炎　　2018年3月出版 / 估价：99.00元
PSN B-2007-086-1/1

河南蓝皮书
河南城市发展报告（2018）
著(编)者：张占仓 王建国　　2018年5月出版 / 估价：99.00元
PSN B-2009-131-3/9

河南蓝皮书
河南工业发展报告（2018）
著(编)者：张占仓　　2018年5月出版 / 估价：99.00元
PSN B-2013-317-5/9

河南蓝皮书
河南金融发展报告（2018）
著(编)者：喻新安 谷建全
2018年6月出版 / 估价：99.00元
PSN B-2014-390-7/9

河南蓝皮书
河南经济发展报告（2018）
著(编)者：张占仓 完世伟
2018年4月出版 / 估价：99.00元
PSN B-2010-157-4/9

河南蓝皮书
河南能源发展报告（2018）
著(编)者：国网河南省电力公司经济技术研究院
河南省社会科学院
2018年3月出版 / 估价：99.00元
PSN B-2017-607-9/9

河南商务蓝皮书
河南商务发展报告（2018）
著(编)者：焦锦淼 穆荣国　　2018年5月出版 / 估价：99.00元
PSN B-2014-399-1/1

河南双创蓝皮书
河南创新创业发展报告（2018）
著(编)者：喻新安 杨雪梅　　2018年8月出版 / 估价：99.00元
PSN B-2017-641-1/1

黑龙江蓝皮书
黑龙江经济发展报告（2018）
著(编)者：朱宇　　2018年1月出版 / 估价：99.00元
PSN B-2011-190-2/2

湖南城市蓝皮书
区域城市群整合
著(编)者：童中贤 韩未名　　2018年12月出版 / 估价：99.00元
PSN B-2006-064-1/1

湖南蓝皮书
湖南城乡一体化发展报告（2018）
著(编)者：陈文胜 王文强 陆福兴
2018年8月出版 / 估价：99.00元
PSN B-2015-477-8/8

湖南蓝皮书
2018年湖南电子政务发展报告
著(编)者：梁志峰　　2018年5月出版 / 估价：128.00元
PSN B-2014-394-6/8

湖南蓝皮书
2018年湖南经济发展报告
著(编)者：卞鹰　　2018年5月出版 / 估价：128.00元
PSN B-2011-207-2/8

湖南蓝皮书
2016年湖南经济展望
著(编)者：梁志峰　　2018年5月出版 / 估价：128.00元
PSN B-2011-206-1/8

湖南蓝皮书
2018年湖南县域经济社会发展报告
著(编)者：梁志峰　2018年5月出版 / 估价：128.00元
PSN B-2014-395-7/8

湖南县域绿皮书
湖南县域发展报告（No.5）
著(编)者：袁准 周小毛 黎仁寅
2018年3月出版 / 估价：99.00元
PSN G-2012-274-1/1

沪港蓝皮书
沪港发展报告（2018）
著(编)者：尤安山　2018年9月出版 / 估价：99.00元
PSN B-2013-362-1/1

吉林蓝皮书
2018年吉林经济社会形势分析与预测
著(编)者：邵汉明　2017年12月出版 / 估价：99.00元
PSN B-2013-319-1/1

吉林省城市竞争力蓝皮书
吉林省城市竞争力报告（2018~2019）
著(编)者：崔岳春 张磊　2018年12月出版 / 估价：99.00元
PSN B-2016-513-1/1

济源蓝皮书
济源经济社会发展报告（2018）
著(编)者：喻新安　2018年4月出版 / 估价：99.00元
PSN B-2014-387-1/1

江苏蓝皮书
2018年江苏经济发展分析与展望
著(编)者：王庆五 吴先满　2018年7月出版 / 估价：128.00元
PSN B-2017-635-1/3

江西蓝皮书
江西经济社会发展报告（2018）
著(编)者：陈石俊 龚建文　2018年10月出版 / 估价：128.00元
PSN B-2015-484-1/2

江西蓝皮书
江西设区市发展报告（2018）
著(编)者：姜玮 梁勇　2018年10月出版 / 估价：99.00元
PSN B-2016-517-2/2

经济特区蓝皮书
中国经济特区发展报告（2017）
著(编)者：陶一桃　2018年1月出版 / 估价：99.00元
PSN B-2009-139-1/1

辽宁蓝皮书
2018年辽宁经济社会形势分析与预测
著(编)者：梁启东 魏红江　2018年6月出版 / 估价：99.00元
PSN B-2006-053-1/1

民族经济蓝皮书
中国民族地区经济发展报告（2018）
著(编)者：李曦辉　2018年7月出版 / 估价：99.00元
PSN B-2017-630-1/1

南宁蓝皮书
南宁经济发展报告（2018）
著(编)者：胡建华　2018年9月出版 / 估价：99.00元
PSN B-2016-569-2/3

浦东新区蓝皮书
上海浦东经济发展报告（2018）
著(编)者：沈开艳 周奇　2018年2月出版 / 估价：99.00元
PSN B-2011-225-1/1

青海蓝皮书
2018年青海经济社会形势分析与预测
著(编)者：陈玮　2017年12月出版 / 估价：99.00元
PSN B-2012-275-1/2

山东蓝皮书
山东经济形势分析与预测（2018）
著(编)者：李广杰　2018年7月出版 / 估价：99.00元
PSN B-2014-404-1/5

山东蓝皮书
山东省普惠金融发展报告（2018）
著(编)者：齐鲁财富网
2018年9月出版 / 估价：99.00元
PSN B2017-676-5/5

山西蓝皮书
山西资源型经济转型发展报告（2018）
著(编)者：李志强　2018年7月出版 / 估价：99.00元
PSN B-2011-197-1/1

陕西蓝皮书
陕西经济发展报告（2018）
著(编)者：任宗哲 白宽犁 裴成荣
2018年1月出版 / 估价：99.00元
PSN B-2009-135-1/6

陕西蓝皮书
陕西精准脱贫研究报告（2018）
著(编)者：任宗哲 白宽犁 王建康
2018年6月出版 / 估价：99.00元
PSN B-2017-623-6/6

上海蓝皮书
上海经济发展报告（2018）
著(编)者：沈开艳
2018年2月出版 / 估价：99.00元
PSN B-2006-057-1/7

上海蓝皮书
上海资源环境发展报告（2018）
著(编)者：周冯琦 汤庆合
2018年2月出版 / 估价：99.00元
PSN B-2006-060-4/7

上饶蓝皮书
上饶发展报告（2016～2017）
著(编)者：廖其志　2018年3月出版 / 估价：128.00元
PSN B-2014-377-1/1

深圳蓝皮书
深圳经济发展报告（2018）
著(编)者：张骁儒　2018年6月出版 / 估价：99.00元
PSN B-2008-112-3/7

四川蓝皮书
四川城镇化发展报告（2018）
著(编)者：侯水平 陈炜
2018年4月出版 / 估价：99.00元
PSN B-2015-456-7/7

四川蓝皮书
2018年四川经济形势分析与预测
著(编)者：杨钢 2018年1月出版 / 估价：99.00元
PSN B-2007-098-2/7

四川蓝皮书
四川企业社会责任研究报告（2017～2018）
著(编)者：侯水平 盛毅 2018年5月出版 / 估价：99.00元
PSN B-2014-386-4/7

四川蓝皮书
四川生态建设报告（2018）
著(编)者：李晟之 2018年5月出版 / 估价：99.00元
PSN B-2015-455-6/7

体育蓝皮书
上海体育产业发展报告（2017~2018）
著(编)者：张林 黄海燕 2018年10月出版 / 估价：99.00元
PSN B-2015-454-4/5

体育蓝皮书
长三角地区体育产业发展报告（2017～2018）
著(编)者：张林 2018年4月出版 / 估价：99.00元
PSN B-2015-453-3/5

天津金融蓝皮书
天津金融发展报告（2018）
著(编)者：王爱俭 孔德昌 2018年3月出版 / 估价：99.00元
PSN B-2014-418-1/1

图们江区域合作蓝皮书
图们江区域合作发展报告（2018）
著(编)者：李铁 2018年6月出版 / 估价：99.00元
PSN B-2015-464-1/1

温州蓝皮书
2018年温州经济社会形势分析与预测
著(编)者：蒋儒标 王春光 金浩
2018年4月出版 / 估价：99.00元
PSN B-2008-105-1/1

西咸新区蓝皮书
西咸新区发展报告（2018）
著(编)者：李扬 王军
2018年6月出版 / 估价：99.00元
PSN B-2016-534-1/1

修武蓝皮书
修武经济社会发展报告（2018）
著(编)者：张占仓 袁凯声
2018年10月出版 / 估价：99.00元
PSN B-2017-651-1/1

偃师蓝皮书
偃师经济社会发展报告（2018）
著(编)者：张占仓 袁凯声 何武周
2018年7月出版 / 估价：99.00元
PSN B-2017-627-1/1

扬州蓝皮书
扬州经济社会发展报告（2018）
著(编)者：陈扬
2018年12月出版 / 估价：108.00元
PSN B-2011-191-1/1

长垣蓝皮书
长垣经济社会发展报告（2018）
著(编)者：张占仓 袁凯声 秦保建
2018年10月出版 / 估价：99.00元
PSN B-2017-654-1/1

遵义蓝皮书
遵义发展报告（2018）
著(编)者：邓彦 曾征 龚永育
2018年9月出版 / 估价：99.00元
PSN B-2014-433-1/1

地方发展类-社会

安徽蓝皮书
安徽社会发展报告（2018）
著(编)者：程桦 2018年4月出版 / 估价：99.00元
PSN B-2013-325-1/1

安徽社会建设蓝皮书
安徽社会建设分析报告（2017～2018）
著(编)者：黄家海 蔡宪
2018年11月出版 / 估价：99.00元
PSN B-2013-322-1/1

北京蓝皮书
北京公共服务发展报告（2017～2018）
著(编)者：施昌奎 2018年3月出版 / 估价：99.00元
PSN B-2008-103-7/8

北京蓝皮书
北京社会发展报告（2017～2018）
著(编)者：李伟东
2018年7月出版 / 估价：99.00元
PSN B-2006-055-3/8

北京蓝皮书
北京社会治理发展报告（2017～2018）
著(编)者：殷星辰 2018年7月出版 / 估价：99.00元
PSN B-2014-391-8/8

北京律师蓝皮书
北京律师发展报告 No.3（2018）
著(编)者：王隽 2018年12月出版 / 估价：99.00元
PSN B-2011-217-1/1

北京人才蓝皮书
北京人才发展报告（2018）
著(编)者：敏华　2018年12月出版 / 估价：128.00元
PSN B-2011-201-1/1

北京社会心态蓝皮书
北京社会心态分析报告（2017~2018）
北京市社会心理服务促进中心
2018年10月出版 / 估价：99.00元
PSN B-2014-422-1/1

北京社会组织管理蓝皮书
北京社会组织发展与管理（2018）
著(编)者：黄江松
2018年4月出版 / 估价：99.00元
PSN B-2015-446-1/1

北京养老产业蓝皮书
北京居家养老发展报告（2018）
著(编)者：陆杰华 周明明
2018年8月出版 / 估价：99.00元
PSN B-2015-465-1/1

法治蓝皮书
四川依法治省年度报告No.4（2018）
著(编)者：李林 杨天宗 田禾
2018年3月出版 / 估价：118.00元
PSN B-2015-447-2/3

福建妇女发展蓝皮书
福建省妇女发展报告（2018）
著(编)者：刘群英　2018年11月出版 / 估价：99.00元
PSN B-2011-220-1/1

甘肃蓝皮书
甘肃社会发展分析与预测（2018）
著(编)者：安文华 包晓霞 谢增虎
2018年1月出版 / 估价：99.00元
PSN B-2013-313-2/6

广东蓝皮书
广东全面深化改革研究报告（2018）
著(编)者：周林生 涂成林
2018年12月出版 / 估价：99.00元
PSN B-2015-504-3/3

广东蓝皮书
广东社会工作发展报告（2018）
著(编)者：罗观翠　2018年6月出版 / 估价：99.00元
PSN B-2014-402-2/3

广州蓝皮书
广州青年发展报告（2018）
著(编)者：徐柳 张强
2018年8月出版 / 估价：99.00元
PSN B-2013-352-13/14

广州蓝皮书
广州社会保障发展报告（2018）
著(编)者：张跃国　2018年8月出版 / 估价：99.00元
PSN B-2014-425-14/14

广州蓝皮书
2018年中国广州社会形势分析与预测
著(编)者：张强 郭志勇 何镜清
2018年6月出版 / 估价：99.00元
PSN B-2008-110-5/14

贵州蓝皮书
贵州法治发展报告（2018）
著(编)者：吴大华　2018年5月出版 / 估价：99.00元
PSN B-2012-254-2/10

贵州蓝皮书
贵州人才发展报告（2017）
著(编)者：于杰 吴大华
2018年9月出版 / 估价：99.00元
PSN B-2014-382-3/10

贵州蓝皮书
贵州社会发展报告（2018）
著(编)者：王兴骥　2018年4月出版 / 估价：99.00元
PSN B-2010-166-1/10

杭州蓝皮书
杭州妇女发展报告（2018）
著(编)者：魏颖　2018年10月出版 / 估价：99.00元
PSN B-2014-403-1/1

河北蓝皮书
河北法治发展报告（2018）
著(编)者：康振海　2018年6月出版 / 估价：99.00元
PSN B-2017-622-3/3

河北食品药品安全蓝皮书
河北食品药品安全研究报告（2018）
著(编)者：丁锦霞　2018年10月出版 / 估价：99.00元
PSN B-2015-473-1/1

河南蓝皮书
河南法治发展报告（2018）
著(编)者：张林海　2018年7月出版 / 估价：99.00元
PSN B-2014-376-6/9

河南蓝皮书
2018年河南社会形势分析与预测
著(编)者：牛苏林　2018年5月出版 / 估价：99.00元
PSN B-2005-043-1/9

河南民办教育蓝皮书
河南民办教育发展报告（2018）
著(编)者：胡大白　2018年9月出版 / 估价：99.00元
PSN B-2017-642-1/1

黑龙江蓝皮书
黑龙江社会发展报告（2018）
著(编)者：谢宝禄　2018年1月出版 / 估价：99.00元
PSN B-2011-189-1/2

湖南蓝皮书
2018年湖南两型社会与生态文明建设报告
著(编)者：卞鹰　2018年5月出版 / 估价：128.00元
PSN B-2011-208-3/8

湖南蓝皮书
2018年湖南社会发展报告
著(编)者：卞鹰　2018年5月出版 / 估价：128.00元
PSN B-2014-393-5/8

健康城市蓝皮书
北京健康城市建设研究报告（2018）
著(编)者：王鸿春 盛继洪　2018年9月出版 / 估价：99.00元
PSN B-2015-460-1/2

江苏法治蓝皮书
江苏法治发展报告No.6（2017）
著(编)者：蔡道通 龚廷泰 2018年8月出版 / 估价：99.00元
PSN B-2012-290-1/1

江苏蓝皮书
2018年江苏社会发展分析与展望
著(编)者：王庆五 刘旺洪 2018年8月出版 / 估价：128.00元
PSN B-2017-636-2/3

南宁蓝皮书
南宁法治发展报告（2018）
著(编)者：杨维超 2018年12月出版 / 估价：99.00元
PSN B-2015-509-1/3

南宁蓝皮书
南宁社会发展报告（2018）
著(编)者：胡建华 2018年10月出版 / 估价：99.00元
PSN B-2016-570-3/3

内蒙古蓝皮书
内蒙古反腐倡廉建设报告 No.2
著(编)者：张志华 2018年6月出版 / 估价：99.00元
PSN B-2013-365-1/1

青海蓝皮书
2018年青海人才发展报告
著(编)者：王宇燕 2018年9月出版 / 估价：99.00元
PSN B-2017-650-2/2

青海生态文明建设蓝皮书
青海生态文明建设报告（2018）
著(编)者：张西明 高华 2018年12月出版 / 估价：99.00元
PSN B-2016-595-1/1

人口与健康蓝皮书
深圳人口与健康发展报告（2018）
著(编)者：陆杰华 傅崇辉 2018年11月出版 / 估价：99.00元
PSN B-2011-228-1/1

山东蓝皮书
山东社会形势分析与预测（2018）
著(编)者：李善峰 2018年6月出版 / 估价：99.00元
PSN B-2014-405-2/5

陕西蓝皮书
陕西社会发展报告（2018）
著(编)者：任宗哲 白宽犁 牛昉 2018年1月出版 / 估价：99.00元
PSN B-2009-136-2/6

上海蓝皮书
上海法治发展报告（2018）
著(编)者：叶必丰 2018年9月出版 / 估价：99.00元
PSN B-2012-296-6/7

上海蓝皮书
上海社会发展报告（2018）
著(编)者：杨雄 周海旺
2018年2月出版 / 估价：99.00元
PSN B-2006-058-2/7

社会建设蓝皮书
2018年北京社会建设分析报告
著(编)者：宋贵伦 冯虹 2018年9月出版 / 估价：99.00元
PSN B-2010-173-1/1

深圳蓝皮书
深圳法治发展报告（2018）
著(编)者：张骁儒 2018年6月出版 / 估价：99.00元
PSN B-2015-470-6/7

深圳蓝皮书
深圳劳动关系发展报告（2018）
著(编)者：汤庭芬 2018年8月出版 / 估价：99.00元
PSN B-2007-097-2/7

深圳蓝皮书
深圳社会治理与发展报告（2018）
著(编)者：张骁儒 2018年6月出版 / 估价：99.00元
PSN B-2008-113-4/7

生态安全绿皮书
甘肃国家生态安全屏障建设发展报告（2018）
著(编)者：刘举科 喜文华
2018年10月出版 / 估价：99.00元
PSN G-2017-659-1/1

顺义社会建设蓝皮书
北京市顺义区社会建设发展报告（2018）
著(编)者：王学武 2018年9月出版 / 估价：99.00元
PSN B-2017-658-1/1

四川蓝皮书
四川法治发展报告（2018）
著(编)者：郑泰安 2018年1月出版 / 估价：99.00元
PSN B-2015-441-5/7

四川蓝皮书
四川社会发展报告（2018）
著(编)者：李羚 2018年6月出版 / 估价：99.00元
PSN B-2008-127-3/7

云南社会治理蓝皮书
云南社会治理年度报告（2017）
著(编)者：晏雄 韩全芳
2018年5月出版 / 估价：99.00元
PSN B-2017-667-1/1

地方发展类-文化

北京传媒蓝皮书
北京新闻出版广电发展报告（2017～2018）
著(编)者：王志 2018年11月出版 / 估价：99.00元
PSN B-2016-588-1/1

北京蓝皮书
北京文化发展报告（2017～2018）
著(编)者：李建盛 2018年5月出版 / 估价：99.00元
PSN B-2007-082-4/8

创意城市蓝皮书
北京文化创意产业发展报告（2018）
著(编)者：郭万超 张京成　2018年12月出版 / 估价：99.00元
PSN B-2012-263-1/7

创意城市蓝皮书
天津文化创意产业发展报告（2017～2018）
著(编)者：谢思全　2018年6月出版 / 估价：99.00元
PSN B-2016-536-7/7

创意城市蓝皮书
武汉文化创意产业发展报告（2018）
著(编)者：黄永林 陈汉桥　2018年12月出版 / 估价：99.00元
PSN B-2013-354-4/7

创意上海蓝皮书
上海文化创意产业发展报告（2017～2018）
著(编)者：王慧敏 王兴全　2018年8月出版 / 估价：99.00元
PSN B-2016-561-1/1

非物质文化遗产蓝皮书
广州市非物质文化遗产保护发展报告（2018）
著(编)者：宋俊华　2018年12月出版 / 估价：99.00元
PSN B-2016-589-1/1

甘肃蓝皮书
甘肃文化发展分析与预测（2018）
著(编)者：王俊莲 周小华　2018年1月出版 / 估价：99.00元
PSN B-2013-314-3/6

甘肃蓝皮书
甘肃舆情分析与预测（2018）
著(编)者：陈双梅 张谦元　2018年1月出版 / 估价：99.00元
PSN B-2013-315-4/6

广州蓝皮书
中国广州文化发展报告（2018）
著(编)者：屈哨兵 陆志强　2018年6月出版 / 估价：99.00元
PSN B-2009-134-7/14

广州蓝皮书
广州文化创意产业发展报告（2018）
著(编)者：徐咏虹　2018年7月出版 / 估价：99.00元
PSN B-2008-111-6/14

海淀蓝皮书
海淀区文化和科技融合发展报告（2018）
著(编)者：陈名杰 孟景伟　2018年5月出版 / 估价：99.00元
PSN B-2013-329-1/1

河南蓝皮书
河南文化发展报告（2018）
著(编)者：卫绍生　2018年7月出版 / 估价：99.00元
PSN B-2008-106-2/9

湖北文化产业蓝皮书
湖北省文化产业发展报告（2018）
著(编)者：黄晓华　2018年9月出版 / 估价：99.00元
PSN B-2017-656-1/1

湖北文化蓝皮书
湖北文化发展报告（2017~2018）
著(编)者：湖北大学高等人文研究院
中华文化发展湖北省协同创新中心
2018年10月出版 / 估价：99.00元
PSN B-2016-566-1/1

江苏蓝皮书
2018年江苏文化发展分析与展望
著(编)者：王庆五 樊和平　2018年9月出版 / 估价：128.00元
PSN B-2017-637-3/3

江西文化蓝皮书
江西非物质文化遗产发展报告（2018）
著(编)者：张圣才 傅安平　2018年12月出版 / 估价：128.00元
PSN B-2015-499-1/1

洛阳蓝皮书
洛阳文化发展报告（2018）
著(编)者：刘福兴 陈启明　2018年7月出版 / 估价：99.00元
PSN B-2015-476-1/1

南京蓝皮书
南京文化发展报告（2018）
著(编)者：中共南京市委宣传部
2018年12月出版 / 估价：99.00元
PSN B-2014-439-1/1

宁波文化蓝皮书
宁波“一人一艺”全民艺术普及发展报告（2017）
著(编)者：张爱琴　2018年11月出版 / 估价：128.00元
PSN B-2017-668-1/1

山东蓝皮书
山东文化发展报告（2018）
著(编)者：涂可国　2018年5月出版 / 估价：99.00元
PSN B-2014-406-3/5

陕西蓝皮书
陕西文化发展报告（2018）
著(编)者：任宗哲 白宽犁 王长寿
2018年1月出版 / 估价：99.00元
PSN B-2009-137-3/6

上海蓝皮书
上海传媒发展报告（2018）
著(编)者：强荧 焦雨虹　2018年2月出版 / 估价：99.00元
PSN B-2012-295-5/7

上海蓝皮书
上海文学发展报告（2018）
著(编)者：陈圣来　2018年6月出版 / 估价：99.00元
PSN B-2012-297-7/7

上海蓝皮书
上海文化发展报告（2018）
著(编)者：荣跃明　2018年2月出版 / 估价：99.00元
PSN B-2006-059-3/7

深圳蓝皮书
深圳文化发展报告（2018）
著(编)者：张骁儒　2018年7月出版 / 估价：99.00元
PSN B-2016-554-7/7

四川蓝皮书
四川文化产业发展报告（2018）
著(编)者：向宝云 张立伟　2018年4月出版 / 估价：99.00元
PSN B-2006-074-1/7

郑州蓝皮书
2018年郑州文化发展报告
著(编)者：王哲　2018年9月出版 / 估价：99.00元
PSN B-2008-107-1/1

✧ 皮书起源 ✧

“皮书”起源于十七、十八世纪的英国，主要指官方或社会组织正式发表的重要文件或报告，多以“白皮书”命名。在中国，“皮书”这一概念被社会广泛接受，并被成功运作、发展成为一种全新的出版形态，则源于中国社会科学院社会科学文献出版社。

✧ 皮书定义 ✧

皮书是对中国与世界发展状况和热点问题进行年度监测，以专业的角度、专家的视野和实证研究方法，针对某一领域或区域现状与发展态势展开分析和预测，具备原创性、实证性、专业性、连续性、前沿性、时效性等特点的公开出版物，由一系列权威研究报告组成。

✧ 皮书作者 ✧

皮书系列的作者以中国社会科学院、著名高校、地方社会科学院的研究人员为主，多为国内一流研究机构的权威专家学者，他们的看法和观点代表了学界对中国与世界的现实和未来最高水平的解读与分析。

✧ 皮书荣誉 ✧

皮书系列已成为社会科学文献出版社的著名图书品牌和中国社会科学院的知名学术品牌。2016 年，皮书系列正式列入“十三五”国家重点出版规划项目；2013~2018 年，重点皮书列入中国社会科学院承担的国家哲学社会科学创新工程项目；2018 年，59 种院外皮书使用“中国社会科学院创新工程学术出版项目”标识。

中国皮书网

（网址：www.pishu.cn）

发布皮书研创资讯，传播皮书精彩内容
引领皮书出版潮流，打造皮书服务平台

栏目设置

关于皮书：何谓皮书、皮书分类、皮书大事记、皮书荣誉、
皮书出版第一人、皮书编辑部

最新资讯：通知公告、新闻动态、媒体聚焦、网站专题、视频直播、下载专区

皮书研创：皮书规范、皮书选题、皮书出版、皮书研究、研创团队

皮书评奖评价：指标体系、皮书评价、皮书评奖

互动专区：皮书说、社科数托邦、皮书微博、留言板

所获荣誉

2008 年、2011 年，中国皮书网均在全国新闻出版业网站荣誉评选中获得“最具商业价值网站”称号；

2012 年，获得“出版业网站百强”称号。

网库合一

2014 年，中国皮书网与皮书数据库端口合一，实现资源共享。

更多信息请登录

皮书数据库
http://www.pishu.com.cn

中国皮书网
http://www.pishu.cn

皮书微博
http://weibo.com/pishu

皮书微信“皮书说”

请到当当、亚马逊、京东或各地书店购买，也可办理邮购

咨询/邮购电话：010-59367028　59367070

邮　　箱：duzhe@ssap.cn

邮购地址：北京市西城区北三环中路甲29号院3号楼
华龙大厦13层读者服务中心

邮　　编：100029

银行户名：社会科学文献出版社

开户银行：中国工商银行北京北太平庄支行

账　　号：0200010019200365434

12～13 日　应伊朗外交部国际政治研究所的邀请，中国人民争取和平与裁军协会副会长、全国政协外事委员会委员于洪君率代表团对伊朗进行访问。其间，于洪君副会长与伊朗主管战略与研究的副外长苏莱曼普尔、伊朗国际政治研究所主任扎赫拉尼举行了会谈，双方就中伊双边合作、地区和国际热点等问题进行了深入交流。

16 日　欧盟外交和安全政策高级代表莫盖里尼率领代表团对伊朗进行访问，欧盟代表团此行旨在加强欧盟与伊朗在能源、经贸和交通等领域的合作。

17 日　德黑兰举行建军节大阅兵，刚刚接收的俄制 S－300 防空导弹系统在阅兵仪式上首次亮相。

19 日　伊朗议会表决通过了政府提交的伊历 1395 年的 9980 万亿里亚尔（约合 3296.3 亿美元）预算案。

24 日　南非总统祖马对伊朗进行国事访问，其间两国政府签署 8 份合作文件，意在加强两国间的政治、贸易和能源等合作关系。

25 日　中国石油工程建设公司代表团访问伊朗，考察了伊朗马赫夏赫尔的石化产业特别经济区，以评估伊朗的石化产业投资前景。该经济区负责人表示，希望与中方企业就建设石化产业工程承包建设融资项目或技术转让签署协议。

26 日　中国政府叙利亚问题特使解晓岩访问伊朗，在德黑兰会见了伊朗主管阿拉伯和非洲事务的副外长阿卜杜拉希扬，双方就叙利亚问题交换了看法。

5月

1 日　韩国总统朴槿惠抵达德黑兰，并与伊朗总统鲁哈尼举行会谈，朴槿惠是 1962 年韩国与伊朗建交以来首位访问伊朗的韩国总统。双方达成了多项经济合作协议。

2 日　伊朗第一家锑锭生产厂于周日开工。

3 日 伊朗总统鲁哈尼出席了在德黑兰南部的阳光之城展览中心举办的第29届伊朗德黑兰国际书展，并发表讲话。本届书展以“不要等到明天才读书”为主题，超过2400家出版社参展。

7 日 深圳市副市长和伊朗驻广州总领事萨拉利安举行了会谈，主要议题是讨论伊朗与深圳特区的发展合作，双方强调要加强在交通、港口、自贸区等领域的合作。

16~18 日 辽宁省省长陈求发率经贸代表团访问伊朗。其间，与伊朗财经部副部长兼投资、经济和技术援助组织主席哈扎伊举行了会谈，同时，参观了辽宁企业在伊朗的合作项目，并就加强辽宁省与伊朗的合作交流交换了意见。

19 日 伊朗副总统兼伊朗文化遗产、手工业和旅游组织主席苏坦尼法尔出席在北京举行的中伊旅游大会时表示，中伊两国具有悠久的文化交往历史，伊朗希望中伊两国加强旅游领域的合作。苏坦尼法尔还强调，中国有必要了解伊朗的文化，并敦促加强古丝绸之路沿线可持续旅游的发展。

24 日 伊朗第五届专家委员会全体成员在德黑兰宣誓就职，即日开始履行职能。其中阿亚图拉·贾纳昆当选新一届专家委员会主席。

28 日 伊朗第十届新议会成员宣誓就职，在290个议会议席中，改革派占据42%，保守派占据29%，独立人士和少数宗教派别人士分占剩余的29%。

31 日 伊朗独立派宗教人士拉里贾尼当选伊朗第十届议会议长。

6月

10 日 伊朗国防部部长侯赛因·达赫甘与到访的叙利亚国防部部长法赫德·贾西姆·弗拉杰举行会谈，达赫甘表示伊朗将继续为叙利亚政府军打击恐怖组织的行动提供军事顾问支持。

20 日 伊朗民航局长阿里·阿贝德扎德对外宣称伊朗已与美国波音公司签署协议，将购买波音公司100架客机，但该笔交易需要美国财政部的批准。

25 日 伊朗伊斯兰革命卫队对外声明，在伊朗西北部马哈巴德与恐怖分子及反政府武装组织发生交火，击毙部分恐怖分子。

7月

1 日 伊朗与发展中八国集团成员中的马来西亚、尼日利亚、土耳其、印度尼西亚和巴基斯坦签署的特惠贸易协定生效。

13 日 伊朗文化遗产、手工业和旅游组织主席苏坦尼法尔对外表示，伊朗的落地签证时间将从 1 个月延长到 3 个月。

22 日 伊朗道路与城市发展部副部长卡尚和日本国土交通省副大臣在东京签署谅解备忘录，伊朗与日本将在交通领域进行合作。

25 日 中国石油化工股份有限公司将开发伊朗雅达瓦兰油田的二期工程。

27 日 伊朗宪法监护委员会发言人宣称，宪法监护委员会决定在 2017 年 5 月 19 日举行下一届伊朗总统选举。

8月

1 日 德黑兰大学地球物理测量研究所发布数据称，在伊朗与阿塞拜疆接壤的 Imishi 地区发生了里氏 5.2 级地震，震源深度为 14 公里。

4 日 伊朗驻伊拉克大使哈桑·达纳伊法尔宣称，伊拉克政府将在 45 天内将伊拉克境内的反伊朗政府的恐怖主义集团“人民圣战者组织”驱逐出境。

7 日 伊朗总统鲁哈尼对阿塞拜疆进行国事访问，与阿塞拜疆总统阿利耶夫签署了旨在加强两国合作关系的系列文件。

8 日 俄罗斯、伊朗、阿塞拜疆在巴库召开三国峰会。三国元首在会后发布联合声明，称实施南北交通走廊项目，为欧洲与东南亚提供更快捷、方便的商业贸易通道。

12日 在土耳其安拉卡举行的新闻发布会上，伊朗外长扎里夫与土耳其外长恰武什奥卢共同表示，两国将加强在解决叙利亚问题上和在经济领域的合作。

15日 伊朗经济事务和财政部部长塔布尼亚参加在北京举行的中伊两国经贸联委会会议。塔布尼亚称，第16届中伊经贸联委会将在中伊两国战略关系发展进程中发挥重要作用。

20日 伊拉克议长萨利姆·朱布访问伊朗，并与伊朗议长拉里贾尼举行了会谈，会谈中双方强调伊拉克的领土完整是地区稳定的根本，并且还就发展在这个领域的经济合作关系交换了意见。

31日 中国驻伊朗大使庞森会见伊朗确定国家利益委员会副秘书雷扎伊，双方就中伊双边关系与国际、地区问题深入交换了意见。

9月

5日 中国驻伊朗大使庞森会见伊朗内政部副部长左法加里，双方就中伊两国执法合作与国际地区安全形势交换了意见。

15日 中国驻伊朗大使庞森赴库姆考察中铁集团德黑兰—伊斯法罕高铁项目并慰问工地现场的中方员工。

18日 伊朗中资企业商会召开第六届理事会。

25日 中国农业部部长韩长赋应邀访问伊朗，会见了伊朗农业部部长霍加迪，双方就全面深化中伊农业合作交换了意见。

10月

6日 伊朗总统鲁哈尼对越南进行了国事访问，并与越南国家主席陈大光举行了会谈。两国领导人表示，愿意在能源、通信、农业、工业、科技、金融、文化、教育、旅游等领域展开务实合作，双方还签署了《越南与伊朗关于公务护照持有者互免签证协定》和《越南与伊朗信息传媒合作备忘录》等文件。

9日 伊朗总商会会长侯赛因对外宣称，伊朗和越南将成立双边商务委员会，旨在提高两国的贸易层级并强化双边经贸关系。

10日 德国大众汽车公司与伊朗猛犸集团签署协议，标志着德国大众汽车公司将正式进军伊朗的汽车市场。

10日 中国国家副主席李源潮在曼谷出席亚洲合作对话领导人会议时会见伊朗总统鲁哈尼。

15日 伊朗最高领袖哈梅内伊与伊朗确定国家利益委员会进行协商后，颁布了有关伊朗选举的18条法令。

17日 伊朗空军在伊斯法罕省举行了代号为“韦拉亚圣提圣所皈依者6”的军事演习，意在提高空军作战能力和测试新型装备。

25日 伊朗工矿贸易部与芬兰地质勘探局签署了关于稀土元素教育和勘探合作的谅解备忘录。

25日 欧洲议会以456票对174票通过了关于欧盟与伊朗新战略的决议。决议呼吁欧盟扩大与伊朗的经贸合作，积极发挥欧盟的外交斡旋作用，缓和伊朗与沙特的紧张关系。

29～30日 第六届“伊朗学在中国”国际学术研讨会在北京大学举行，北京大学副校长李岩松、伊朗驻华大使哈吉、伊朗学基金会副主席阿里佐德等嘉宾出席了开幕式。来自中国、伊朗、德国、日本、蒙古国等国家的数十位专家学者围绕丝绸之路上的中伊交流、伊朗学在中国等内容发表主题演讲，阐述了最新的研究成果和学术观点。

11月

1日 中国驻伊朗大使馆文化处杜晓青主任出席伊朗贝赫什提大学赠书仪式，代表中国驻伊朗大使馆赠送该大学中文系近500本中文图书。

3日 伊朗文化遗产、手工业和旅游组织下属的文化遗产和旅游研究院

(RICHT) 出版社出版了《伊朗在中国港口的远洋遗迹》一书，本书是有关伊朗和中国船运、商务及文化交流的研究著作。

4～6日 伊朗学研讨会在重庆召开。中国中东学会会长、中国社科院西亚非洲研究所所长杨光，前中国驻伊朗大使刘振堂，伊朗大使馆文化处副参赞汉尼·阿德勒博士等出席。中国社会科学院、北京外国语大学等高校和科研院所的伊朗学学者们共同就伊朗的历史与现实等相关话题进行了深入探讨。

5日 伊朗总统鲁哈尼任命艾哈迈迪普尔为伊朗副总统兼伊朗文化遗产、手工业和旅游组织主席。

8日 中石油、法国道达尔及伊朗帕斯石油公司组成的联合体与伊朗国家石油公司签署南帕尔斯第11期天然气田初期开发协议（HOA）。中国驻伊朗使馆政务参赞、经商参赞及法国驻伊朗使馆官员、相关公司代表参加了签字仪式。

13日 伊朗总统鲁哈尼赴中石化雅达油田现场考察项目中心处理站，出席中石化雅达、中石油北阿等油田开发项目（一期）商业投产庆典仪式。

14日 中国国防部部长常万全在德黑兰与伊朗国防部部长达赫甘举行会谈。达赫甘表示，伊中两国人民有着悠久友好的交往历史。伊朗高度赞赏中国的“一带一路”倡议，愿积极参与“一带一路”建设。伊方愿按照两国领导人的指引，加强同中方的沟通协调，扩大两军的交流与合作，共同维护地区和世界的和平与稳定。

14日 伊朗道路和城市发展部部长阿库迪（Abbas Akhundi）与中国交通运输部部长李小鹏在北京会面，双方就进一步加强两国在道路交通及基础设施领域的合作深入交换意见。

15日 伊朗总统鲁哈尼在德黑兰会见了正在伊朗访问的中国国务委员兼国防部部长常万全。鲁哈尼总统称，中伊两国是“一带一路”上的重要国家，相信中国国防部部长此次访问必将推动两国防务关系取得更大发展。

16日 中国驻伊朗大使庞森会见伊朗最高领袖外事顾问、伊朗确定国家利益委员会战略研究中心主任韦拉亚提。双方就中伊双边关系、“一带一路”合作及国际地区形势交换意见。

16日 伊朗第八届国际航空航天展在基什岛举行，俄罗斯空军的“俄罗斯勇士”飞行队在航展首日进行了飞行表演。

19日 伊朗交通部部长阿洪迪在上海参观中国商用飞机公司。

20日 伊朗副总统兼伊朗原子能机构负责人萨利希宣称，伊朗将在布什尔加快建设两座新的核电站。

21日 中国第一家提供伊朗文化产品和服务的中心在北京开业。伊朗驻华使馆总领事阿拉达德出席开业仪式并致辞。

24日 德黑兰市政府下属的德黑兰空气质量控制公司启动首个控制质量预报系统，以帮助预测与控制质量和污染物浓度。

28日 石油钻探公司斯伦贝谢对外宣称，与伊朗国家石油公司签署了一份合作谅解备忘录，以对胡泽斯坦省的Shadegan、Parsi和Rag-e-Sefid油田开发前景进行技术评估。

30日 在埃塞俄比亚召开的第11届保护非物质文化遗产政府间委员会会议上，经过14个国家的提议，伊朗的伊历诺鲁兹新年被列入联合国教科文组织世界非物质文化遗产目录。

12月

5日 中国外交部部长王毅会见伊朗外长扎里夫，王毅外长表示，伊核全面协议是六国和伊朗共同达成的国际协定，并得到联合国安理会正式认可。协议各方都应重信守诺，积极承担起各自的义务，坚持通过对话协商解决各种分歧，始终保持协议执行不断向前推进的正确方向。

6日 伊朗外长扎里夫出席在北京召开的伊朗中国商务论坛。他在致辞中称，伊朗和中国的合作前景无限，他呼吁双方采取措施提升双边关系。扎里夫还称伊朗将是中国值得信任的伙伴。

6日 伊朗外长穆罕默德·贾瓦德·扎里夫拜访北京大学，在北京大学发表题为“中伊合作：抓住机遇应对地区和国际挑战”的演讲。

7日 伊朗总商会会长吴拉姆·侯赛因参加在北京举办的中伊商业论坛。

7日 伊朗内阁会议部分通过了伊朗中央银行提出的一个提案。根据该提案，伊朗将以土曼计价的货币代替目前以里亚尔计价的货币。

7日 伊朗最高领袖哈梅内伊任命帕瓦拉准将为伊朗民兵部队司令。

11日 西亚区域安全秩序国际大会在德黑兰召开，伊朗议长拉里贾尼发表题为“西亚地区安全秩序问题”的演讲。会议旨在分析目前西亚区域安全形势，并对中东地区未来的安全秩序进行探讨，推进西亚区域国家加强对话及合作、增进信任。

13日 印度尼西亚总统佐科·维多多率代表团抵达德黑兰，对伊朗进行访问。此行佐科·维多多将与伊朗总统鲁哈尼及议长拉里贾尼举行会谈，提高两国在油气领域的合作水平。

22日 伊朗航空公司与欧洲空中客车公司签署了价值180亿美元的飞机订购合同，该笔合同中欧洲空中客车公司将向伊朗提供100架空客飞机。

27日 湖北省副省长许克振会见伊朗中央省副省长扎法尔·阿夫桑一行，双方就推动友好交往、开展经贸合作进行了深入交流。双方共同签署了两省开展友好交流与合作意向书，湖北地信科技集团与伊方签署了在伊投资项目协议。

B.20
后　记

《伊朗发展报告（2016～2017）》终于脱稿成书。在成书之际，要感谢教育部国别和区域研究专项课题经费的支持。感谢西南大学校长张卫国教授、副校长靳于乐教授、副校长崔延强教授，社科处处长郑家福教授、副处长徐中仁先生，社科处吴淑爱先生，国际处张发钧处长、谭志敏副处长、费元兵先生，再感谢历史文化学院黄贤全教授、徐天虹书记、张文教授、邹芙都教授、徐松岩教授、王勇副教授。

感谢中国的伊朗学专家——彭树智、朱威烈、刘振堂、华黎明、杨群章、王兴运、李铁匠、元文琪、刘迎胜、张振国、龚方震、李春放、李伟建、赵伟明、杨兴礼、曾延生、张铁伟、邢秉顺、王铁铮、黄民兴、韩志斌、肖宪、余建华、王新中、哈全安、白志所、陈安全、程彤、时光、许晓光、何跃、吴成、于卫青、王泽壮、赵建明、姚继德、赵广成、李福泉、王猛、何志龙、王林聪、刘中民、孙德刚、姚大学、岳汉景、范鸿达、田文林、杨涛、金良祥、杨明星、王锋、李玉琦、廖林、王一丹、穆宏燕、王宇洁、冯璐璐、蒋真、车效梅、王凤、韩建伟、刘慧、王振容、姜英梅、于桂丽、伍庆玲。

最后要感谢西南大学伊朗研究中心的全体成员，他们是：陈俊华、杜林泽、杨姗姗、黎力、周玉佳。他们的精诚合作和团队精神是西南大学伊朗研究团队不断发展壮大的根本保证。感谢我的研究生团队邢文海、程桂梅、姬瑞聪、龙沛、侯瑞峰、张玉慧、母仕洪、罗炯杰、祖河丁（乌兹别克斯坦）。

冀开运于西南大学

2017年7月1日

Abstract

In 2013, China proposed "The Belt and Road" initiative , which has been gotten positive responses from all levels of Iran. At the beginning of 2016, President Xi Jinping visited Iran , built a solid top-level design for the Sino-Iran relationship, and also pointed out the direction for our nation-researching.

The general report summarizes the characteristics of the social, political and economic evolution of Iran in the years 2016 ~ 2017, and has carried out a profound and systematic interpretation of the internal and external policies of Iran. The sub reports analyzed the current development and characteristics of Iran's political, economic and diplomatic fields. In 2016, the political situation in Iran was generally stable. The election of Iran parliamentary and expert council was successfully completed, and the conservative and reform forces remained relatively balanced. Iran's economy has been running smoothly, the rate of economic growth has increased, and the inflation rate has decreased. After the gradual lifting of sanctions, oil production and export volume have increased. The overall situation is better than that of last year. In 2016, Iran resumed its relations with the European Union and deepened its relations with Russia, but the relationship with the United States was uncertain. The hot reports analyzes the relationship between Iran and the Gulf countries , the bilateral relations between Iran and Afghanistan. Generally speaking, Iran's international situation is obviously improved, the international space is obviously expanding, and the foreign policy is more pragmatic and flexible. At the same time, the international and domestic situation faced by Iran after the signing of the IRI nuclear agreement and the related risks and uncertainties in the process of implementation of the agreement were explained. The special reports analyze the current situation and trend of agriculture and food security in Iran, such as oil and natural gas, higher education, transportation, tourism, drug control, Internet development and management. Iran-Sino

Relations Review 2016 situation, Chinese energy investment in Iran opportunities, difficulties, China enterprises in Iran's social influence, and analyzes the China-related reports from Iranian mainstream media , impression with China from college youth groups in Iran , from the point of view inside Iran, we can see the achievements and weaknesses of China-Iran relations. Iran is eager to have the comprehensive and true understanding of China and also need the folk and the official unremitting efforts between China and Iran.

In short, this report as soon as possible using the latest and most complete Chinese, English and Persian, using multidisciplinary research methods, in-depth analysis of Iran three-dimensional, all-round, multi field, on 2017, to the political situation in Iran economic development, social form and foreign relations were judged. This report analyzes the related fields of Sino-Iranian relations from macro, middle and micro levels, and illustrates the historical opportunities and difficulties faced by China-Iran relations. This report interprets the elements of Iran's soft power and hard power in the form of think-tank report. It also outlines the status and influence of Iran in the international structure. Recognizing Iran-China relations from the perspective of Iran will help the people between China and Iran to carry out policy coordination, and people-to-people bonds.

Keywords: Iran; The Belt and Road; China-Iran Relationship

Contents

Ⅰ General Report

Abstract: In 2016, the political situation in Iran was running smoothly, the democratic mechanism became more and more mature, and the reformists and conservatives were blurred. The economic situation has improved further, but below the expectations of the public. The deep-seated problems of economic operation still exist. In 2016 Iran's diplomacy has become more pragmatic, flexible and fruitful. On the basis of global diplomacy and comprehensive diplomacy, Iran's diplomatic key areas are still in Europe and Asia, and with economic diplomacy as the core. At the beginning of 2016, President Xi Jinping's visit to Iran, which has promoted bilateral relations to a comprehensive strategic partnership. That is conducive to promote China-Iran relations to a higher level, a broader field of further development.

Keywords: Iran; Economic Situation; China-Iran Relationship

Ⅱ Sub Reports

Abstract: The political situation of Iran in 2016 was still stable. Its main characteristics are the balance controlled by Supreme Leader. In this year, a lot of things happened, such as the implementation of the Nuclear Deal, the campaign of Majlis and the Expert Council. The implementation of the Nuclear Deal was one of the results of Rouhani's foreign policy. With the sanction relief, Iran's economy began to recover, going back to the international community. Meanwhile, the political struggle between the reformists and conservatives were still the main elements for Iran's political revolution and the Rouhani government was still facing many challenges.

Keywords: Iran; Political Situation; Rouhani

B. 3 Iran's Economic Situation, the Opportunity and Challenge in 2016

Han Jianwei / 020

Abstract: In 2016, Iran overall macro economy ran smoothly, the economic growth rate was higher than 2015. Specifically, since lifting the ban comprehensively, crude oil production and export volume has been enlarged; the inflation rate continued to decline, the exchange rate kept stable basically. However, the Rial still faced the risk of depreciation. In addition, the balance of international payment has improved with little structural changes; the foreign reserves reduced; the external debt increased, especially the short-term debt; the employment situation improved not much, but had shown a positive feature, and the labor force participation rate had improved over last year. After Rouhani's re-election, Iran's external environment for economic development will be further improved, and foreign investment will increase. But the future economic development still faces a lot of challenges. The main external factor is the difficulty of improving the relationship of Iran and US as well as the dim prospect of lifting the ban completely. Domestic factors include mainly conservative resistance and the difficulty to implement a long-term economic development plan etc. The road of economic development in Iran will be tortuous in the future.

Keywords: Iran; Economic Situation; Rouhani

Abstract: With the implementation of the Joint Comprehensive Plan of Action (JCPOA) on the Iran nuclear issue on January 16th 2016, the EU and the US' announcement of partial lifting of sanctions on Iran, Iran's role in the international political and economic arena would be enhanced. Iran has resumed normal political and economic relations with the EU member countries. The two sides have signed a number of trade cooperation agreements, and the trade volume has increased substantially. But the Iran-US relation has largely restrained Iran's economic and trade cooperation projects with EU member countries, leaving many uncertainties in the actual implementation of the projects. Although achieving temporarily moderation in the Obama Era, Iran-US relation has achieved no substantial breakthrough. After President Trump came into power, relations between the two sides were again strained and uncertain factors increased. The two parties has effectively controlled the military friction in the Persian Gulf and achieved the "exchange of prisoners". The United States has paid arrears of Iran and allowed Iran to buy airbus and Boeing aircraft. The bilateral economic and trade amounts has also increased. Besides, the US has admitted that Iran has not violated JCPOA. In spite of all these, Iran is still listed as a "terrorist supporting country" and is condemned as the "culprit" of the Middle East chaos by the US. Using Iran's development of ballistic missiles as a pretext, the US still retained partial sanctions against Iran and added new sanctions and extended the already-expired Iran Sanctions Act, which has aroused strong dissatisfaction from the Iran side. However, the strategic alliance between Iran and Russia has been further deepened. Their bilateral cooperation in international affairs, regional security and economic and trade relations has been further intensified. Economic and trade volume has also increased considerably.

Keywords: Iran; European Union; The United States; Russia

Ⅲ Hot Reports

Abstract: As the leader of the six countries in the gulf region, Saudi Arabia actively contrives to form an anti-Iran unified front, which, however, is confronted with varied reactions from the other five countries. Amman is the least consistent with Saudi Arabia on this issue, and the other countries fall in between the stances of Saudi Arabia and Amman. Bahrain is highly consistent with Saudi Arabia's policy, while Kuwait, United Arab Emirates and Qatar fall in the medium range as far as this issue is concerned. Qatar only secondary to Amman in estranging Saudi Arabia. Qatar and Kuwait, especially United Arab Emirates, maintain close trade relations with Iran. Therefore, when Saudi Arabia severed diplomatic relations with Iran, these countries only lowered the level of political and diplomatic relations with Iran. Iran-Amman relations, especially their economic relations, have witnessed rapid development. Both sides are inclined to replace Qatar with Amman as the transfer station in the international trade with Iran. Iran and Iraq maintain stable political relations and are contriving to promote further development in their economic and cultural relations.

Keywords: Iran; The Gulf States; Political Relation

Abstract: Iran is a important neighbor of Afghanistan, is an important force of the Afghan post-war reconstruction, the two countries in such aspects as economy, security and politics has very close relation. In January 2016, the international community has lift sanctions on Iran, added new variables for cooperation between Iran and Afghanistan. This paper mainly investigates cooperation relations between Iran and Afghanistan in the aspect of economy and trade in 2016, and analyses the two sides on refugees, drug control, and its influence on domestic politics, as well as the two sides on the issue of water dispute resolution.

Keywords: Iran; Afghanistan; Economy and Trade Cooperation

B.7 The Risks Relating to the Implementation of JCPOA

Abstract: Under the background of frangibility of both Middle East region and US－Iran relations, there are substantial risks relating to the implementation of JCPOA. The risks can be divided into three categories. The first is macro-political risk, which is the possibility of tearing up of JCPOA by the hardliners inside both US and Iran. While the reelection of Hassan Rouhani showed considerable domestic support of JCPOA from Iranian people, the coming to power of Donald Trump threatened the continuity of JCPOA significantly. The second risk is the possibility of Iran to develop nuclear weapon. Till now Iran has complies with the nuclear restrictions set by JCPOA. However, the real nuclear intention of Iran is still to be decided. The third risk is the difficulties of sanction relief. Due to the complex regime of US sanctions and the super power of US financial system and its industrial technique, the dividends Iran gets from sanction relief are limited. This situation makes Iranians' momentum and confidence of implementing JCPOA decrease gradually.

Keywords: Iran; JCPOA; US Sanctions

Ⅳ Special Reports

Abstract: With the realization and implementation of the Iranian nuclear agreement, Iran's international environment has gradually improved, economic development usher in new opportunities. Iranian agriculture's ability to attract foreign investment and strengthen international cooperation has benefited from this growth trend. At the same time, with the gradual effect of the government's early initiatives, Iranian agriculture in the year 1395 in the development of gratifying achievements, the growth of major crop products, agricultural exports to expand the agricultural economy, international cooperation has also been further developed. As a result of cereal, maize, rice and other cereal crop growth, Iranian food security problems tend to be good. However, due to the positive impact of economic growth on the positive impact of agricultural production has a certain delay, but to stimulate agricultural consumption is usually a rapid and direct impact, coupled with the decline in the index of the consumption of agricultural products to stimulate the effect of consumption, The future of Iran's domestic food supply and demand balance remains to be seen.

Keywords: Iran; Agricultural Economy; Food Security

Abstract: In 2016, Iran is undoubtedly one of the focus of the global energy industry's most important concern. In the face of the situation of international crude oil over supply and sustained low oil prices, the Rahani government on the one hand the use of offshore stocks of crude oil to quickly restore the export volume to the level before the sanctions, on the one hand actively promote the upstream project bidding and IPC contract negotiations to attract international capital, on the one hand the use of different remarks affect the international crude oil market. The root cause of Iran, a series of activities are closely around the "all in order to return to the international crude oil market," this clear goal to start. However, the details are still not clear IPC contract, the continuation of unilateral sanctions in the United States, the trend of international oil companies to reduce investment, the Rahani government want to attract 150 billion US dollars in 5 years to 200 billion US dollars of investment is not a simple task.

Keywords: Iran; IPC Contract; International Oil Market

Abstract: In the basis of introduction to Iranian traditional education, This text starts with an explanation about ancient Iranian educational system and centres like Gundi Shapur and Dar al Fonun and the situation of Iranian education during Islamic period. Then with an introduction to the modern educational system, it explains about the role and influence of establishing the ministry of higher education and Tehran University on Iranian educational system, meanwhile it describes about Iranian university entrance examination system, different types of Iranian universities and their characteristics.

Keywords: Iran; Higher Education; University Entrance Examination

Abstract: Iran is located in the East Asian hub, and has obvious transportation location advantage, which has used to be the most important node on the ancient Silk Road. The modern transportation industry of Iran occupies an important position in the national economy. Due to the long-term economic sanctions, the development of Iran's transportation industry is inhibited, which is manifested in two aspects, the urgent need for investment in transportation infrastructure, and logistics efficiency needs to be improved. This paper introduces the current situation of the development of the transportation industry in Iran, as well as the international transport corridor which is closely related to it, and analyzes the advantages and potential of Iran in the interconnection of Eurasia. Iran investment and improve the transport infrastructure, not only focus on the development of the domestic transport industry, but also expect to occupy an important position in the international transit trade patterns and international transport corridors. Iran is located in the hub of " The Belt and Road ", Therefore, the development of Iran transportation infrastructure capacity and service levels, has a positive effect on the efficiency of the operation of the "Silk Road Economic Belt" and the "21st –Century Maritime Silk Road" .

Keywords: Iran: Transportation; International Transport Corridor; The Belt and Road

Abstract: Iran is an ancient country with abundant tourism resources. In the pre-Islamic period, Iran had a long tradition of tourism. With the introduction of Islamism, Iran's tourism resources and tourism activities were gradually covered with the Islamic color. The Iranian government's tourism management has become more and more complete since modern times, and Iran has combined tourism management with the protection of cultural heritage and handcraft art. With the signing of the Iranian nuclear agreement, the cultural landscapes and natural landscapes in Iran have become more attractive for tourists around the world. Iran's tourism infrastructure has a certain degree of improvement, investment has a certain improvement. Iran's tourism industry development space remains to be developed.

Keywords: Iran; Ancient Civilization; Tourism

B. 13 Analysis of Iran's Anti-drug Operation in 2016

Chen Likuan / 193

Abstract: Iran is the main force and pioneer country in combating drug crimes in the world. In Iran, the drug problem is a comprehensive, complex and long-term problem. This problem in Iran is mainly manifested in two aspects: firstly, Iran is the illegal transit of drugs in the "Golden Crescent" area; secondly, Iranian domestic drug abuse and trafficking. The emergence of this problem has both historical and realistic reasons. In history, the phenomenon of production and drug abuse occurred in Iran. After the Iranian Islamic Revolution, the younger generation's dissatisfaction with Iran's economic and social development made it easy for them to choose to use drugs. The brink of the geographical location of the world's largest drug producer makes Iran a direct victim of international drug trade. In addition, drug trafficking poses serious problems for Iran's national security, economy and society. Iran government has cracked down on drug traffickers during the anti-narcotics operation, it also treat and educate drug abusers. Iran conduct international cooperation in combating drug trafficking. Iran's anti-drug operation has achieved some success. However, Iran's internal demand for drugs, the difficult in border control, the dependence of Afghanistan on the drug economy and Western countries' poor cooperation in the international cooperation result Iranian difficult to fundamentally solve the drug problem. Future anti-narcotics operations in Iran still face many difficulties and challenges.

Keywords: Iran; Drug Problem; Anti-drug Operation

Abstract: Since entering the twenty-first Century, the Internet technology has changing all aspects of people's lives. Iran, as a powerful country in the Middle East, has a strong "Iran characteristic" in its acceptance of the emerging technologies represented by the internet. Internet access to Iran for the first time since 1992, as Iran's constantly changing situation home and abroad, also caused the ups and downs of the development of the Internet in Iran. After the 2009 election led to the storm, the Nejad government is to strengthen the management of Internet technology, and gradually improve the domestic Internet management system. After the Rouhani government came to power in 2013, its advocacy to tolerate the attitude to deal with the Internet as the representative of the new technology, the whole of Iran's social information technology development has brought hope. Since the lifting of the sanctions imposed by the international community in 2016, Iran's huge domestic telecommunications market will attract many companies to invest, Iran's Internet technology is expected to use the global market competition situation for substantial upgrades progress, Iran's domestic information technology development trend is better.

Keywords: Iran; Internet Government; Information Technology

V Sino-Iran Relationship

Abstract: In the historical background of Chinese peaceful rise, "The Belt and Road" initiative will promote China's participation in global trade and investment process and make it into the new development stage. Chinese energy investments facing some precious opportunities, including the internationalization of the RMB, the improvement of the investment environment in Iran after the Iranian nuclear agreement and so on. However, the cultural differences, the contradictions in the domestic economic structure of Iran, the political turmoil and the strategic game of the big powers pose serious challenges for Chinese energy investment in Iran. Therefore, some constructive countermeasures should be put forward.

Keywords: The Belt and Road; Iran; Energy Investment

Abstract: The China-related reports of Fars News Agency in 2006 were mainly involved in the diplomatic issues, which hasn't formed a complete and comprehensive China-related reporting system. But the reports showed, to some extent, the perspectives of the Iranian mainstream society toward the Chinese society and various international and regional issues relating to China. Meanwhile, Fars News Agency has adopted the western media as its main source of information, while holding an ambivalent attitude toward China's boost of its influence in Central Asia and having different opinions about "The Belt and Road" Initiative.

Keywords: China-related Reports; China's Image; Iranian Media

Abstract: This paper bases on the survey and tries to comprehensively show the reflection of China by the Iranian youth group in term of six perspectives, including nation's image, international image, cultural image, science and technology image, Sino-Iran relationship and "The Belt and Road" Initiative. By analyzing the reasons for these images, we predict prospects and possible questions in the relationship development, and propose the countermeasures for the Chinese government. It can be seen that the people of Iran, especially the youth groups incolleges and universities, generally have a good impression on China and recognize the positive, just and fair international image of China. In particular, China's economic development is affirmed, but it is quite lack of understanding of the present and contemporary political, cultural and social conditions in China. The two sides still need to make efforts to deepen the common sense of the people. The two countries should strengthen exchanges among young people, deepen friendship and enhance their cultural influence in Iran, so as to lay a solid foundation for youth and achieve fresh blood.

Keywords: The Belt and Road; Sino-Iran Relationship; Youth Studies

Abstract: Against the backdrop of "the Belt and Road", there have been more opportunities for international business contacts and exchanges for Chinese corporations. At the same time, since China has been facing a more diversified environment around the world, China's multinational corporations need to adjust their development opportunities through their own corporate brands and impact. This paper intends to analyze the overall international impact of Chinese corporations in Iran from five different aspects, including the corporate brand; corporate image; corporate culture; corporate innovation. In order to promote China and Iran's economic, cultural and other aspect's development, this paper provides new exploration experience for the implementation of "the Belt and Road" policy in China and attempts to find a new development model.

Keywords: Chinese Enterprise; Iran; International Impact

Ⅵ Appendix

皮书起源

“皮书”起源于十七、十八世纪的英国，主要指官方或社会组织正式发表的重要文件或报告,多以“白皮书”命名。在中国,“皮书”这一概念被社会广泛接受,并被成功运作、发展成为一种全新的出版形态，则源于中国社会科学院社会科学文献出版社。

皮书定义

皮书是对中国与世界发展状况和热点问题进行年度监测，以专业的角度、专家的视野和实证研究方法,针对某一领域或区域现状与发展态势展开分析和预测,具备原创性、实证性、专业性、连续性、前沿性、时效性等特点的公开出版物,由一系列权威研究报告组成。

皮书作者

皮书系列的作者以中国社会科学院、著名高校、地方社会科学院的研究人员为主，多为国内一流研究机构的权威专家学者，他们的看法和观点代表了学界对中国与世界的现实和未来最高水平的解读与分析。

皮书荣誉

皮书系列已成为社会科学文献出版社的著名图书品牌和中国社会科学院的知名学术品牌。2016 年，皮书系列正式列入“十三五”国家重点出版规划项目；2013~2018 年，重点皮书列入中国社会科学院承担的国家哲学社会科学创新工程项目;2018 年,59 种院外皮书使用“中国社会科学院创新工程学术出版项目”标识。

中国皮书网

（网址：www.pishu.cn）

发布皮书研创资讯，传播皮书精彩内容
引领皮书出版潮流，打造皮书服务平台

栏目设置

关于皮书：何谓皮书、皮书分类、皮书大事记、皮书荣誉、
皮书出版第一人、皮书编辑部

最新资讯：通知公告、新闻动态、媒体聚焦、网站专题、视频直播、下载专区

皮书研创：皮书规范、皮书选题、皮书出版、皮书研究、研创团队

皮书评奖评价：指标体系、皮书评价、皮书评奖

互动专区：皮书说、社科数托邦、皮书微博、留言板

所获荣誉

2008 年、2011 年，中国皮书网均在全国新闻出版业网站荣誉评选中获得“最具商业价值网站”称号；

2012 年，获得“出版业网站百强”称号。

网库合一

2014 年，中国皮书网与皮书数据库端口合一，实现资源共享。

S 基本子库
UB DATABASE

中国社会发展数据库（下设 12 个子库）

全面整合国内外中国社会发展研究成果，汇聚独家统计数据、深度分析报告，涉及社会、人口、政治、教育、法律等 12 个领域，为了解中国社会发展动态、跟踪社会核心热点、分析社会发展趋势提供一站式资源搜索和数据分析与挖掘服务。

中国经济发展数据库（下设 12 个子库）

基于"皮书系列"中涉及中国经济发展的研究资料构建，内容涵盖宏观经济、农业经济、工业经济、产业经济等 12 个重点经济领域，为实时掌控经济运行态势、把握经济发展规律、洞察经济形势、进行经济决策提供参考和依据。

中国行业发展数据库（下设 17 个子库）

以中国国民经济行业分类为依据，覆盖金融业、旅游、医疗卫生、交通运输、能源矿产等 100 多个行业，跟踪分析国民经济相关行业市场运行状况和政策导向，汇集行业发展前沿资讯，为投资、从业及各种经济决策提供理论基础和实践指导。

中国区域发展数据库（下设 6 个子库）

对中国特定区域内的经济、社会、文化等领域现状与发展情况进行深度分析和预测，研究层级至县及县以下行政区，涉及地区、区域经济体、城市、农村等不同维度。为地方经济社会宏观态势研究、发展经验研究、案例分析提供数据服务。

中国文化传媒数据库（下设 18 个子库）

汇聚文化传媒领域专家观点、热点资讯，梳理国内外中国文化发展相关学术研究成果、一手统计数据，涵盖文化产业、新闻传播、电影娱乐、文学艺术、群众文化等 18 个重点研究领域。为文化传媒研究提供相关数据、研究报告和综合分析服务。

世界经济与国际关系数据库（下设 6 个子库）

立足"皮书系列"世界经济、国际关系相关学术资源，整合世界经济、国际政治、世界文化与科技、全球性问题、国际组织与国际法、区域研究 6 大领域研究成果，为世界经济与国际关系研究提供全方位数据分析，为决策和形势研判提供参考。

法律声明

"皮书系列"（含蓝皮书、绿皮书、黄皮书）之品牌由社会科学文献出版社最早使用并持续至今，现已被中国图书市场所熟知。"皮书系列"的相关商标已在中华人民共和国国家工商行政管理总局商标局注册，如LOGO（）、皮书、Pishu、经济蓝皮书、社会蓝皮书等。"皮书系列"图书的注册商标专用权及封面设计、版式设计的著作权均为社会科学文献出版社所有。未经社会科学文献出版社书面授权许可，任何使用与"皮书系列"图书注册商标、封面设计、版式设计相同或者近似的文字、图形或其组合的行为均系侵权行为。

经作者授权，本书的专有出版权及信息网络传播权等为社会科学文献出版社享有。未经社会科学文献出版社书面授权许可，任何就本书内容的复制、发行或以数字形式进行网络传播的行为均系侵权行为。

社会科学文献出版社将通过法律途径追究上述侵权行为的法律责任，维护自身合法权益。

欢迎社会各界人士对侵犯社会科学文献出版社上述权利的侵权行为进行举报。电话：010-59367121，电子邮箱：fawubu@ssap.cn。

社会科学文献出版社